LA SERIE DE LIBROS MÁS VENDIDOS

Office 2003 Para Dummie

Consejos para Microsoft PowerPoint 2003

Desplegar diapositivas en desorden

Si quiere saltar a una diapositiva específica durante una presentación, digite el número de la misma y luego presione Enter. (Usted puede obtener el número de cada diapositiva al ver el cuadro Slides o Outline).

Salvar/Cerrar archivos múltiples (Word, Excel y PowerPoint)

Si tiene mútliples archivos abiertos, puede salvarlos o cerrarlos todos a la misma vez si mantiene presionada la tecla Shift y luego hace clic en el menú File. Al presionar dicha tecla, los comandos Save y Close se convierten en los comandos Save All y Close All, los cuales guardan o cierran todos los archivos abiertos respectivamente.

Teclas rápidas de Microsoft Office 2003

Función	*Teclas*
Copiar	Ctrl+C
Cortar	Ctrl+X
Encontrar	Ctrl+F
Ir a	Ctrl+G
Ayuda	F1
Hipervínculo	Ctrl+K
Nuevo	Ctrl+N
Abrir	Ctrl+O
Pegar	Ctrl+V
Imprimir	Ctrl+P
Reemplazar	Ctrl+H
Guardar	Ctrl+S
Seleccionar todo	Ctrl+A
Chequeo ortográfico	F7
Deshacer	Ctrl+Z
Rehacer	Ctrl+Y

Sitios de Internet de Microsoft

Sitio World Wide Web:
`http://www.microsoft. com`

Sitio FTP: `ftp://ftp.microsoft. com`

Newsgroups de Microsoft

microsoft.public.access

microsoft.public.excel

microsoft.public.office

microsoft.public.outlook.general

microsoft.public.powerpoint

microsoft.public.word

Funciones del botón del mouse en Office 2003

Botón del mouse utilizado	*Acción*	*Propósito*
Botón izquierdo	Clic	Mueve el cursor, resalta un objeto, hace aparecer un menú o escoge un comando del menú
Botón izquierdo	Doble clic	Resalta una palabra o edita un objeto incrustado
Botón izquierdo	Triple clic	Resalta un párrafo
Botón izquierdo	Arrastrar	Mueve un objeto, cambia el tamaño de un objeto, resalta texto u objetos múltiples
Botón giratorio	Clic	Hace desplazarse un documento hacia abajo automáticamente
Botón derecho	Clic	Despliega un menú de atajo

...PARA DUMMIES™
LA SERIE DE LIBROS MÁS VENDIDOS

Office 2003 Para Dummies®

Referencia Rápida

Consejos para Microsoft Word 2003

Copiar datos no consecutivos

Para seleccionar dos o más bloques de texto que no aparezcan uno junto al otro, selecciones el texto con el mouse, mantenga presionada la tecla Ctrl, y luego seleccione cualquier otra cosa con el mouse.

Eliminar el formateado

Cuando quiere retirar todo el formateo especial (como las fuentes o el tamaño de las fuentes) del texto, seleccione éste y luego presione Ctrl+Shift+N.

Consejos para Microsoft Excel 2003

Digitar datos en una hoja de cálculo

Digitar datos en las filas o columnas puede ser engorroso y tedioso. Para simplificar esta tarea, Excel le ofrece la característica especial Data Form, la cual le permite digitar los datos en un recuadro de diálogo fácil de leer; el recuadro luego pega automáticamente los datos a la hoja de cálculo.

Para usar la característica Data Form, haga clic en el título de una fila o columna, luego escoja Data⇨Form. Excel despliega el recuadro de diálogo Data Form para que usted digite los datos.

Navegar a través de una hoja de cálculo

Para mover rápidamente el cursor a través de la hoja de cálculo, utilice las siguientes teclas rápidas:

Teclas rápidas de navegación en Microsoft Excel 2003

Mueve el cursor a	*Teclas*
Celda A1	Ctrl+Inicio
Última celda de la esquina inferior	Ctrl+Fin
Celda superior de una columna	Ctrl+flecha hacia arriba
Celda inferior de una columna	Ctrl+flecha hacia abajo
Celda izquierda de una fila	Ctrl+flecha hacia la izquierda
Celda derecha de una fila	Ctrl+flecha hacia la derec ha

Office 2003 PARA DUMMIES™

Office 2003 PARA DUMMIES™

por Wallace Wang

ST EDITORIAL

ST Editorial, Inc.

Office 2003 Para Dummies™
Publicado por
ST Editorial, Inc.
Edificio Swiss Tower, 1er Piso, Calle 53 Este,
Urbanización Obarrio, Panamá, República de Panamá
Apdo. Postal: 0832-0233 WTC
www.st-editorial.com
Correo Electrónico: info@steditorial.com
Tel: (507) 264-4984 • Fax: (507) 264-0685

Para información general de nuestros productos y servicios o para obtener soporte técnico contacte nuestro Departamento de Servicio al Cliente en los Estados Unidos al teléfono 800-762-2974, fuera de los Estados Unidos al teléfono 317-572-3993, o al fax 317-572-4002

For general information on our products and services or to obtain technical support, please contact our Customer Care Department within the U.S. at 800-762-2974, outside the U.S. at 317-572-3993, or fax 317-572-4002

Library of Congress Control Number: 2004100519

ISBN: 0-7645-6781-0

Publicado por S.T. Editorial, Inc.

Impreso en México

Sobre el Autor

Wallace Wang es columnista de la revista *Boardwatch* y comediante en vivo. Cuenta con varios libros número uno en ventas, entre los cuales se incluyen *Beginning Programming For Dummies* y *Steal This Computer Book 2*.

S.T. Editorial

Edición al Español

Editorial

Editor en Jefe: Joaquin Trejos

Editora del Proyecto: Viveca Beirute

Diseño: Milagro Trejos

Traducción: Roxana Gutiérrez

Correctora: Luciana Pávez

Asistencia Editorial: Laura Trejos, Karla Beirute, Adriana Mainieri

Editor Técnico: Erick Murillo

Adquisiciones, Editorial y Desarrollo de Medios

Editor del Proyecto: Pat O'Brien

Editor de Adquisiciones: Bob Woerner

Editor de Copy: Rebecca Huehls

Editor Técnico: Michael Gibson

Gerente Editorial: Kevin Kirschner

Media Development Manager: Laura VanWinkle

Media Development Supervisor: Richard Graves

Asistente Editorial: Amanda Foxworth

Caricaturas: Rich Tennant (`www.the5thwave.com`)

Producción

Coordinador del Proyecto: Maridee Ennis

Diseño y Gráficos: Amanda Carter, Jennifer Click, Seth Conley, Lauren Goddard, Stephanie D. Jumper, Michael Kruzil, Lynsey Osborn, Barry Offringa, Heather Ryan, Jacque Schneider, Julie Trippetti, Shae Wilson

Correctores: Laura Albert, John Greenough, Angel Perez, Carl William Pierce, TECHBOOKS Production Services

Índices: TECHBOOKS Production Services

Un Vistazo a los Contenidos

Tabla de Contenidos

Introducción

Microsoft Office 2003 está compuesto por varios programas: un procesador de palabras (Word), un programa de hoja de cálculo (Excel), un programa de gráficos para presentaciones (PowerPoint), un organizador de información personal (Outlook) y un programa de base de datos (Access). Su versión de Microsoft Office 2003 puede incluir también un programa de diseño y administración de páginas web (Front Page). *Microsoft Office 2003 Para Dummies* gentilmente explica los elementos básicos para utilizar cada programa, para que usted pueda empezar a usarlos inmediatamente.

¿Quién Debería Comprar Este Libro?

Todos deberían comprar este libro, porque esta oración así lo dice, y usted debería creer todo lo que lee. Pero usted debería comprar este libro especialmente si tiene alguna de las siguientes versiones de Microsoft Office 2003:

- *Edición estándar:* contiene Microsoft Word, Excel, Outlook y PowerPoint.
- *Edición para pequeñas empresas:* contiene Microsoft Word, Excel, Publisher y Outlook con Business Contact Manager.
- *Edición profesional:* contiene Microsoft Word, Excel, Access, Publisher y Outlook con Business Contact Manager.

¿Cómo Está Organizado Este Libro?

Este libro utiliza el método ancestral de unir páginas y pegarlas en un lado para formar un libro. Para ayudarle a encontrar rápidamente lo que necesita, este libro está dividido en seis partes. Cada parte cubre un tema específico sobre Microsoft Office 2003. Cada vez que necesite ayuda, simplemente pase las páginas de este libro hasta encontrar la parte que trata el tema que busca, luego haga el libro a un lado y regrese a su trabajo.

Parte I: Conocer a Microsoft Office 2003

Aun cuando Office 2003 parece consistir en un montón de programas no relacionados, amontonados a la fuerza por Microsoft, en realidad se trata de un montón de programas no relacionados que han sido torturados a través de los años hasta trabajar juntos. Todos los programas de Office 2003 cuentan con menús, iconos y comandos del teclado similares; cuando usted sabe cómo utilizar un programa, será capaz de comprender rápidamente cómo usar otro.

Parte II: Trabajar con Word

Microsoft Word es el procesador de palabras más popular en la tierra. Usted puede utilizar Word únicamente para escribir cartas, propuestas o disculpas, pero también puede usarlo para crear documentos más sofisticados, como boletines informativos con gráficos y múltiples columnas. Si no sabe digitar, no le gusta escribir o se quedó en ortografía, puede utilizar Word para convertir su computadora de $2,000 en su secretaria personal. Con la ayuda de la revisión ortográfica y gramatical, el trazador y el traductor de Word, usted puede convertir sus pensamientos dispersos en palabras coherentes que incluso su jefe podrá comprender.

Parte III: Jugar a los Números con Excel

Esta parte le muestra cómo diseñar sus propias hojas de cálculo utilizando Excel. Usted descubre qué diablos es una hoja de cálculo, cómo introducir números y etiquetas en ella, cómo crear fórmulas para que Excel calcule automáticamente nuevos resultados y cómo formatear todo para hacerlo agradable a la vista. Después de conocer los elementos básicos para la creación de una hoja de cálculo, el próximo paso es convertir sus datos puros en gráficos atractivos, cuadros y otras imágenes coloridas que puedan divertir a todos, desde poderosísimos jefes de compañías hasta niños que pasan todo el día en guarderías.

Parte IV: Hacer Presentaciones con PowerPoint

PowerPoint puede ayudarle a crear exposiciones de diapositivas, transparencias y presentaciones en pantalla, las cuales pueden realzar la calidad de su información u ocultar el hecho de que usted no tiene ni la menor idea de lo que está hablando. Cada vez que necesite hacer una presentación, permítale a PowerPoint ayudarle a desarrollar una que sea dinámica e incluya material visual, notas y folletos.

Parte V: Organizarse con Outlook

Para ayudarle a administrar su tiempo mientras sus amigos vagan sin rumbo por el mundo corporativo, Office 2003 incluye Outlook, un programa que combina las características de un libro de citas, calendario y lista de tareas en una pantalla. Aparte de organizar sus citas y obligaciones, Outlook también puede organizar todo el correo electrónico que inunde su computadora día a día. Desde Outlook usted puede escribir, responder, enviar y recibir correo electrónico de y para sus amigos, se encuentren ellos a la vuelta de la esquina o en otro continente.

Parte VI: Almacenar Cosas en Access

Access es una base de datos relacional que le permite almacenar y recuperar datos, diseñar reportes e incluso crear sus propios programas. Si su edición de Office 2003 no viene con Access, usted puede comprarlo por separado e instalarlo en su computadora. Si usted necesita almacenar y recuperar información, use Access para hacerlo rápidamente y con facilidad. Quizás le parezca que Access es útil para guardar listas de correo y para almacenar información esotérica, como números de parte, direcciones web y números de tarjetas de crédito.

Parte VII: La Parte de los Diez

Para aquellas personas que sólo desean encontrar accesos directos del teclado para acceder a comandos usados frecuentemente y consejos para trabajar más eficientemente con Office 2003 (para poder tomarse el resto del día libre), esta parte del libro le brinda combinaciones de teclas comunes para utilizar todos los programas de Microsoft. Consejos adicionales pueden hacer que Office 2003 parezca ser mucho más fácil de lo que los manuales incomprensibles le han llevado a pensar.

¿Cómo Utilizar este Libro?

Puede utilizar este libro como una referencia, una tutoría o un arma (si lo lanza con suficiente fuerza). No está diseñado para leerse de principio a fin (aunque usted podría hacerlo si quisiera). En lugar de eso, simplemente eche un vistazo a las partes que le interesan e ignore el resto.

Para sacar el mayor provecho de Office 2003, lea la Parte I primero, para así conocer las características más comunes de Office. Las otras partes son para su referencia. Puede ser que usted no necesite hacer presentaciones con PowerPoint hoy, pero un día quizás desee jugar con él, sólo para ver lo que puede hacer. Aunque no lo crea, ciertos programas que usted pensó que jamás utilizaría pueden resultar más útiles de lo que imaginó.

Convenciones

Para aprovechar este libro de la mejor manera, usted necesita comprender lo siguiente:

- El *cursor o puntero del mouse* aparece como una flecha o un puntero I-beam (dependiendo del programa que esté utilizando en ese momento). En caso de que pierda el rastro del cursor, empiece a mover el mouse hasta que vea algo parpadear en su pantalla. Es probable que esté viendo el cursor.
- *Hacer clic* se refiere a pulsar el botón izquierdo del mouse una vez y luego soltarlo. Por medio del clic se activan los botones en la barra de herramientas y se escogen comandos de los menús desplegables.

- Hacer *doble clic* se refiere a pulsar el botón izquierdo del mouse dos veces seguidas, rápidamente. Al hacer doble clic, típicamente se activa algún comando.
- *Arrastrar* se refiere a mover el puntero del mouse a la vez que se sostiene el botón izquierdo del mouse. Para arrastrar un objeto, seleccione el elemento haciendo clic sobre él y luego sostenga el botón izquierdo del mouse y mueva el elemento en la dirección deseada. Al liberar el botón del mouse, Windows lo coloca donde usted quiere.
- Hacer *clic derecho* significa hacer clic en el botón a mano derecha del mouse (algunos mouse tienen tres botones, así que ignore el botón del medio por ahora). Al hacer clic en el botón derecho, por lo general aparece un menú de selección en la pantalla.

Nota: Si es zurdo y ha cambiado las configuraciones del mouse para poder utilizar su mano izquierda para operarlo, hacer clic significa pulsar el botón derecho del mouse y hacer clic derecho significa pulsar el botón izquierdo del mouse.

Iconos utilizados en este libro

Los iconos destacan consejos útiles, información que recordar o explicaciones técnicas que puede ignorar si lo desea. Manténgase alerta a los siguientes iconos a lo largo de este libro:

Este icono destaca piezas de información que pueden ser útiles (siempre que los recuerde, por supuesto).

Este icono marca ciertos pasos o procedimientos que pueden facilitarle mucho las cosas al utilizar Microsoft Office 2003.

¡Ojo! Este icono le indica cómo evitar problemas antes de que empiecen.

Este icono destaca información absolutamente inútil de conocer para operar Microsoft Office 2003, aunque podría ser interesante para impresionar a sus amigos.

Iniciar

Usted probablemente ya está ansioso de probar Microsoft Office 2003. Prenda su computadora y alístese para saltar millas adelante de la competencia al utilizar los programas más poderosos y dominantes del mundo agrupados juntos en Microsoft Office 2003.

Parte I

Conocer a Microsoft Office

La 5a Ola Por Rich Tennant

"¿Acabas de hacer clic en 'Help', en la barra del menú? Es el Sr. Gates. Quiere saber si todo está bien."

En esta parte . . .

De primera entrada, Microsoft Office 2003 puede parecer una bestia complicada que engulle megabytes de espacio en el disco duro y ofrece suficientes opciones como para abrumar incluso al veterano más endurecido por las batallas de la guerra de las computadoras personales. Pero una vez que usted se sobreponga a esa impresión inicial (o a ese miedo) de Office 2003, logrará entender (y hasta admirar) la elegante locura detrás de la masiva figura de Office 2003.

A pesar del hecho de que Microsoft Office 2003 contiene más comandos de los que cualquier persona cuerda podría jamás usar, puede ser conquistado. Para guiarlo a través de la multitud de comandos que podría necesitar para hacer su trabajo, Office 2003 le brinda varias maneras de obtener ayuda, alguna de las cuales (ojalá) efectivamente le dará las respuestas que usted necesite.

Aparte de mostrarle cómo obtener ayuda en Microsoft Office 2003, esta parte del libro también le explica cómo iniciar los distintos programas de Office 2003. Después de haber empezado a utilizarlo, esta parte del libro además le muestra algunos de los comandos de teclas y de menús más comunes, que todos los programas de Office 2003 comparten. De esa manera, una vez que sepa usar un programa, podrá rápidamente aprender y utilizar cualquier otro, con un mínimo de entrenamiento y enredo, y así se unirá a las muchas personas felices que ya utilizan Microsoft Office 2003 para realizar su trabajo.

Capítulo 1

Jugar con Archivos en Office 2003

En este capítulo

- Crear un archivo nuevo en Office 2003
- Abrir un archivo en Office 2003
- Crear un acceso directo a un programa o archivo
- Guardar un archivo
- Cerrar un archivo

Microsoft Office está compuesto por varios programas, cada uno diseñado para crear y manipular diferentes tipos de datos, como palabras (Word), números (Excel), presentaciones (PowerPoint) e información estructurada (Access). Aunque el tipo de datos que cada programa usa puede variar, el procedimiento general para crear y abrir un archivo se mantiene igual.

Entonces, este capítulo le enseña cómo crear, guardar, abrir e imprimir cualquier archivo de Office 2003, sin importar cuál programa esté usando. Una vez que usted haya averiguado las formas estándar de crear y usar diferentes archivos de Office 2003, podrá enfocar su atención en hacer algo útil con sus datos, y ya no tendrá que arrancarse el pelo de raíz tratando de averiguar cómo hacer algo aparentemente tan fácil como imprimir un documento.

Crear un Archivo Nuevo en Office 2003

Cuando desee crear un nuevo archivo en Office 2003, usted tiene dos opciones:

- Crear un archivo completamente vacío.
- Crear un archivo (como un currículo o un recibo de ventas) de una plantilla, la cual provee un diseño básico que puede usar para formatear y acomodar sus datos automáticamente.

Crear un archivo en blanco

Un archivo vacío puede ser beneficioso si necesita personalizar el formato usted mismo, aunque puede tardar un tiempo haciéndolo. Un archivo creado a partir de una plantilla puede ayudarle a formatear su información rápidamente, aunque no siempre puede hacerse de la manera que usted realmente desea. Conforme más use Office 2003, se dará cuenta de que probablemente necesitará crear tanto archivos en blanco como archivos a partir de una plantilla en un momento u otro.

Abrir un programa para crear un archivo en blanco

Cada vez que inicia Word, Excel, o PowerPoint, el programa automáticamente crea un nuevo archivo en blanco para usted. Para abrir uno de estos programas y crear un nuevo archivo en blanco, siga estos pasos:

1. **Haga clic sobre el botón Start en la barra de tareas.**

   Aparece el menú de Start.

2. **Haga clic en Programs.**

   Aparece el menú de Programs.

3. **Haga clic sobre el programa que desea utilizar, como Microsoft Word o Microsoft PowerPoint.**

   El programa que escoja aparece con un archivo en blanco listo para usarse.

Crear un documento en blanco desde adentro de un programa

Si ya ha cargado Word, Excel, o PowerPoint y quiere crear un archivo en blanco, escoja uno de estos métodos:

- Haga clic en el icono New en la barra de herramientas estándar.
- Presione Ctrl+N

Los resultados se muestran en la Figura 1-1.

Después de escoger cualquiera de estas opciones, su programa de Office 2003 crea un archivo vacío nuevo para que usted haga uso de él.

RECUERDE

Si escoge File⇨New en cualquier programa de Office, el panel de tareas de Office aparece; éste le permite crear ya sea un archivo en blanco o uno basado en una plantilla. (Vea la sección más abajo, "Usar una plantilla guardada en su computadora").

Icono de Nuevo (New icon)

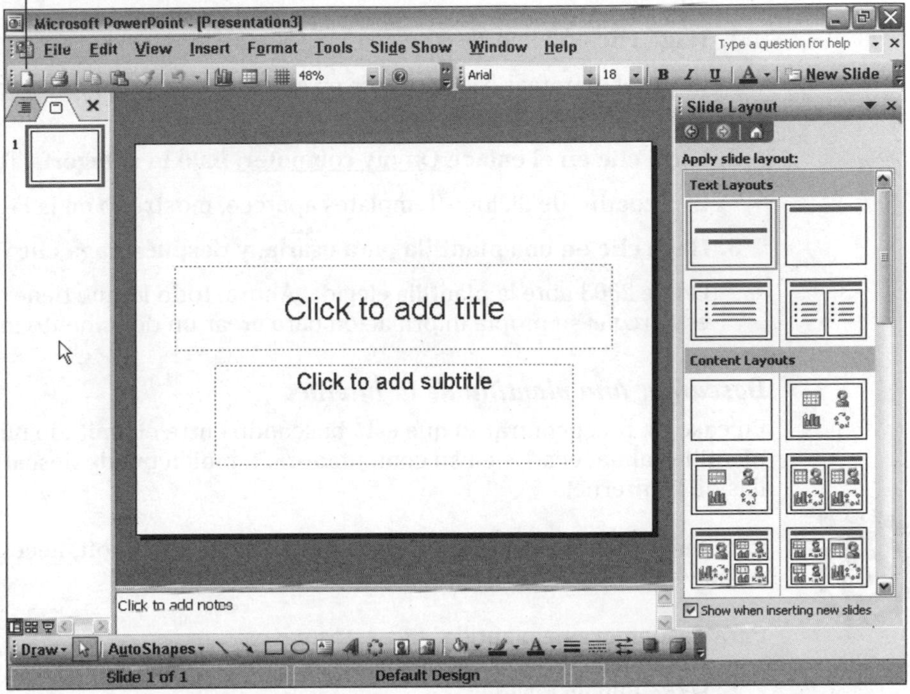

Figura 1-1: Hacer clic en el icono New de la barra de herramientas estándar crea un archivo en blanco.

Crear un archivo a partir de una plantilla

Después de haber cargado Word, Excel, PowerPoint o Access, usted puede crear un archivo basado en una plantilla. Las plantillas actúan como cortadores de galletas para su información: le brindan un formato definido de antemano para sus datos en forma de currículos, cartas formales, reportes de cobros o planes de negocio. Usted nada más necesita digitar la información e imprimir su archivo.

Puede encontrar plantillas en dos lugares: en su computadora y en la página Web de plantillas de Microsoft.

Usar una plantilla guardada en su computadora

Cuando usted instala Office 2003, el programa guarda muchas plantillas en su computadora automáticamente. El problema es encontrarlas nuevamente.

Si ya ha cargado un programa de Office 2003, como Access o PowerPoint, puede cargar una plantilla siguiendo estos pasos:

1. **Haga clic en File⇨New.**

   El panel de tareas New aparece en el lado derecho de la ventana, como se muestra en la Figura 1-2.

2. **Haga clic en el enlace <u>On my computer</u>, bajo la categoría Templates.**

   El recuadro de diálogo Templates aparece, mostrado en la Figura 1-3.

3. **Haga clic en una plantilla para usarla, y después haga clic en OK.**

   Office 2003 abre la plantilla elegida. Ahora, todo lo que tiene que hacer es agregar su propia información para crear un documento instantáneo.

Descargar una plantilla de la Internet

En caso de no encontrar lo que está buscando entre el limitado número de plantillas almacenadas en su computadora, también puede descargar plantillas de la Internet.

CONSEJO

Para bajar plantillas del sitio Web de plantillas de Microsoft, necesita una conexión a Internet

Para descargar una plantilla, siga estos pasos:

1. **Haga clic en ⇨New.**

   El panel de tareas aparece en el lado derecho de la ventana (vea Figura 1-2).

2. **Haga clic en el enlace <u>Templates on Office Online</u>.**

   La página Web de plantillas de Microsoft aparece, como se muestra en la Figura 1-4, con una lista de diferentes categorías para escoger, como calendarios y planeadores o reuniones y proyectos).

3. **Haga clic en un nombre de plantilla bajo una categoría específica, como Calendars and Planners o Meetings and Projects.**

   La página Web de plantillas incluye una lista de todas las plantillas disponibles para el uso.

4. **Haga clic en una plantilla que desee usar.**

   La página Web de plantillas despliega el formato de la plantilla que escogió, para que usted vea cómo la plantilla acomoda la información, como se aprecia en la Figura 1-5.

5. **Haga clic en el botón Download Now.**

   Office 2003 descarga la plantilla que eligió y la despliega en el programa apropiado, como Word o Excel. En ese momento usted puede empezar a digitar su información y guardar su archivo.

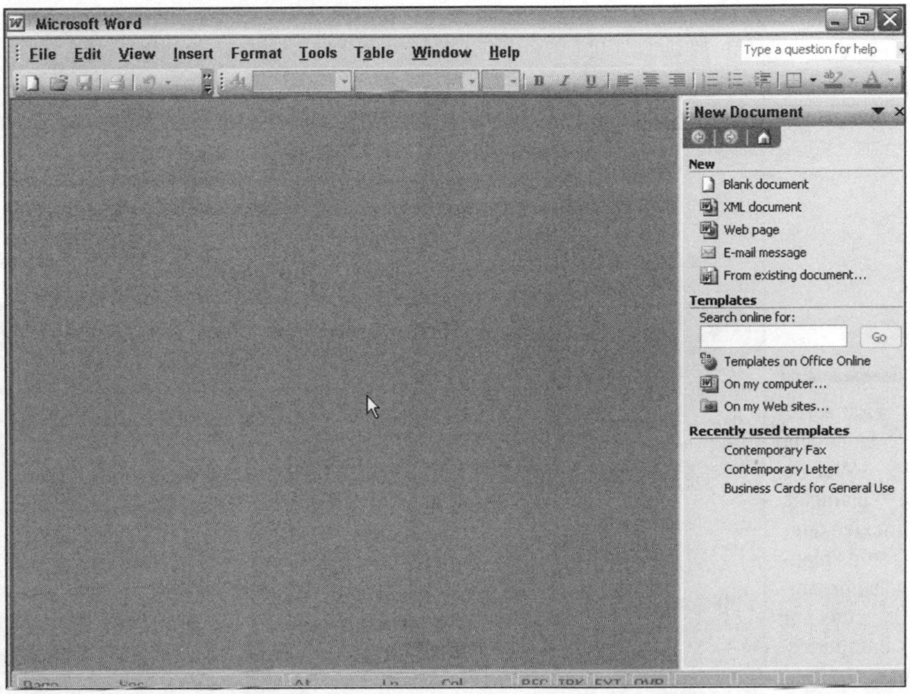

Figura 1-2: Puede abrir una plantilla desde el panel de tareas New.

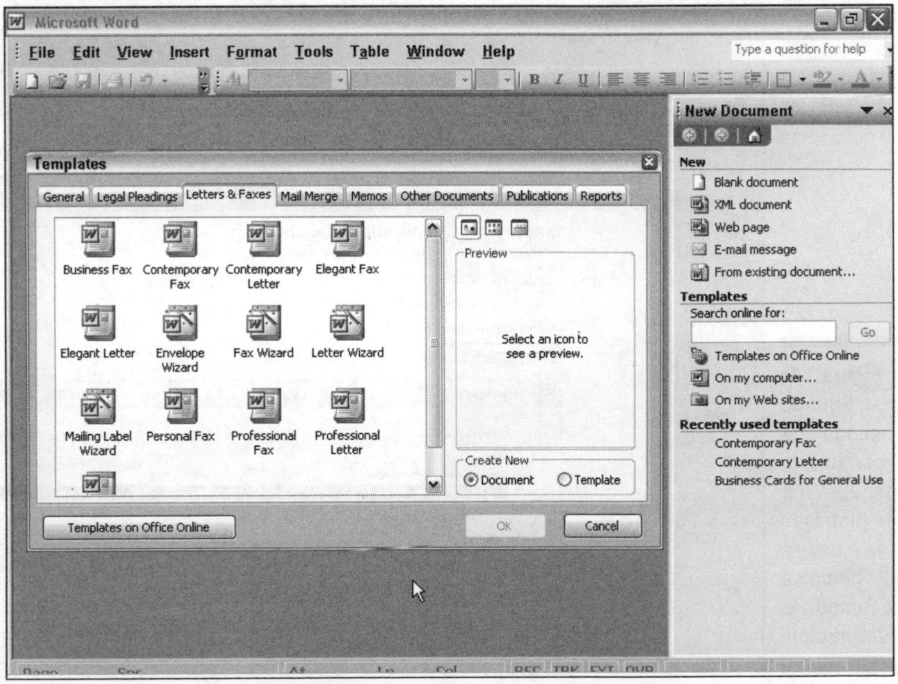

Figura 1-3: El recuadro de diálogo Templates le muestra todos las plantillas almacenadas en su computadora.

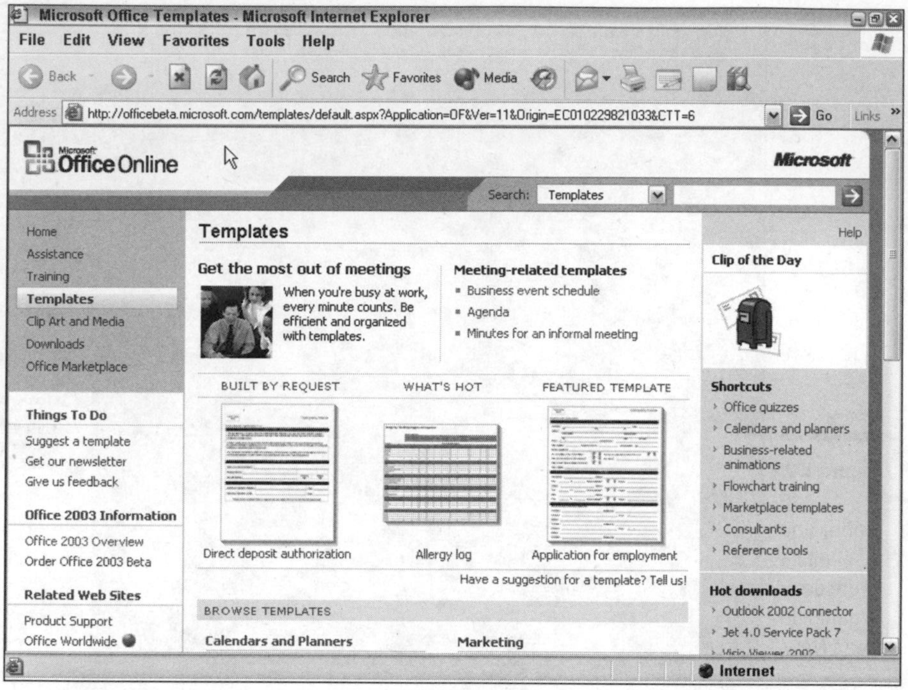

Figura 1-4: La página Web de plantillas incluye diferentes plantillas organizadas por categorías.

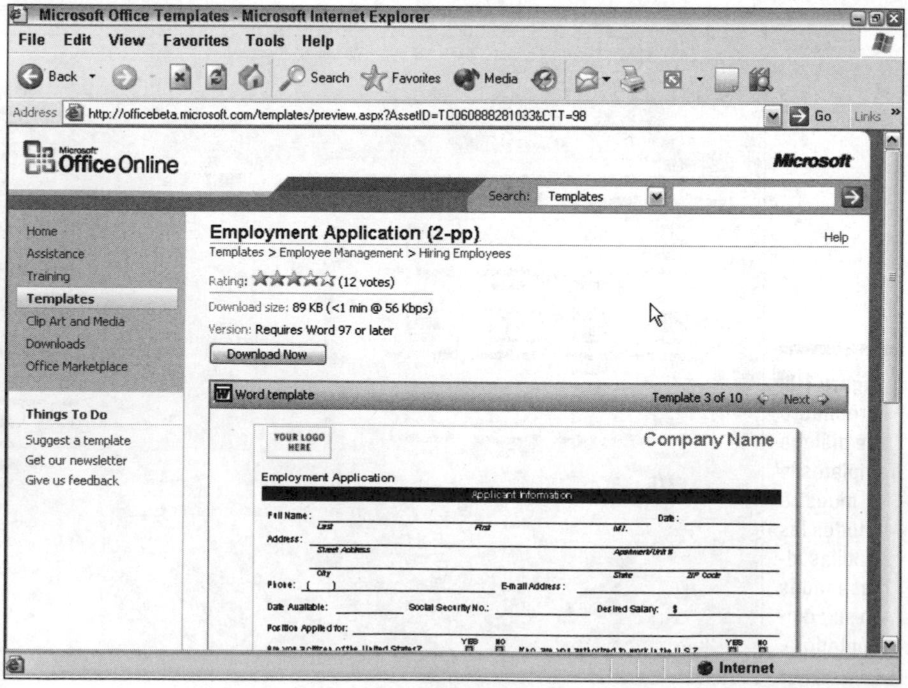

Figura 1-5: Cuando escoge una plantilla, la página Web de plantillas le muestra cómo se acomoda la información.

Abrir un Archivo Existente

Es probable que usted pase más tiempo abriendo y editando archivos existentes que creando archivos nuevos desde cero. La forma más común de abrir un archivo es al abrir el programa que usted quiere correr (como Excel o Access) y luego abrir el archivo que desea usar. Una segunda manera, más rápida, es al abrir el archivo que quiere usar, lo cual automáticamente abre el programa necesario para editarlo.

RECUERDE

Puede abrir múltiples archivos desde adentro de cada programa de Office 2003 (con la excepción de Outlook y Access). Así es que, si abre Microsoft Word, usted puede abrir su archivo del currículo, el de la carta de renuncia, el de su reporte de trabajo y el de cartas de amor, todos al mismo tiempo. En general, es una buena idea abrir sólo aquellos archivos que vaya a utilizar en ese momento y cerrar aquellos archivos que no necesite porque, cuantos más archivos abiertos tenga, menor será la memoria con la que contará su computadora para trabajar con cualquier otro programa que esté corriendo en ese momento.

Abrir un archivo de Office de inmediato

Si quiere abrir un archivo específico de Office, primero debe encontrarlo y, luego, debe hacer doble clic sobre él para abrir tanto el archivo como el programa de Office que lo creó. Para hacerlo, siga estos pasos:

1. **Haga clic en el botón Start en la barra de tareas.**

   El menú de Start aparece.

2. **Haga clic en All Programs⇨Accessories⇨Windows Explorer.**

   La ventana de Windows Explorer aparece.

3. **Haga doble clic sobre el archivo que desea abrir.**

   Si el archivo que desea abrir está enterrado en otra carpeta o en otra unidad de disco, tendrá que escarbar entre las diferentes carpetas almacenadas en su computadora. Para más información sobre cómo usar Windows Explorer, busque una copia de *Windows XP For Dummies*, escrito por Andy Rathbone.

   CONSEJO

   Para ayudarle a encontrar un archivo rápidamente, haga clic en el botón Search en la ventana de Windows Explorer.

   Una vez que Office haya abierto su archivo y el programa que lo creó, como Excel o PowerPoint, usted puede empezar a editar la información.

Abrir un archivo de Office desde adentro de un programa

Si usted ya está corriendo un programa particular de Office, como Word o Excel, puede abrir un archivo existente siguiendo estos pasos:

1. **Escoja uno de los siguientes:**

   - Haga clic en File➪Open
   - Presione Ctrl+O
   - Haga clic sobre el icono Open, en la barra de herramientas estándar

   Con cualquiera de estos métodos, el recuadro de diálogo Open aparece.

2. **Haga clic en el archivo que quiere abrir.**

   Si el archivo que desea abrir está enterrado en otra carpeta o incluso en otra unidad, haga clic en el cuadro Look in list, y escoja una unidad o carpeta diferente, como Local Disk (C:) o la carpeta My Documents.

3. **Haga clic en Open.**

   Office carga su archivo en el programa que esté corriendo en ese momento.

Office le permite abrir múltiples archivos para que usted pueda pasar fácilmente ir y venir entre todos los que necesite en un momento dado.

Utilizar un Acceso Directo

En lugar de abrirse paso a través de miles de menús o el poco intuitivo Windows Explorer, usted puede crear accesos directos a sus programas o archivos favoritos de Office. Puede colocar dichos accesos directamente en el escritorio de Windows o en el menú Start. Así, sólo debe hacer doble clic sobre su acceso directo e ir al programa o archivo que quiere de inmediato.

Un *acceso directo* (*shortcut*) no es nada más que un icono que representa un archivo específico. Este archivo puede ser un programa (como Microsoft Word) o un archivo creado por otro programa (como su currículo escrito en Word).

Colocar un acceso directo en el escritorio

Para colocar un acceso directo a un programa o archivo en el escritorio de Windows, siga estos pasos

1. **Cierre o minimice cualquier programa que tenga corriendo para que pueda ver el escritorio de Windows.**

   CONSEJO

   Usted puede ver rápidamente el escritorio de Windows si hace clic derecho en la barra Start de Windows en la parte inferior de la pantalla; cuando aparezca un menú de selección, haga clic en Show the Desktop.

2. **Haga clic derecho con el mouse sobre el escritorio de Windows.**

   Surge un menú de selección, mostrado en la Figura 1-6.

3. **Escoja New⇨Shortcut.**

4. **Haga clic sobre el botón Browse.**

   El recuadro de diálogo Browse For Folder aparece.

5. **Localice el programa de Microsoft Office o el archivo que desea colocar en el escritorio de Windows.**

   Por ejemplo, si desea poner un acceso directo a Excel en el escritorio de Windows, busque el icono de Excel. Microsoft Office XP almacena, por defecto, sus archivos de programa en la carpeta `C:\Program Files\Microsoft Office\Office11`.

   CONSEJO

   Para ayudarle a descifrar los crípticos nombres que Microsoft les da a sus programas, aquí presentamos una lista a la que puede referirse:

Programa	*Nombre del Icono desplegado en el recuadro de diálogo Browse*
Access	Msaccess
Excel	Excel
Outlook	Outlook
PowerPoint	Powerpnt
Word	Winword

6. **Haga clic sobre el icono de un programa, como Mspub o Powerpnt, o sobre un archivo, y haga clic sobre Open.**

   El recuadro de diálogo Create Shortcut aparece nuevamente.

7. **Haga clic sobre Next.**

   El recuadro de diálogo Create Shortcut le pide un nombre descriptivo para el icono del escritorio. Si usted no digita un nombre, Windows utilizará el nombre predeterminado del icono del programa, como Msaccess or Winword.

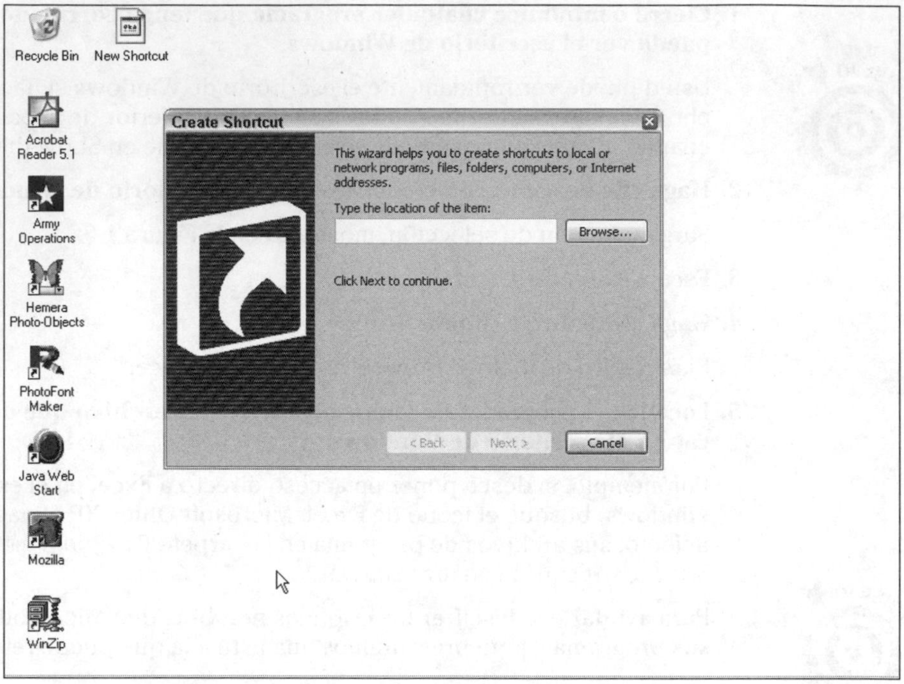

Figura 1-6: El recuadro de diálogo Create Shortcut lo guía a través del proceso de encontrar y nombrar un acceso directo.

8. **Digite un nombre descriptivo para su programa o archivo, como Microsoft Word o Carta de renuncia, y haga clic sobre Finish.**

   El escritorio de Windows aparece con el acceso directo de su elección en él. Los accesos directos son fáciles de reconocer, ya que tienen una pequeña flecha negra y blanca en la esquina inferior izquierda.

9. **Haga doble clic sobre su acceso directo para correr el programa o cargar el archivo.**

RECUERDE

Si desea borrar un icono de acceso directo de su escritorio, haga clic derecho sobre él y escoja Delete en el menú de selección.

Colocar un acceso directo a un programa en el menú Start

El menú de Start despliega los programas usados más recientemente para facilitar su acceso a ellos. Empero, tal vez usted mismo quiera almacenar accesos directos a sus programas favoritos en el menú Start usted mismo. Para hacer esto, siga los siguientes pasos:

1. **Haga clic sobre el botón Start**

   El menú de Start aparece.

2. **Haga clic sobre All Programs.**

   Aparece un menú de selección.

3. **Haga clic sobre Microsoft Office.**

   Aparece un menú de selección que despliega todos los programas de Microsoft Office disponibles.

4. **Haga clic derecho en el programa que quiere almacenar en el menú Start.**

   Aparece un menú de selección, como se muestra en la Figura 1-7.

5. **Haga clic en el comando Pin to Start menu.**

   El programa escogido aparece como un icono de acceso directo en el menú Start.

RECUERDE

Si en algún momento quiere borrar un icono de acceso directo del menú Start, haga clic derecho sobre él, y luego haga clic en el comando Remove from This List del menú.

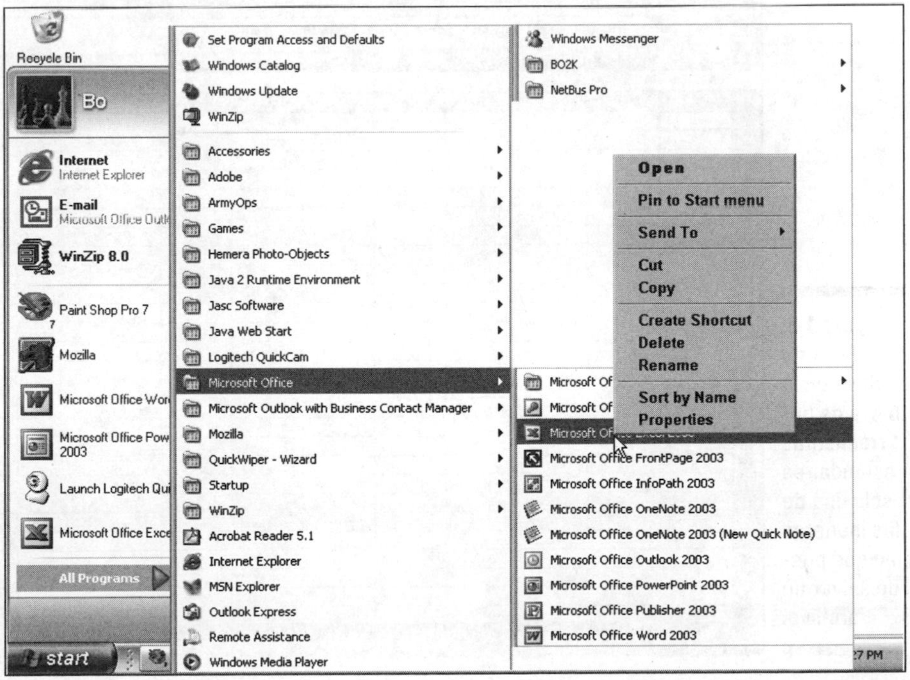

Figura 1-7: El menú de selección despliega el comando Pin to Start menu.

Guardar un Archivo

A menos que quiera digitar la misma información en su computadora una y otra vez, usted debería guardar sus archivos. Si crea un archivo nuevo y luego lo guarda, necesita especificar un nombre para éste y una ubicación donde lo desea almacenar, como en su disco duro o en una carpeta específica, como My Documents. Cuando edita un archivo existente, Office 2003 simplemente guarda su información en el archivo en uso.

Para guardar un archivo, sólo escoja una de las siguientes opciones:

- Haga clic en File⇨Save.
- Haga clic en el icono Save en la barra de herramientas estándar, como se muestra en la Figura 1-8.
- Presione Ctrl+S.

Icono de Guardar (Save icon)

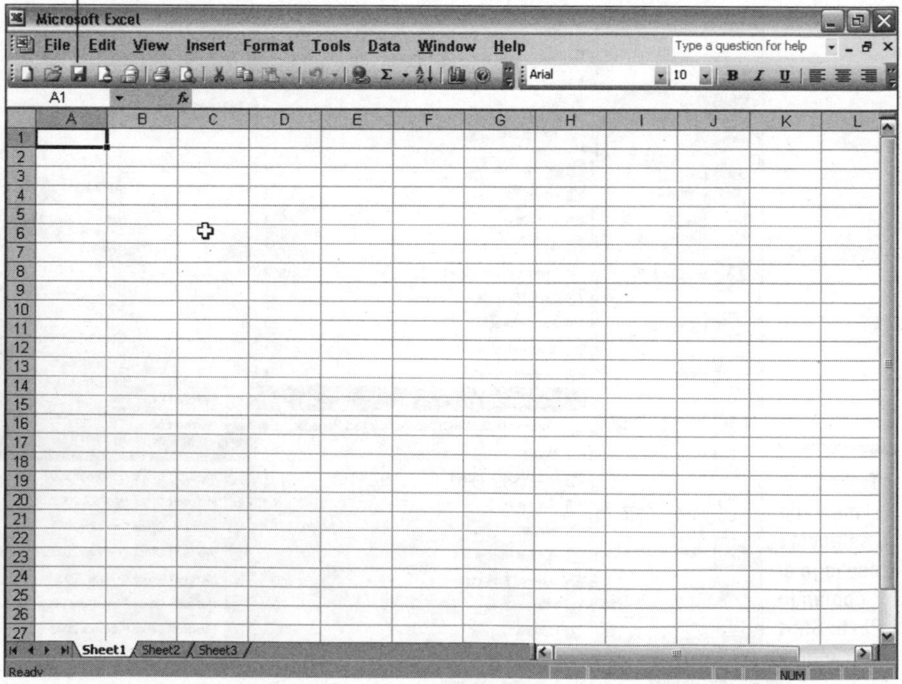

Figura 1-8: El icono Save en la barra de herramientas estándar es sólo una de las maneras en que puede salvar un archivo.

Usted debería guardar su información en forma periódica mientras esté trabajando; por ejemplo, cada diez minutos o cada vez que tome un descanso y se aleje de su computadora. Así, si la luz se va repentinamente, si su disco duro se descompone o si otra cosa horriblemente mala sucede con su computadora, solamente perderá un poquito de información desde la última vez que guardó su archivo.

Para mayor seguridad, es mejor guardar una copia de su archivo en un medio removible como un disquete o un CD regrabable, y luego almacenar dicho elemento en un lugar diferente, lejos de su computadora. De esa forma, si hubiera un incendio, una inundación u otro tipo de desastre que arrasara con su computadora, usted (ojalá) podrá recuperar su información de la unidad removible más tarde.

Cerrar un Archivo

Después de abrir un archivo para editarlo o agregarle nueva información, usted eventualmente tendrá que cerrarlo, para poder hacer algo más con su vida que no sea usar Microsoft Office 2003. Hay dos formas de cerrar un archivo:

- Haga clic en File⇨Close en caso de que quiera detener la edición de un archivo específico pero aún desee seguir utilizando Office 2003.

Si tiene varios archivos abiertos en el mismo programa, como múltiples documentos de Word, usted puede cerrarlos todos al mismo tiempo si mantiene presionada la tecla Shift y luego hace un clic en File⇨Close All. El comando Close All sólo aparece al mantener presionada la tecla Shift.

- Haga clic File⇨Exit

Para una forma expedita de cerrar un archivo y el programa que lo creó, haga clic sobre la casilla de cierre en la ventana del programa. (La *casilla de cierre* (*Close box*) es un pequeño cuadro gris con una X en él, el cual aparece en la esquina superior derecha de la ventana de un programa).

Si hizo cambios al archivo después de guardarlo y luego escoge el comando File⇨Exit, Microsoft Office 2003 le pregunta si desea guardar los cambios y le ofrece las siguientes opciones: Yes, No o Cancel.

- Haga clic sobre Yes para guardar su archivo.
- Haga clic sobre No si no desea guardar ningunno de los cambios recientes.
- Haga clic sobre Cancel (o pulse la tecla Esc de su teclado) si repentinamente cambia de parecer, y no quiere salir después de todo.

Capítulo 2

Comandos Comunes de Office 2003

En este capítulo

- Utilizar los menús
- Mostrar las barras de herramientas
- Trabajar con el panel de tareas
- Trabajar con varias ventanas
- Utilizar el Office Clipboard

En un esfuerzo por lograr que Microsoft Office 2003 sea más fácil de usar, prácticamente todos los programas de Office 2003 comparten comandos similares del mouse y el teclado, así que usted puede (teóricamente) cambiar de un programa a otro sin muchas preocupaciones ni angustias.

Por supuesto que, mientras usted no sepa cómo dirigir los comandos de un programa Office 2003, no podrá utilizar ninguno de los demás; entonces, este capítulo le enseñará las formas más comunes de manejar cualquier programa con su mouse o teclado.

Utilizar los Menús

La barra de menú aparece en la parte superior de la ventana de cada programa de Office 2003, y contiene varios títulos que organizan los diferentes comandos del programa por categorías. Algunos de los títulos normalmente compartidos por los menús de programas de Office 2003 incluyen:

- **File:** Contiene comandos para abrir, guardar e imprimir archivos.
- **Edit:** Contiene los comandos copiar, borrar, pegar, buscar y reemplazar datos.
- **View:** Contiene comandos para cambiar la forma en que los datos aparecen en la pantalla.

- **Insert:** Contiene comandos para incluir diferentes tipos de información en un archivo, tales como líneas, gráficos o hipervínculos.
- **Format:** Contiene comandos para cambiar la manera en que lucen sus datos, como las fuentes o diferentes formas de representar los números como fechas o anotaciones científicas.
- **Tools:** Contiene comandos para manipular los datos de sus archivos, como revisar la ortografía. Además, incluye opciones para personalizar la apariencia y el desempeño de su programa de Office 2003.
- **Windows:** Contiene comandos para manipular las ventanas dentro de un programa de Office 2003 en particular.
- **Help:** Contiene comandos para obtener ayuda sobre el uso de cada programa de Office 2003.

Para ver los comandos atrapados bajo un título de menú específico, sólo haga clic sobre él; por ejemplo, sobre el título File o Help. Si observa con detenimiento, notará que cada título tiene una letra subrayada. Ésta representa una tecla rápida que usted puede pulsar para ver un determinado título de menú también.

Por ejemplo, el título File tiene la letra *F* subrayada. Esto significa que usted puede presionar la tecla Alt y la F para ver el menú de File, sin necesidad de utilizar el mouse.

CONSEJO

Si usted presiona solamente la tecla Alt, Office 2003 resalta el menú File. Luego, usted puede usar las teclas de flechas (derecha o izquierda) para resaltar otro de los títulos de menú y presionar las teclas de flechas (arriba o abajo), o la tecla Enter, para ver el menú del título señalado.

Mover la barra de menú

La barra de menú aparece normalmente cerca de la parte superior de la ventana de cada programa de Office 2003. En caso que usted prefiera colocarla en otro lugar, siga estos pasos:

1. **Ponga el puntero del mouse sobre la manija de la barra de menú.**

   Cuando el puntero del mouse se encuentra directamente sobre la manija de la barra de menú, se transforma en una flecha de cuatro puntas, como se muestra en la Figura 2-1. Esta figura indica cómo luce la barra de menú en una ventana flotante y en la parte superior de la ventana de un programa.

2. **Arrastre el mouse (presione el botón izquierdo y mueva el mouse).**

   Mientras usted arrastra el mouse, la barra de menú luce como una ventana flotante.

3. **Suelte el botón izquierdo cuando usted esté satisfecho con la ubicación de la barra de menú.**

Si usted arrastra la barra de menú nuevamente a la parte superior de la ventana del programa, ésta se ajustará automáticamente de vuelta en su lugar..

Personalizar la barra de menú

Debido a la gran cantidad de distintos comandos que contiene Office 2003, cada título de menú puede desplegar los comandos en alguna de las siguientes tres formas

- Desplegar todas las órdenes existentes en todo momento. Esto le permite ver todos los comandos que usted puede escoger, pero también podría agobiarlo con demasiadas posibilidades.
- Esconder los comandos que usted utilice menos. Si usted desea ver todos los comandos almacenados bajo un título de menú en particular, debe hacer clic sobre el botón Expand, en la parte inferior del título del menú.
- Esconder los comandos que menos utilice, pero desplegarlos automáticamente después de unos segundos.

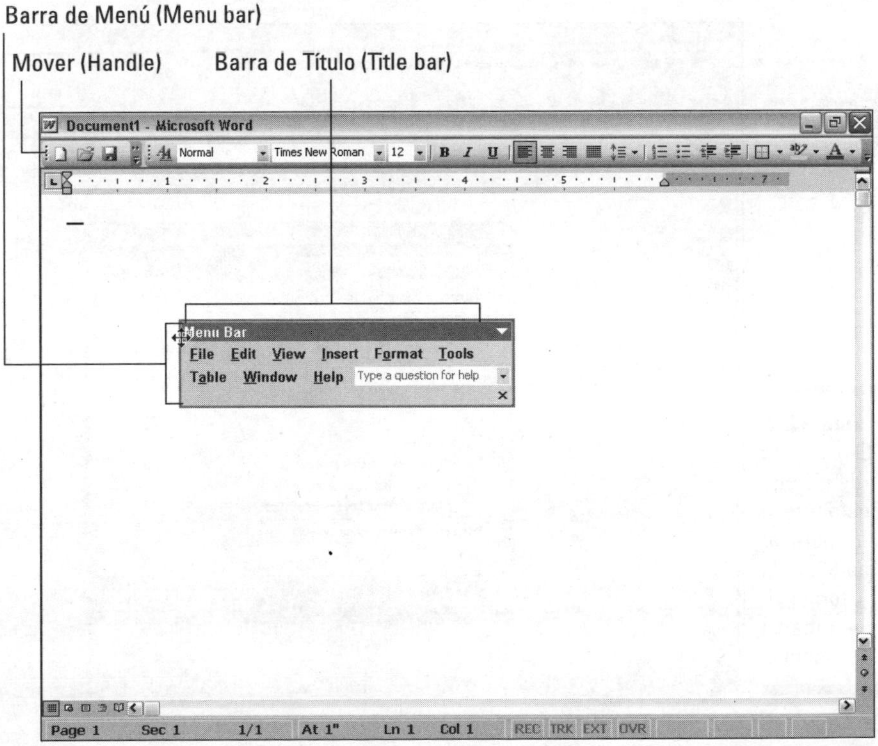

Figura 2-1: Usted puede mover la barra de menú arrastrando la manija de dicha barra a un nuevo lugar.

Para cambiar la forma en que trabajan los menús, siga estos pasos en cada uno de los programas de Office 2003:

1. **Escoja una de las siguientes opciones:**
   - Haga clic en Tools➪Customize.
   - Haga clic en View➪Toolbars➪Customize.

   Aparece el recuadro de diálogo Customize, como se muestra en la Figura 2-2.

2. **Haga clic en la pestaña Options.**

3. **Haga clic sobre alguna de las siguientes casillas, o retire la marca:**
   - **Always Show Full Menus:** Si marca esta opción, los menús desplegables muestran todos los comandos posibles, como aparece en la Figura 2-3.
   - **Show Full Menus After A Short Delay:** Si marca esta opción, los comandos usados menos frecuentemente aparecen en el menú luego de unos segundos.

4. **Haga clic en Close.**

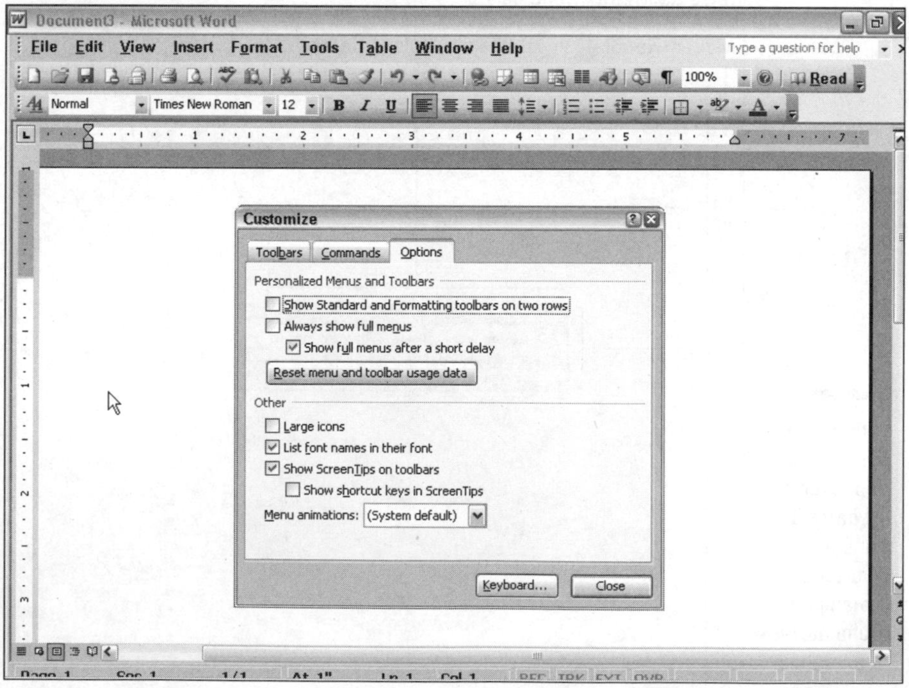

Figura 2-2: El recuadro de diálogo Customize le permite modificar la forma en que trabajan los menús.

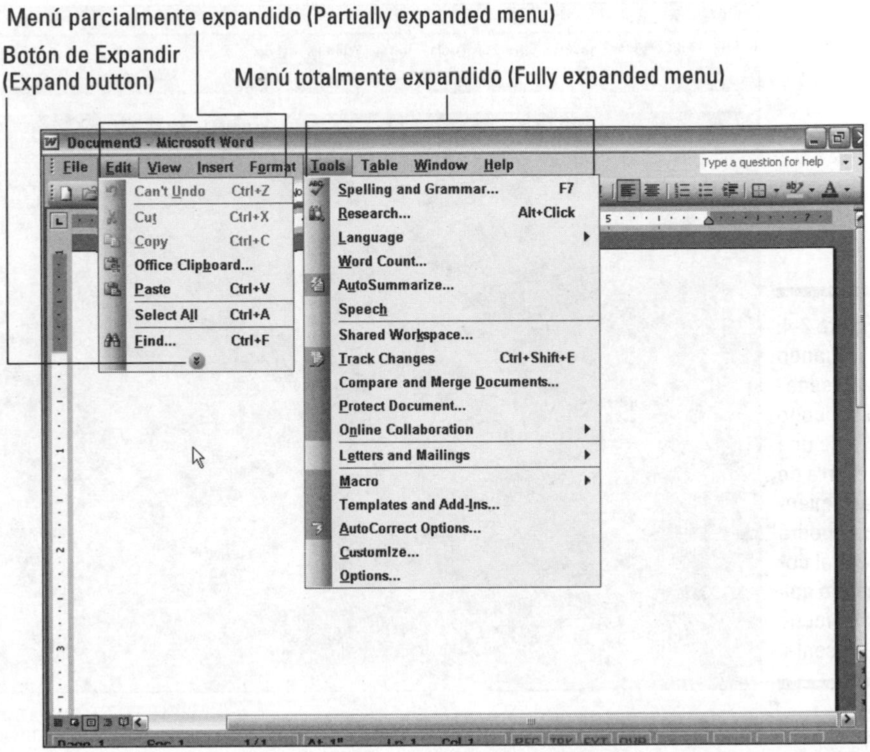

Figura 2-3: Los menús pueden mostrar todos los comandos en todo momento.

Utilizar sus Barras de Herramientas (Toolbars)

Las barras de herramientas contienen iconos que representan los comandos utilizados más frecuentemente. Así, usted puede simplemente hacer clic sobre un icono para escoger un comando, en lugar de escarbar en un menú o pulsar una oscura combinación de teclas, como Ctrl+P. Los dos típicas barras que todo programa de Office 2003 comparte son la estándar y la de formato.

La barra de herramientas estándar contiene iconos que representan comandos comunes de los menús File, Edit e Insert. La barra de herramientas de formato contiene iconos que representan comandos del menú Format.

Para usar una de estas barras, simplemente haga clic sobre el icono que representa el comando que usted quiere utilizar. Si usted no sabe qué representa cada icono, coloque el puntero del mouse sobre dicho icono y espere unos segundos. Office 2003 amablemente le mostrará una corta descripción del comando que ese icono representa, como se muestra en la Figura 2-4.

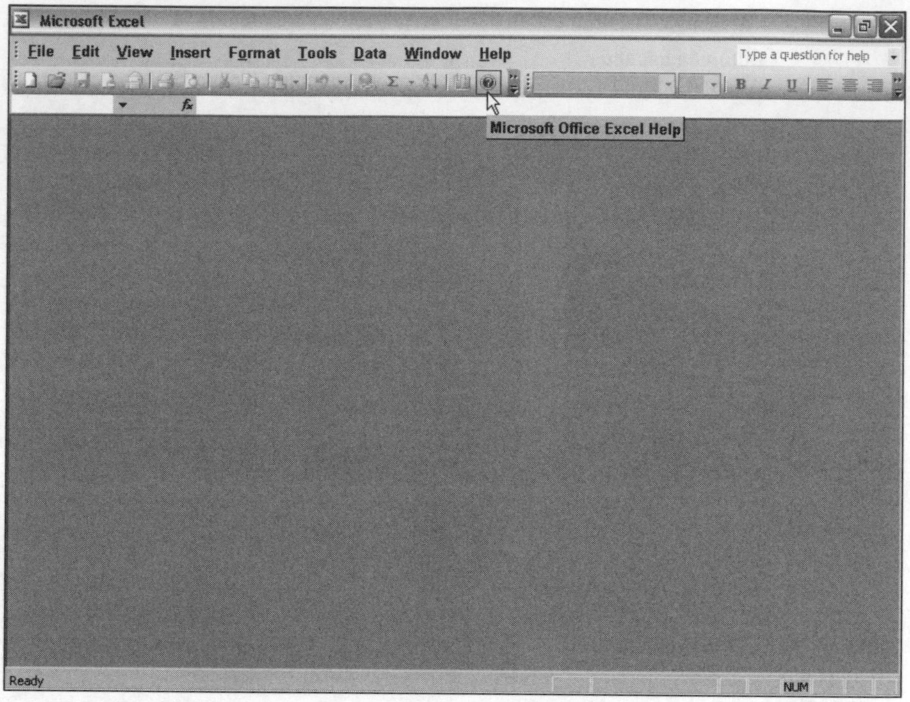

Figura 2-4: Cuando usted señala un icono de una barra de herramientas, podrá ver el comando que dicho icono representa.

Estrujar (o apilar) las barras de herramientas estándar y de formato

Para ahorrar espacio, Microsoft Office 2003 puede estrujar las barras de herramientas estándar y de formato juntas en una sola fila. Desgraciadamente, esto impide que ambas barras desplieguen todos los iconos disponibles.

Cuando ambas barras comparten una sola fila, usted tiene que hacer clic sobre el botón Toolbar Options para invocar un menú desplegable; éste contiene aquellos iconos que no aparecen en cada barra, como lo muestra la Figura 2-5.

Si usted quiere apilar las barras de herramientas estándar y de formato una sobre la otra, para así poder ver todos los comandos disponibles en cada una, siga los estos pasos:

1. **Seleccione alguna de las siguientes opciones:**
   - Haga clic en Toolbars⇨Customize.
   - Haga clic en View⇨Toolbars⇨Customize.

El recuadro de diálogo Customize aparece.

2. **Haga clic sobre la pestaña Options.**
3. **Haga clic sobre la casilla Show Standard and Formatting Toolbars on Two Rows, o déjela en blanco.**
4. **Haga clic en Close.**

   Office 2003 desplegará ambas barras en filas separadas, como se muestra en la Figura 2-6.

Esconder y desplegar las barras de herramientas

Además de las barras de herramientas estándar y de formato, Office 2003 incluye un conjunto de barras adicionales, con otros comandos adicionales que usted podría necesitar. Para ahorrar espacio, Office 2003 normalmente las mantiene guardadas donde no sean visibles, pero si usted utiliza comandos específicos a menudo, probablemente prefiera usar una barra de herramientas que los despliegue.

Botón de Opciones de Barra de Herramientas (Toolbar Options button)

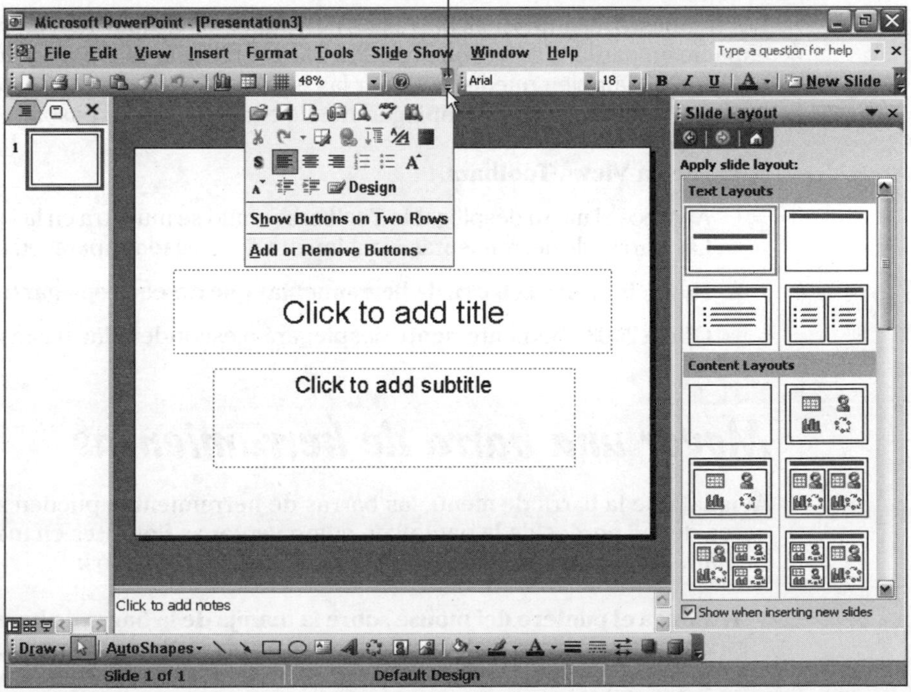

Figura 2-5: Al hacer clic sobre el botón de Toolbar Options se pueden ver los demás iconos.

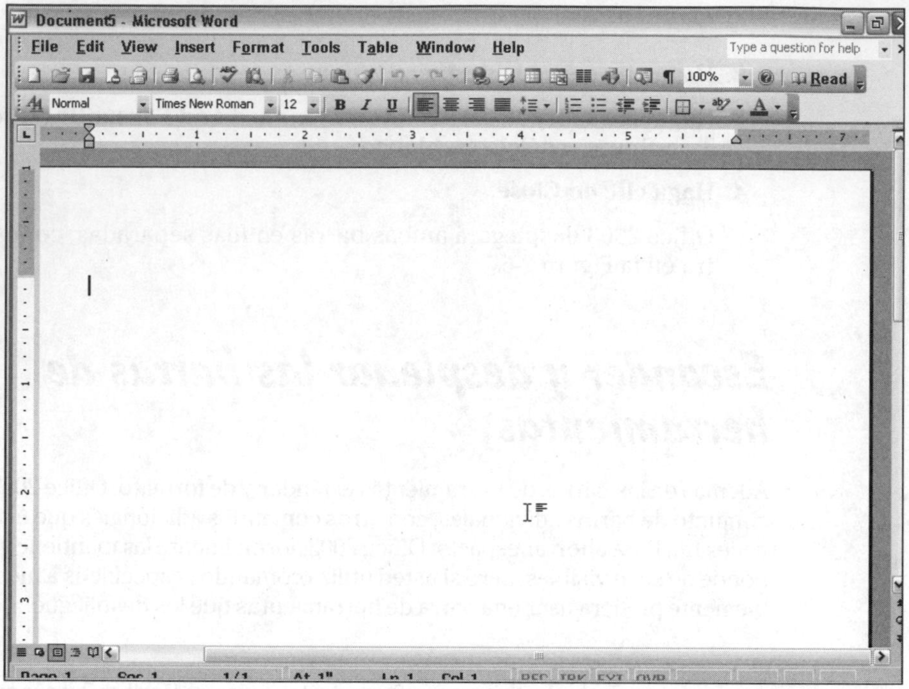

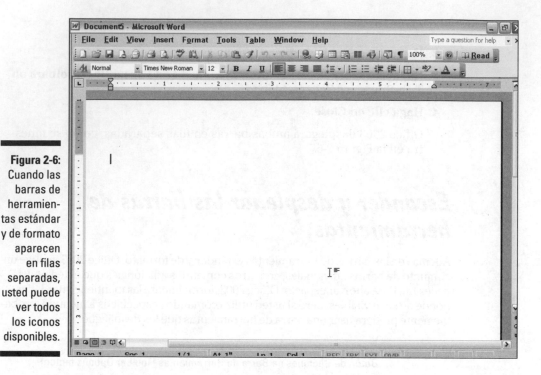

Figura 2-6: Cuando las barras de herramientas estándar y de formato aparecen en filas separadas, usted puede ver todos los iconos disponibles.

Por supuesto, cuantas más barras de herramientas despliegue, menor será el espacio en pantalla con el que contará para ver lo que esté haciendo. Por eso, Office 2003 también puede esconder las barras de herramientas en cualquier momento. Para ocultar o desplegar una de ellas, siga estos pasos:

1. **Escoja View⇨Toolbars.**

   Aparece el menú desplegable Toolbars , como se muestra en la Figura 2-7. Las barras de herramientas actualmente desplegadas aparecen marcadas.

2. **Haga clic sobre la barra de herramientas que desee desplegar (o esconder).**

   Office 2003 obedientemente desplegará o esconderá las barras escogidas.

Mover una barra de herramientas

Al igual que la barra de menú, las barras de herramientas pueden aparecer cerca de los bordes de la pantalla o como ventanas flotantes en medio de ésta. Para mover una barra de herramientas, siga estos pasos:

1. **Ponga el puntero del mouse sobre la manija de la barra de herramientas que desea mover. (Si la barra aparece en el medio de la pantalla, ponga el puntero del mouse sobre la barra de título de la barra de herramientas).**

Cuando usted mueve el puntero del mouse sobre la manija de una barra de herramientas, éste se convierte en una flecha de cuatro puntas, como se muestra en la Figura 2-8. Si mueve una barra de herramientas que aparece en el medio de la pantalla, no verá la flecha de cuatro puntas hasta que mantenga presionado el botón izquierdo del mouse.

2. **Mantenga presionado el botón izquierdo del mouse y arrástrelo.**

   La barra de herramientas aparece como una ventana separada (refiérase a la Figura 2-8).

3. **Libere el botón izquierdo del mouse cuando la ventana de la barra de herramientas aparezca donde usted la quiere.**

   Si los objetos que flotan en el medio de la pantalla lo ponen nervioso, puede estrujar la barra de herramientas hacia un lado o la parte inferior de la pantalla y dejarla allí.

CONSEJO

Si deja la barra de herramientas en el medio de la pantalla como una ventana flotante, puede reajustar su tamaño. Sólo ponga el puntero del mouse sobre un lado de la ventana de la barra, espere hasta que el puntero se convierta en una flecha de doble punta, y luego sostenga el botón izquierdo del mouse y arrástrelo para ajustar el tamaño de la ventana de la barra.

Cambiar el tamaño de una barra de herramientas

Si usted mantiene las barras de herramientas estándar y de formato estrujadas en una sola fila, probablemente querrá alterar el tamaño de alguna de éstas para poder ver más iconos de la otra. Para cambiar el tamaño de una barra de herramientas, siga estos pasos:

1. **Ponga el puntero del mouse sobre la manija de la barra de herramientas que aparece en el centro de la pantalla.**

   Cuando usted coloca el puntero del mouse sobre la manija de una barra de herramientas, éste se transforma en una flecha de cuatro puntas (vea la Figura 2-8).

2. **Mantenga presionado el botón izquierdo del mouse y arrástrelo.**

   La barra se expande o se contrae, según la dirección en que usted arrastre el mouse.

3. **Libere el botón izquierdo del mouse cuando la barra tenga el tamaño que usted considere aceptable.**

RECUERDE

Si la barra de herramientas aparece como una ventana flotante en el centro de la pantalla, siga estos pasos:

1. **Ponga el puntero del mouse sobre una esquina de la barra flotante.**

   Cuando usted coloca el puntero del mouse sobre la manija de una barra de herramientas, éste se transforma en una flecha de doble punta.

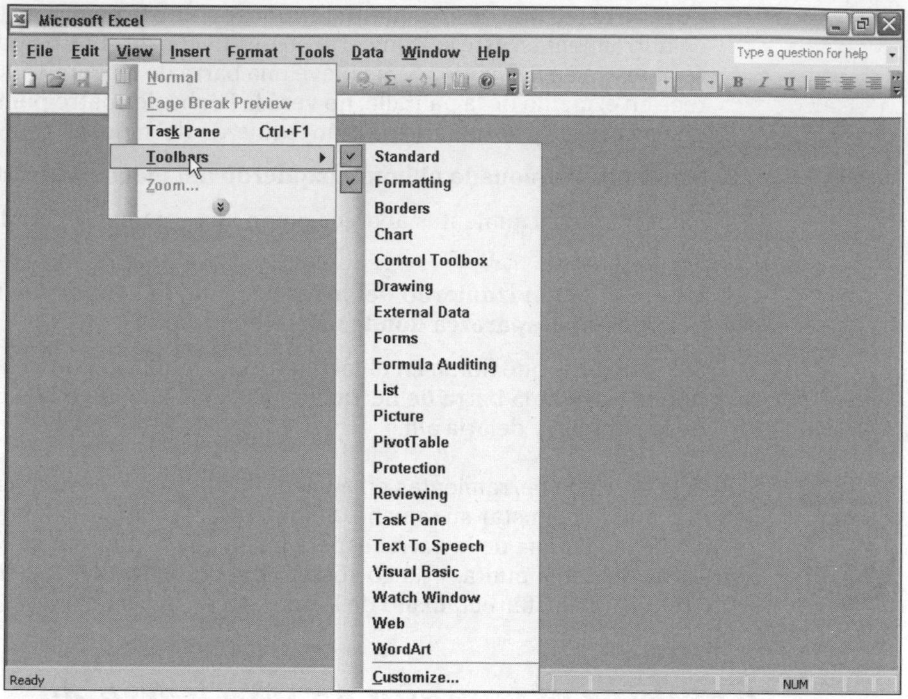

Figura 2-7: Para ocultar o desplegar una barra de herramientas, sólo haga clic sobre la que desee desplegar (u ocultar).

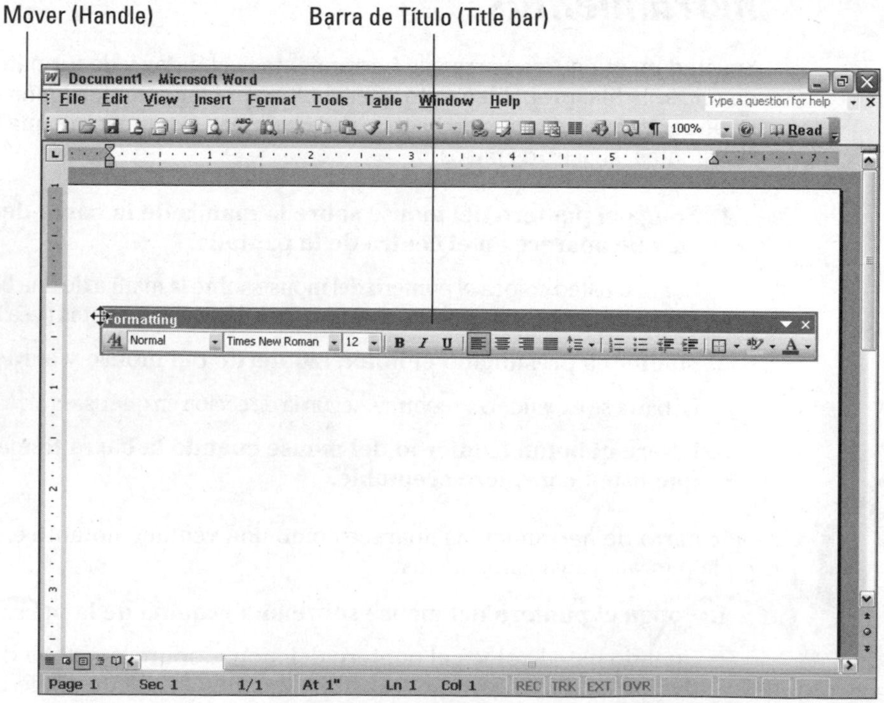

Figura 2-8: Usted puede arrastrar la manija de una barra de herramientas con el mouse para moverla hacia el centro o un lado de la pantalla.

2. **Mantenga presionado el botón izquierdo del mouse y arrástrelo.**

   La barra se expande o se contrae, según la dirección en que usted arrastre el mouse.

3. **Libere el botón izquierdo del mouse cuando la barra tenga el tamaño que usted considere aceptable.**

Mostrar o esconder los iconos de una barra de herramientas

Si usted encuentra las barras de herramientas estándar y de formato demasiado abarrotadas, puede ocultar los iconos que no utiliza frecuentemente. De esa manera, sus barras de herramienta solamente contendrán los iconos correspondientes a aquellos comandos que usted usa más a menudo. Para esconder o desplegar los iconos de una barra de herramientas, siga estos pasos:

1. **Haga clic en el botón Toolbar Options de la barra de herramientas estándar o la de formato.**

   Aparece un menú desplegable que muestra todos los iconos disponibles para esa barra en particular, como lo muestra la Figura 2-9.

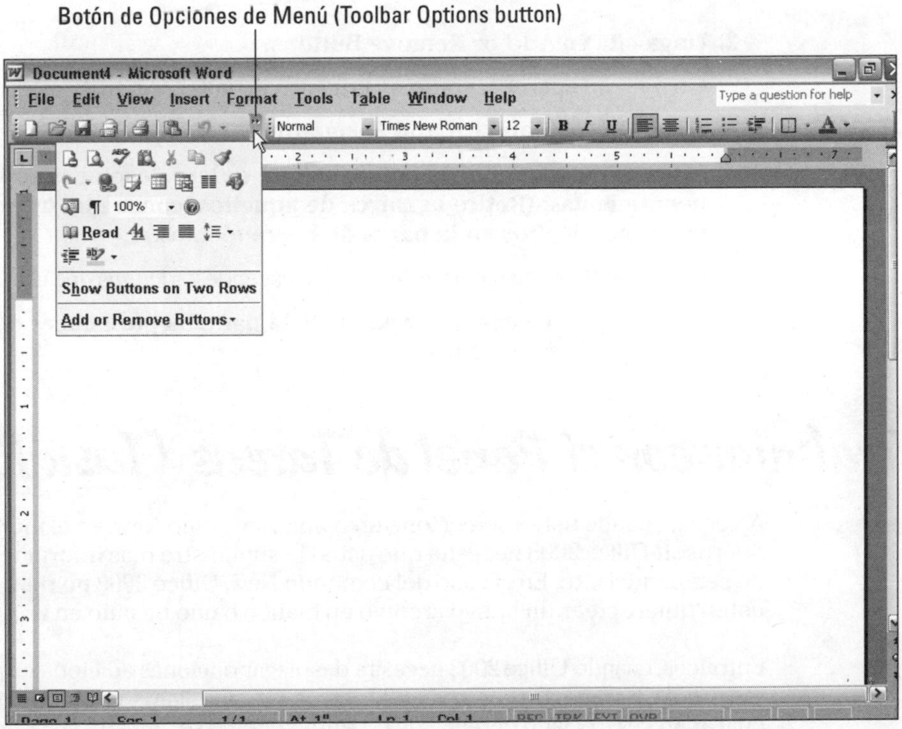

Figura 2-9: Para personalizar una barra de herramientas, usted necesita hacer clic en el botón Toolbar Options.

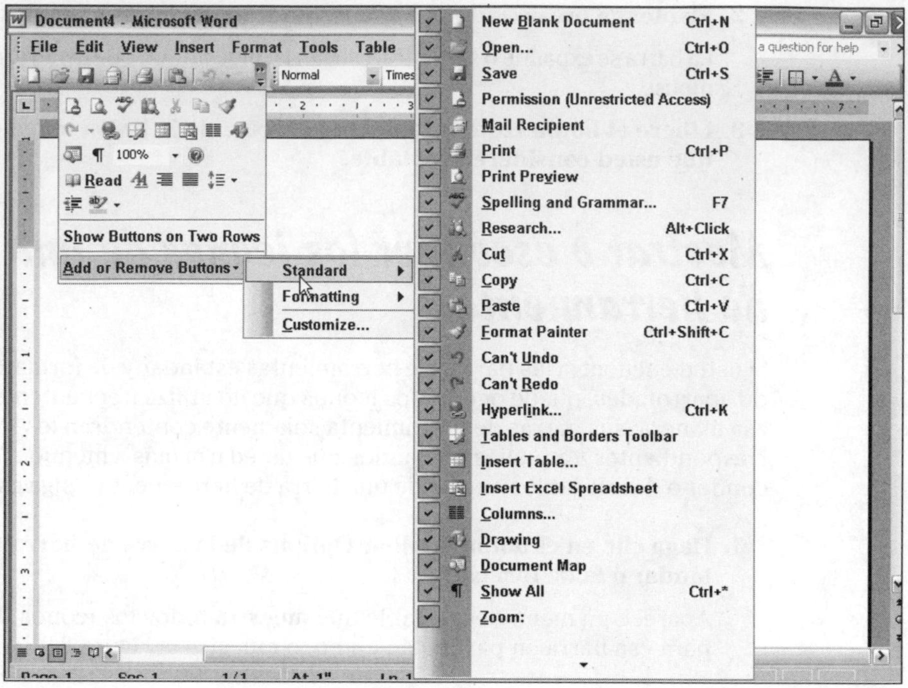

Figura 2-10: Cada uno de los iconos que aparecen actualmente en la barra de herramientas tiene una marca a su lado.

2. **Haga clic en Add or Remove Buttons.**

   Otro menú aparece, como se muestra en la Figura 2-10.

3. **Haga clic en Standard and Formatting.**

4. **Haga clic a la izquierda del icono que quiere desplegar en la barra de herramientas. (Retire la marca de aquellos iconos que usted quiere mantener ocultos en la barra de herramientas.)**

   Office 2003 inmediatamente despliega o esconde los iconos que usted seleccione.

5. **Haga clic sobre cualquier parte de la pantalla para hacer desaparecer los menús desplegables.**

Trabajar con el Panel de Tareas (Task Pane)

A veces, cuando usted selecciona un comando, como New, en el menú File, Microsoft Office 2003 necesita que usted le suministre más información antes de seguir adelante. En el caso del comando New, Office 2003 no tiene idea de si usted quiere crear un nuevo archivo en blanco o uno basado en una plantilla.

Entonces, cuando Office 2003 necesita desplegar opciones adicionales para que usted escoja, las muestra como vínculos en un ventana, llamada panel de tareas, la cual aparece en el lado derecho de la pantalla, como se muestra en la Figura 2-11.

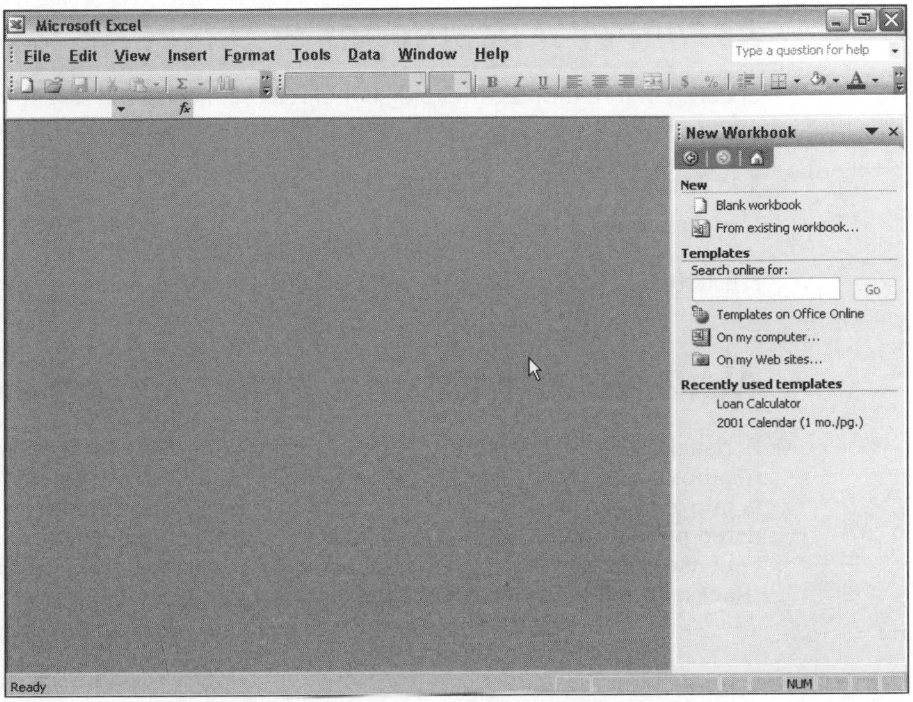

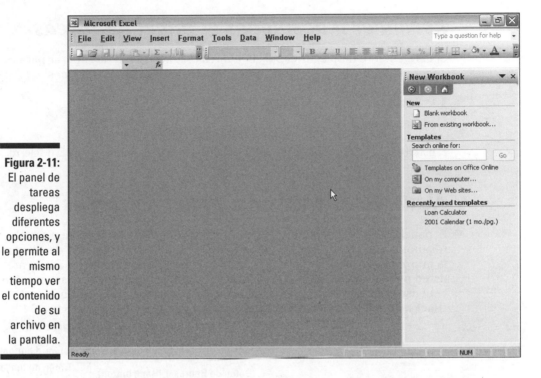

Figura 2-11: El panel de tareas despliega diferentes opciones, y le permite al mismo tiempo ver el contenido de su archivo en la pantalla.

Todos los programas de Office 2003 incluyen diferentes tipos de paneles de tareas. Cada tipo provee opciones para realizar una tarea en particular, como crear una nueva diapositiva (en PowerPoint), crear un documento de correo combinado (en Word) o desplegar ayuda para un programa en particular (en todos los programas de Office 2003).

Utilizar el panel de tareas

Cuando usted escoge un comando, puede surgir el panel de tareas para mostrarle todas las opciones disponibles. Para escoger una, sólo haga clic sobre un vínculo, que aparece resaltado en azul.

CONSEJO

Usted también puede identificar los vínculos en el panel de tareas moviendo el puntero del mouse sobre el texto. Si éste aparece subrayado y el puntero se transforma en el icono de una mano que apunta, quiere decir que el puntero está sobre un vínculo.

Después de haber seleccionado una opción del panel de tareas, Office 2003 lo saca de vista, para que usted pueda continuar su trabajo.

Esconder y desplegar el panel de tareas

Si usted quiere desplegar el panel de tareas sin necesidad de esperar para escoger un comando que lo abra, escoja una de las siguientes opciones:

- Haga clic en View⇨Task pane
- Presione Ctrl+F1

Si usted desea ocultar el panel de tareas, solamente haga clic sobre su casilla de cierre.

Navegar a través del panel de tareas

El panel de tareas puede desplegar diferentes tipos de información en distintos momentos, lo que significa que existe la posibilidad de que no despliegue la información que usted quiere ver en un momento dado. Afortunadamente, usted puede cambiar el tipo de información que aparece en él, ya sea mediante el uso de la casilla de la lista del panel de tareas, o con los botones Atrás (Back), Adelante (Forward) o Inicio (Home), que aparecen en la Figura 2-12.

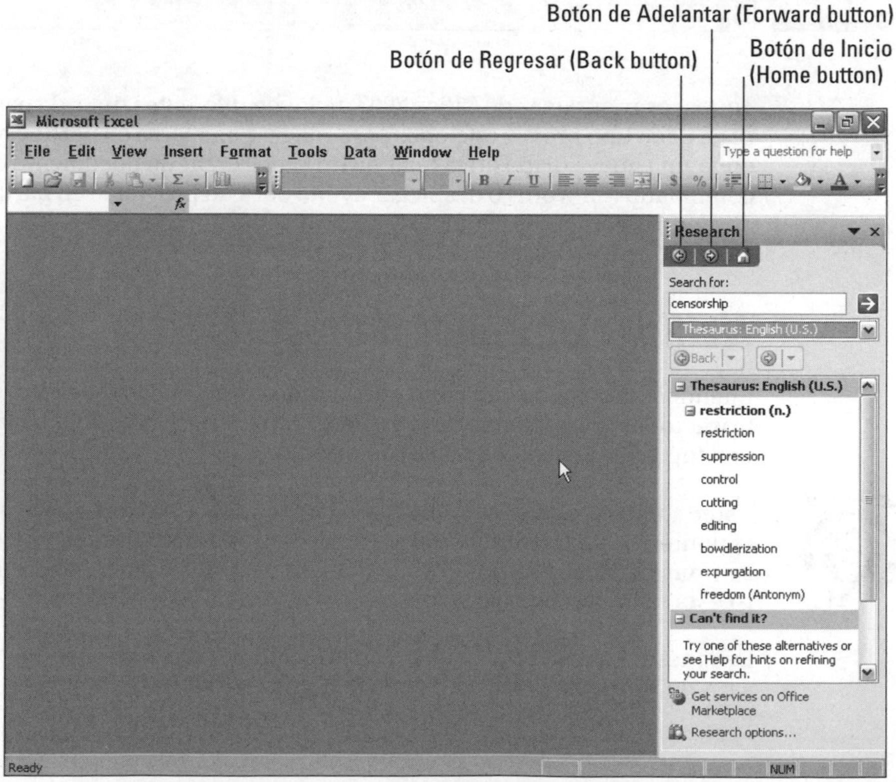

Figura 2-12: El panel de tareas le brinda opciones adicionales para escoger mientras usted trabaja en un programa de Office 2003.

El botón Inicio (Home) despliega la página principal del panel de tareas, donde usted puede crear un nuevo archivo o abrir uno ya existente. Si usted hace clic sobre un vínculo del panel de tareas, éste despliega información diferente.

Al hacer clic sobre el botón Atrás (Back), se despliega la información que aparecía previamente en el panel. Si usted hace clic sobre dicho botón y repentinamente decide que quiere regresar al panel anterior, sólo haga clic sobre el botón Adelante (Forward).

Si usted hace clic sobre el cuadro de la lista del panel de tareas , podrá ver todos los tipos de información que éste puede desplegar, por ejemplo la de los paneles Help o Clipboard, como se muestra en la Figura 2-13.

Hoja de Listas de Tareas (Task Pane list box)

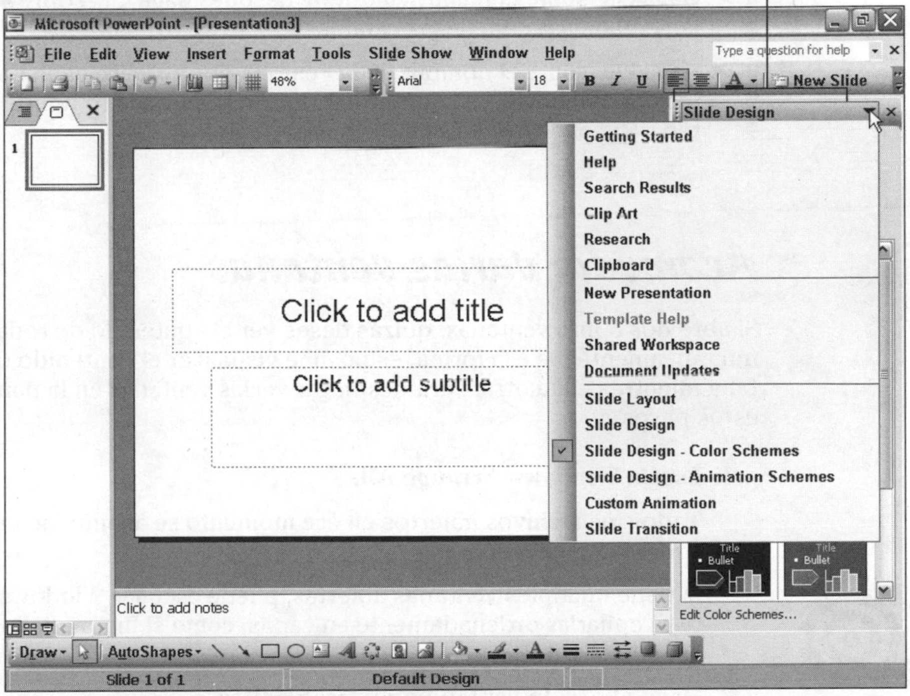

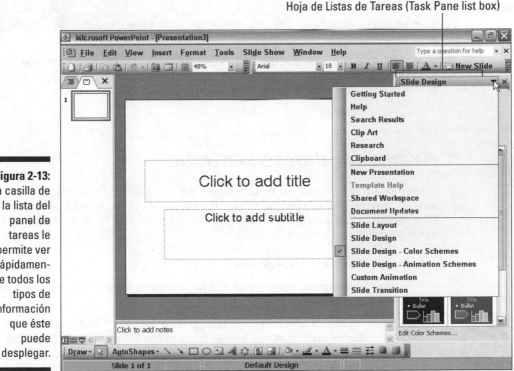

Figura 2-13: La casilla de la lista del panel de tareas le permite ver rápidamente todos los tipos de información que éste puede desplegar.

Abrir Múltiples Ventanas

Con la excepción de Outlook y Access, todos los programas de Office 2003 pueden abrir múltiples archivos. Por ejemplo, una ventana podría desplegar un currículo que usted esté escribiendo en Word, mientras que otra ventana podría mostrar su carta de renuncia hecha también en Word. El abrir múltiples archivos en diferentes ventanas le permite trabajar con varios de ellos al mismo tiempo, y copiar datos de uno a otro.

Cambiar entre varias ventanas

Cuando usted abre múltiples ventanas, solamente una de ellas puede estar activa en un momento dado. Para cambiar a otra ventana, escoja una de las siguientes opciones:

- Haga clic sobre cualquier parte de la ventana a la cual usted quiere cambiarse (si es que pueda verla).
- Haga clic sobre el menú Window, y después haga clic sobre el nombre de la ventana a la cual desea cambiarse.
- Haga clic sobre el nombre de la ventana que aparece en la barra de tareas de Windows, en la parte inferior de la pantalla (o donde sea que usted haya puesto la barra de tareas de Windows).

Acomodar varias ventanas

Si abre dos o más ventanas, quizás desee ver el contenido de todas ellas simultáneamente. De esa forma, es posible visualizar el contenido de una ventana mientras edita otra. Para desplegar varias ventanas en la pantalla, siga estos pasos

1. **Escoja Window⇨Arrange All.**

   Todos los archivos abiertos en ese momento se acomodan en la pantalla como ventanas separadas.

   CONSEJO: Si tiene múltiples ventanas abiertas, puede escoger Windows⇨Cascade, para apilarlas ordenadamente en capas, como si fueran fichas, con las esquinas visibles.

2. **Haga clic en la ventana que desea editar.**

   La ventana activa (la que usted está editando en este momento) destaca su barra de título, mientras que las demás la atenúan.

CONSEJO: Usted puede cambiar el tamaño de las ventanas o moverlas arrastrando la barra de título de una ventana a cualquier parte de la pantalla. Al hacerlo, puede colocarlas como usted quiera.

Guardar y cerrar múltiples ventanas

Después de un rato, quizás no desee ver tantas ventanas amontonadas en su pantalla. Para cerrar una ventana, siga uno de estos pasos:

- Haga clic sobre la casilla de cierre de todas las ventanas que quiera cerrar. (Esta casilla es la pequeña X en la esquina superior derecha).
- Haga clic sobre la casilla de minimización de todas las ventanas que desee mantener abiertas, pero ocultas por el momento. (Esta casilla tiene una pequeña línea horizontal).

RECUERDE

Si hace clic sobre la casilla de cierre en la esquina superior de la ventana de un programa, puede salir de él por completo.

Si tiene dos o más ventanas abiertas, puede cerrarlas y guardarlas en forma más conveniente utilizando el comando Close All.

RECUERDE

El comando Close All no está disponibles en Access ni Outlook.

Para cerrar todas las ventanas abiertas, haga lo siguiente:

1. **Oprima y sostenga la tecla Shift.**
2. **Escoja File⇨Close All.**

   Cuando sostiene la tecla Shift, el menú File cambia el comando Close a Close All. Si no ha guardado un archivo, Office XP despliega un recuadro de diálogo que le pregunta si desea guardar su información antes de cerrar el archivo.

Copiar y Pegar con Office Clipboard

Cuando copia objetos (como texto o gráficos) en un programa de Office 2003, su computadora almacena el objeto copiado en el *Windows Clipboard*, el cual almacena temporalmente elementos que usted puede utilizar de nuevo en el futuro. Desafortunadamente, el Windows Clipboard puede sostener sólo un elemento a la vez. En el momento que usted copia un segundo elemento, Windows Clipboard borra cualquier cosa almacenada allí.

Para evitar este problema, Microsoft Office 2003 viene con un *Office Clipboard* especial, que trabaja exactamente igual que el Windows Clipboard, aunque el Office Clipboard puede sostener hasta 24 (cuéntelos, 24) elementos a la vez.

La limitación más grande del Office Clipboard es que usted puede utilizar esta opción solamente mientras trabaje dentro de uno o más programas de Office 2003. El término (digamos) amable para las opciones que trabajan así es *proprietary technology* (*tecnología propietaria*). Esto significa que las opciones funcionan solamente con programas hechos por un creador particular (en este caso, Microsoft) en un intento por hacer los programas rivales parecer obsoletos. (Sutil, ¿no es cierto?).

Cada vez que corta o copia un elemento desde un programa de Office 2003, dicho elemento aparece tanto en Office Clipboard como en el ordinario Windows Clipboard. Así, si usted cambia a un programa ajeno a Office 2003, puede pegar ese elemento dentro de otro programa. Si corta o copia un segundo elemento de un programa de Office 2003, éste se almacena en el Office Clipboard, pero borra cualquier objeto anterior del Windows Clipboard.

Copiar cosas al Office Clipboard

Para copiar o cortar un objeto (como texto o una imagen gráfica) al Office Clipboard, haga lo siguiente:

1. **Destaque el texto u objeto gráfico que desea copiar o cortar.**
2. **Escoja una de las siguientes opciones:**
   - Haga clic en Edit⇨Copy (o Cut).
   - Presione Ctrl+C para copiar (o Ctrl+X para cotar).
   - Haga clic en el icono de copiar o cortar en la barra de herramientas estándar.

Siempre que corte o copie un objeto, Office 2003 lo pega mágicamente en el Office Clipboard. Después de haber cortado o copiado 24 elementos, Office 2003 empieza a borrar el elemento más viejo en el Clipboard para hacer espacio para cada nuevo elemento que usted corte o copie.

Cuando apaga su computadora, Office Clipboard "olvida" (borra) cualquier elemento almacenado allí.

Pegar cosas desde el Office Clipboard

Después de que usted haya copiado o cortado un elemento desde un programa de Office 2003, puede pegar un objeto desde el Office Clipboard haciendo lo siguiente:

1. **Haga clic donde desea pegar un objeto del Office Clipboard.**
2. **Escoja Edit⇨Office Clipboard.**

   El panel de tareas aparece, y despliega el Clipboard, como se muestra en la figura 2-14.
3. **Coloque el puntero del mouse sobre el objeto que desea pegar desde el Office Clipboard.**

   El objeto de su elección aparece destacado y despliega, a su derecha, una flecha que apunta hacia abajo.
4. **Haga clic sobre la flecha que apunta hacia abajo.**

   Aparece un menú desplegable.
5. **Escoja Paste. (Para pegar todos los objetos del Office Clipboard, sólo haga clic sobre el botón Paste All en Office Clipboard).**

RECUERDE

Si pulsa Ctrl+V, escoge Edit⇨Paste, o hace clic sobre el botón Paste en la barra de herramientas estándar, usted pega solamente el último objeto que cortó o copió de otro programa.

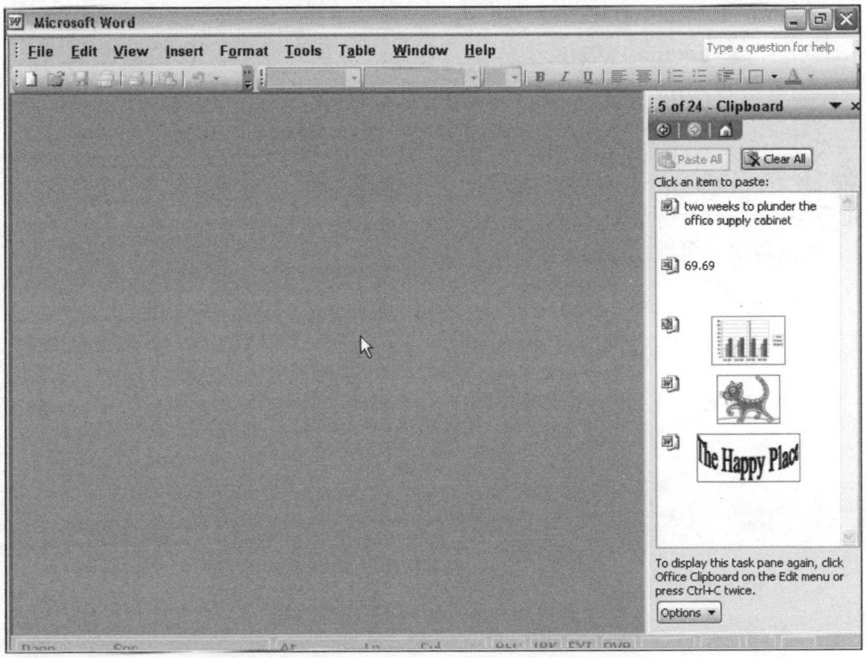

Figura 2-14: El Office Clipboard despliega todos los elementos que usted ha cortado o copiado desde un programa Office 2003.

Limpiar su Office Clipboard

Como Office XP almacena ciegamente todo lo que usted corta o copia al Office Clipboard, usted quizás desee borrar algunos elementos para hacer espacio para otros que realmente quiera utilizar de nuevo. (Si usted no borra un elemento del Office Clipboard, Office XP empieza a eliminar los primeros elementos almacenados, para hacer espacio para los nuevos que usted copie o corte al Office Clipboard). Para borrar un objeto del Office Clipboard, haga lo siguiente:

1. **Escoja Edit⇨Office Clipboard.**

   Aparece el Office Clipboard, y despliega todos los elementos actualmente disponibles (refiérase a la Figura 2-11).

2. **Ponga el puntero del mouse sobre le objeto que desea eliminar del Office Clipboard.**

   El objeto de su elección aparece destacado, y a su derecha despliega una flecha que apunta hacia abajo.

3. **Haga clic sobre la flecha que apunta hacia abajo.**

   Aparece un menú desplegable.

4. **Escoja Delete.**

   Office 2003 borra el elemento seleccionado del Clipboard.

RECUERDE

Para quitar todos los objetos del Office Clipboard, sólo haga clic sobre el botón Clear All en el Office Clipboard.

Capítulo 3

Obtener Ayuda de Microsoft Office

En este capítulo

- Obtener ayuda de Office 2003
- Echar un vistazo a los contenidos del archivo de ayuda
- Obtener ayuda de la Internet
- Detectar y reparar problemas con Microsoft Office 2003

Microsoft Office 2003 intenta ofrecer todas las características posibles, aunque la mayoría de las personas apenas utiliza el 10 por ciento de ellas. El problema es que cada persona usa un 10 por ciento diferente de las funciones de Office 2003, lo cual significa que casi todos acaban tratando de abrirse paso entre el 90 por ciento restante, las características que no quieren ni necesitan usar.

Con tantas funciones sepultadas en los programas, Office 2003 puede parecer algunas veces más complicado de utilizar que lo necesario. Para darle una mano, Microsoft Office 2003 viene con un sistema integrado de ayuda, el cual intenta contestar cualquier pregunta que usted pueda tener acerca del uso de Office 2003. Aun cuando no sea sustituto para un experto en el tema o un programa que sea intuitivamente fácil de usar, el sistema de ayuda de Office 2003 puede a menudo responder a sus preguntas concernientes a la mayoría de las tareas que quiera realizar en Office 2003.

Obtener ayuda de Office 2003

La mejor manera de aprender a utilizar cualquier programa de su computadora es tratar de hacer algo y luego dirigirse a un especialista que esté sentado a su lado cuando tenga una pregunta. Debido a que ni siquiera Microsoft puede darse el lujo de contratar a un experto de carne y hueso que se siente al escritorio de cada usuario, la siguiente mejor solución (y la más económica) es equipar cada programa de Office 2003 con una característica (conocida como el sistema de ayuda) diseñada para ayudarle a encontrar las respuestas que usted necesita.

Tal vez la mejor manera de aprender alguna nueva habilidad sea el método de "prueba y error". Siéntase libre de experimentar con cualquier comando sólo para ver lo que puede hacer. Si es que esto estropea sus datos, elija Edit⇨Undo o presione Ctrl+Z para revertir el último comando escogido. Al eliminar la posibilidad del fracaso permanente, el comando Undo le brinda la libertad de experimentar con lo que quiera en Office 2003.

El sistema de ayuda de Office 2003 le permite digitar una o más palabras (conocidas como palabras clave o *keywords*) para preguntar a Office por el tipo de información sobre la cual usted quiere obtener ayuda. Entonces, si usted digita la palabra *imprimir* en el sistema de ayuda de Office 2003, éste responde con una lista de temas relacionados con la impresión; por ejemplo, cómo configurar el tamaño del papel o cómo cambiar el orden de las páginas a imprimir.

Para darle la sensación de libertad y elección (excepto cuando se trata de escoger un sistema operativo), Microsoft le brinda tres opciones para digitar una palabra clave en el sistema de ayuda (vea la Figura 3-1):

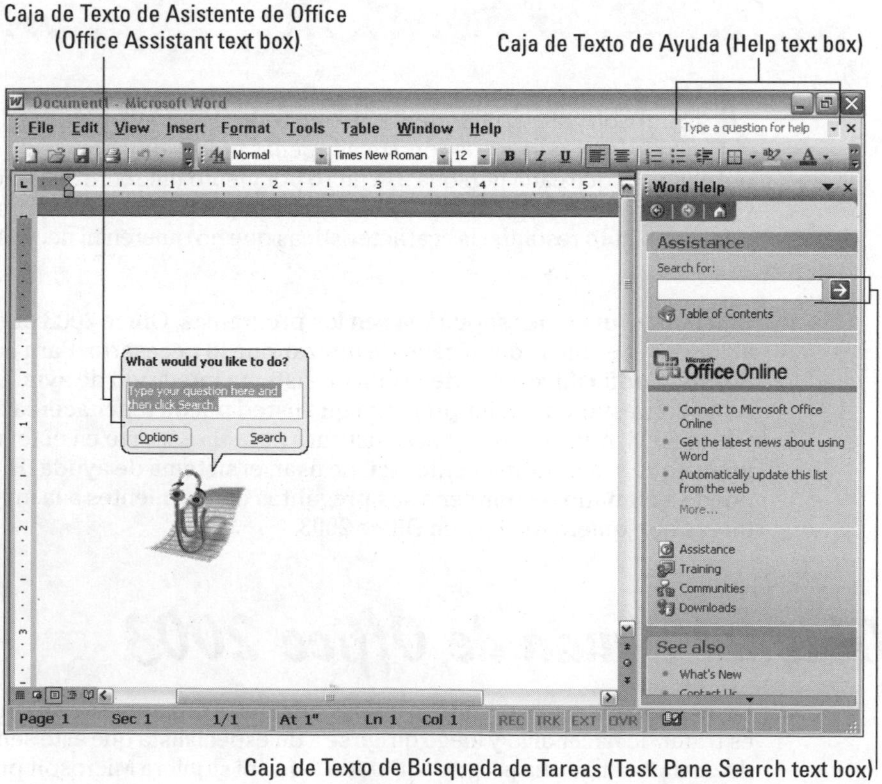

Figura 3-1: Los tres lugares donde usted puede digitar una palabra clave en el sistema de ayuda.

- Por medio de la casilla de texto Help, en la esquina superior derecha
- Por medio de la casilla de texto Search en el panel de tareas de Help
- Por medio de la casilla de texto del Office Assistant (sí, los 'asistentes' aún se encuentran en Office 2003)

Utilizar la casilla de texto Help

La casilla Help aparece en la barra de menú de todo programa de Office 2003. Para usarla, siga estos pasos:

1. **Haga clic en la casilla de texto Help.**
2. **Digite una o más palabras claves, como *archivo* o *márgenes de tablas* y luego presione Enter.**

   El panel de tareas Help aparece con una lista de temas relacionados con las palabras que usted digitó en el paso 1, como se muestra la Figura 3-2.

   RECUERDE

   Cuando digite una palabra clave, asegúrese de hacerlo correctamente; de otro modo, el sistema de ayuda no sabrá qué tipo de asistencia necesita usted.

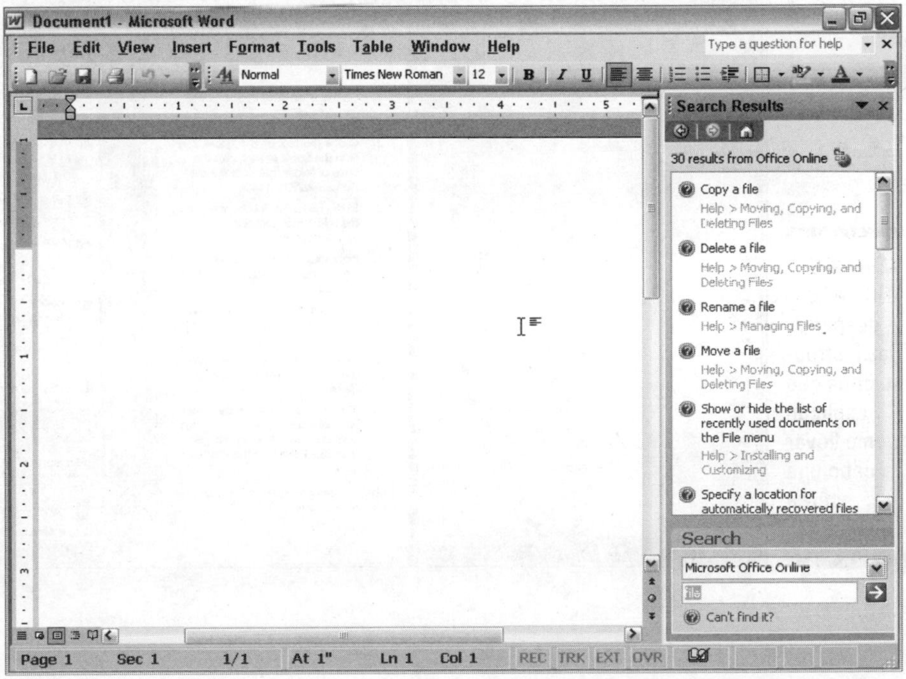

Figura 3-2: El panel de tareas Help despliega una lista de temas para que usted escoja el más adecuado para contestar su pregunta.

3. **Haga clic sobre alguno de los temas desplegados.**

   Surge otra ventana, la cual contiene instrucciones paso a paso sobre el tema escogido en el paso 2, como lo muestra la Figura 3-3.

   RECUERDE

   Quizás necesite desplazarse hacia arriba o hacia abajo para ver la lista de temas que el sistema de ayuda despliega en su totalidad.

4. **Haga clic sobre uno de los temas desplegados.**

   Una ventana de ayuda aparece, la cual contiene instrucciones paso a paso para el tema escogido en el paso 2, como lo muestra la Figura 3-3.

   CONSEJO

   Si usted hace clic sobre el icono Print en la ventana Help, podrá imprimir una copia de las instrucciones. De esa manera, puede conservar las instrucciones para referencias futuras.

5. **Haga clic sobre las casillas de cierre de la ventana Help y del panel de tareas, para hacerlas desaparecer.**

Icono de Imprimir (Print icon)

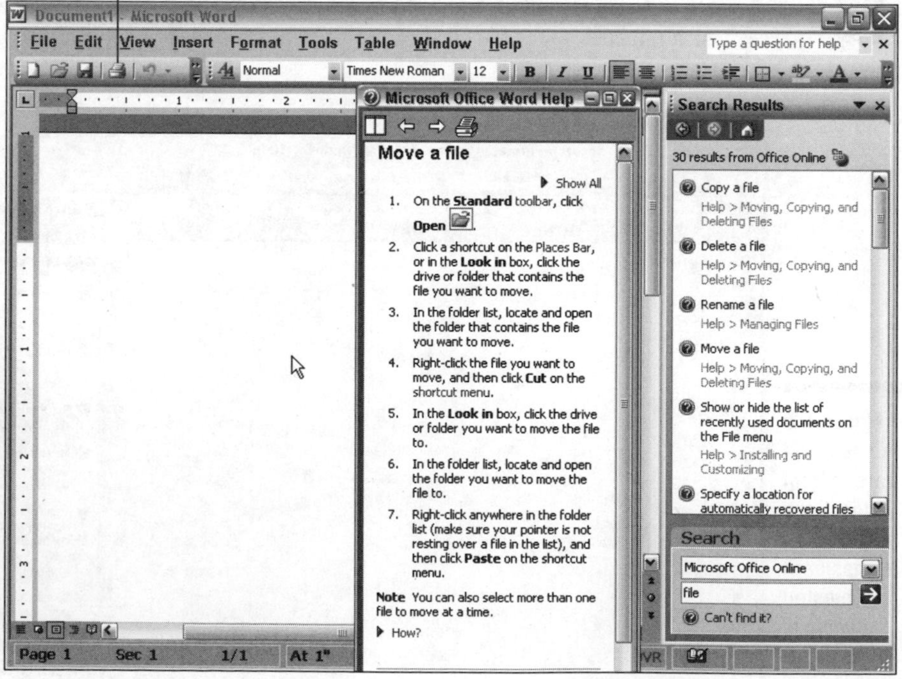

Figura 3-3: Office 2003 despliega las instrucciones que explican cómo llevar a cabo una tarea específica.

Utilizar la casilla de texto Search en el panel de tareas Help

La casilla Search del panel de tareas Help trabaja exactamente igual que la casilla de texto Help que aparece en la barra de menú de todo programa de Office 2003. Para usar la casilla Search, siga estos pasos:

1. **Escoja una de las siguientes opciones:**
   - Presione F1.
   - Seleccione Help⇨Microsoft Office Help; el espacio en blanco representa el nombre del programa de Office 2003 que usted está usando.
   - Si el panel de tareas ya está a la vista, haga clic en la casilla de la lista del mismo y seleccione Help.

   El panel de tareas Help aparece (refiérase a la Figura 3-1).
2. **Haga clic en la casilla de texto Search.**
3. **Siga los paso del 2 al 5 de la sección previa, "Utilizar la casilla de texto Help"**

Utilizar el Office Assistant

El Office Assistant es un personaje de caricatura que realiza la misma función que el panel de tareas Help. En versiones anteriores de Microsoft Office, el asistente era la única forma de obtener ayuda pero, como tanta gente lo encontraba fastidioso, ahora es opcional.

En caso de que usted sea una de las pocas personas que todavía gusta de usar el Office Assistant, puede continuar haciéndolo siguiendo estos pasos:

1. **Elija Help⇨Show the Office Assistant.**

   El Office Assistant surge en pantalla (refiérase a la Figura 3-1).
2. **Haga clic sobre el Office Assistant.**

   La casilla de texto del asistente aparece dentro de un cuadro de diálogo de caricatura.
3. **Haga clic en la casilla de texto del Office Assistant.**
4. **Siga los paso del 2 al 5 de la sección previa, "Utilizar la casilla de texto Help"**

RECUERDE

Si usted está aburrido, puede hacer que el Office Assistant lo entretenga al hacer clic derecho sobre él y luego escoger Animate en el menú desplegable.

Obtener Ayuda de la Tabla de Contenidos

Si digitar una o dos palabras claves le resulta torpe, usted puede simplemente usar la tabla de contenidos del sistema de ayuda. Básicamente, esta tabla contiene temas variados que usted puede ojear y, así, (ojalá) encontrará las respuestas que necesita para hacer algo.

La tabla de contenidos esencialmente incluye toda la información que normalmente aparecería en el manual de instrucciones de Office 2003. Pero, puesto que resulta más barato no imprimir un verdadero manual, la tabla de contenidos actúa, en cambio, como su equivalente electrónico.

Para echar un vistazo a la tabla de contenidos, siga estos pasos:

1. **Escoja una de las siguientes opciones:**

   - Presione F1.
   - Elija Help⇨Microsoft Help, el espacio en blanco representa el nombre del programa de Office 2003 que usted está usando.
   - Si el panel de tareas ya está a la vista, haga clic en la casilla de la lista del mismo y seleccione Help.

   El panel de tareas Help aparece (refiérase a la Figura 3-1).

2. **Haga clic sobre el enlace Table of Contents que aparece directamente debajo de la casilla de texto Search.**

   El panel de tareas Help despliega la tabla de contenidos, donde cada encabezado aparece junto al icono de un libro, como se aprecia en la Figura 3-4.

3. **Haga clic en el icono del libro que esté junto al encabezado que usted desea ojear.**

   El icono del libro se convierte en el icono de un libro abierto y despliega una lista adicional de encabezados, los cuales, a su vez, pueden contar con iconos de libros. Es posible que necesite repetir este paso varias veces antes de encontrar el tema específico que quiera leer. Los temas aparecen junto a un icono de documento con un signo de interrogación a su lado.

4. **Haga clic sobre el tema que usted desea leer.**

   Una ventana de ayuda aparece y despliega instrucciones paso a paso sobre el tema de su elección.

5. **Haga clic sobre las casillas de cierre de la ventana Help y del panel de tareas, para hacerlas desaparecer.**

Títulos (Headings)

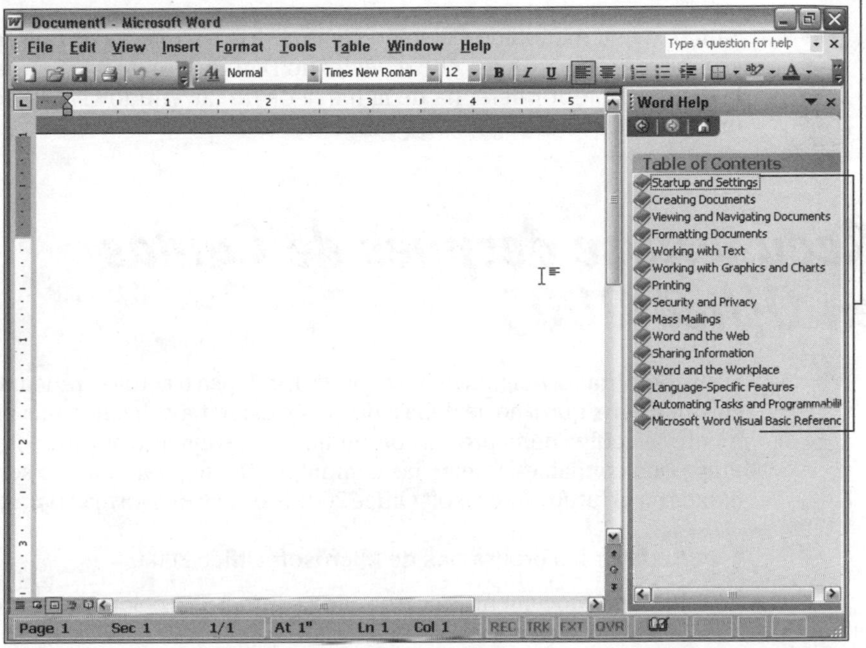

Figura 3-4: La tabla de contenidos le permite buscar ayuda echando un vistazo en los diferentes encabezados.

Obtener Ayuda en la World Wide Web

Para brindarle las últimas actualizaciones de software, parches, reparaciones de pulgas, noticias sobre programas, consejos y agregados de software, Microsoft cuenta con su propio sitio web (`www.microsoft.com`). Para ayudarle a llegar a él rápida y fácilmente, todo programa de Office 2003 tiene el comando especial *Microsoft Office Online*.

Para poder utilizar el comando Microsoft Office Online, es necesario que tenga una cuenta activa de Internet, o debe estar dispuesto a crear (y pagar por) una cuenta de Internet.

Para acceder al sitio Web de Microsoft, el cual está lleno de información útil sobre Microsoft Office 2003, software, noticias o parches, haga lo siguiente:

1. **Escoja Help➪Microsoft Office Online.**

   Office 2003 inicia el buscador Internet Explorer y carga la página Web Microsoft Office Online.

2. **Ojee las páginas hasta que encuentre la información que necesita.**

3. **Escoja File⇨Exit o haga clic en la casilla de cierre de su buscador para hacer que éste desaparezca.**

Salirse de su explorador Web no siempre lo desconecta de la Internet. Para asegurarse de eso, haga clic en el icono Dial-Up Connection, que aparece en la esquina inferior derecha de la barra de tareas Windows. Cuando aparezca un recuadro de diálogo, haga clic en Disconnect.

Recuperarse después de Caídas en Office 2003

Si su computadora alguna vez se congela, colapsa o actúa erráticamente sin razón aparente, quizá no se deba a nada que usted haya hecho; más bien, probablemente sea culpa de su propia computadora, justamente porque éstas suelen ser muy poco confiables. Puesto las computadoras seguramente no serán más confiables en el futuro, Microsoft Office 2003 le ofrece dos formas para protegerse:

- Reparar los programas de Microsoft Office 2003
- Proteger documentos corrompidos durante un colapso de la computadora

Reparar Microsoft Office 2003

Cada programa (como Word, Excel y PowerPoint) está compuesto por varios archivos con extensiones crípticas de archivo, como `.exe`, `.dll` y `.olb`. Incluso si sólo uno de estos crípticos archivos se borrara o se adulterara debido a algún error suyo o a un virus, su programa de Microsoft Office 2003 podría no funcionar más.

Para protegerlo de este problema, Microsoft Office 2003 contiene el comando especial Detect and Repair, el cual — (¿para qué más?) — sirve para asegurarse de que todos esos archivos importantes aún existan en su disco duro y estén trabajando bien.

(Por supuesto, el gran problema es que, si un archivo está perdido o corrompido, usted quizás no pueda correr ninguno de los programas de Microsoft Office 2003 para empezar, y no podría utilizar el comando Detect and Repair. En ese caso, tal vez sea necesario reinstalar todo el programa de nuevo. Asegúrese de hacer respaldos de su información importante, en caso de que el procedimiento de instalación salga mal y su disco duro se estropee por completo).

Así que, la próxima vez que cualquier programa de Office 2003 empiece a actuar raro, intente arreglarlo utilizando el comando Detect and Repair:

1. **Corra un programa de Microsoft Office 2003, como Word o PowerPoint.**
2. **Inserte su CD de Microsoft Office 2003 en su computadora.**
3. **Seleccione Help⇨Detect and Repair. (Quizás tenga que hacer clic sobre el botón para expandir, el cual aparece como una flecha doble que apunta a la derecha en la parte inferior del menú Help, antes de poder ver el comando Detect and Repair).**

   Aparece el recuadro de diálogo Detect and Repair, como se muestra en la Figura 3-5.

4. **Haga clic en las casillas de verificación para escoger las opciones que desee.**

   Las dos opciones para reparar Microsoft Office incluyen lo siguiente:

   - **Restore my shortcuts while repairing:** Se asegura de que cualquier acceso directo al escritorio que usted cree continúe conduciendo a los programas y documentos correctos.
   - **Discard my customized settings and restore default settings:** Regresa su copia de Office 2003 a las configuraciones originales, y elimina cualquier cambio personalizado que usted haga a los menús o barras de herramientas.

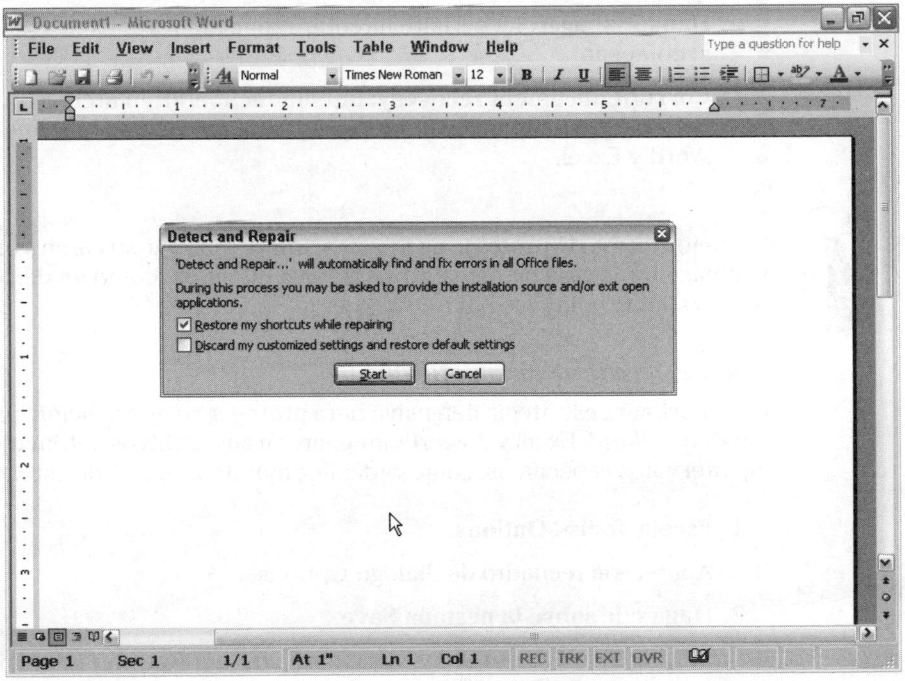

Figura 3-5: El recuadro de diálogo Detect and Repair puede ayudarle a arreglar la mayoría de los problemas que pueda tener con Office 2003.

5. **Haga clic sobre Start.**

   Siga las instrucciones en la pantalla conforme Microsoft Office 2003 valientemente intenta arreglarse a sí mismo si detecta algún problema.

Proteger archivos de un colapso de la computadora

Si su computadora se cae o falla por alguna razón, ésta decide a menudo llevarse consigo tantos archivos como le sea posible, usualmente los más importantes que usted necesite en ese momento. Como nunca se puede predecir cuándo sucederá un colapso de la computadora (aparte de saber que sí sucederá algún día), Microsoft Office 2003 ofrece varias opciones para reducir la posibilidad de perder datos durante un colapso:

- **Timed saving of files:** Guarda automáticamente la información sobre su documento en intervalos de tiempo específicos. Al guardar información de sus documentos, usted puede aumentar las probabilidades de que Office 2003 pueda recuperar su información en el evento de un colapso. Disponible sólo en Word, Excel, PowerPoint y Outlook.
- **Hang manager:** Le permite intentar reiniciar Word, Excel o PowerPoint si colapsan.
- **Corrupt document recovery:** Intenta recuperar un archivo que puede haberse corrompido cuando el programa colapsó. Disponible sólo en Word y Excel.

La mejor forma de proteger su información es guardar sus archivos a menudo y almacenar copias de respaldo en lugares distintos, como un disco compacto regrabable o un disco duro externo.

Guardar archivos automáticamente

Como primera estrategia defensiva para proteger su información, usted puede hacer que Word, Excel y PowerPoint guarden sus archivos automáticamente en intervalos específicos, como cada diez minutos, siguiendo estos pasos:

1. **Escoja Tools⇨Options.**

   Aparece el recuadro de diálogo Options.

2. **Haga clic sobre la pestaña Save.**

   La pestaña Save despliega la casilla Save AutoRecover Info, como se muestra en la Figura 3-6.

3. **Asegúrese de que aparezca una marca en la casilla Save AutoRecover Info.**

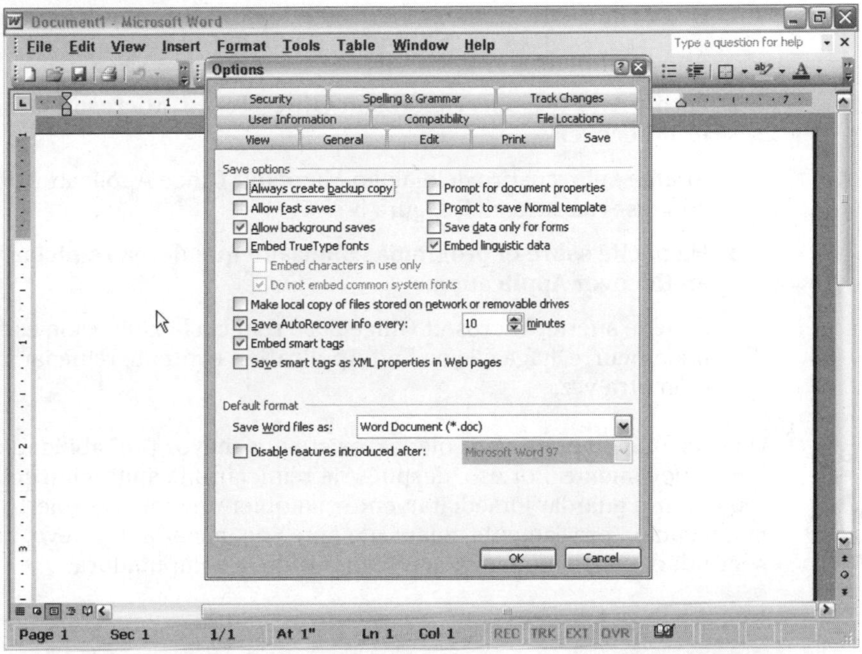

Figura 3-6: La casilla Save Auto-Recover Info le brinda la opción de guardar sus archivos en intervalos específicos.

4. **Haga clic en la casilla de minutos y digite el número de minutos que desea esperar antes de guardar la información de su documento en forma automática; por ejemplo, cada diez minutos.**

5. **Haga clic en la casilla Always create backup copy. (Opcional).**

   Si usted hace clic en esta opción, Office 2003 hará un duplicado de su archivo, de manera que, si el archivo original se corrompe, usted podrá recuperar sus datos al abrir una copia del mismo archivo. La gran desventaja de esta opción es que consume mucho más espacio en el disco, pues hace dos copias de cada archivo que usted cree y edite.

6. **Haga clic sobre OK.**

Reiniciar una aplicación congelada

En lugar de colapsar, Office 2003 puede *colgarse* o *congelarse*; esto significa que el programa aún aparece en la pantalla, aunque nada parece funcionar (como el teclado o el mouse). Cuando esto ocurre (note el uso de *cuando ocurre* y no *si ocrurriera*), usted puede intentar reiniciar su programa de Office 2003 congelado corriendo la herramienta Microsoft Office Application Recovery, como sigue:

1. **Haga clic sobre el botón Start en la barra de tareas Windows.**

   Aparece un menú desplegable.

2. **Escoja All Programs⇨Microsoft Office Tools⇨Microsoft Office Application Recovery.**

   Aparece el recuadro de diálogo Microsoft Office Application Recovery, como se muestra en la Figura 3-7.

3. **Haga clic sobre el programa colapsado que desea reiniciar y haga clic en Recover Application.**

   Si tiene suerte, Microsoft Office 2003 reinicia la aplicación escogida. Si nada ocurre, haga clic en End Application e intente reiniciar la aplicación otra vez.

CONSEJO

Una vez que un programa colapsa, existe una mayor probabilidad de que lo haga nuevamente. Por eso, después de reiniciar una aplicación colapsada, usted debería guardar inmediatamente cualquier documento abierto y salir de la aplicación previamente colapsada antes de iniciarla de nuevo. Para mayor seguridad, considere también reiniciar toda la computadora.

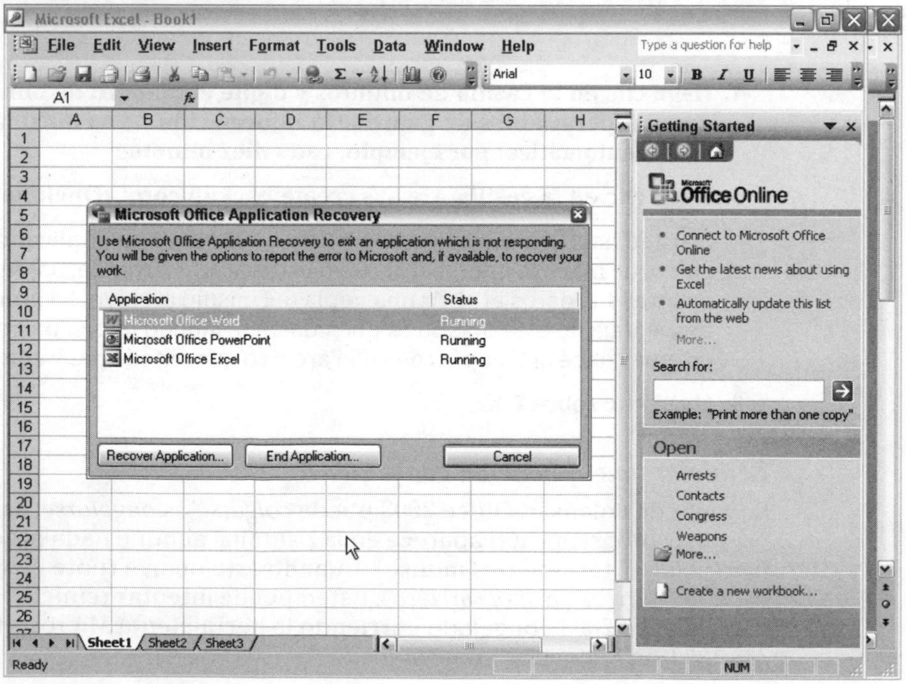

Figura 3-7: El recuadro de diálogo Microsoft Office Application Recovery le muestra cuáles programas de Office están corriendo y cuáles han colapsado.

Recuperar archivos corrompidos

No importa qué tan cuidadoso sea usted, si Microsoft Office 2003 colapsa, podría destrozar cualquier documento en el que usted esté trabajando en ese momento. Si esto ocurre, Word, Excel y PowerPoint pueden intentar recuperar sus archivos la próxima vez que inicie el programa. Para intentar recuperar sus archivos, haga lo siguiente:

1. **Cargue Word, Excel o PowerPoint inmediatamente después de que su programa de Office 2003 colapse.**

   Aparece el panel Document Recovery, como se muestra en la Figura 3-8.

2. **Haga clic sobre el documento que desea recuperar.**

   Office 2003 cargará el documento elegido.

CONSEJO

Si hace clic derecho sobre un documento en el panel Document Recovery, aparece un menú desplegable. Usted puede hacer clic sobre Save As para guardar el documento recuperado bajo un nombre diferente, sólo para estar seguro de que no se grabe sobre el archivo original dañado.

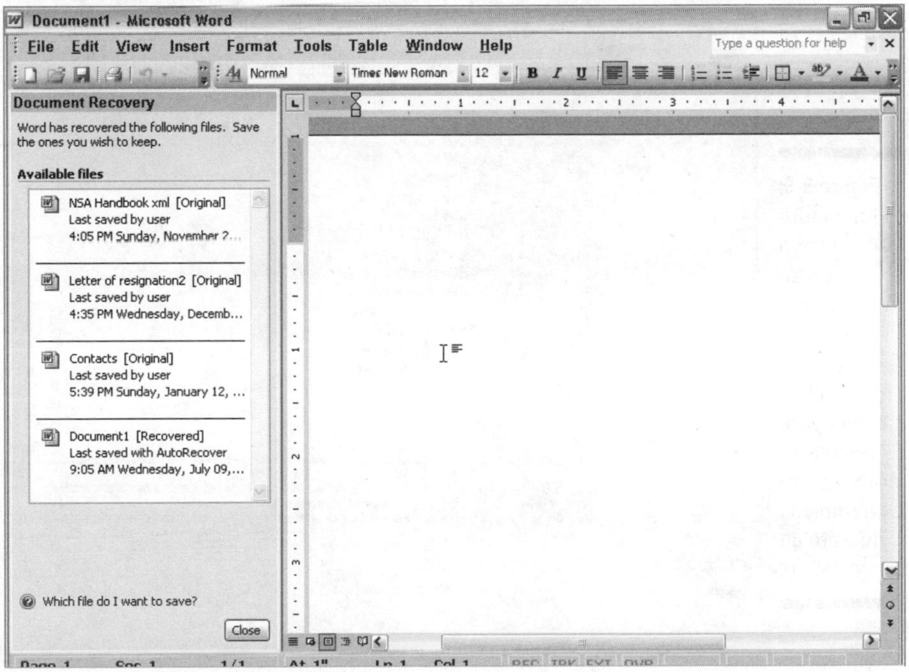

Figura 3-8: El panel Document Recovery despliega una lista de todos los archivos que pueden haberse corrompido durante el último colapso.

Ambos, Word y Excel, le ofrecen otra forma de recuperar archivos corrompidos durante un colapso de computadora. Para utilizar esta opción, siga estos pasos:

1. **Cargue Word o Excel.**
2. **Escoja File⇨Open (o pulse Ctrl+O).**

   Aparece el recuadro de diálogo Open.
3. **Haga clic sobre el archivo que desea recuperar.**
4. **Haga clic sobre la flecha que apunta hacia abajo, que aparece a la derecha del botón Open, en la esquina inferior derecha.**

   Aparece un menú desplegable, como se muestra en la Figura 3-9.
5. **Haga clic sobre Open and Repair.**

   Word o Excel intenta cargar el archivo de su elección y reparar cualquier problema que haya ocurrido durante un colapso.

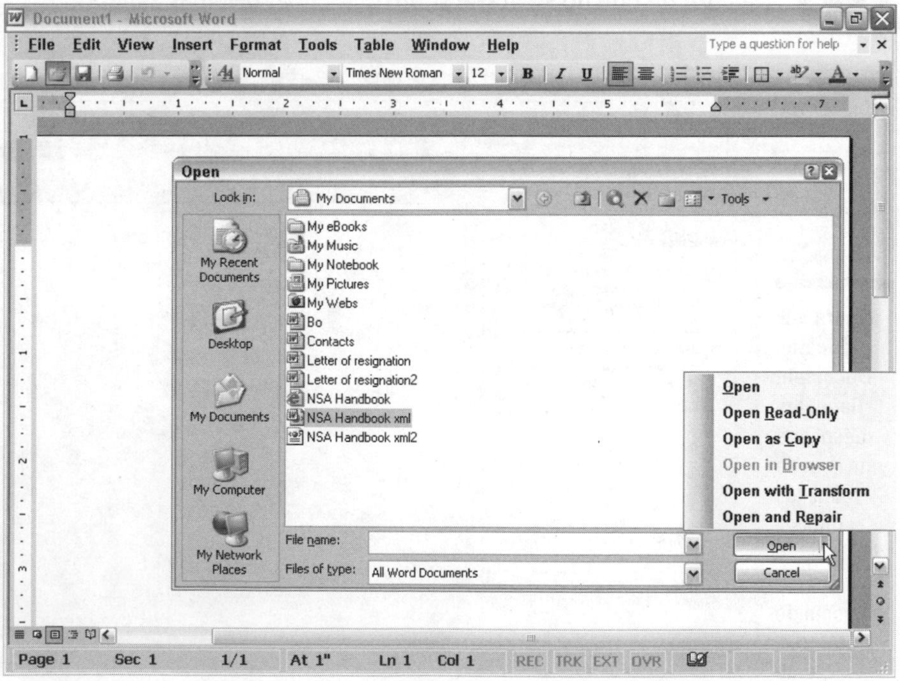

Figura 3-9: El recuadro de diálogo Open en Word y Excel le ofrece una forma alternativa para recuperar archivos corrompidos durante un colapso.

Capítulo 4

Compartir Datos

En este capítulo

- Jugar con los formatos de archivos
- Usar etiquetas inteligentes
- Enlazar e incrustar datos

Una vez que haya almacenado datos en un programa de Office 2003, el próximo problema es encontrar la manera de compartir esos datos con otro programa de Office 2003 o incluso con otra persona que use un programa completamente diferente (como alguien que use una Macintosh). Aunque a Microsoft le encantaría que todos desembolsaran unos cuantos cientos de dólares para comprar una copia de Microsoft Office y así poder compartir datos sin problemas, es poco probable que todo el mundo sea dueño de una copia de Microsoft Office 2003. Por eso, cuando usted quiera compartir datos, tal vez necesite ponerse algo creativo y usar una o más de las técnicas descritas en este capítulo.

Guardar Datos en Diferentes Formatos de Archivo

Cuando usted guarda datos en un programa, como Word o PowerPoint, éste los guarda de una manera específica, conocida como formato de archivo. Los formatos de archivo simplemente definen cómo un programa específico almacena los datos de un archivo. Desgraciadamente, cada programa en el mundo guarda datos en un formato de archivo diferente. Es como si se tratara de una oficina en la que una persona hable en japonés, la otra, en francés y una tercera, en español, y donde todos se pregunten por qué no pueden comunicarse eficazmente.

Como una solución parcial a este problema, muchos programas, incluyendo Office 2003, le permiten convertir datos a un formato de archivo diferente, para que así otro programa pueda entenderlos. Esencialmente, cuando usted guarda un archivo en un formato de archivo diferente, usted está traduciendo sus datos a un formato que otro programa pueda entender, así como se traduce un libro de texto en español al inglés para que una persona angloparlante pueda leerlo.

ASPECTOS TÉCNICOS

El Maravilloso Mundo de XML

Uno de los problemas más grandes de las computadoras, además del hecho de ser demasiado difíciles de usar y de entender, es que ellas no tienen un formato universalmente aceptado para almacenar datos. El primer intento por crear uno, llamado ASCII, simplemente almacenaba texto, sin ningún tipo de formateo, como la fuente o el subrayado.

En lugar de ponerse de acuerdo en un formato de archivo universal, cada compañía de computadoras y software simplemente creó un formato de archivo de su propiedad, esperando que su formato se convertiría en la norma estandarizada para almacenar datos. Desgraciadamente, incluso las compañías de computadoras y software constantemente cambian sus propios estándares de formatos de archivo para agregar características adicionales, lo cual explica por qué las nuevas versiones de un programa a menudo guardan los datos en un formato más nuevo, incompatible con formatos de archivo usados por versiones anteriores de ese mismo programa. Así, si usted guarda un archivo de procesador de textos en Word 11, no puede abrirlo con una copia antigua de Word 95.

Para resolver este problema, las compañías de computadoras finalmente decidieron ponerse de acuerdo en un estándar de formato de archivo universal, conocido como XML (siglas de eXtensible Markup Language). La idea básica detrás de los archivos XML es que ellos definen los datos de modo tal que otros programas puedan entenderlos y usarlos, sin los desastrosos dolores de cabeza de la conversión de archivos. En teoría, esto significa que usted puede almacenar su informe en el procesador de textos como un documento XML y cargar los datos en una base de datos u hoja de cálculo.

Aunque XML todavía no es perfecto ni ampliamente aceptado, se convertirá en una creciente norma universal. Así, en lugar de guardar sus archivos en un formato de archivo propiedad de una compañía, como dBase IV o WordPerfect 5.2, guárdelos como un documento XML. Ahora sólo le queda esperar que, al compartir sus archivos XML con alguien más, esa persona en efecto tenga un programa que pueda entenderlos también.

RECUERDE

Siempre que usted convierte datos a otro formato de archivo, existe la posibilidad de perder algún tipo de formateo en el camino. Si su archivo consiste en nada más que simple texto, probablemente no pierda nada; pero, si su archivo consiste en tablas llenas de números alineados ordenadamente, convertir dicho archivo puede esparcir sus datos por todas partes. Los datos todavía estarán allí, aunque no organizados tan ordenadamente como usted los acomodó en un principio.

Convertir un archivo a otro formato

Todo programa de Office 2003 puede convertir sus datos a otro formato de archivo para compartir con alguien que usa otro programa, como WordPerfect. Puesto que Office 2003 le ofrece tantas maneras diferentes de guardar sus datos en otro formato de archivo, es posible que usted se esté preguntando cuál formato debería usar, de modo que aquí hay algunas pautas generales.

CONSEJO

Si usted necesita convertir su archivo a una versión específica de un programa, como WordPerfect 5.0, intente guardar su archivo en ese formato de archivo específico, en este caso WordPerfect 5.0. Cuando usted guarda un archivo en el formato de archivo exacto que otro programa usa, puede conservar la mayor parte de su formateo cuando lo convierte.

Si usted no puede encontrar el número de versión exacto de un programa, use el número más cercano que encuentre. Por ejemplo, si usted necesita guardar un archivo de Excel para dárselo a alguien que use Lotus 1-2-3 Millennium Edition, guárdelo con el formato de archivo WK4 (1-2-3), un formato de archivo usado por Lotus (1-2-3), versión 4.0. Prácticamente cualquier programa puede reconocer datos guardados en un formato de archivo usado por una versión anterior del mismo programa.

Surge un problema más grave cuando Office 2003 no puede convertir un archivo al formato de archivo exacto usado por otro programa. Por ejemplo, tal vez usted necesite compartir un archivo de Office 2003 con alguien que use AppleWorks en una Macintosh. En estos casos, tal vez deba guardar su archivo en un formato intermedio que la mayoría de programas también pueda entender, aunque la posibilidad de que usted pierda una parte o todo el formateo de su archivo original es grande.

He aquí algunas pautas generales para convertir formatos de archivo:

- Al convertir un documento de un *procesador de textos*, tiene dos opciones
  - Guarde su archivo en el formato *Rich Text File*. Este formato conserva la mayor parte de su formateo, y casi todos los procesadores de textos pueden entenderlo.
  - Como último recurso, usted puede guardar su archivo en el formato *Plain Text*, aunque éste elimina todo el formateo.
- Al guardar un archivo de *Excel*, hágalo bajo el formato de archivo *Lotus 1-2-3* (que el recuadro de diálogo Save As de Excel abrevia como WK4, WK3, WK!, o WKS).

  Como último recurso, guarde su archivo en el formato *DIF, CSV*, o *Text (tab delimited)*; esto lo despoja de todo el formateo original, pero conserva sus datos.
- Al guardar un archivo de Access, tiene tres opciones:
  - Guarde su archivo bajo el formato *dBase 5, dBase IV o dBase III*; la mayoría de los programas de bases de datos lo entienden.
  - Intente guardar su archivo en un formato *Lotus 1-2-3* (WK4, WK3, etc.).
  - Como último recurso, guarde sus datos en formato Text Files, el cual conserva sus datos, aunque puede no cargarse apropiadamente en otro programa.

Para convertir sus datos, siga estos pasos:

1. **Escoja File⇨Save.**

   Al guardar su archivo primero, usted se asegura de que, al convertirlo a otro formato, contenga los últimos datos.

2. **Escoja File⇨Save As. (En Access, elija File ⇨Export.)**

   El recuadro de diálogo Save As aparece.

3. **Haga clic sobre la casilla Save As Type.**

   Una lista de formatos de archivo disponibles aparece, como se muestra en la Figura 4-1.

   CONSEJO

   Todos los programas de Office 2003 pueden guardar archivos como documentos XML, el nuevo formato de archivo universal que prácticamente todo programa podrá entender pronto. Así que, para ser parte del futuro, usted podría guardar una copia de su archivo como documento XML.

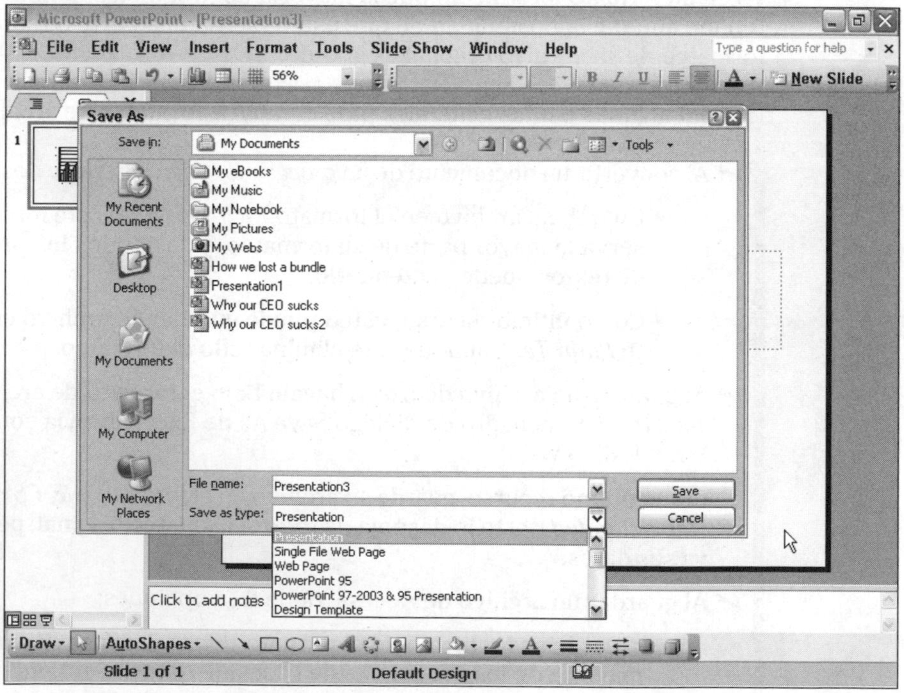

Figura 4-1: La casilla con la lista Save as type le muestra los formatos de archivo más populares bajo los cuales almacenar sus datos.

4. **Haga clic sobre un formato de archivo para usarlo.**

5. **Si usted quiere nombrar el archivo, haga clic en la casilla File name y digite un nombre.**

6. **Haga clic en Save.**

Abrir un archivo almacenado en otro formato de archivo

Si alguien que esté usando otro programa le entrega un archivo, es probable que Office 2003 pueda abrirlo. (Para mejores resultados, la otra persona debería tratar de guardar el archivo en un formato de Microsoft Office, como Word o Excel.)

Para abrir un formato de archivo extraño, siga estos pasos:

1. **Escoja File➪Open.**

   El recuadro de diálogo Open aparece.

2. **Haga clic en la casilla con la lista Files of Type y escoja All Files.**

   Si usted conoce el formato de archivo específico del archivo que está tratando de abrir, haga clic sobre el mismo en la casilla con la lista Files of Type.

3. **Haga clic sobre el archivo que usted quiere abrir y haga clic sobre Open.**

Siempre que usted abra un archivo almacenado en otro formato, hay una posibilidad de que los datos estén desorganizados. Por ejemplo, los números pueden no aparecer alineados ordenadamente en filas y celdas en Excel, o los párrafos pueden tener sangrías extrañas en Word.

Compartir Datos dentro de Office 2003 mediante Etiquetas Inteligentes

Cuando usted digita datos en Word, Excel o PowerPoint, a menudo Office 2003 puede reconocer el tipo de datos de los que se trata, ya sea una fecha, un número de teléfono o un nombre. Cuando Office 2003 reconoce tipos específicos de datos, puede identificarlos dentro de su archivo mediante una etiqueta inteligente (smart tag). Una etiqueta inteligente le da la opción de hacer algo más, como crear un nuevo mensaje de correo electrónico o revisar su calendario

Word, Excel y PowerPoint son los únicos programas de Office 2003 que ofrecen etiquetas inteligentes.

Activar y desactivar las etiquetas inteligentes

Si usted quiere usar las etiquetas inteligentes, debe activarlas. Word brinda etiquetas inteligentes por defecto, pero usted puede desactivarlas. Ni Excel ni PowerPoint permiten las etiquetas inteligentes por defecto, así que usted debe activarlas.

Para activar o desactivar las etiquetas inteligentes, siga estos pasos:

1. **Escoja Tools⇨AutoCorrect Options.**

   El recuadro de diálogo AutoCorrect aparece.

2. **Haga clic sobre la pestaña Smart Tags.**

   Aparece el recuadro de diálogo Smart Tags, como se aprecia en la Figura 4-2.

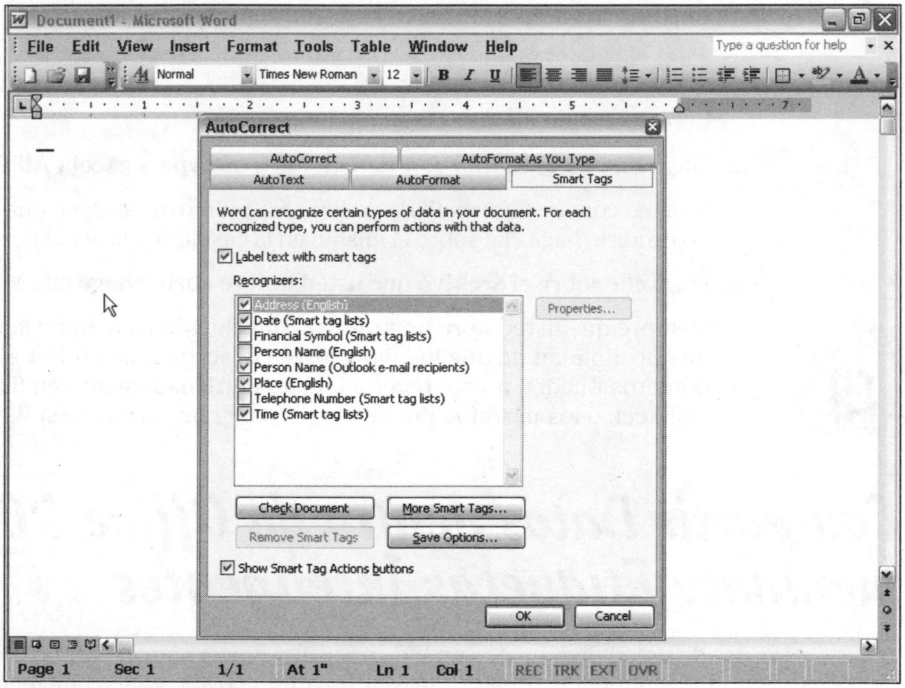

Figura 4-2: El recuadro de diálogo Smart Tags le permite activar y desactivar las etiquetas inteligentes, y definir el tipo de etiquetas que quiere usar.

3. **Haga clic en la casilla Label text with smart tags para activar o desactivar las etiquetas inteligentes**

   Si una marca aparece en la casilla Label text with smart tags, las etiquetas inteligentes están activadas. Si ninguna marca aparece, las etiquetas inteligentes están desactivadas.

4. **Haga clic en casillas adicionales para definir otros tipos de etiquetas inteligentes, como las casillas Address o Financial Symbol Smart Tag.**

5. **Haga clic sobre OK.**

Usar las etiquetas inteligentes

Una vez que usted haya activado las etiquetas inteligentes en Word, Excel o PowerPoint, Office 2003 subraya automáticamente en púrpura cualquier texto que identifique como una etiqueta inteligente; por ejemplo, una fecha o un nombre. Para usar una etiqueta inteligente, siga estos pasos:

1. **Ponga el puntero del mouse o el cursor sobre el texto de la etiqueta inteligente**

   Aparece el icono de etiqueta inteligente.

2. **Haga clic derecho sobre el icono de la etiqueta inteligente.**

   Aparece un menú desplegable, el cual le muestra las diferentes opciones disponibles, como se aprecia en la Figura 4-3.

3. **Haga clic en una opción del menú desplegable de la etiqueta inteligente.**

   Dependiendo de la acción que usted tome, Office 2003 abrirá otro de sus programas, como Outlook, para permitirle hacer algo más con los datos de su etiqueta inteligente, como crear un nuevo mensaje de correo electrónico.

Instrucción inteligente (Smart tag)

Icono de instrucción inteligente (Smart tag icon)

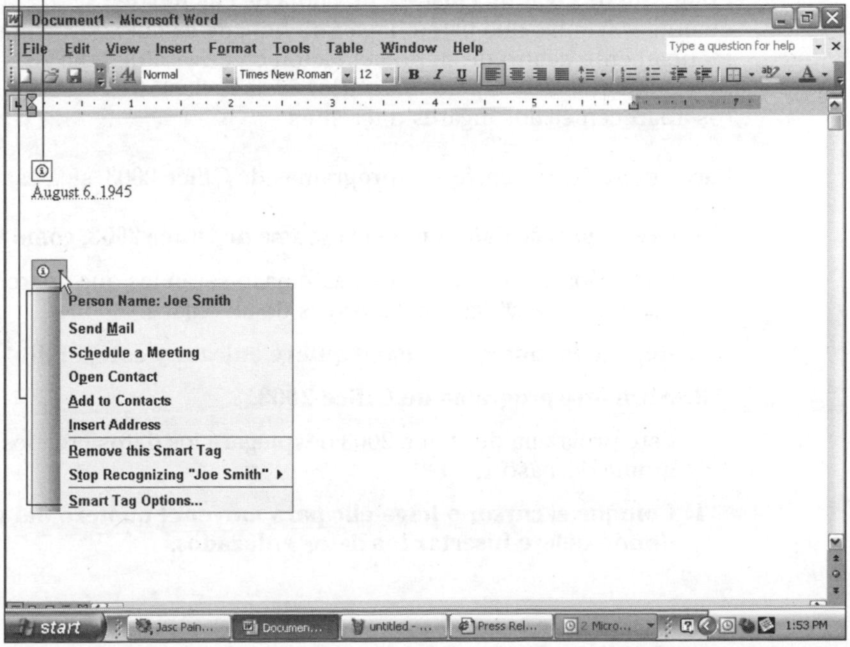

Figura 4-3: Al hacer clic derecho sobre un icono de etiqueta inteligente, usted puede ver qué más puede hacer con los datos de ésta.

Enlazar e Incrustar Datos

Office 2003 le permite copiar, cortar y pegar datos de un programa de Office 2003 a otro; por ejemplo, copiar una lista de números de Excel y pegarla en una presentación de PowerPoint. Desafortunadamente, si usted pega datos de un programa a otro y éstos cambian más adelante, usted tendrá que copiar y pegar los datos nuevos en el otro programa nuevamente, para mantenerlos actualizados.

En lugar de hacer esto por su cuenta, deje que Office 2003 lo haga automáticamente. Las dos formas en que Office 2003 lo hace se llaman enlazar e incrustar.

Enlazar datos

Muchas veces, usted crea datos en un programa específico de Office 2003, como Excel, pero quiere desplegarlos en un programa diferente, como PowerPoint o Word. Para evitar hacer copias separadas de los datos (y correr el riesgo de crear datos casi idénticos con información diferente en las mismas), Office 2003 le permite enlazar datos de un programa a otro.

Esencialmente, el enlazar le permite a un archivo de Office 2003 apuntar a datos guardados en otro archivo. Así, si usted crea una presentación en PowerPoint, puede crear un enlace a una hoja de cálculo de Excel. Entonces, cualquier cambio que usted haga a su hoja de cálculo de Excel aparece automáticamente dentro de su presentación en PowerPoint. En realidad se trata de los mismos datos, pero enlazarlos le da la ilusión de que esos mismos datos aparecen en dos lugares diferentes.

Para enlazar datos entre dos programas de Office 2003, siga estos pasos:

1. **Cree y guarde datos en un programa de Office 2003, como Word o Excel.**

   Los datos que usted crea en este paso serán los que aparecerán en otro programa de Office 2003 a través de un enlace.

2. **Resalte los datos que usted quiere enlazar y escoja Edit⇨Copy.**

3. **Abra otro programa de Office 2003.**

   Este programa de Office 2003 desplegará los datos creados por el programa del paso 1.

4. **Coloque el cursor o haga clic para mover el puntero del mouse hasta donde quiere insertar los datos enlazados.**

5. **Seleccione Edit⇨Paste Special. (Tal vez necesite hacer clic sobre el botón Expand, en la parte inferior del menú Edit, para encontrar el comando Paste Special).**

   El recuadro de diálogo Paste Special aparece, como se ve en la Figura 4-4.

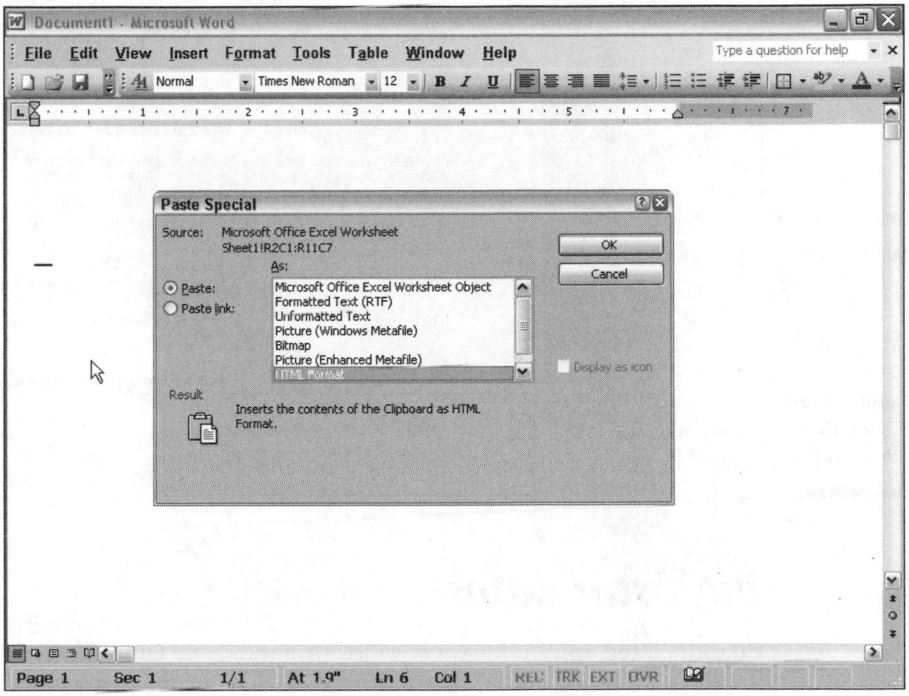

Figura 4-4: El recuadro de diálogo Paste Special le permite enlazar datos creados y almacenados en otro archivo.

6. **Haga clic sobre la opción Paste link.**

7. **Haga clic sobre los datos que usted quiere enlazar al programa de Office 2003 actual, registrados en la casilla de lista As:.**

   En la figura 4-4, usted haría clic sobre Microsoft Excel Worksheet Object.

8. **Haga clic sobre OK.**

   Office 2003 despliega los datos copiados en el paso 1 en su programa de Office 2003 actual. Cualquier cambio que usted haga a los datos originales, ahora aparece automáticamente en el otro archivo de Office 2003, como lo muestra la Figura 4-5.

RECUERDE

Si usted quiere editar los datos enlazados, es necesario que abra el programa de Office 2003 que creó esos datos originalmente.

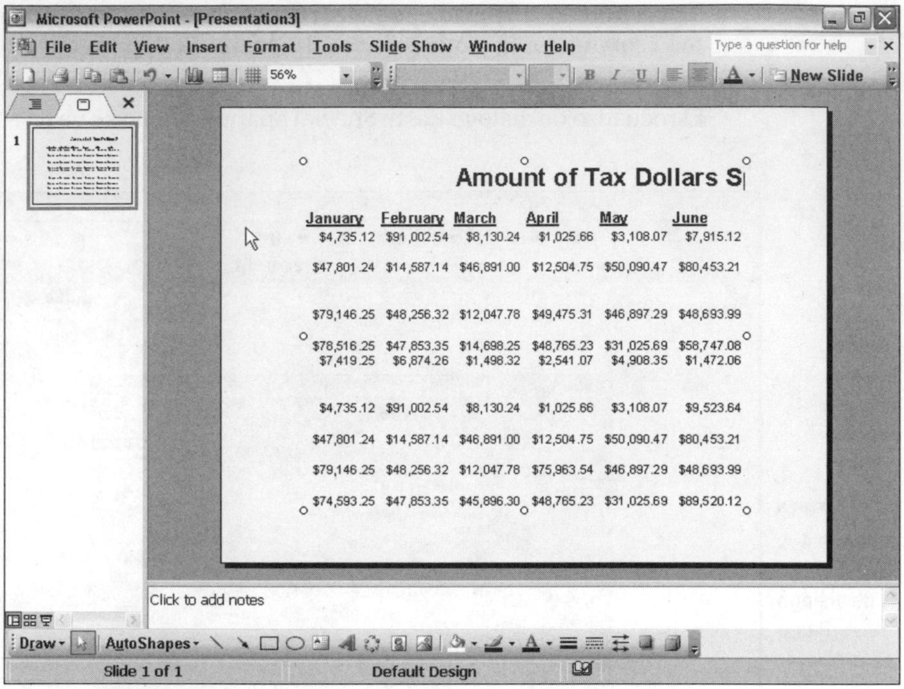

Figura 4-5: Una hoja de cálculo de Excel aparece dentro de una presentación de PowerPoint.

Incrustar datos

Cuando usted enlaza datos entre dos programas de Office 2003 diferentes, sólo puede editarlos en el programa original que los creó. Una alternativa a enlazar es incrustar, lo cual le permite editar los datos en cualquiera de los dos programas, el que los creó y el que los despliega.

Por ejemplo, usted puede copiar una hoja de trabajo de Excel e incrustarla dentro de un documento de Word. Ahora puede actualizar los datos, ya sea al cargar Excel y editar la hoja de cálculo, o al hacer doble clic sobre la hoja de cálculo de Excel dentro de su documento de Word. Al hacer doble clic sobre datos incrustados, Office 2003 automáticamente carga el programa que los creó (Word, Excel, etc)., de manera que usted puede modificarlos.

Para incrustar datos en otro programa de Office 2003, siga estos pasos:

1. **Cree y guarde datos en un programa de Office 2003, como Word o Excel.**

   Los datos que usted crea en este paso serán los que aparecerán en el otro programa de Office 2003, a través de un enlace.

2. **Resalte los datos que quiere enlazar y escoja Edit⇨Copy.**
3. **Abra otro programa de Office 2003.**

Este programa de Office 2003 desplegará los datos creados por el programa del paso 1.

4. **Coloque el cursor o mueva el puntero del mouse hasta donde usted quiere incrustar los datos.**
5. **Escoja Edit⇨Paste Special. (Tal vez necesite hacer clic sobre el botón Expand, en la parte inferior del menú Edit, para encontrar el comando Paste Special).**

   El recuadro de diálogo Paste Special aparece (vea la Figura 4-4).
6. **Haga clic en el botón Paste.**
7. **Haga clic sobre los datos registrados en la casilla de lista As: que incluya la palabra Object, como Microsoft Excel Worksheet Object.**
8. **Haga clic sobre OK.**

   Office 2003 incrusta sus datos en el programa de Office 2003 actual.

RECUERDE

Los datos incrustados lucen exactamente igual que los datos vinculados. La diferencia principal es que, si usted hace doble clic sobre los datos incrustados, puede editarlos, como se aprecia en la Figura 4-6. Aunque no sea evidente en la Figura 4-6, la barra de menú y las barras de herramientas de PowerPoint han sido reemplazadas por las de Excel, de tal forma que usted tiene acceso pleno a los comandos de Excel mientras edita los datos incrustados.

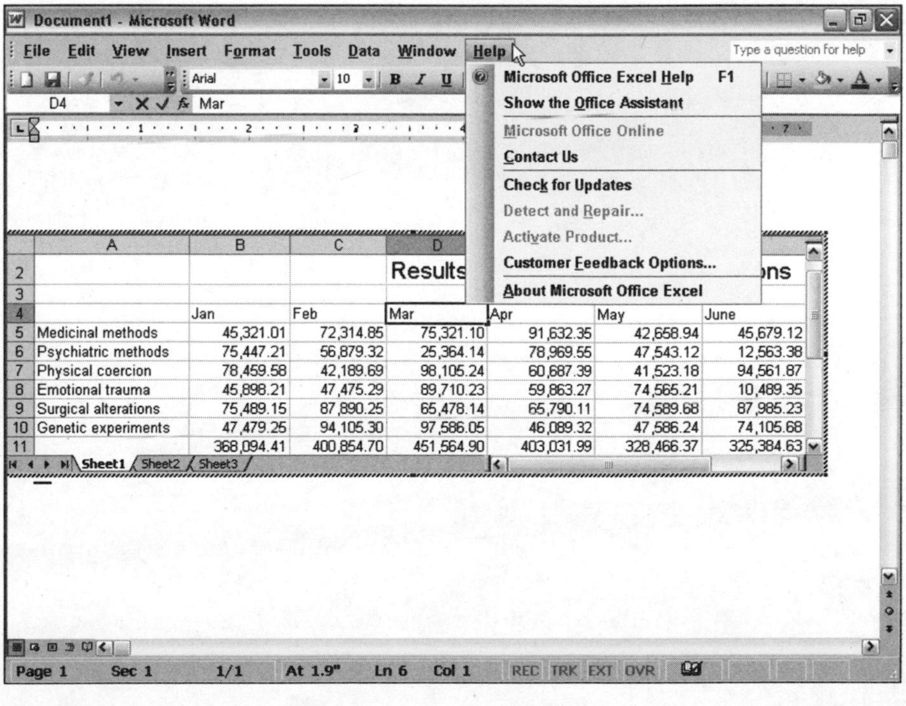

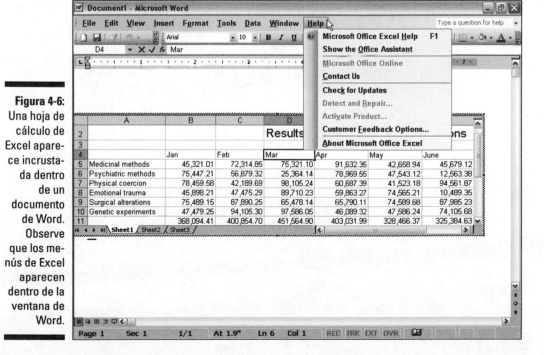

Figura 4-6: Una hoja de cálculo de Excel aparece incrustada dentro de un documento de Word. Observe que los menús de Excel aparecen dentro de la ventana de Word.

[illegible]

Parte II

Trabajar con Word

"No sé qué programa has estado usando, Frank, pero estás mal. mira tu barra de menú debería decir File, Edit, Cosechar, Recolectar..."

En esta parte . . .

El procesar palabras continúa siendo el uso más popular que se le da a una computadora personal (después de jugar y pasar horas explorando la Internet), así que esta parte del libro lo guía con cuidado a través del uso del fornido procesador de palabras conocido como Microsoft Word. Al utilizar la versión 2003 de Word, usted puede crear desde una simple carta hasta un currículo o un reporte de negocios.

Además de descubrir cómo utilizar las opciones poderosas de Word, esta parte del libro también le enseña como escribir, editar, revisar la ortografía y la gramática de su escritura, y cómo formatear el texto para hacerlo lucir muy bonito. Si usted necesita compartir sus documentos con otros, esta parte del libro también le muestra cómo colaborar y combinar las ideas de diferentes personas en un solo documento, visible para todos.

Word puede parecer un procesador de palabras ordinario al principio, pero esta parte del libro desencadena las técnicas que convocan a Word para ayudarle a escribir, crear e imprimir sus ideas tan rápido como pueda digitarlas. (Siempre y cuando su computadora no colapse.)

Capítulo 5

Manipular sus Palabras

En este capítulo

- Editar un documento
- Desplazarse a través de un documento
- Encontrar y reemplazar texto
- Verificar su ortografía, gramática y el conteo de palabras
- Guardar sus palabras

Como lo dice su nombre, Word le permite escribir palabras para crear cartas, informes, propuestas, folletos, boletines, recordatorios, notas de rescate y prácticamente cualquier otra cosa que requiera de conocimientos rudimentarios del lenguaje escrito. Este capítulo lo guía a través del proceso de convertir sus ideas en palabras y almacenarlas en un documento de Microsoft Word.

Editar un Documento

Escribir bien significa rescribir. Incluso los mejores escritores del mundo rara vez gestan un párrafo, o una frase completa, que dice exactamente lo que quieren decir al primer intento. La mayoría de escritores sigue un proceso de dos pasos: poner sus ideas en palabras tan rápidamente como sea posible, y luego regresar y editar su texto para mejorarlo.

Al editar un documento, gastará la mayor parte de su tiempo agregando texto nuevo, borrando el viejo y reacomodando el existente.

Borrar texto

Word proporciona tres maneras de borrar texto. Si usted quiere borrar un carácter a la vez, puede escoger una de las siguientes opciones:

- Presione la tecla Backspace (borra un carácter a la izquierda)
- Presione la tecla Delete (borra un carácter a la derecha)

La tecla Backspace borra el carácter inmediatamente a la izquierda del cursor (y no del puntero del mouse). La tecla de Delete borra el carácter a la derecha del cursor. Si usted mantiene presionada la tecla Backspace o Delete, Word continúa borrando caracteres hasta que la suelte.

Usted puede mover el cursor mediante una de estas acciones:

- Presionar las teclas de flechas ←, →, ↓, o ↑
- Hacer clic con el puntero del mouse en alguna parte del texto

Las teclas Backspace y Delete son útiles para borrar pequeñas cantidades de texto. Para borrar segmentos más grandes rápidamente, siga estos pasos:

1. **Resalte el texto que quiere anular.**

   Puede resaltar texto mediante una de las siguientes acciones:

   - Arrastre el mouse para resaltar el texto
   - Mantenga presionada la tecla Shift y apriete uno de las teclas de flechas

2. **Presione Backspace o Delete.**

   Word borra el texto seleccionado.

Si piensa que podría necesitar el texto resaltado en el paso 1 más adelante, escoja Edit⇨Cut, presione Ctrl+X o pulse el botón con el icono Cut en la barra de herramientas estándar. Después, usted podrá escoger el comando Paste (Ctrl+V) para pegar el texto cortado en otra parte.

Agregar texto

Agregar texto pueden ser tan simple como colocar el cursor donde usted quiere añadirlo, y comenzar a digitar. Si quiere agregar texto a un segmento ya existente, Word le da dos opciones:

- **Modo insertar:** Cuando pone el cursor en medio del texto existente y comienza a digitar, el texto nuevo empuja el anterior hacia el lado.
- **Modo sobrescribir:** Si pone el cursor en medio del texto existente y comienza a digitar, el texto nuevo borra cualquier cosa a la derecha del cursor. Si digita una palabra de cuatro letras en modo sobrescribir, Word reemplaza los primeros cuatro caracteres a la derecha del cursor con el texto nuevo.

Para cambiar entre el modo insertar y sobrescribir, presione la tecla Insert. Cuando Word está en modo sobrescribir, usted verá las letras OVR (por *Overwrite*, en inglés) en la parte inferior de la barra de estado.

Una manera rápida de borrar o agregar texto es señalar lo que usted quiere borrar y empezar a digitar lo que quiere añadir.

Reacomodar texto

Al terminar de escribir, tal vez le parezca que algunos párrafos o frases deberían estar en otra parte de su documento. La forma tradicional de mover texto de un lugar a otro es usando los comandos Cut y Paste, como se describe a continuación:

1. **Resalte el texto que quiere mover.**

   Usted puede resaltar el texto arrastrando el mouse sobre él o sujetando la tecla Shift y pulsando las teclas de flechas.

   Si mantiene presionada la tecla Ctrl y usa el mouse para resaltar texto, puede seleccionar múltiples trozos de texto no adyacentes, como la primera y la última palabra de una oración.

2. **Escoja Edit⇨Cut, presione Ctrl+X, o haga clic sobre el icono Cut en la barra de herramientas estándar, como se muestra en la Figura 5-1.**

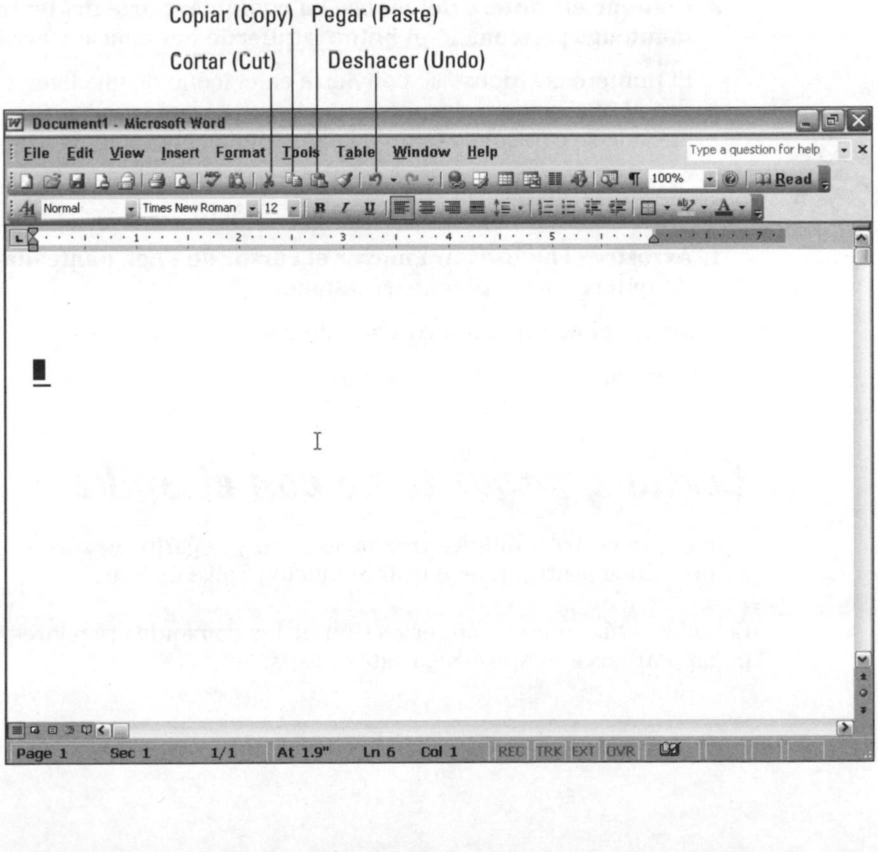

Figura 5-1: La barra de herramientas estándar tiene iconos de acceso directo a algunos de los comandos más utilizados.

Word borra el texto resaltado temporalmente.

Al copiar texto, la porción resaltada se mantiene en la posición original, y una segunda copia de ese texto se puede pegar en otra parte. Si quiere copiar texto, escoja Edit⇨Copy, presione Ctrl+C, o haga clic sobre el icono Copy.

3. **Coloque el cursor donde quiere poner el texto.**

   Para mover el cursor puede apretar las teclas de flechas o hacer clic con el mouse.

4. **Elija Edit⇨Paste, presione Ctrl+V, o haga clic sobre el icono Paste de la barra de herramientas estándar**

   El texto resaltado en el paso 1 aparece en la nueva posición en su documento

Si bien los comandos Cut y Paste pueden mover texto de un lugar a otro, usted puede usar el mouse para hacerlo más rápido, siguiendo estos pasos:

1. **Resalte el texto que quiere mover.**

   Usted puede resaltar el texto arrastrando el mouse o sujetando la tecla Shift y pulsando las teclas de flechas.

2. **Coloque el puntero del mouse en cualquier parte del texto resaltado, mantenga presionado el botón izquierdo del mouse y arrástrelo.**

   El puntero del mouse se convierte en el icono de una flecha con un cuadro al final, y Word despliega un cursor de línea punteada para indicarle adónde se correrá su texto cuando suelte el botón del mouse.

   Si usted sujeta la tecla Ctrl mientras arrastra el mouse en el paso 2, puede copiar el texto resaltado.

3. **Arrastre el mouse para mover el cursor de línea punteada hasta donde quiere correr el texto resaltado.**

4. **Suelte el botón izquierdo del mouse.**

   Word mueve el texto resaltado.

Cortar y pegar texto con el Spike

Si necesita cortar múltiples trozos de texto y pegarlos en otro lugar (incluso en otro documento), puede usar la función Spike de Word.

El Spike actúa como un superversión de los comandos regulares de cortar y pegar. Para usar el Spike, siga estos pasos:

1. **Resalte el texto que quiere cortar.**
2. **Presione Ctrl+F3.**

   Word corta el texto señalado y lo pone en el Spike (usted no lo ve).

   RECUERDE

   Cuando usted almacena texto en el Spike, no puede acceder a él usando el comando regular Paste.
3. **Repita los pasos 1 y 2 para cada trozo de texto que quiera cortar.**
4. **Coloque el cursor donde quiere pegar el texto almacenado en el Spike.**
5. **Presione Ctrl+Shift+F3.**

   Word pega el texto en el orden inverso al que usted lo cortó en los pasos 1 y 2.

RECUERDE

Cuando presiona Ctrl+Shift+F3, Word vacía todo el texto almacenado en el Spike. Si usted quiere pegar texto del Spike pero mantenerlo allí para usarlo más adelante, siga estos pasos:

1. **Repita los pasos 1 a 4 más arriba.**
2. **Escoja Insert⇨AutoText⇨AutoText.**

   Aparece el recuadro de diálogo AutoCorrect.
3. **Coloque el cursor donde quiere pegar el texto almacenado en el Spike.**

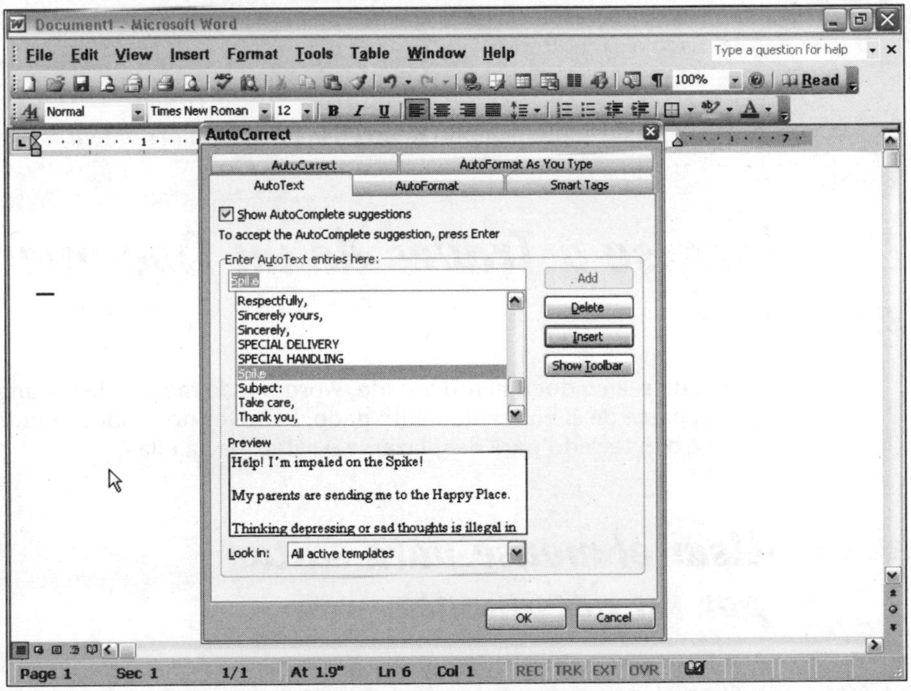

Figura 5-2: El recuadro de diálogo AutoCorrect le permite ver el contenido del Spike.

4. **Desplácese a través de la casilla de lista Enter AutoText entries here: y haga clic en la palabra Spike.**

   El recuadro de diálogo AutoCorrect despliega el texto actualmente reunido en el Spike, como se observa en la Figura 5-2.

5. **Haga clic sobre el botón Insert.**

   Word pega todo el texto del Spike, y deja una copia almacenada en él.

Revertir sus errores

¿Borró algo que desea no haber borrado? ¿Pegó texto en el lugar equivocado? Usted puede revertir el último comando utilizado mediante una de las siguientes acciones:

- Escoja Edit➪Undo
- Presione Ctrl+Z
- Haga clic sobre el icono Undo en la barra de herramientas estándar

CONSEJO

Cada vez que elige el comando Undo, usted revierte el comando que usó anteriormente. Si elige el comando Undo demasiadas veces, puede escoger el comando Redo, mediante uno de los siguientes pasos:

- Escoja Edit➪Redo
- Presione Ctrl+Y
- Haga clic sobre el icono Redo en la barra de herramientas estándar

Desplazarse a Través de un Documento de Word

Si usted crea un documento grande, Word puede mostrarle solamente una pequeña parte de él en un momento dado. Para ver porciones diferentes, use el mouse o el teclado para desplazarse o saltar hacia ellas.

Usar el mouse para saltar por un documento

El mouse es a menudo la manera mas rápida de desplazarse por un documento. Con el mouse, puede usar la barra de desplazamiento vertical, mostrada en la Figura 5-3.

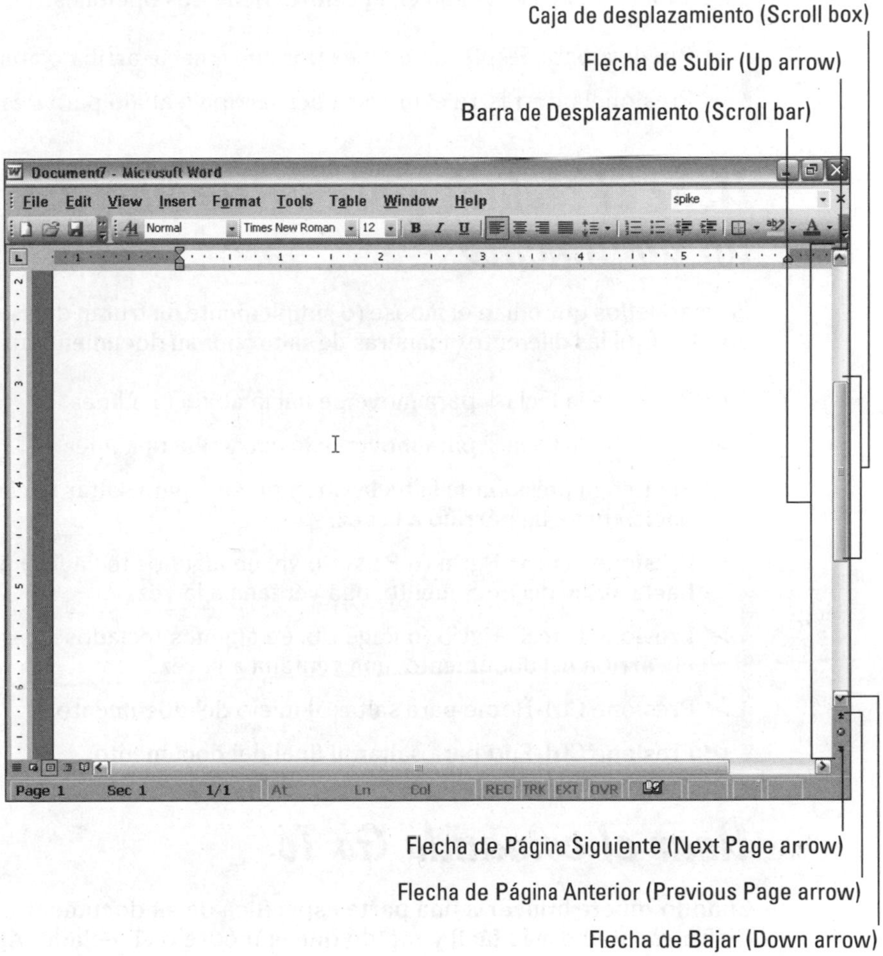

Figura 5-3: La barra de desplazamiento vertical.

Puede usar la barra de desplazamiento para hacer lo siguiente:

- Haga clic sobre las flechas hacia arriba y hacia abajo para desplazarla, una línea a la vez.
- Arrastre el cuadro de desplazamiento en la dirección deseada para saltar a una ubicación aproximada en su documento.
- Haga clic sobre la barra de desplazamiento encima o debajo del cuadro de desplazamiento para bajar o subir, una ventana a la vez.
- Haga clic sobre las flechas Previous Page o Next Page, en la parte inferior de la barra de desplazamiento, para brincar a la parte superior de la página anterior o la siguiente.

Si su mouse tiene una rueda en el centro, tiene dos opciones:

- Ruédela para desplazarse, línea por línea, hacia arriba o abajo.
- Presiónela y arrastre el mouse hacia arriba o abajo para desplazarse.

Usar el teclado para saltar por un documento

Para aquellos que odian el mouse (o simplemente disfrutan de usar el teclado), he aquí las diferentes maneras de saltar por su documento usando teclas:

- Presione la tecla ↓ para moverse hacia abajo una línea.
- Presione la tecla ↑ para moverse hacia arriba una línea.
- Mantenga presionada la tecla Ctrl y pulse ↑ para saltar hacia arriba o ↓ hacia abajo, un párrafo a la vez.
- Presione la tecla PgDn (o Page Down, en algunos teclados) para brincar hacia abajo del documento, una ventana a la vez.
- Presione la tecla PgUp (o Page Up, en algunos teclados) para brincar hacia arriba del documento, una ventana a la vez.
- Presione Ctrl+Home para saltar al inicio del documento.
- Presione Ctrl+End para saltar al final del documento.

Usar el comando Go To

Cuando quiere brincar a una parte especifica de su documento, el comando Go To es mucho más fácil y rápido que el mouse o el teclado. Aparte de brincar a un número de página específico, Go To también puede saltar hasta lo siguiente:

- Un número de línea específico
- Un comentario escrito por una persona específica
- Un bookmark que usted o alguien haya colocado en el documento

Para usar el comando Go To, haga lo siguiente:

1. **Escoja Edit⇨Go To o presione Ctrl+G.**

   La pestaña Go To del recuadro de diálogo Find and Replace aparece, como se muestra en la Figura 5-4.

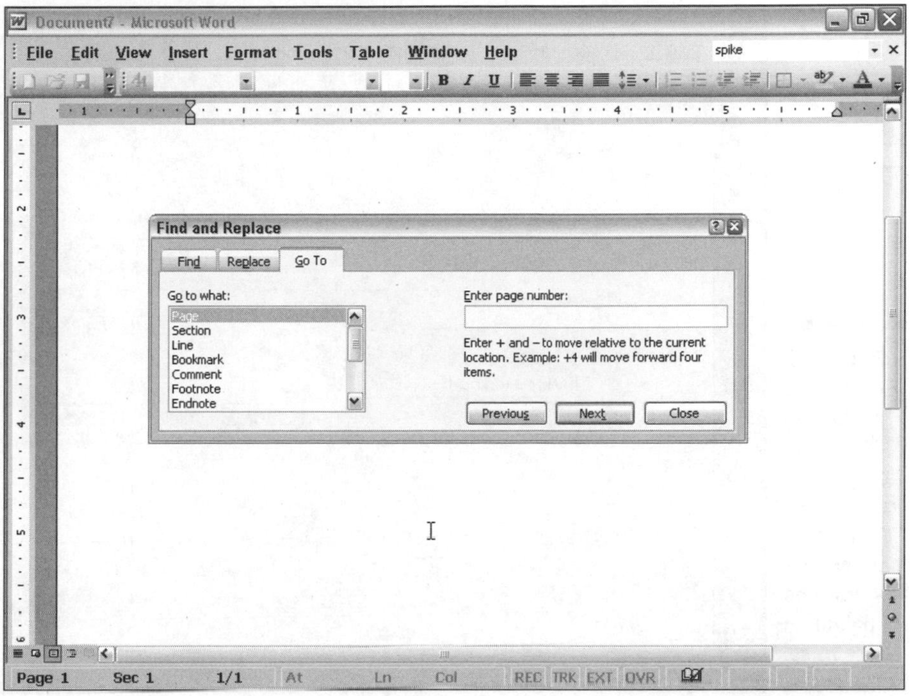

Figura 5-4: La pestaña Go To le permite saltar a una parte específica de su documento, como un número de página.

2. **Digite un número de página (o haga clic en el objeto al que quiere ir, tal como un número de línea específico, y luego digite lo que quiere encontrar) y presione Enter**

   Word salta hasta el objeto escogido, como el número de página o línea.

3. **Haga clic sobre Close o presione Esc para hacer desaparecer el recuadro de diálogo Go To.**

Encontrar y Reemplazar Palabras

Una tarea común de la edición consiste en encontrar una palabra o frase para leer la información alrededor de ella o reemplazar esa palabra o frase con texto nuevo.

Encontrar texto

Si usted sólo quiere encontrar texto en un documento, siga estos pasos:

1. **Escoja Edit⇨Find, o presione Ctrl+F.**

   Aparece el recuadro de diálogo Find, como se observa en la Figura 5-5.

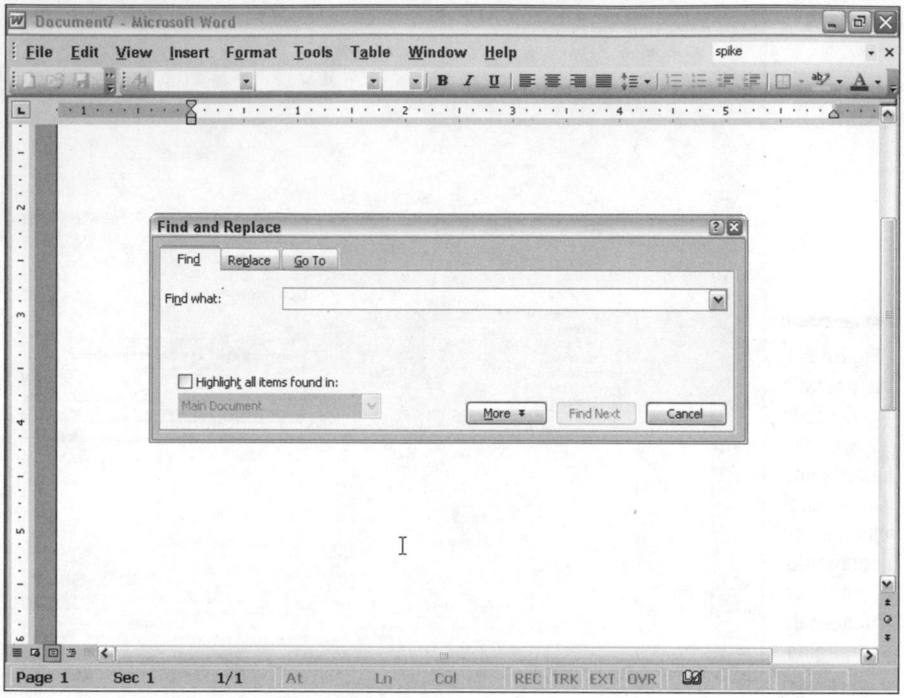

Figura 5-5: El recuadro de diálogo Find le permite registrar un documento para encontrar una palabra o frase.

2. **Haga clic en la casilla Find what, y digite la palabra o frase que desea encontrar.**

   Si usted escribe incorrectamente una palabra en la casilla Find what, Word no podrá encontrar la palabra o frase que busca

3. **Haga clic sobre Find Next.**

   Word resalta el texto, si puede encontrarlo en el documento. Si usted hace clic sobre el botón Find Next otra vez, Word buscará más apariciones del término en el texto.

4. **Haga clic sobre la casilla de cierre del recuadro de diálogo Find para hacerlo desaparecer.**

Si hace clic en el botón More, en el recuadro de diálogo Find, puede escoger opciones adicionales para buscar en el texto, como se aprecia en la Figura 5-6. Por ejemplo, podría buscar palabras enteras (para evitar que Word encuentre palabras ocultas en otras, como por ejemplo la palabra *casa* en *escasa*), o texto que coincida exactamente con el estilo del que digitó en la casilla Find What.

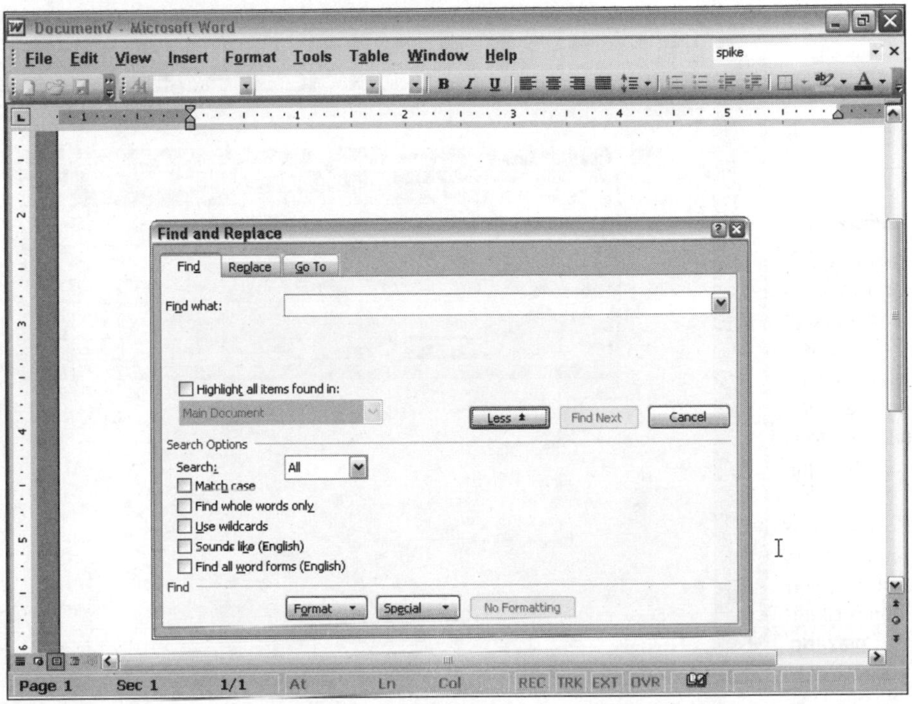

Figura 5-6: El botón More le permite definir opciones adicionales para buscar texto en un documento.

Encontrar y Reemplazar Texto

En ocasiones, tal vez quiera encontrar texto específico y reemplazarlo automáticamente por otro diferente. Por ejemplo, si escribió una carta de renuncia cargada de malas palabras, es probable que desee encontrarlas y reemplazarlas todas con adjetivos más dóciles.

Para encontrar y reemplazar texto, siga estos pasos:

1. **Escoja Edit⇨Replace, o presione Ctrl+H.**

   Aparece el recuadro de diálogo Find and Replace, como se aprecia en la Figura 5-7

2. **Haga clic en la casilla Find What y digite la palabra o frase que desea encontrar.**

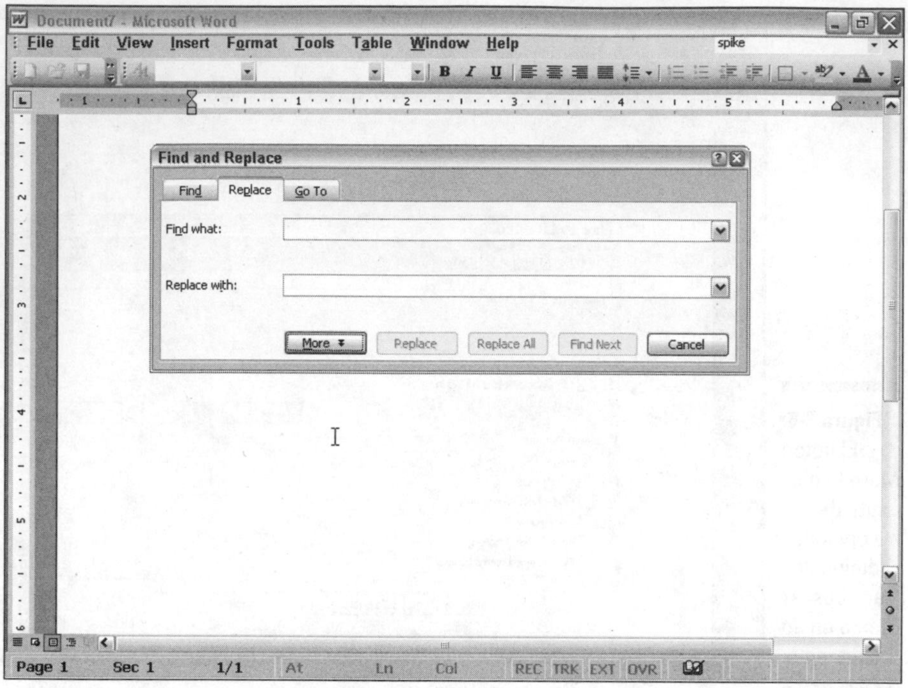

Figura 5-7: El recuadro de diálogo Find and Replace le permite especificar tanto el texto que quiere encontrar como el que quiere usar para reemplazarlo.

Si escribe incorrectamente una palabra en la casilla Find what, Word no podrá hallar la palabra o frase que busca.

3. **Haga clic en la casilla Replace With what, y digite la palabra o frase que prefiere poner.**
4. **Seleccione una de las siguientes opciones:**
   - **Haga clic sobre Replace:** Esta acción resalta el texto que quiere encontrar y le da la opción de ignorarlo o reemplazarlo.
   - **Haga clic sobre Replace All:** Automáticamente reemplaza todas las apariciones del texto que usted quiere hallar.
5. **Haga clic sobre la casilla Close del recuadro de diálogo Find and Replace para hacerlo desaparecer.**

Revisar Ortografía y Gramática

El paso final hacia pulir su texto consiste en verificar la ortografía y gramática, para que los errores no distraigan la atención de su mensaje.

Revisar ortografía y gramática

Word proporciona varias maneras de chequear la ortografía y gramática en su documento. La forma más simple es seguir estos pasos:

1. **Resalte el texto que quiere revisar. (Sáltese este paso si quiere chequear la ortografía o gramática de todo el documento.)**
2. **Escoja una de las siguientes opciones:**
   - Presione F7
   - Haga clic sobre el icono Spell Check en la barra de herramientas estándar
   - Escoja Tools➪Spelling and Grammar

   Cada vez que Word encuentra una palabra mal escrita o un error gramatical, el recuadro de diálogo Spelling and Grammar aparece y lo resalta, como se observa en la Figura 5-8.

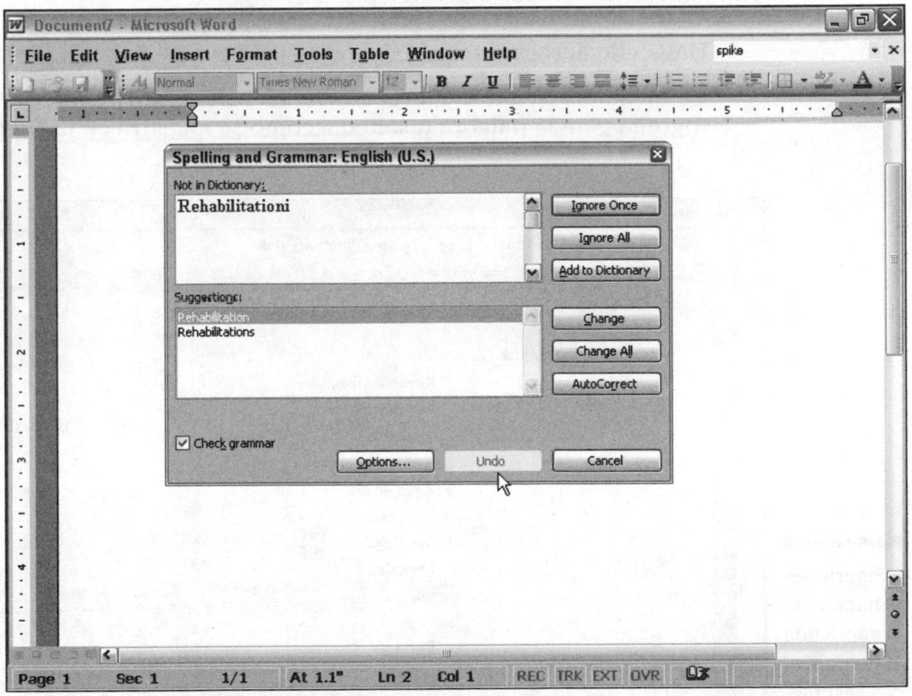

Figura 5-8: El recuadro de diálogo Spelling and Grammar le muestra qué palabras podrían estar mal escritas, y le permite escoger una ortografía alternativa.

3. **Escoja uno de los siguientes pasos:**
   - Haga clic sobre un cambio sugerido y haga clic en Change para corregir el problema.

- Haga clic sobre Ignore Once para ignorar el problema una vez.
- Elija Ignore All o Ignore Rule para ignorar todos los problemas de ese tipo.

Cuando Word no encuentra más palabras mal escritas, un recuadro de diálogo aparece, para hacerle saber que el chequeo ha terminado.

4. **Haga clic sobre OK.**

Revisar ortografía y gramática mientras digita

Word le da la opción de chequear la ortografía y gramática conforme usted digita. En el momento que digite una palabra incorrectamente, Word la subraya en rojo. Si digita una frase gramaticalmente incorrecta, Word la subraya en verde.

Para corregir la ortografía o gramática de una palabra resaltada con una línea ondulada roja o verde, siga estos pasos:

1. **Haga clic derecho sobre la palabra subrayada.**

   Un menú desplegable aparece, con una lista de varias alternativas de ortografía para la palabra resaltada, como se muestra en la Figura 5-9.

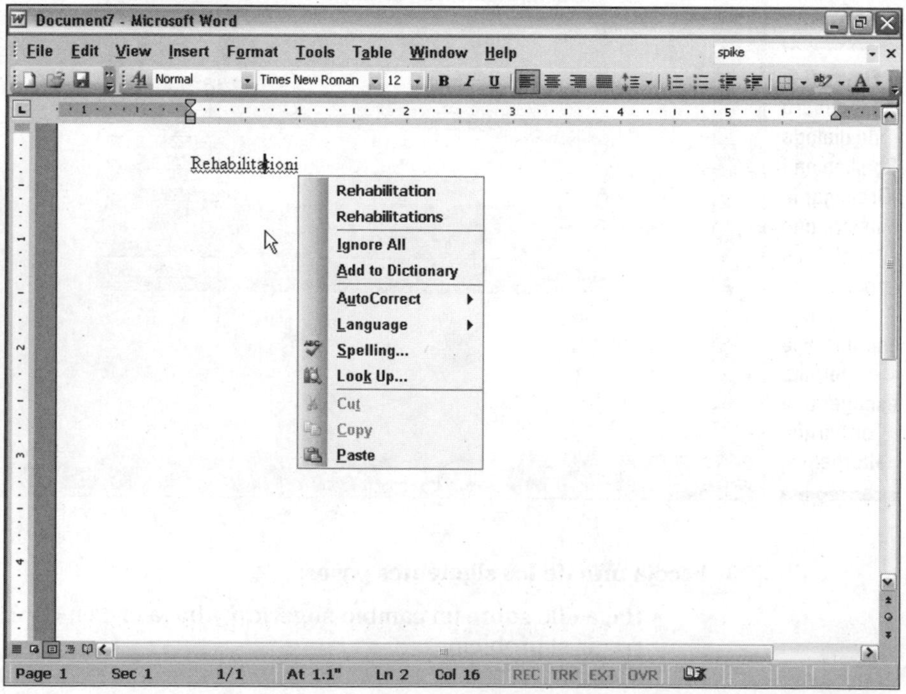

Figura 5-9: Al hacer clic sobre una palabra mal escrita, usted puede escoger la ortografía correcta en seguida.

Una línea ondulada roja significa que la palabra está escrita incorrectamente. Una línea ondulada verde significa que la palabra puede ser gramaticalmente incorrecta.

2. **Escoja una de las siguientes opciones:**

   - Haga clic sobre la ortografía o el uso gramatical correcto de la palabra señalada.
   - Haga clic en Add to Dictionary si la palabra efectivamente está bien escrita y usted no quiere que Word continúe marcándola como incorrecta.
   - Haga clic sobre Ignore Once para ignorar el problema.
   - Haga clic sobre Ignore All, en caso de que la palabra esté bien escrita y usted no quiera agregarla al diccionario de Word.

   Word retira la línea ondulada roja o verde de la palabra mal escrita.

Aunque puede resultar útil que Word revise la ortografía y gramática mientras usted digita, tal vez usted prefiera desactivar esta función (o activarla, si ya la desactivó). Para activar o desactivar esta función, siga estos pasos:

1. **Escoja Tools⇨Options.**

   Aparece el recuadro de diálogo Options.

2. **Haga clic sobre la pestaña Spelling & Grammar.**

   Las opciones dentro de Spelling and Grammar aparecen, como se observa en la Figura 5-10.

3. **Haga clic sobre las casillas Check Spelling As You Type o Check Grammar As You Type.**

   Si la casilla está marcada, Word automáticamente revisa su ortografía o gramática mientras usted digita. Si no hay una marca, Word no revisará la ortografía ni la gramática conforme usted digita

4. **Haga clic sobre OK.**

Corrección automática de su ortografía

En lugar de preocuparse por revisar la ortografía de su documento, deje que Word automáticamente corrija cualquier error. En el momento que usted escriba mal una palabra, Word la corregirá automáticamente. Usted no deberá preocuparse por eso.

Esta conveniente función, llamada AutoCorrect, le permite definir una forma común de escribir incorrectamente una palabra, así como la manera correcta de hacerlo. Así, la próxima vez que usted digite mal una palabra, como *lĩnos*, Word la cambiará automáticamente a la forma correcta, en este caso *los*.

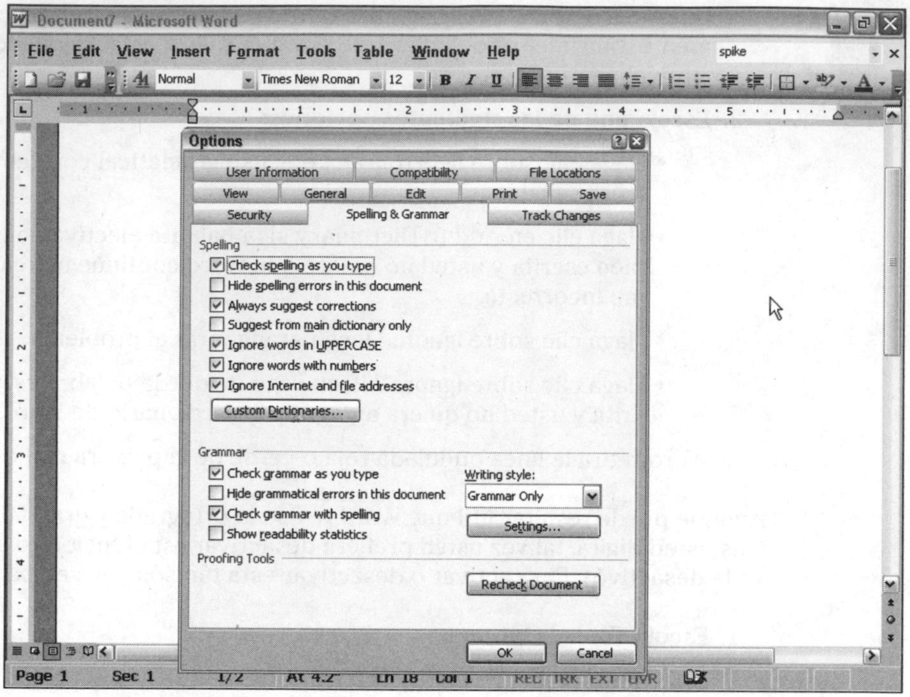

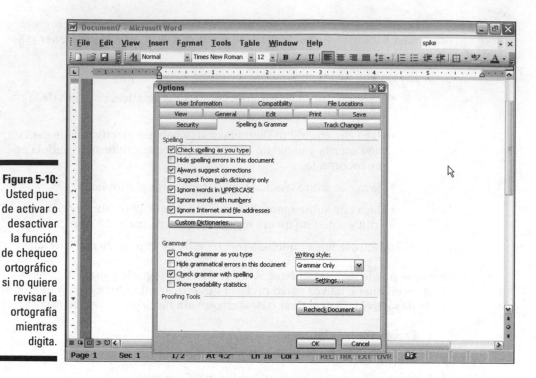

Figura 5-10: Usted puede activar o desactivar la función de chequeo ortográfico si no quiere revisar la ortografía mientras digita.

Para modificar la función AutoCorrect de Word, siga estos pasos:

1. **Escoja Tools➪AutoCorrect Options.**

   Las opciones de AutoCorrect aparecen, como se aprecia en la Figura 5-11.

2. **Haga clic sobre el cuadro Replace y digite una palabra que usted generalmente escribe incorrectamente.**

   Si usted se desplaza hacia abajo de la lista, podrá ver todas las palabras mal escritas que Word ya reconoce.

3. **Haga clic sobre el cuadro With, y escriba la ortografía correcta de la palabra.**

4. **Haga clic sobre OK.**

CONSEJO

Usted puede usar la función AutoCorrect Options para introducir siglas que representen frases usadas frecuentemente. Por ejemplo, si usted escribe ONU en el cuadro Replace y luego digita Organización de las Naciones Unidas en el cuadro With, cada vez que digite ONU, Word lo reemplazará automáticamente con Organización de las Naciones Unidas.

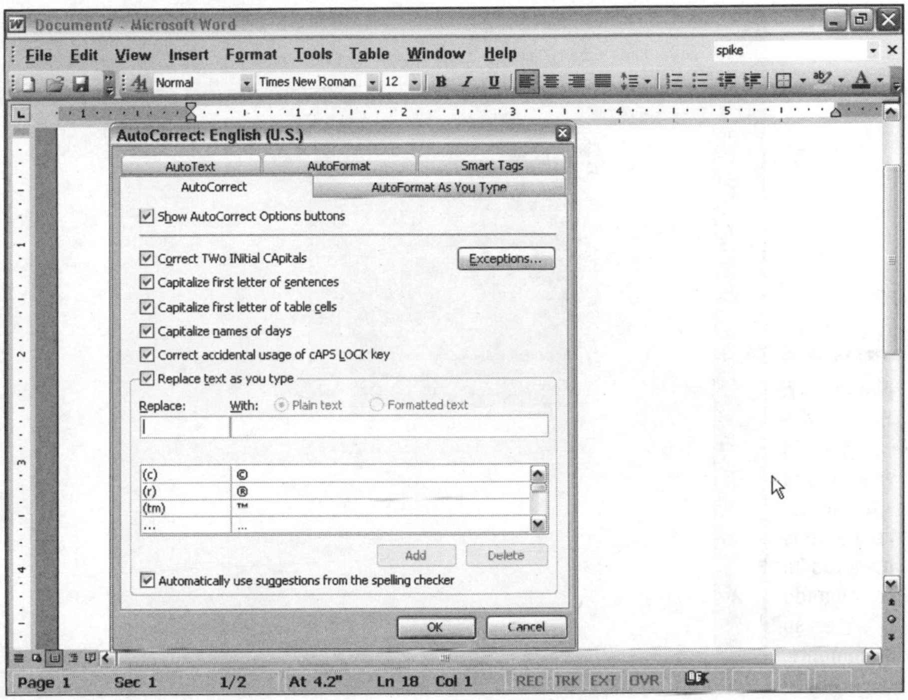

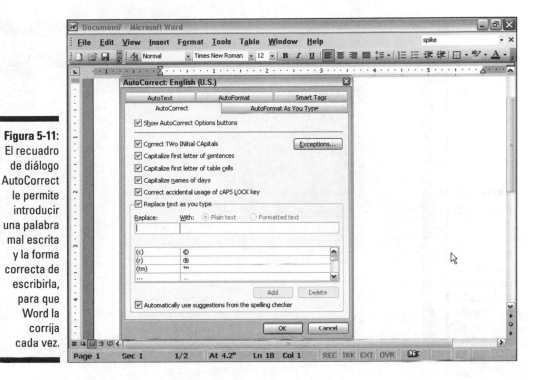

Figura 5-11: El recuadro de diálogo AutoCorrect le permite introducir una palabra mal escrita y la forma correcta de escribirla, para que Word la corrija cada vez.

Contar sus Palabras

En ocasiones, usted necesitará limitar sus escritos a un cierto número de palabras, para publicarlos en revistas o entregarlos como ensayos de una asignatura. Para ver cuántas palabras ha escrito, puede usar la función de conteo de palabras de Word al seguir estos pasos:

1. **Resalte el texto que quiere contar. (Sáltese este paso si quiere contar las palabras de todo el documento.)**

2. **Escoja Tools⇨Word Count.**

   El recuadro de diálogo WordCount aparece, y le muestra cuántas palabras, páginas, párrafos y líneas hay en el texto o documento señalado, como se aprecia en la Figura 5-12.

3. **Haga clic sobre Close.**

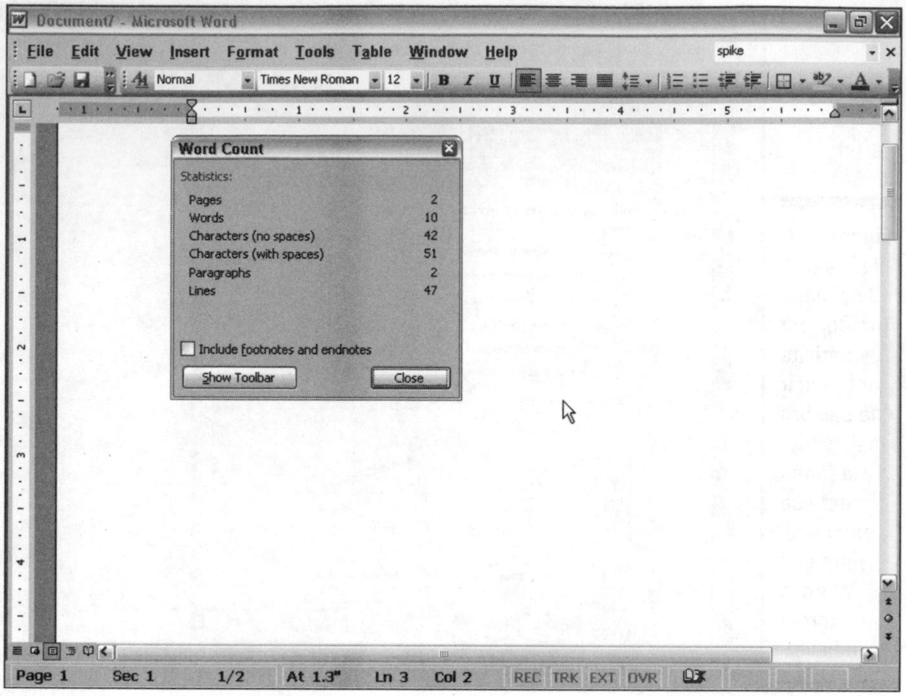

Figura 5-12: El recuadro de diálogo Word Count le permite ver cuántas palabras ha digitado en su documento.

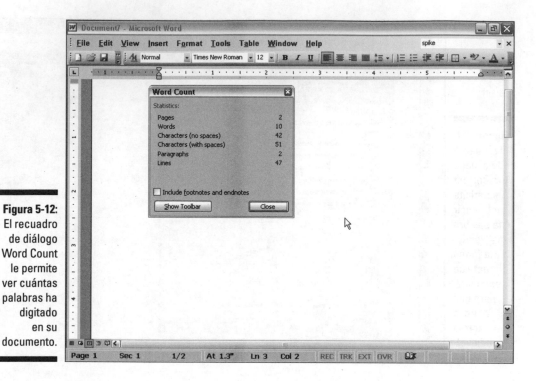

Guardar sus Cosas

Normalmente, si usted se toma tiempo y la molestia de escribir algo en Word, querrá guardar su trabajo para usarlo nuevamente en el futuro. Word le brinda varias maneras de guardar sus palabras.

Guardar su documento

Para guardar su documento, escoja uno de los siguientes métodos:

- Presione Ctrl+S.
- Haga clic sobre el icono Save en la barra de herramientas estándar (el botón que parece un disco *flexible o disquete*).
- Escoja File➪Save.

RECUERDE

Si guarda un documento por primera vez, Word le pide un nombre para su archivo. Idealmente, éste debería ser lo más descriptivo posible, como Carta a papá o Citatorio para excónyuge; así, le recordará rápidamente el contenido del documento, cuando haya pasado mucho tiempo sin mirarlo.

Si tiene múltiples documentos abiertos y quiere guardarlos todos con un solo teclazo, mantenga presionada la tecla Shift y escoja File⇨Save All.

El nombre de archivo más largo que Word puede manejar consta de 255 caracteres. Los nombres de archivo no pueden incluir una diagonal (/), diagonal invertida (\), signo mayor que (>), signo menor que (<), asterisco (*), signo de pregunta (?), comillas ("), signo de canal (|), dos puntos (:) ni punto y coma (;).

Hacer respaldos de sus archivos automáticamente

Si usted tiene terror de perder información (un miedo completamente legítimo, dada la inclinación de las computadoras a colapsar en cualquier momento sin razón aparente), es recomendable que use la función de respaldo de Word.

La función de *respaldo* (*backup feature*) crea una segunda copia (respaldo) de su documento cada vez que usted lo guarde. Este archivo de respaldo se llama Backup of (Nombre del documento original). Entonces, si guarda un documento llamado Plan para la dominación mundial, el archivo de respaldo se llama Backup of Plan para la dominación mundial, y se almacena en la misma carpeta que el documento original. (Esto significa que, si usted accidentalmente borra la carpeta con el documento original, también borra la copia de respaldo.)

Para activar la función de respaldo de Word, siga estos pasos:

1. **Escoja Tools⇨Options.**

   El recuadro de diálogo Options aparece.

2. **Haga clic en la pestaña Save.**

   Las opciones de Save aparecen, como se aprecia en la Figura 5-13.

3. **Asegúrese de que la casilla Always Create Backup Copy tenga una marca.**

4. **Haga clic sobre OK.**

Word también ofrece la casilla Allow Fast Saves, en la cual puede hacer clic después del paso 3. Esta opción almacena sus archivos rápidamente (de ahí viene el nombre Fast Saves): solamente guarda los cambios, en un pequeño archivo separado y temporal. Si escoge la opción Fast Saves, debería vaciar su casilla periódicamente, para que así Word consolide todos los cambios en un solo archivo.

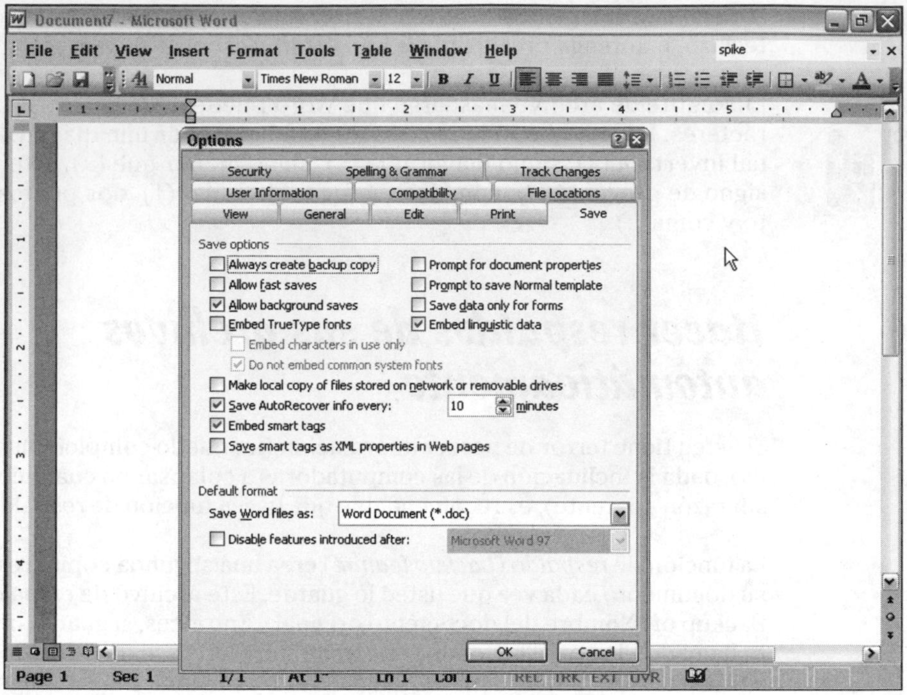

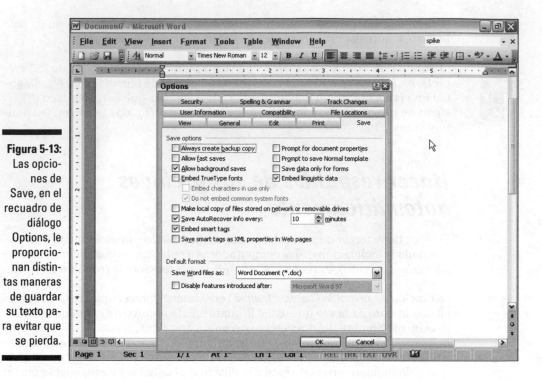

Figura 5-13: Las opciones de Save, en el recuadro de diálogo Options, le proporcionan distintas maneras de guardar su texto para evitar que se pierda.

Capítulo 6

Hacer que sus Palabras se Vean Bonitas

En este capítulo

- Formatear su documento a mano
- Formatear su documento con temas y plantillas de estilo
- Alinear texto
- Crear tablas y listas

Las palabras solas no son suficientes para impresionar al público. Además de redactar claramente (algo rara vez visto en la mayoría de manuales de computadora), usted también debería hacer que su texto luzca bien por medio del formateo. Cuanto más atractiva sea la apariencia de su documento, mayor será la probabilidad de que alguien se tome la molestia de leerlo.

Microsoft Word le ofrece dos formas de formatear texto: a mano o utilizando algo llamado *plantilla de estilo* (se explica más adelante en este capítulo, así que no se preocupe por su significado exacto por ahora). Formatear texto a mano toma más tiempo, pero le da más control. Formatear texto utilizando una plantilla de estilo es más rápido, pero tal vez no se formatee exactamente como usted lo desea, y eso quiere decir que quizás deba regresar a formatearlo a mano de todas maneras.

Entonces, ¿cuál método debería utilizar? Ambos. Si está apurado, utilice una plantilla de estilo. Si sólo necesita hacer un poco de formateo, o si usted quiere formatear texto de una manera específica, hágalo usted mismo.

Formatear Texto Manualmente

Para modificar la apariencia de su texto, puede cambiar una o más de las siguientes opciones:

- Fuentes y tamaño de las fuentes
- *Estilos* de digitación (como negrita, cursiva y subrayado)
- Color del texto

Escoger una fuente y un tamaño de fuente

Su computadora probablemente viene con una variedad de fuentes que usted probablemente ni siquiera sabe que existen. Una *fuente* define la apariencia de las letras en sí. Dependiendo de cuáles fuentes tenga su computadora, usted puede hacer que su texto se vea como si hubiera sido impreso en un periódico o escrito con una pluma. Algunos ejemplos de diferentes fuentes son:

- Times New Roman
- Courier
- Arial

CONSEJO

Cuando usted hace clic sobre la casilla de lista Font, en la barra de herramientas de formato, Word convenientemente despliega una lista de todas las fuentes disponibles y le enseña cómo se ven, como se observa en la Figura 6-1.

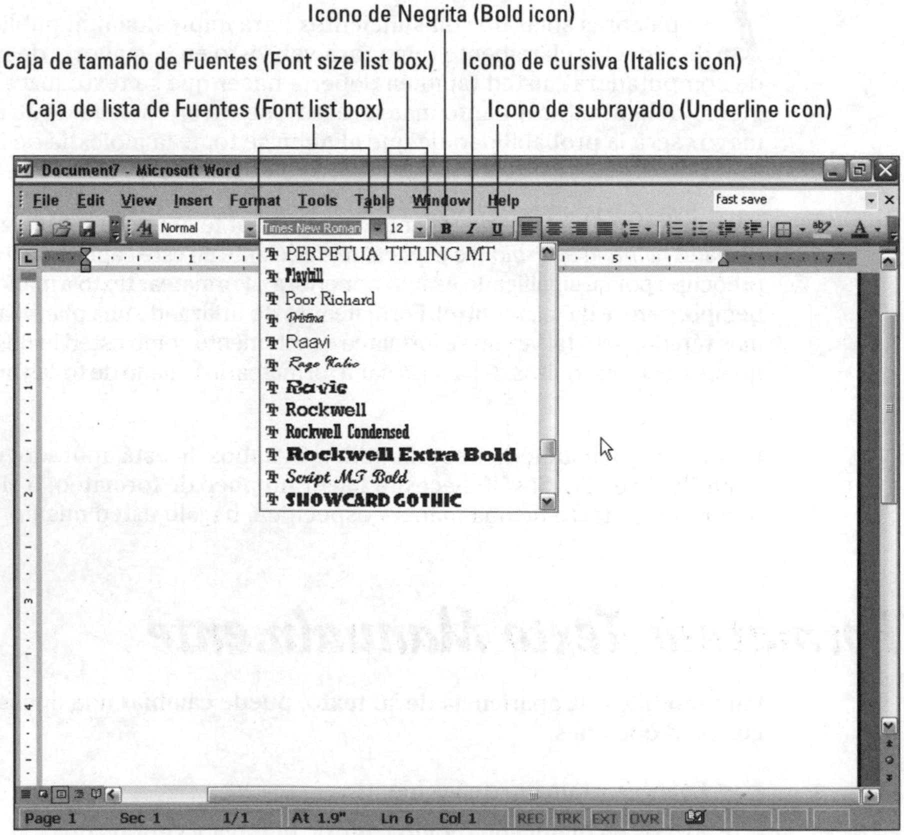

Figura 6-1: La casilla de lista Font le permite ver y escoger la fuente que desea para su texto.

El tamaño de la fuente hace que su texto sea más grande o más pequeño, sin importar el tipo de fuente que escoja. Algunas fuentes se ven mejor grandes, otras se ven bien pequeñas y otras se ven horribles, no importa de qué tamaño sean.

Si no está convencido de cambiar la fuente o el tamaño de la fuente de su texto, experimente con unas cuantas combinaciones de fuentes y tamaños para ver si mejoran la legibilidad de su texto.

Si piensa compartir documentos con otras personas, limítese a las fuentes comunes, como Times New Roman o MS Sans Serif. No todas las computadoras tienen instaladas algunas de las fuentes más raras; si usted las utiliza, su texto podría verse realmente extraño en la computadora de alguien más.

Para cambiar la fuente y el tamaño de fuente de un texto, haga esto:

1. **Resalte el texto que desea modificar.**
2. **Haga clic en la casilla de lista Font en la barra de herramientas de formato y escoja una fuente.**

   Word despliega el texto resaltado con la fuente escogida.
3. **Haga clic en la casilla de lista Font Size en la barra de herramientas de formato y elija un tamaño de fuente.**

   Word despliega el texto resaltado con el tamaño de fuente de su elección.

Si escoge una fuente y un tamaño de fuente con el cursor al final de su documento, Word automáticamente utiliza la fuente y el tamaño escogidos en cualquier texto que digite después.

Escoger un estilo de digitación

Sólo para darle un poco más de control sobre su texto, Word también le permite mostrarlo en negrita, cursiva o subrayado, sin importar la fuente o el tamaño de fuente que elija.

- **Esta oración aparece en negrita.**
- *Esta oración aparece en cursiva.*
- <u>Esta oración está subrayada.</u>
- <u>**Esta oración le demuestra que puede combinar estilos: negrita y subrayado *con cursiva*, por ejemplo.**</u>

Para cambiar el estilo de digitación del texto, siga estos pasos:

1. **Resalte el texto que desea modificar.**

2. **Escoja una de las siguientes opciones, dependiendo de cómo quiere que se vea su texto:**

   - Haga clic sobre el icono Bold (que se ve como una B) en la barra de herramientas de formato, o pulse Ctrl+B.
   - Haga clic sobre el icono Italic (que se ve como una I) en la barra de herramientas de formato, o pulse Ctrl+I.
   - Haga clic sobre el icono Underline (que se ve como una U) en la barra de herramientas de formato, o pulse Ctrl+U.

   Word despliega el texto seleccionado en el estilo de su elección.

Si escoge un estilo de digitación con el cursor al final de su documento, Word automáticamente utiliza el estilo escogido, como cursiva o subrayado, en cualquier texto que digite después.

Dejar su marca con un toque de color

Ya que el costo de las impresoras a color está bajando tan rápidamente como el capital neto del gobierno de los Estados Unidos, tal vez usted quiera experimentar utilizando diferentes colores para desplegar un texto. (Por cierto, agregar color no tiene por qué ser meramente una opción estética. El color resulta muy útil cuando desea resaltar partes de un texto o cansar los ojos de las personas que se ven obligadas a leer su documento).

Para cambiar el color de fondo de su texto (esto hace que parezca como si alguien hubiera coloreado su texto con un marcador para resaltar), haga lo siguiente:

1. **Resalte el texto que desea modificar.**
2. **Haga clic sobre el icono Highlight. (Si quiere escoger un color diferente, haga clic en la flecha que apunta hacia abajo, a la derecha del icono Highlight, en la barra de herramientas de formato).**

   Aparece una paleta con diferentes colores, como se observa en la Figura 6-2.
3. **Haga clic sobre el color que desea utilizar en el fondo.**

   Word mágicamente cambia el color de fondo de su texto.

Para cambiar el color de las letras que conforman actualmente su texto, haga lo siguiente:

1. **Resalte el texto que desea modificar.**
2. **Haga clic sobre el icono Font Color. (Si quiere elegir un color diferente, haga clic en la flecha que apunta hacia abajo, a la derecha del icono Font Color, en la barra de herramientas de formato).**

   Aparece una paleta con diferentes colores.

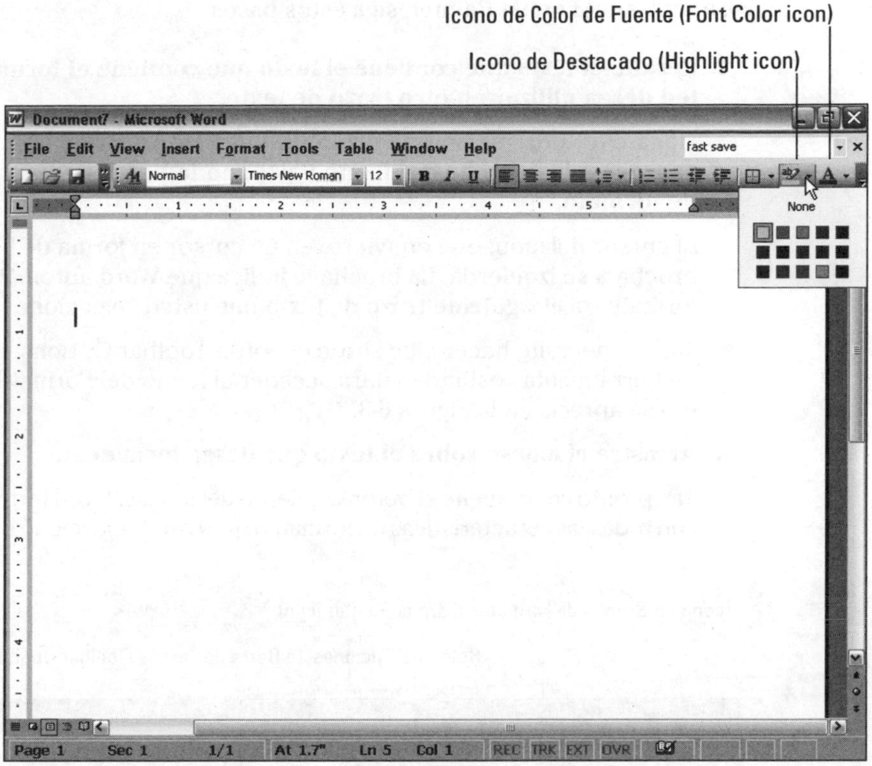

Figura 6-2: Usted puede resaltar su texto con diferentes colores.

3. **Haga clic sobre el color que desea utilizar en el texto.**

   Word cambia el color de su texto.

Pintar texto con Format Painter

Suponga que tiene un trozo de texto formateado perfectamente: la fuente, el tamaño de la fuente, el estilo de digitación, etcétera. ¿Es necesario pasar por todo ese laborioso proceso nuevamente para hacer que otro trozo de texto luzca exactamente igual? ¡Por supuesto que no! Utilice el Format Painter.

El Format Painter le dice a Word, "¿Ves cómo formateaste ese bloque de texto que acabo de destacar? Quiero que utilices el mismo formateo en este otro pedazo de texto."

Al utilizar el Format Painter, no es necesario que usted formatee las características individuales del texto; esto ahorra tiempo, de manera que usted puede realizar una tarea más importante (como hacer planes para el almuerzo o imprimir su currículo en horas de trabajo).

Para utilizar el Format Painter, siga estos pasos:

1. **Resalte el texto que contiene el texto que contiene el formateo que usted desea utilizar en otro trozo de texto.**
2. **Haga clic sobre el botón Format Painter (se ve como una brocha y aparece a la derecha del icono Paste) en la barra de herramientas de formato.**

   El cursor del mouse se convierte en un cursor en forma de I, con una brocha a su izquierda. La brocha le indica que Word automáticamente formateará el siguiente trozo de texto que usted seleccione.

   Tal vez necesite hacer clilc sobre el botón Toolbar Options, en la barra de herramientas estándar, para acceder al icono del Format Painter, como se aprecia en la Figura 6-3.
3. **Arrastre el mouse sobre el texto que desea formatear.**

   Tan pronto como suelte el botón izquierdo del mouse, Word formatea el texto con todas las características de formateo que usted seleccionó en el paso 1.

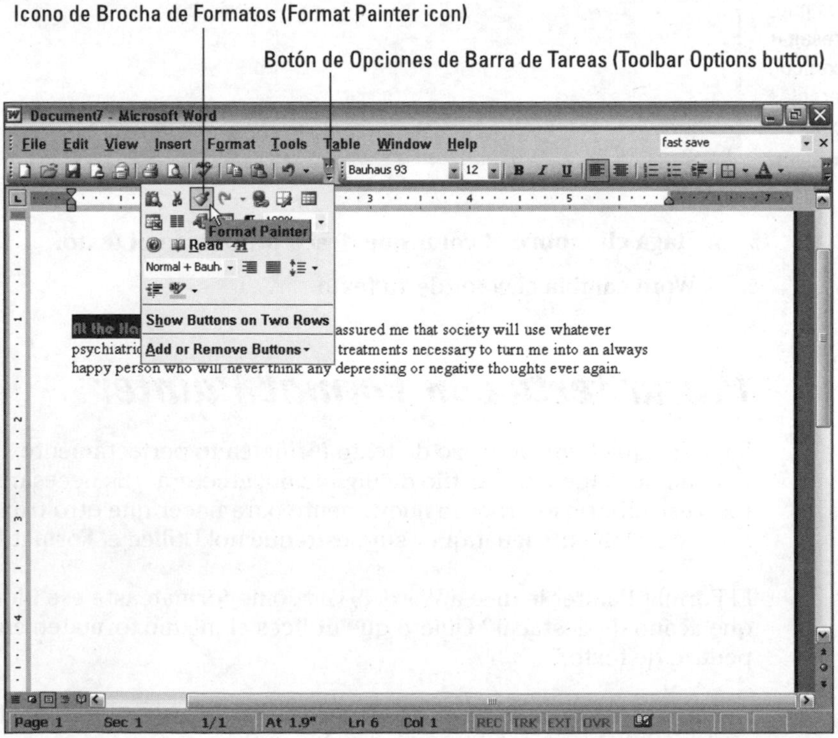

Figura 6-3: El icono del Format Painter aparece cuando usted hace clic sobre el botón Toolbar Options.

Si el texto que usted selecciona en el paso 1 contiene una variedad de características de formateo, Word copia solamente aquellas características compartidas por el trozo en su totalidad. Por ejemplo, si selecciona un texto que esté en la fuente Times New Roman, con una oración subrayada, una segunda oración en negrita y una tercera oración con un fondo amarillo, Word formatea su texto nuevo con la única característica de formateo en común: la fuente — Times New Roman.

Formatear su Documento Fácilmente

Si de veras le encanta utilizar Word, puede formatear su texto manualmente. Por otro lado, Word le brinda tres accesos directos para cambiar la apariencia general de sus documentos:

- **Temas:** Definen el color y la apariencia gráfica de viñetas, texto, líneas horizontales y el fondo de un documento.
- **Plantillas de estilo:** Ofrecen uno o más estilos para crear tipos comunes de documentos, como currículos, cartas de negocios o páginas de portada de fax.
- **Estilos:** Definen el formato de un párrafo utilizando márgenes específicos, tamaños de fuente o subrayado.

Escoger un tema

Un *tema* le permite elegir la apariencia decorativa de su documento. Si usted no escoge un tema, su texto aparece en simple blanco y negro. Los temas, más que nada, hacen que su documento se vea bonito. Si no le importan las apariencias, probablemente no necesite utilizarlos.

Para escoger un tema, siga estos pasos:

1. **Elija Format⇨Theme.**

   Aparece el recuadro de diálogo Theme, como se muestra en la Figura 6-4.

2. **Haga clic sobre el tema que desea utilizar en la lista Choose a Theme.**

   Cada vez que haga clic sobre un tema, Word amablemente le enseña una muestra de cómo ese tema puede cambiar la apariencia de su documento. Quizás necesite insertar su disco compacto de Office 2003 en la computadora para instalar el tema de su elección.

3. **Marque una o más de las siguientes casillas, o retire las marcas de ellas:**

   - **Vivid Colors:** Agrega (o quita) colores adicionales al texto
   - **Active Graphics:** Agrega (o quita) gráficos adicionales para hacer que las viñetas y las líneas horizontales se vean más interesantes
   - **Background Image:** Agrega (o quita) el gráfico de fondo.

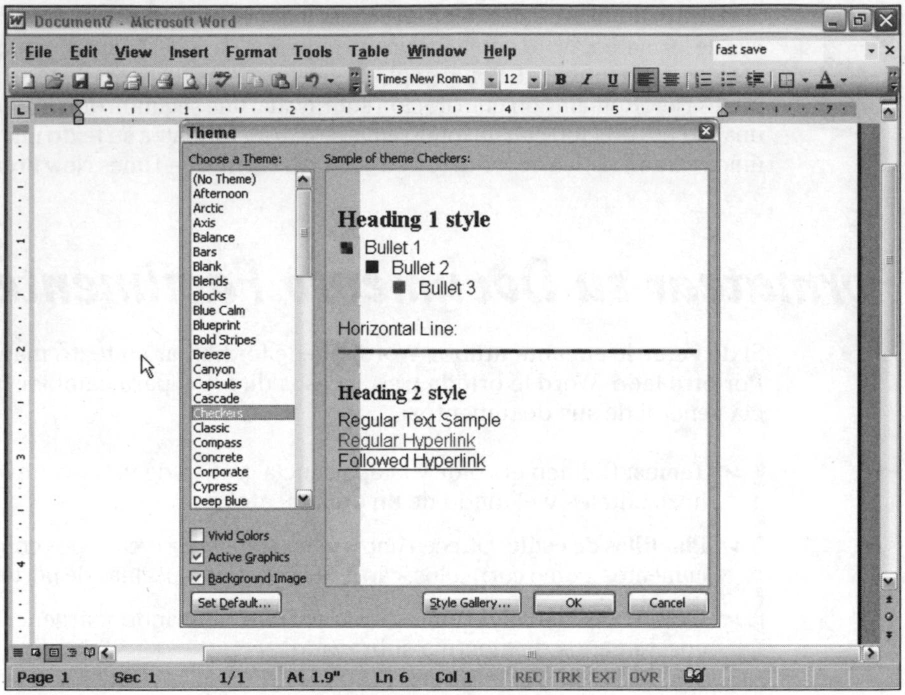

Figura 6-4: El recuadro de diálogo Theme puede crear un documento formateado rápida y fácilmente.

4. **Haga clic sobre OK una vez que haya encontrado y definido un tema para utilizar.**

   Word despliega el tema de su elección en el documento actualmente mostrado. No se preocupe. Aún es posible formatear un texto individualmente después de haber definido un tema para el documento.

Escoger una plantilla de estilo

Una *plantilla de estilo* proporciona formateo para tipos comunes de documentos (faxes, informes, propuestas, memos, etcétera). Entonces, si necesita escribir una portada de fax o carta de negocios, podría empezar desde cero, y desperdiciar mucho tiempo en el proceso. O, por otro lado, podría utilizar una plantilla especial para faxes o cartas de negocios que le brinde el formateo (o los estilos de formateo) para crear un fax o una carta de negocios. Así, todo lo que usted debe hacer es digitar el texto y dejar que Word se preocupe por el formato.

Para escoger una plantilla de estilo, siga estos pasos:

1. **Escoja Format⇨Theme.**

   Aparece el recuadro de diálogo Theme (vea la Figura 6-4), el cual le enseña el tema utilizado en su documento actual.

2. **Haga clic sobre el botón Style Gallery.**

   Aparece el recuadro de diálogo Style Gallery, como se muestra en la Figura 6-5.

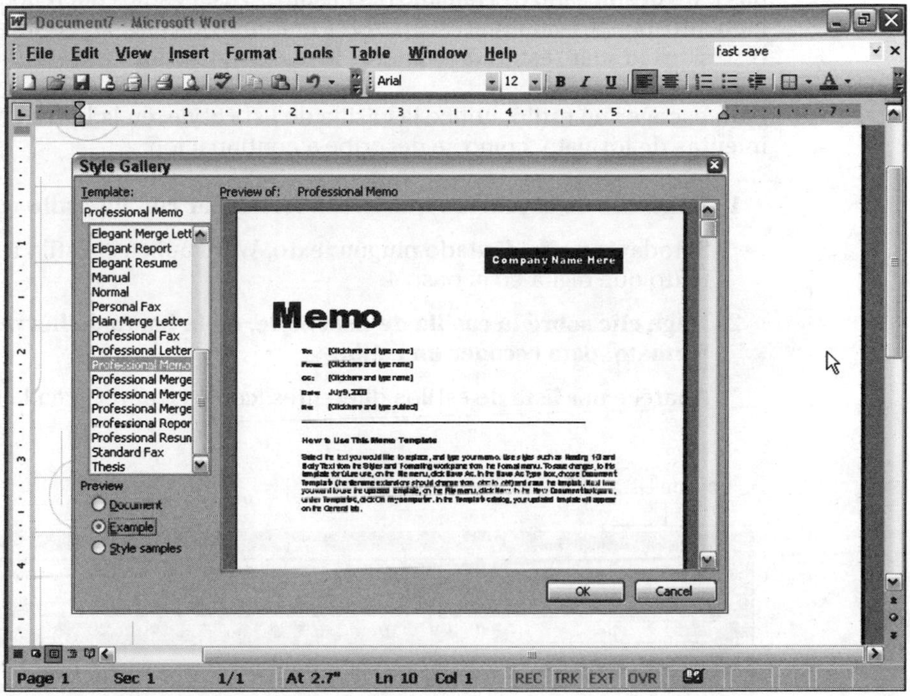

Figura 6-5: El recuadro de diálogo Style Gallery le permite elegir una plantilla que contenga estilos preformateados para ciertos tipos de escritos, como cartas de agradecimiento.

3. **Haga clic sobre una de las plantillas de estilo enumeradas en el cuadro Template, como Elegant Fax o Contemporary Report.**

   Puede desplazarse hacia arriba o hacia abajo dentro del cuadro Template para ver más plantillas de estilo.

4. **Haga clic sobre uno de los siguientes botones del grupo Preview:**

   - **Document:** Muestra cómo se ve el documento abierto con la plantilla de estilo seleccionada.
   - **Example:** Muestra cómo podría verse un documento típico con la plantilla de estilo seleccionada.
   - **Style samples:** Muestra los diferentes estilos que conforman la plantilla de estilo.

5. **Haga clic sobre OK una vez que haya encontrado una plantilla de estilo que quiera utilizar.**

Formatear párrafos con diferentes estilos

Los *estilos* definen la apariencia total del texto; por ejemplo, las fuentes utilizadas para desplegarlo o el tamaño del mismo. Al usar estilos diferentes en un documento, puede evitar que éste parezca una aburrida página escrita a máquina (eso si usted, claro está, aún recuerda lo que es una máquina de escribir).

Para escoger un estilo, utilice la casilla de lista Style, en la barra de herramientas de formato, como se describe a continuación:

1. **Haga clic en el párrafo que desea formatear con un estilo específico.**

   Si todavía no ha digitado ningún texto, Word aplica el estilo a cualquier texto que digita en el paso 4.

2. **Haga clic sobre la casilla de lista Style, en la barra de herramientas de formato, para escoger un estilo.**

   Aparece una lista de estilos diferentes, como se aprecia en la Figura 6-6.

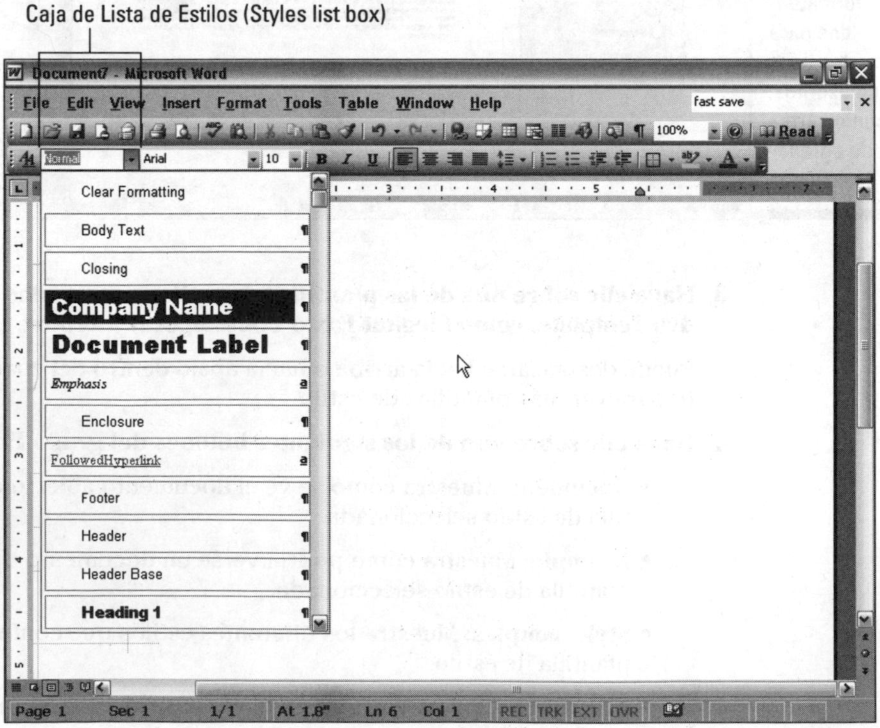

Figura 6-6: Dependiendo de la plantilla de estilo que utilice su documento, usted puede escoger entre una variedad de estilos preformateados para su texto.

3. **Haga clic sobre el estilo que desea utilizar.**
4. **Digite su texto y observe cómo Word lo formatea ante sus propios ojos. (O, Word formatea su texto inmediatamente, si es que usted colocó el cursor sobre un bloque de texto ya existente en el paso 1).**

Alinear Texto

Otra manera en que usted puede cambiar la apariencia de su texto es alineándolo dentro de los márgenes izquierdo y derecho de su página. Word le proporciona varias formas fáciles de hacerlo, pero si usted quiere tener control exacto sobre la alineación de su texto, puede definir los márgenes usando la regla.

Alinear texto a la derecha y a la izquierda

Word le permite escoger cómo alinear su texto: a la izquierda, centrado, a la derecha o justificado, como se observa en la Figura 6-7. Es probable que usted, por lo general, alinee su texto a la izquierda pero, de vez en cuando, podría querer centrar un título en la mitad de la página, o justificar un párrafo entero. No se moleste demasiado en alinear su texto a la derecha, a menos que le guste desplegarlo de maneras extrañas.

En resumen, he aquí lo que las cuatro posibilidades de alineación hacen con su texto:

- **Alinear el texto a la izquierda:** El margen izquierdo es una línea recta, y el margen del derecho es desigual.
- **Centrar el texto:** Cada línea se centra en la mitad de la página. Por consiguiente, los márgenes izquierdo y derecho lucen desordenados cuando usted tiene varias líneas de longitud desigual centradas.
- **Alinear el texto a la derecha:** El margen derecho es una línea recta, y el margen del izquierdo es desigual.
- **Justificado:** Los márgenes izquierdo y derecho son rectos, y las letras entre medio parecen estar un tanto separadas.

Para alinear texto, haga lo siguiente:

1. **Haga clic en cualquier parte del párrafo que usted quiere alinear.**
2. **Haga clic sobre el icono Align Left, Center, Align Right o Justify, en la barra de herramientas de formato, dependiendo de cómo usted quiere que se vea el texto.**

   En cuanto usted haga clic sobre un botón, Word alinea su texto.

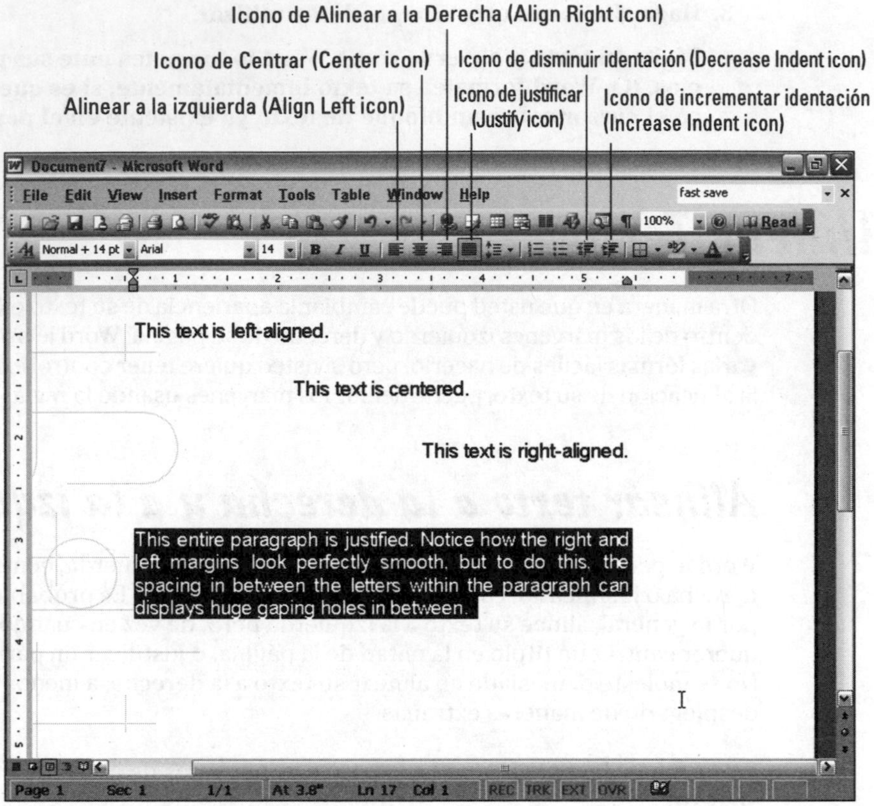

Figura 6-7: Cuatro maneras diferentes de alinear texto.

Si al escoger una alineación el cursor no aparece dentro de ningún texto, Word aplicará la alineación escogida a cualquier texto que usted escriba luego.

Poner sangrías a un texto

En lugar de alinear el texto, tal vez usted quiera simplemente ponerle sangrías. Colocar sangrías en un bloque de texto hace que éste destaque, y sea fácil de encontrar y leer. Para poner sangrías a un texto, haga lo siguiente:

1. **Resalte el párrafo al que quiera ponerle sangrías.**

   Usted puede resaltar solamente una parte de un párrafo, y cuando seleccione el comando Indent, Word es suficientemente inteligente como para aplicar sangrías al párrafo entero.

2. **Haga clic sobre el icono Increase Indent o Decrease Indent, en la barra de herramientas de formato.**

   Al hacer clic sobre el icono Increase Indent, el texto se mueve a la derecha. Al hacer clic sobre el icono Decrease Indent, el texto se corre a la izquierda.

Definir los márgenes con la regla

Si usted prefiere especificar exactamente cómo debe alinearse su texto en los márgenes izquierdo y derecho, puede usar la regla. La *regla* define los márgenes y tabuladores de su documento y, si usted crea un documento con múltiples columnas, también muestra los márgenes de las columnas y la distancia entre ellas. Usando la regla, usted puede hacer los márgenes más anchos (o más pequeños) y cambiar la sangría de los párrafos.

Word proporciona cinco tipos diferentes de tabuladores (mostrados en la Figura 6-8), los cuales usted puede fijar en la regla; cada uno de ellos realiza una función específica:

- **Tabulador izquierdo (parece una L):** Mueve el texto hacia el borde derecho de la página conforme usted digita.
- **Tabulador para centrar (parece una T invertida):** Centra el texto alrededor del tabulador.
- **Tabulador derecho (parece una L al revés):** Corre el texto hacia el borde izquierdo de la página conforme usted digita.

Botón de Seleccionar (Tab Selection button)

Regla (Ruler)

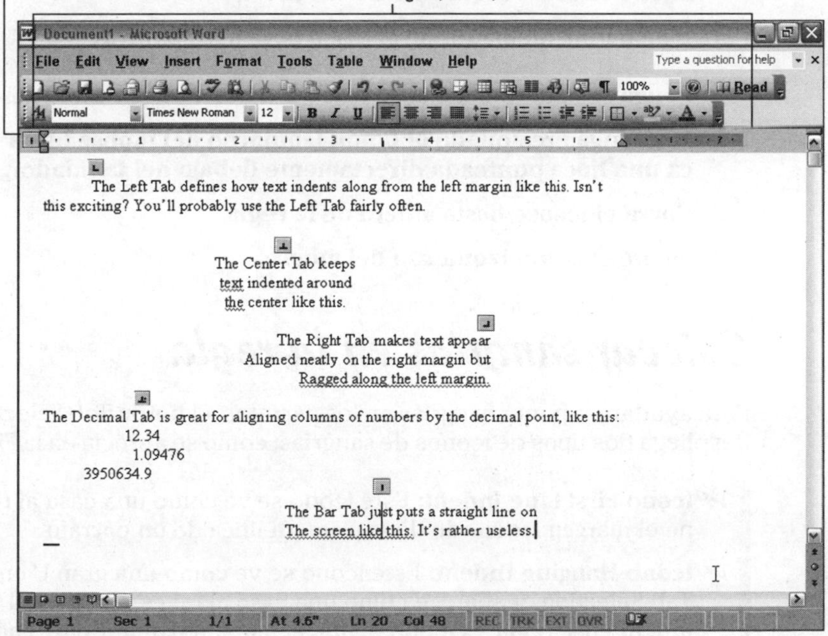

Figura 6-8: Existen cinco tipos diferentes de tabuladores que usted puede colocar en la regla.

- **Tabulador decimal (parece una T invertida, con un punto al lado):** Alinea números decimales en una columna en el punto decimal, como en este ejemplo:

  24.90
  1.9084
  58093.89

- **Tabulador de barra (parece una línea recta, como esta |):** Delinea una línea vertical en el documento.

Para colocar un tabulador en la regla, siga estos pasos:

1. **Haga clic sobre el botón Tab Selection (aparece a la izquierda de la regla) hasta que despliegue el tabulador que usted quiere usar.**
2. **Haga clic sobre la regla donde quiere colocar el tabulador.**

Para mover un tabulador existente en la regla, haga lo siguiente:

1. **Ponga el puntero del mouse sobre el tabulador que usted desea mover.**
2. **Mantenga presionado el botón izquierdo del mouse hasta que aparezca una línea punteada directamente debajo del tabulador.**
3. **Mueva el mouse hasta donde usted quiere correr el tabulador.**
4. **Suelte el botón izquierdo del mouse.**

Para eliminar un tabulador de la regla, haga a lo siguiente:

1. **Ponga el puntero del mouse sobre el tabulador que usted desea eliminar.**
2. **Mantenga presionado el botón izquierdo del mouse hasta que aparezca una línea punteada directamente debajo del tabulador.**
3. **Corra el mouse hasta afuera de la regla.**
4. **Suelte el botón izquierdo del mouse.**

Colocar sangrías en la regla

Para ayudarle a poner sangrías en los párrafos, el botón Tab Selection también despliega dos tipos de iconos de sangrías, como se aprecia en la Figura 6-9:

- **Icono First Line Indent:** Este icono se ve como una casa al revés y define el margen izquierdo de la primera línea de un párrafo.
- **Icono Hanging Indent:** Este icono se ve como una gran U en el botón Tab Selection, y aparece como una casa al revés encima del icono Left Indent en la regla. El icono define el margen izquierdo de cada línea excepto la primera de un párrafo.

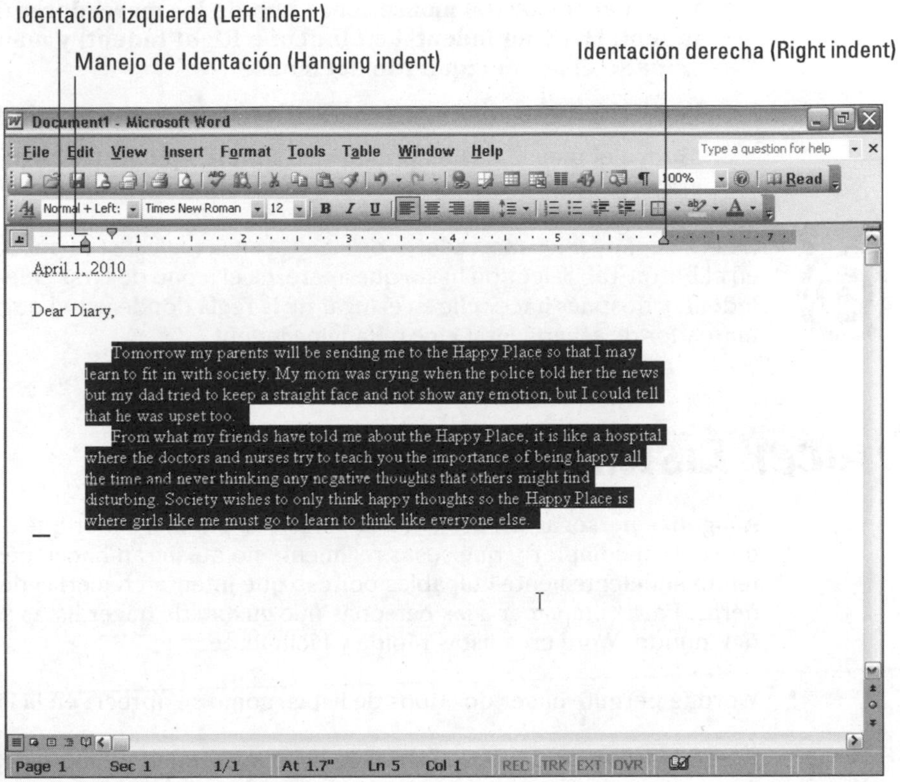

Figura 6-9: Usando la regla, usted puede aplicar sangrías a su texto.

Para proporcionar más opciones de sangría, la regla despliega dos iconos que pueden sangrar su texto, a la izquierda y a la derecha:

- **Icono Left Indent:** Este icono no aparece en el botón Tab Selection. No puede separarse del icono Hanging Indent, donde también define el margen izquierdo de cada línea excepto la primera de un párrafo.
- **Icono Right Indent:** Este icono no aparece en el botón de Tab Selection. Define el margen derecho de cada línea de un párrafo.

RECUERDE

La regla puede desplegar sólo una sangría (ya sea First Line, Hanging, Left o Right) por párrafo.

Para aplicar sangrías a los párrafos con los marcadores de First Line Indent, Hanging Indent, Left Indent y Right Indent, siga estos pasos:

1. **Resalte los párrafos que quiere sangrar.**

   Brínquese este paso si aún no ha digitado ningún párrafo. Cualquier sangría que aplique a un documento en blanco afecta la totalidad del futuro documento.

2. **Ponga el cursor del mouse sobre uno de los marcadores (First Line Indent, Hanging Indent, Left Indent o Right Indent) y mantenga presionado el botón izquierdo del mouse**

   Word despliega una línea punteada vertical, directamente debajo del marcador.

3. **Mueva el mouse hasta donde usted quiere aplicar la sangría en el párrafo, y luego suelte el botón del mouse.**

CONSEJO

En vez de mover los marcadores de sangría en la regla, usted puede hacer clic en el botón Tab Selection hasta que aparezca el icono de First Line o Hanging Indent, y después hacer clic en el lugar de la regla donde usted quiere poner el marcador de sangría First Line o Hanging Indent.

Hacer Listas

A algunas personas les gusta hacer listas. Así pueden saber qué deben hacer, qué deben comprar y qué cosas realmente no quisieran hacer, pero se sienten lo suficientemente culpables por eso que intentan hacerlas de todas maneras. Para complacer a las personas que gustan de hacer listas alrededor del mundo, Word crea listas rápida y fácilmente.

Word le permite hacer dos tipos de listas, como se aprecia en la Figura 6-10:

- **Lista numerada:** Despliega cada elemento con un número delante
- **Lista con viñetas:** Despliega una viñeta delante de cada elemento

CONSEJO

Puede alinear a la izquierda, a la derecha, centrar o justificar cualquiera de sus listas con viñetas o numeradas. ¿No son las computadoras un ejemplo emocionante de cómo la tecnología puede darle poder al usuario promedio?

Hacer listas rápidamente

Para crear una lista numerada o con viñetas rápidamente, siga estos pasos:

1. **Haga clic sobre el iconos Numbering o Bullets, en la barra de herramientas de formato.**

   Word despliega un número o una viñeta.

2. **Digite su texto y presione Enter.**

   Cada vez que usted presione Enter, Word despliega otro número o viñeta.

3. **Haga clic sobre el icono Numbering o Bullets otra vez para desactivar la función de numerado o con viñetas.**

Icono de Numeración (Numbering icon)

Icono de viñetas (Bullets icon)

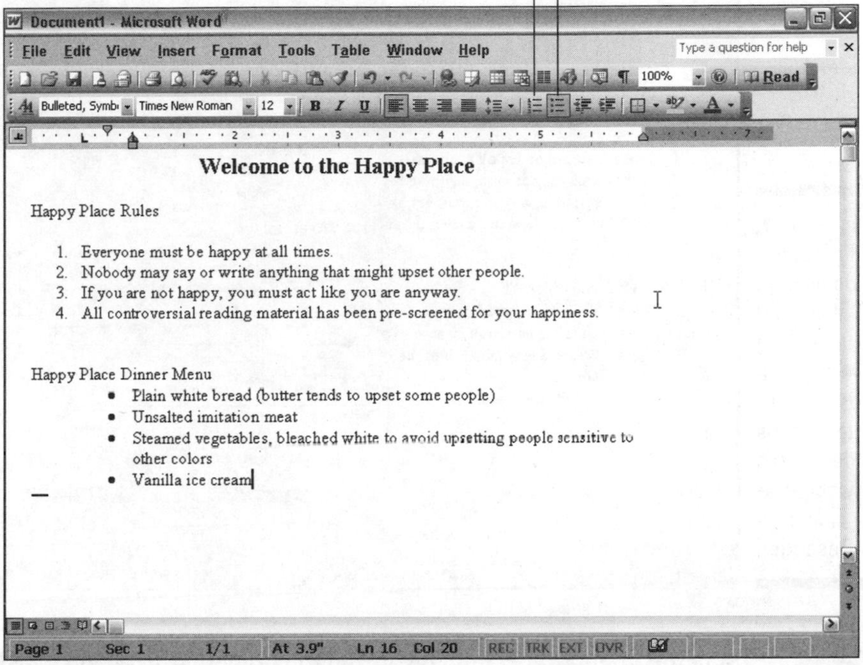

Figura 6-10: Una lista numerada y una lista con viñetas.

Personalizar la apariencia de sus listas

Si que usted quiere tener más control sobre el tipo de numeración o el estilo de las viñetas que usa Word, siga estos pasos:

1. **Resalte el texto que desea convertir en una lista.**

   Si usted resalta una lista existente, puede cambiar la numeración o el estilo de viñeta que aparece.

2. **Escoja Format➪Bullets and Numbering.**

   Aparece el recuadro de diálogo Bullets and Numbering, como se observa en la Figura 6-11.

3. **Haga clic sobre la pestaña Bulleted para definir la apariencia de una lista con viñetas o la pestaña Numbered para definir la apariencia de una lista numerada**

   El recuadro de diálogo despliega dos filas de cuadros que muestran los varios estilos de numeración o viñetas.

4. **Haga clic dentro del cuadro que muestre el tipo de viñetas o numeración que desea utilizar; luego haga clic en OK.**

   Word automáticamente convierte el texto seleccionado en una lista.

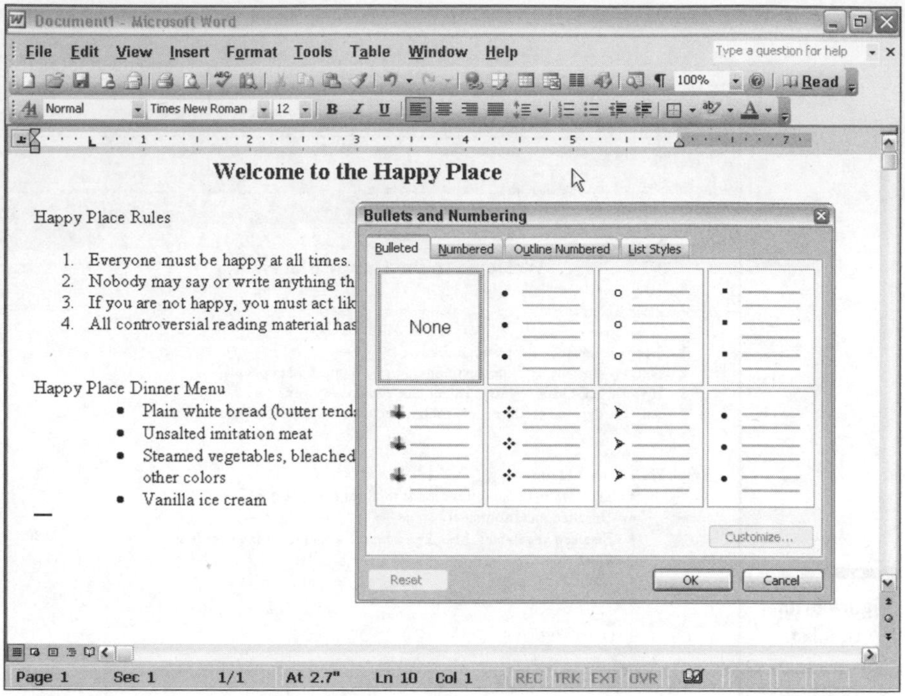

Figura 6-11: El recuadro de diálogo Bullets and Numbering le muestra los diferentes estilos de viñetas y numeración para escoger.

Si usted encuentre la función automática de crear listas de Word más molesta que útil, puede desactivarla siguiendo estos pasos:

1. **Escoja Tools⇨AutoCorrect Options.**
2. **Haga clic en la pestaña AutoFormat As You Type y luego haga clic sobre las casillas Automatic Bulleted Lists o Automatic Numbered Lists, para quitarles las marcas.**
3. **Haga clic sobre OK.**

Alinear Texto con Tablas

Las *tablas* organizan los datos en filas y columnas, lo cual puede ser útil para desplegar información en un formato fácil de leer. Con una tabla, usted puede organizar el texto más esencial para que otras personas puedan encontrarlo y leerlo fácilmente; así, no será necesario que intenten sustraer información importante enterrada dentro de un párrafo.

Antes de empezar a trabajar con tablas, usted necesita saber algunas cosas sobre las filas y las columnas, incluyendo lo siguiente:

- Una *fila* despliega información horizontalmente.
- Una *columna* despliega información verticalmente.
- Una *celda* es una caja individual, formada por la intersección de una fila y una columna.

Hacer una tabla

Es probable que usted se alegre al saber que Word le proporciona tres maneras diferentes de hacer una tabla en sus documentos:

- Dibuje una tabla en su documento con el mouse
- Defina el tamaño de la tabla escribiendo el número exacto de filas y columnas
- Convierta un segmento de texto en una tabla

Dibujar una tabla con el mouse

Si usted quiere crear tablas de una vez, puede dibujar el tamaño aproximado de la tabla usando el mouse. Después, puede modificar la altura y el ancho. Para crear una tabla usando el mouse, haga lo siguiente:

1. **Escoja Table⇨Draw Table.**

   La barra de herramientas Tables and Borders aparece, y el puntero del mouse se convierte en el icono de un lápiz

2. **Coloque el mouse donde usted quiere que la tabla aparezca.**

3. Mantenga presionado el botón izquierdo del mouse y arrástrelo para dibujar la tabla, como se muestra en la Figura 6-12.

4. **Suelte el botón izquierdo del mouse.**

   Word despliega su tabla como una línea corrida.

5. **Arrastre el mouse dentro de la tabla, a los lugares donde usted quiere dibujar filas o columnas. Puede trazar líneas en forma vertical, horizontal o diagonal para definir sus celdas.**

   Repita este paso tantas veces como sea necesario.

   Si comete un error, solamente haga clic en el icono Eraser en barra de herramientas Tables and Borders, y haga clic sobre la línea que usted quiere borrar. Luego haga clic sobre el icono Draw Table otra vez para empezar a dibujar la tabla nuevamente.

6. **Presione Esc cuando termine de dibujar las filas y columnas.**

   El cursor del mouse cambia, del icono de un lápiz a un icono en forma de I. En este momento, usted puede hacer clic dentro de una celda y digitar texto en la tabla recién creada.

7. **Haga clic sobre la casilla de cierre de la barra de herramientas Tables and Borders para hacerla desaparecer.**

Definir una tabla del menú Table

Dibujar una tabla con el mouse puede ser especialmente útil al crear tablas con filas o columnas de tamaños diferentes. Si usted quiere crear una tabla con filas y columnas uniformes, o una tabla con gran número de filas o columnas, es más fácil hacerlo con la ayuda de los menús. Para lograrlo, siga estos pasos:

1. **Escoja Table⇨Insert⇨Table.**

   El recuadro de diálogo Insert Table aparece, como se muestra en la Figura 6-13.

2. **Haga clic sobre el cuadro Number of Columns, y escriba el número de columnas que quiera.**

3. **Haga clic sobre el cuadro Number of Rows, y escriba el número de filas que quiera.**

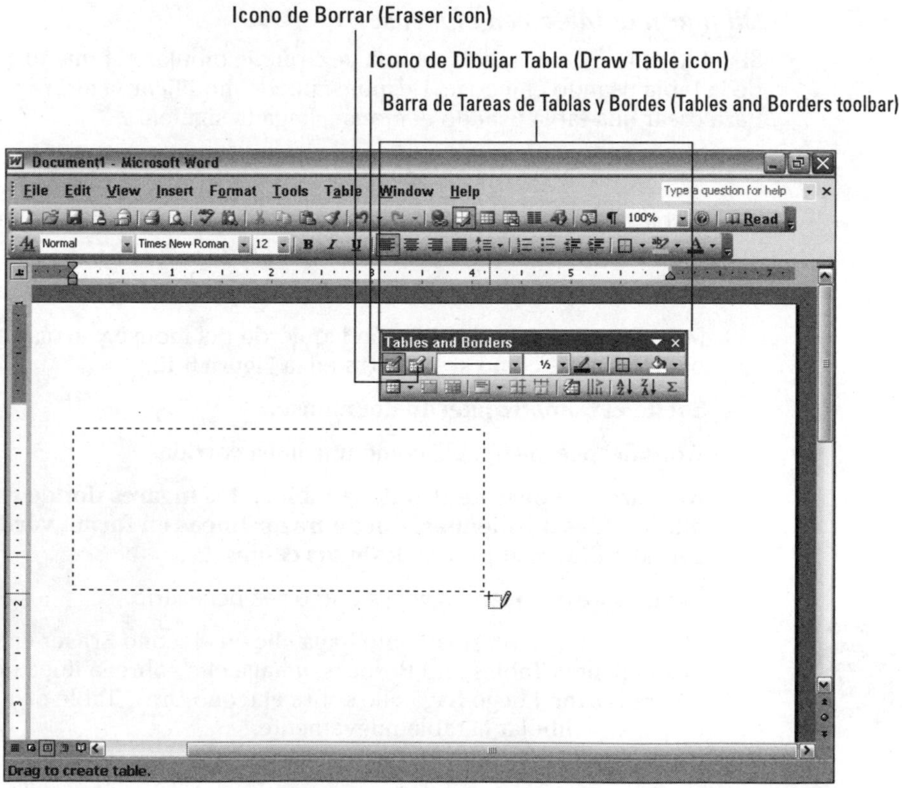

Figura 6-12: Usted puede dibujar una tabla con el mouse.

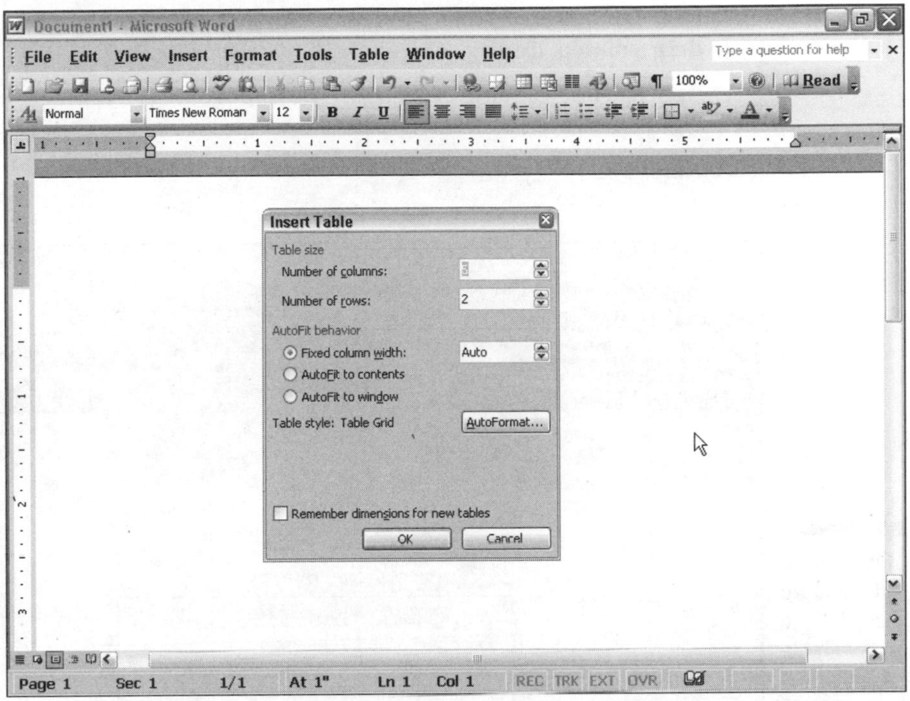

Figura 6-13: El recuadro de diálogo Insert Table le permite definir en forma precisa el tamaño de una tabla.

4. **Haga clic en una de las siguientes opciones del área AutoFit Behavior:**

   - **Fixed Column Width:** Usted puede seleccionar Auto, para obligar a Word a conformar las columnas del mismo ancho que el elemento más largo de toda la tabla, o puede definir un valor específico, como 0.5 pulgadas.
   - **AutoFit to Contents:** Ajusta el ancho de las columnas según el elemento más largo de cada columna.
   - **AutoFit to Window:** Ajusta la tabla basándose en el tamaño de la ventana usada para desplegarla.

5. **Haga clic sobre el botón AutoFormat.**

   El recuadro de diálogo Table AutoFormat aparece, como se observa en la Figura 6-14.

6. **Haga clic sobre uno de los formatos de tabla (como Classic 3 o Simple 1) de la lista Table Styles, y pruebe las distintas opciones de formateo disponibles en el recuadro de diálogo.**

   La ventana Preview muestra un ejemplo del formato de tabla seleccionado. Al hacer clic sobre cualquiera de las casillas del grupo Apply Special Formats To, en el recuadro de diálogo Table AutoFormat, la ventana Preview le indica cómo estas opciones afectan la apariencia del formato de tabla seleccionado.

7. **Una vez que haya seleccionado el formato de tabla, y otras opciones de formateo, de su preferencia, haga clic sobre OK.**

   Aparece nuevamente el recuadro de dialogo Insert Table (refiérase a la Figura 6-13).

8. **Haga clic sobre OK.**

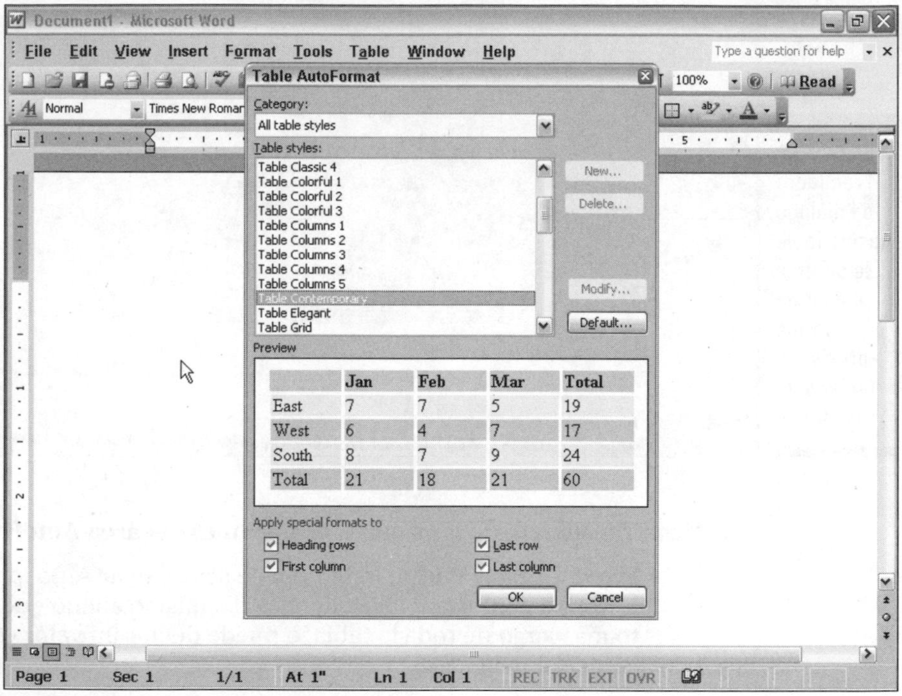

Figura 6-14: El recuadro de diálogo Table AutoFormat puede formatear su tabla rápidamente, con un mínimo de esfuerzo.

Convertir un texto en una tabla

Si usted tiene un texto separado con comas, párrafos o tabuladores, puede convertir esa mancha de texto en una tabla organizada nítidamente. Para convertir un texto en una tabla, siga estos pasos:

1. **Resalte el texto que usted quiere convertir en una tabla.**
2. **Escoja Table➪Convert➪Text to Table.**

   El recuadro de diálogo Convert Text to Table aparece, como se ve en la Figura 6-15. Las opciones desplegadas en este recuadro le muestran la tabla predefinida que Word creará, con base en el texto que usted resaltó en el paso 1. Si quiere modificar la apariencia de la tabla, puede definir el número de filas y columnas, además del formateo, al hacer clic sobre el botón AutoFormat. Cuando haya terminado con los cambios, vaya al paso 3.

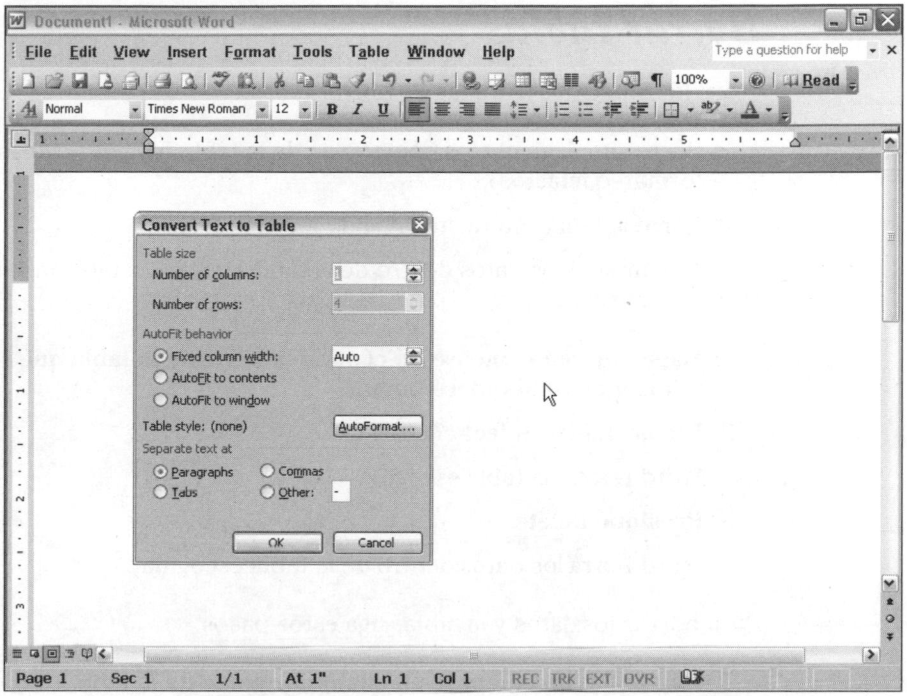

Figura 6-15: El recuadro de diálogo Convert Text to Table le permite definir el número de filas y columnas que usted quiere crear en su tabla.

3. **Haga clic sobre OK.**

   Word convierte el texto resaltado en una tabla. Dependiendo del texto, la tabla puede verse perfecta o contener texto esparcido en celdas separadas, así que tal vez necesite cortar y pegar algunos datos para que todo esté nítido y ordenado.

Introducir y editar datos en una tabla

Una tabla vacía es bastante inútil; usted seguramente querrá agregar datos dentro de la tabla que creó. Para introducir y editar datos, simplemente haga clic sobre la celda deseada y use el teclado para digitar o editar. También puede usar los siguientes métodos para desplazarse por la tabla:

- Presione la tecla Tab para mover el cursor a la siguiente celda a la derecha, en la misma fila.
- Presione Shift+Tab para moverse hacia atrás (a la izquierda) en la fila.
- Use las teclas ↑ y ↓ para moverse de fila en fila.

Borrar tablas

Word le brinda dos maneras de borrar tablas:

- Borre simplemente los contenidos de la tabla (deje las celdas vacías y el formateo intactos).
- Borre la tabla entera, incluyendo los contenidos.

Para borrar sólo los datos dentro de la tabla pero no la tabla misma, siga estos pasos:

1. **Haga clic con el mouse en cualquier parte de la tabla que contiene los datos que usted quiere borrar.**
2. **Escoja Table⇨Select⇨Table.**

   Word resalta la tabla escogida.
3. **Presione Delete.**

   Word borra los datos dentro de la tabla escogida.

Para borrar los datos y la tabla, siga estos pasos:

1. **Haga clic con el mouse en cualquier parte de la tabla.**
2. **Escoja Table⇨Delete⇨Table.**

   Word borra la tabla escogida y cualquier información dentro de ella.

Si usted borra una tabla o sus datos por equivocación, presione Ctrl+Z en seguida, para regresar los datos y la tabla al documento.

Agregar o borrar filas, columnas y celdas, ¡Vaya!

Después de crear una tabla, quizás desee hacerla más grande o más pequeña, agregando o borrando filas y columnas. Para borrar una fila o columna, haga lo siguiente:

1. **Ponga el cursor en la fila o columna que quiera eliminar.**

   Puede usar las flechas del teclado, o hacer clic sobre la tabla con el mouse.
2. **Escoja Table⇨Delete⇨Columns (o Rows).**

Para borrar una sola celda (y hacer que su tabla luzca extraña), haga lo siguiente:

1. **Ponga el cursor en la celda que quiera eliminar.**

   Puede usar las flechas del teclado, o hacer clic en la celda

2. **Escoja Table⇨Delete⇨Cells.**

   El recuadro de diálogo Delete Cells aparece.

3. **Haga clic en un botón de opción (como Shift Cells Left), y haga clic sobre OK.**

Para agregar una fila o columna a su tabla, haga esto:

1. **Ponga el cursor en cualquier fila o columna.**
2. **Escoja Table⇨Insert⇨Columns to the Left (o Columns to the Right o Rows Above o Rows Below).**

Para agregar una sola celda, haga lo siguiente:

1. **Ponga el cursor en la tabla donde quiere agregar una celda.**
2. **Escoja Table⇨Insert⇨Cells.**

   El recuadro de diálogo Insert Cells aparece.

3. **Haga clic en un botón de opción (como Shift Cells Right), y haga clic sobre OK.**

Cambiar las dimensiones de las columnas y filas de una tabla

Normalmente, Word despliega todas las columnas con el mismo ancho y todas las filas con la misma altura. Sin embargo, si usted quiere que algunas filas o columnas tengan un tamaño diferente, Word le da dos opciones para cambiarlas:

- Use el mouse para cambiar la altura o el ancho de filas y columnas visualmente.
- Defina las dimensiones exactas para la altura o el ancho de filas y columnas

Cambiar la altura de una fila o el ancho de una columna visualmente

Para cambiar la altura de una fila o ancho de una columna de una tabla visualmente, siga estos pasos:

1. **Escoja View⇨Print Layout o haga clic sobre el icono Print Layout View, en la esquina inferior izquierda de la pantalla.**

   Word despliega una regla vertical en el lado izquierdo de la pantalla y una regla horizontal en la parte superior de la misma.

2. **Haga clic en la tabla que usted quiere modificar.**

   Los marcadores Adjust Table Row y Adjust Table Column aparecen, como se aprecia en la Figura 6-16.

3. **Ponga el cursor del mouse sobre uno de los marcadores Adjust Table Row o Move Table Column, en las reglas horizontal o vertical.**

4. **Mantenga presionado el botón izquierdo del mouse y arrástrelo hacia arriba o hacia abajo (derecha o izquierda).**

   Word despliega una línea punteada para mostrar cómo la fila o columna de su elección lucirá cuando usted suelte el botón del mouse.

5. **Suelte el botón izquierdo del mouse cuando esté satisfecho con la altura de su fila o el ancho de su columna.**

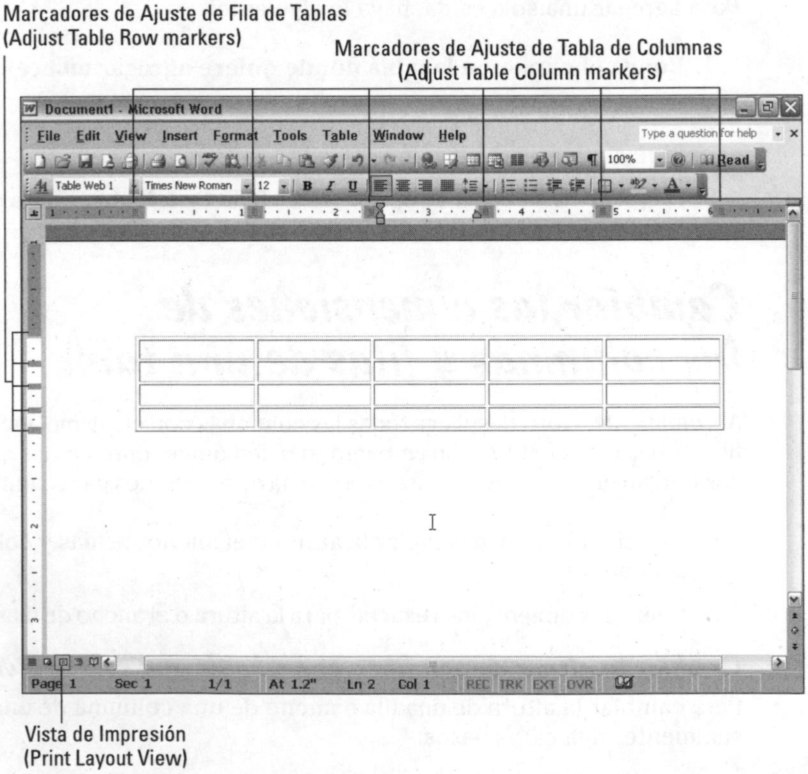

Figura 6-16: Usted puede usar los marcadores para ajustar filas y columnas.

Definir dimensiones exactas para la altura de una fila o el ancho de una columna

Para decirle a Word las dimensiones exactas de la altura de una fila o el ancho de una columna, siga estos pasos

1. **Haga clic en la fila o columna que quiere ajustar.**
2. **Escoja Table⇨Table Properties.**

   El recuadro de diálogo Table Properties aparece, como se ve en la Figura 6-17.

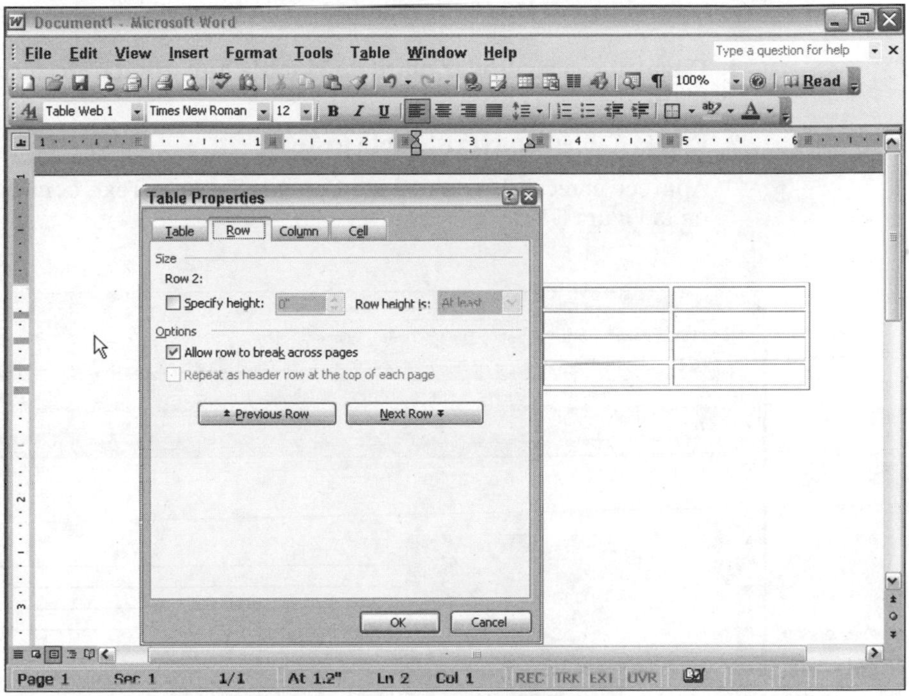

Figura 6-17: El recuadro de diálogo Table Properties puede ayudarle a definir precisamente el ancho y altura de las columnas y filas de su tabla.

3. **Haga clic en la pestaña Row o Column.**

   Aparece la pestaña Row o Column en el recuadro de diálogo Table Properties.
4. **Haga clic en la casilla Specify Height (o Preferred Width) y pulse las flechas, hacia arriba o hacia abajo, para escoger una altura o un ancho, como 0.74 pulgadas.**
5. **Haga clic en la casilla Row Height Is, y seleccione At Least o Exactly. (Si está ajustando el ancho de una columna, haga clic en la casilla Measure In, y seleccione Inches o Percent).**

   Si escoge la opción At Least para la altura de las filas, éstas nunca serán más pequeñas que las dimensiones especificadas, aunque pueden ser más grandes, dependiendo de la cantidad de texto que usted digite en ellas. Si quiere que las filas permanezcan en una altura fija, entonces escoja la opción Exactly.
6. **Haga clic sobre OK.**

Convertir una tabla en texto

Una tabla organiza su texto muy bien; sin embargo, un día usted podría decidir que ya no necesita una tabla en su documento y todavía quiere conservar el texto de ésta. Para salvar su texto, usted puede usar el mágico comando de Word que convierte una tabla en un trozo de texto, siguiendo estos pasos:

1. **Haga clic en cualquier parte de la tabla que usted quiere convertir en texto.**
2. **Escoja Table⇨Convert⇨Table to Text.**

   Aparece el recuadro de diálogo Convert Table to Text, como se observa en la Figura 6-18.

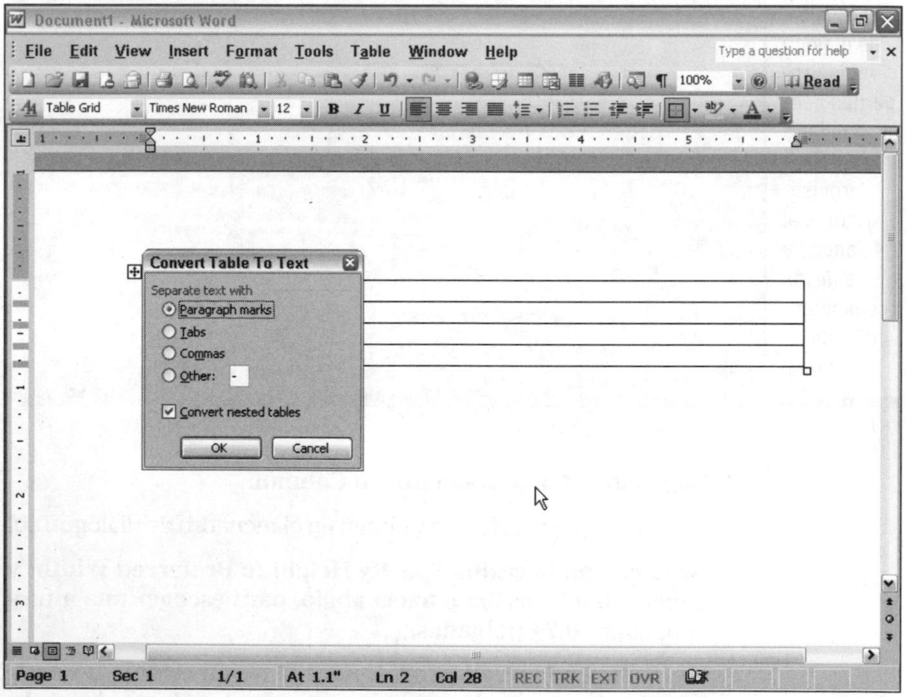

Figura 6-18: El recuadro de diálogo Convert Table to Text le pregunta cómo quiere separar su texto en la página.

3. **Haga clic sobre un botón de opción para definir cómo separar su texto.**
   - **Paragraph marks:** Despliega el contenido de cada celda en una línea separada. Si usted tiene una tabla con columnas múltiples, esto acomoda su texto en una gran pila.
   - **Tabs:** Deja el texto tal como aparece en la pantalla, pero sin los bordes de la tabla alrededor de él.

- **Commas:** Despliega cada fila como una línea de texto, y los contenidos de cada celda aparecen separados por una coma.
- **Other:** Le permite digitar un carácter y usarlo para separar el texto de cada celda, por ejemplo un guión (-) o una barra inclinada (/).

4. **Haga clic sobre OK.**

   Word convierte su tabla en texto.

Si no le gusta cómo Word convirtió su tabla en texto, presione Ctrl+Z para regresar la tabla a su condición original.

Capítulo 7

Crear Páginas Sofisticadas

En este capítulo

- Agregar encabezados y pies de página
- Dividir texto en columnas
- Poner dibujos en sus documentos
- Agregar bordes a un documento
- Imprimir su documento

Usted puede utilizar Word para escribir cartas, informes o notas amenazantes a personas que no le caigan bien. Con un poco de creatividad y mucha paciencia, también puede usar las limitadas opciones de publicación de escritorio de Word para confeccionar boletines, panfletos y volantes sencillos sin tener que luchar con un programa de publicación de escritorio separado (como Microsoft Publisher). Cuanto más bonita sea la presentación de su texto, mayor será la credibilidad que la gente le otorgue, casi siempre sin incluso molestarse en leerlo.

Jugar con Pies de Página y Encabezados

Los encabezados y pies de página son trozos de texto que se encuentran en la parte superior e inferior de sus páginas. Los *encabezados* aparecen en la parte superior de la página (como la cabeza en relación con el cuerpo), mientras que los *pies de página* aparecen en la parte inferior (como los pies en relación con el cuerpo).

Tanto los encabezados como los pies de página pueden aparecer en cada página de un documento y contener información, como el título de una publicación, el título de una sección o capítulo, el número de página y/o nombre del autor. Si se fija en las páginas impares de este libro, notará que el número y el título de capítulo, y el número de página, aparecen en la parte superior de la página como un encabezado. Los encabezados y pies de página son útiles para desplegar texto idéntico (o casi idéntico) en dos o más páginas; por ejemplo, títulos de documentos o referencias de páginas (como *Página 4 de 89*). Si bien es posible digitar este mismo texto una y otra vez en cada página (aunque ¿para qué?), dejar que Word lo haga resulta mucho más fácil.

Existen dos formas de ver los encabezados y pies de página de un documento:

- Escoja View⇨Header and Footer.
- Escoja View⇨Print Layout (o haga clic sobre el icono Print Layout View en la esquina inferior izquierda de la pantalla).

Si cambia a la vista Print Layout, puede ver cómo lucirán sus encabezados y pies de página en cada página, aunque no podrá editarlos allí.

Agregar encabezados y pies de página

Para agregar un encabezado o pie de página, siga estos pasos:

1. **Escoja View⇨Header and Footer.**

   Word despliega la barra de herramientas Header and Footer, con un cuadro de texto para el encabezado (o pie de página), donde usted puede digitar lo que quiera, como se aprecia en la Figura 7-1.

2. **Digite el texto de su encabezado (o pie de página) en el cuadro de texto Header (o Footer) y/o haga clic sobre un botón de la barra de herramientas para hacer que Word inserte el número de página, la cantidad de páginas, la fecha o la hora.**

   - Si pulsa Tab una vez, Word mueve el cursor al centro del cuadro de texto del encabezado. Si pulsa Tab de nuevo, Word mueve el cursor a la derecha del cuadro.
   - Si hace clic sobre los botones Insert Page Number, Insert Number of Pages, Insert Date o Insert Time para insertar el número de página, la fecha o la hora en su encabezado, Word automáticamente actualiza esta información página por página (para la información de número de página) o cada vez que abra el documento (para la información de fecha y hora).
   - También puede hacer clic sobre Insert AutoText en la barra de herramientas para hacer que Word inserte texto comúnmente utilizado para encabezados y pies de página (por ejemplo, Página X de Y).

3. **Haga clic sobre el botón Switch between Header and Footer.**

   Word despliega el cuadro de texto de pie de página (o el de encabezado, según lo que haya creado en el paso 2).

4. **Digite su texto en el cuadro de texto Footer (o Header) y/o haga clic sobre un botón de la barra de herramientas.**

   Refiérase al paso 2 para ver las instrucciones.

5. **Haga clic en Close, en la barra de herramientas Header and Footer, para hacerla desaparecer.**

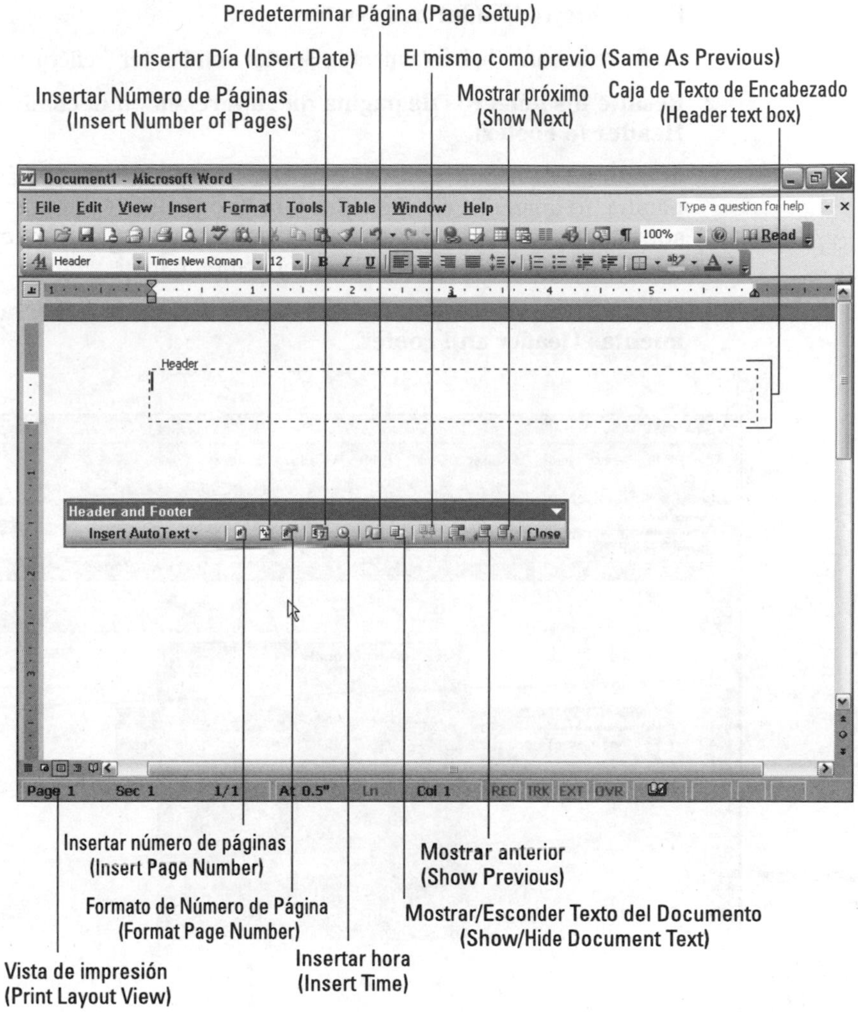

Figura 7-1: Los encabezados y pies de página pueden imprimir texto repetitivo en la parte superior o inferior de sus páginas.

Modificar la numeración de la página

Cuando usted le indica a Word que incluya los números de página en sus encabezados o pies de página, Word empieza a numerar a partir de la página uno y despliega numerales arábicos, como 1, 3 y 49. Si desea numerar sus páginas de otra manera (por ejemplo, i, ii, iii o a, b, c) o quiere que Word ponga 97 como el primer número de página en su documento, debe utilizar el botón Page Number Format, en la barra de herramientas Header and Footer. Para utilizar el botón Page Number Format, siga estos pasos:

1. **Escoja View⇨Header and Footer.**

   Aparece la barra de herramientas Header and Footer (refiérase a la figura 7-1).

2. **Resalte los números de página que aparecen en el cuadro de texto Header (o Footer).**

   El número de página aparece con una sombra gris. Si no hay números de página no aparecen en el cuadro de texto Header (o Footer), haga clic sobre el botón Insert Page Number, en la barra de herramientas Header and Footer, y luego resalte el número que aparece.

3. **Haga clic sobre el icono Format Page Number en la barra de herramientas Header and Footer.**

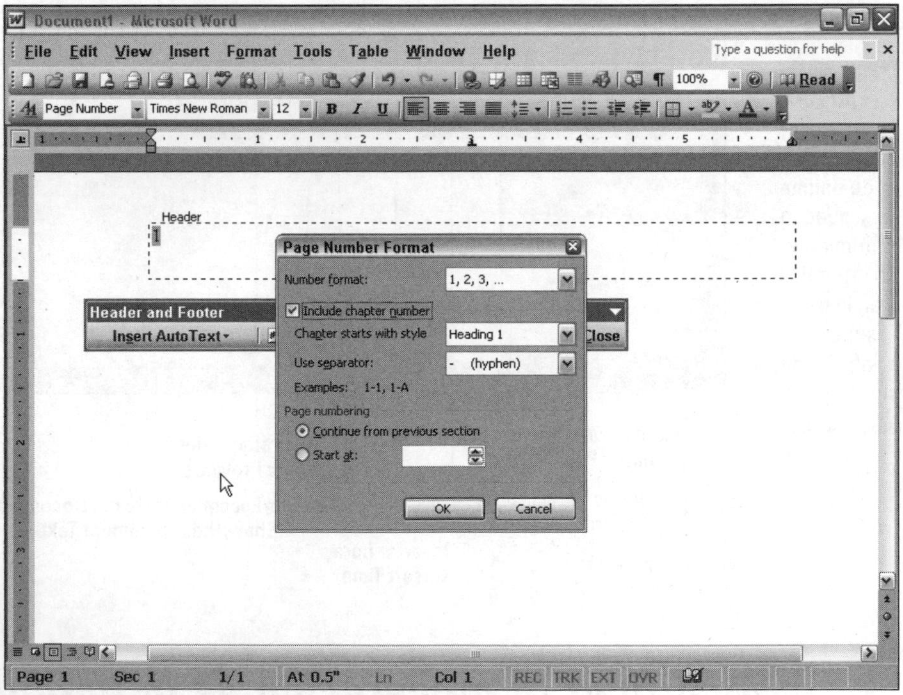

Figura 7-2: El recuadro de diálogo Page Number Format.

4. **Haga clic en la casilla de lista Number Format y escoja un estilo de numeración (como 1, 2, 3 ó i, ii, iii).**

5. **En el grupo Page Numbering, haga clic sobre uno de los siguientes botones de opción:**

   - **Continue from Previous Section:** Numera las páginas en secuencia.
   - **Start At:** Le permite definir un número de página inicial que sea diferente a 1.

6. **Haga clic sobre OK.**

Crear Documentos con Múltiples Columnas

Para crear boletines informativos o panfletos, quizás desee acomodar el texto en dos o más columnas para darle una apariencia profesional. Word puede dividir sus documentos en varias columnas; pero recuerde que, si usted utiliza más de cuatro columnas en una sola página, ninguna de ellas podrá mostrar mucho texto.

Hacer columnas rápidamente

Para crear varias columnas rápidamente, siga estos pasos:

1. **Resalte el texto que quiere convertir en columnas.**

   Si quiere dividir la totalidad del documento en columnas, sáltese este paso.

2. **Haga clic sobre el icono Toolbar Options, en la barra de herramientas estándar.**

   Una lista de iconos adicionales aparece, como se aprecia en la Figura 7-3.

3. **Haga clic sobre el icono Columns, en la barra de herramientas Standard.**

   Aparece el menú Column, el cual le da la opción de dividir una página en dos, tres o cuatro columnas.

4. **Resalte el número de columnas que quiere arrastrando el mouse a la derecha.**

   Word inmediatamente convierte su documento en uno con múltiples columnas.

Hacer columnas a la medida

Para crear columnas a su medida, siga estos pasos:

1. **Resalte el texto que quiere convertir en columnas.**

   Si quiere dividir la totalidad del documento en columnas, sáltese este paso.

2. **Escoja Format⇨Columns.**

   Aparece el recuadro de diálogo Columns (como se observa en la Figura 7-4), el cual ofrece formas de definir el ancho de las columnas y el espacio entre ellas.

3. **Haga clic sobre uno de los tipos de columna mostrados en el grupo Presets o digite el número de columnas que desea en el cuadro Number of Columns.**

4. **Haga clic la casilla de verificación Equal column width, o retire la marca.**

   Si la casilla Equal Column Width está despejada, usted puede definir el ancho de cada columna individualmente.

5. **Haga clic sobre el cuadro Width en el grupo Width and spacing, y haga clic sobre la flecha hacia arriba o hacia abajo para especificar la dimensión exacta del ancho de cada columna.**

   También puede digitar una anchura específica si lo desea.

6. **Haga clic sobre el recuadro Spacing en el grupo Width and spacing, y haga clic sobre la fecha hacia arriba o hacia abajo para especificar la dimensión exacta del espaciado entre cada columna.**

   También puede digitar un espacio específico si lo desea.

7. **Haga clic sobre OK.**

   Word despliega el documento en varias columnas, confeccionadas de acuerdo con sus especificaciones.

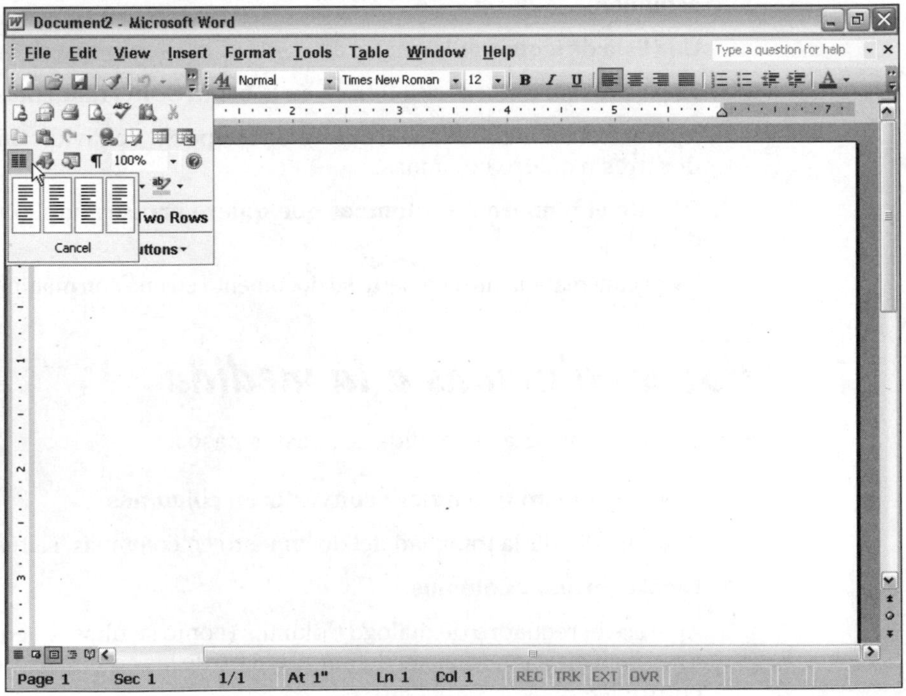

Figura 7-3: El icono Columns apareció, enterrado en la barra de herramientas estándar.

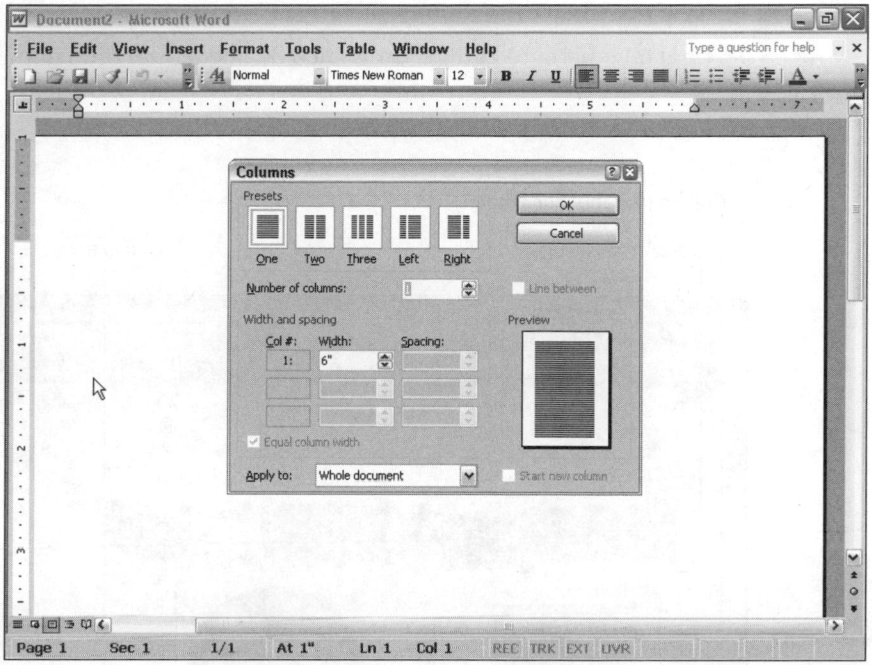

Figura 7-4: El recuadro de diálogo Columns le permite personalizar el tamaño de sus columnas.

Agregar Ilustraciones a un Documento

Como las largas extensiones de texto en ocasiones pueden intimidar a quienes lean lo que usted tiene que decir, tal vez quiera darle vida a su documento con imágenes. Word le brinda varias opciones para insertar gráficos en un documento, como se aprecia en la Figura 7-5:

- **Clip Art:** Le ofrece la opción de insertar cualquier dibujo de la galería Microsoft Office Clip Art.
- **From File:** Agrega un dibujo almacenado en un archivo gráfico creado por otro programa (por ejemplo, PaintShop Pro o Adobe Photoshop).
- **From Scanner or Camera:** Agrega imágenes digitales o fotografías capturadas por un escáner o una cámara digital.
- **AutoShapes:** Dibuja una forma geométrica común (como un óvalo, rectángulo o estrella) en su pantalla.
- **WordArt:** Crea texto que aparece en diferentes colores y formas.
- **Organizational Chart:** Crea una típica gráfica empresarial que muestra quién está en la cima y quién realmente hace todo el trabajo.

- **New Drawing:** Crea dibujos de formas geométricas, líneas o WordArt.
- **Chart:** Le permite agregar un gráfico de negocios, como uno circular, lineal o de barras.

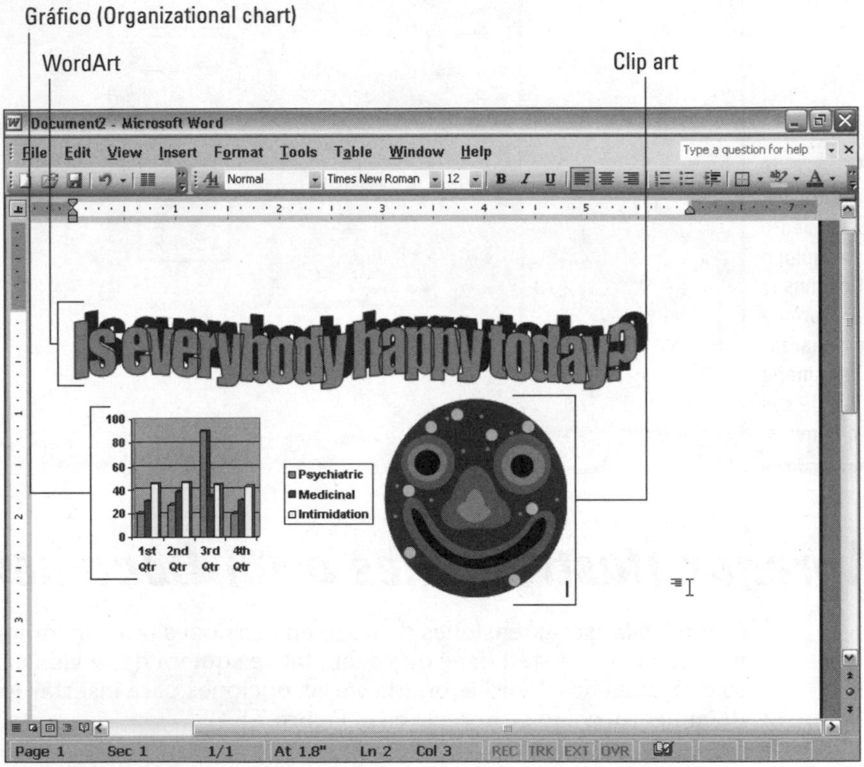

Figura 7-5: Algunos ejemplos de los diferentes tipos de imágenes que Word puede desplegar.

Poner clip art en su documento

Para agregar una imagen prediseñada a su documento, siga estos pasos:

1. **Coloque el cursor donde usted quiere insertar la imagen.**
2. **Escoja Insert⇨Picture⇨Clip Art.**

   Aparece el panel de tareas Clip Art.
3. **Haga clic sobre la casilla Search For y digite una o dos palabras que describan el tipo de imagen que desea utilizar.**

   CONSEJO

   Podría mantener la descripción sencilla al principio: *sailboat*, por ejemplo, en lugar de *catamaran*, o *hot dog* en lugar de *bratwurst*.
4. **Haga clic en Go o presione Enter.**

El panel de tareas Clip Art despliega todas las imágenes que coincidan con su búsqueda, como se muestra en la Figura 7-6.

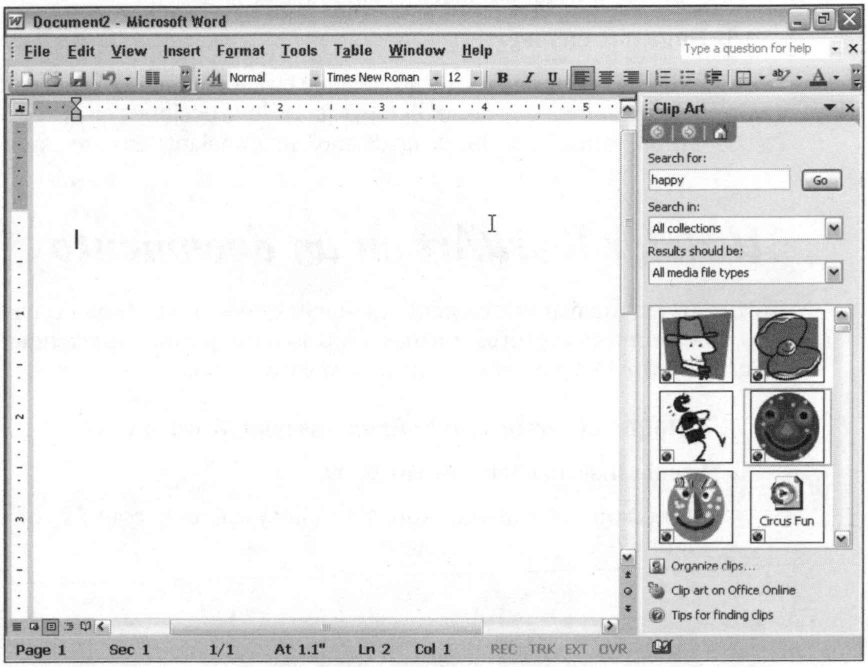

Figura 7-6: El panel de tareas Clip Art le permite buscar imágenes por categoría.

5. **Haga clic derecho sobre la imagen que quiere insertar y, cuando aparezca un menú desplegable, haga clic en Insert.**

   Word inserta la imagen de su elección en el documento.

6. **Haga clic sobre la casilla de cierre en el panel Insert Clip Art para hacerlo desaparecer.**

Poner archivos gráficos existentes en un documento

Si ya ha dibujado, copiado, comprado o creado un archivo gráfico, puede colocarlo en un documento de Word. Para agregar un archivo gráfico existente a un documento, siga estos pasos:

1. **Coloque el cursor donde desea insertar la imagen.**
2. **Escoja Insert⇨Picture⇨From File.**

   Aparece el recuadro de diálogo Insert Picture.

3. **Haga clic sobre la carpeta que contiene el archivo gráfico que desea agregar.**
4. **Haga clic sobre el archivo que desea utilizar.**

   Word despliega la imagen escogida
5. **Haga clic en Insert.**

   Word inserta la imagen de su elección en el documento. Si necesita acomodar palabras alrededor de su dibujo, siga las instrucciones en la sección "Acomodar palabras alrededor de un dibujo", más adelante en este capítulo.

Utilizar WordArt en un documento

WordArt es una manera elegante de hacer que su texto tenga un aspecto bonito, pues combina colores, formas y letras para dar una apariencia única. Para agregar WordArt a un documento, siga estos pasos:

1. **Coloque el cursor donde desea insertar WordArt.**
2. **Escoja Insert➪Picture➪WordArt.**

   El recuadro de diálogo WordArt Gallery aparece, como se observa en la Figura 7-7.

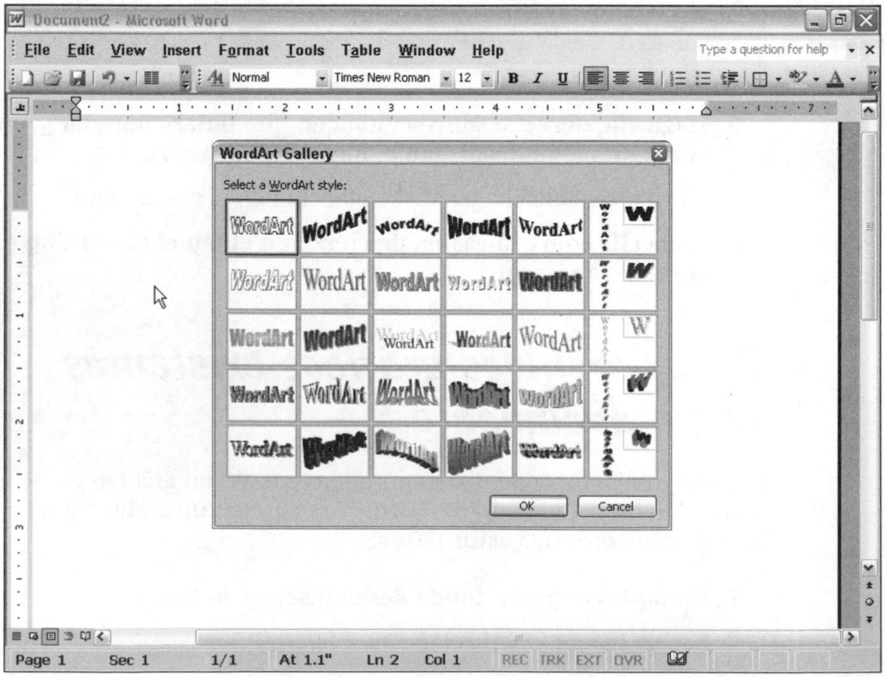

Figura 7-7: El recuadro de diálogo WordArt Gallery le muestra los diferentes estilos que puede usar en su texto.

3. **Haga clic sobre el tipo de WordArt que quiere agregar y haga clic sobre OK.**

   El recuadro de diálogo Edit WordArt Text aparece como se aprecia en la Figura 7-8.

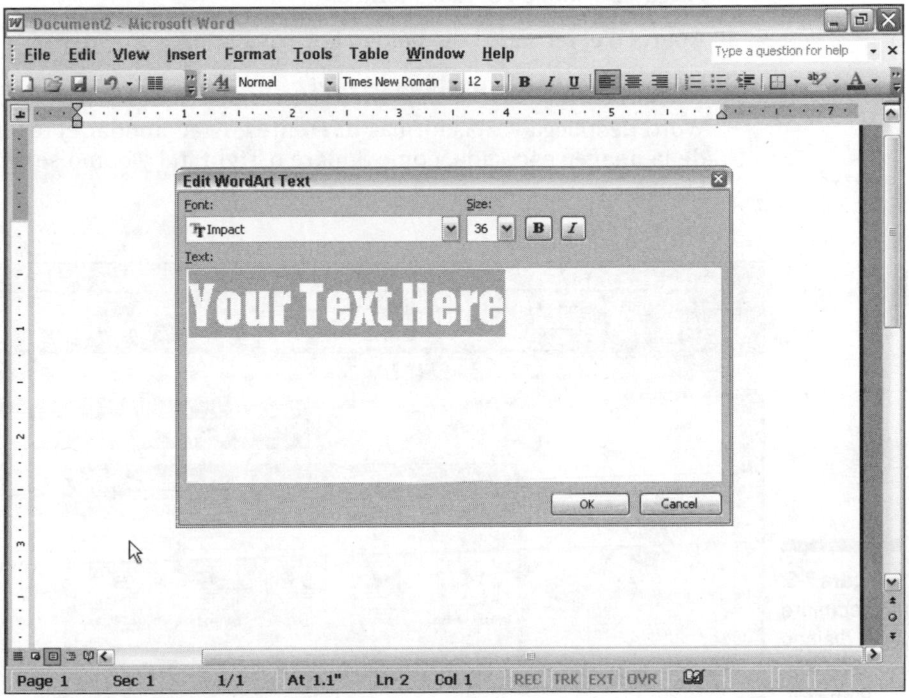

Figura 7-8: El recuadro de diálogo Edit WordArt Text es donde puede modificar la apariencia de su texto.

4. **Digite el texto que desea desplegar.**

   En este momento usted puede cambiar la fuente, ajustar el tamaño o agregar negrita o cursiva al texto.

5. **Haga clic sobre OK.**

Editar una Imagen

Una vez haya insertado una imagen en un documento, tal vez quiera modificar la forma en que ésta afecta el texto que la rodea, moverla a una nueva posición o simplemente eliminarla.

Acomodar palabras alrededor de un dibujo

Para acomodar texto alrededor de un dibujo, siga estos pasos:

1. **Haga clic derecho sobre el dibujo alrededor del cual desea acomodar el texto.**

   Aparece un menú desplegable.

2. **Haga clic sobre Format Picture.**

   Aparece el recuadro de diálogo Format Picture.

3. **Haga clic sobre la pestaña Layout.**

   Word despliega varias formas diferentes de acomodar el texto alrededor de la imagen escogida, como Square o Tight, tal y como se muestra en la Figura 7-9.

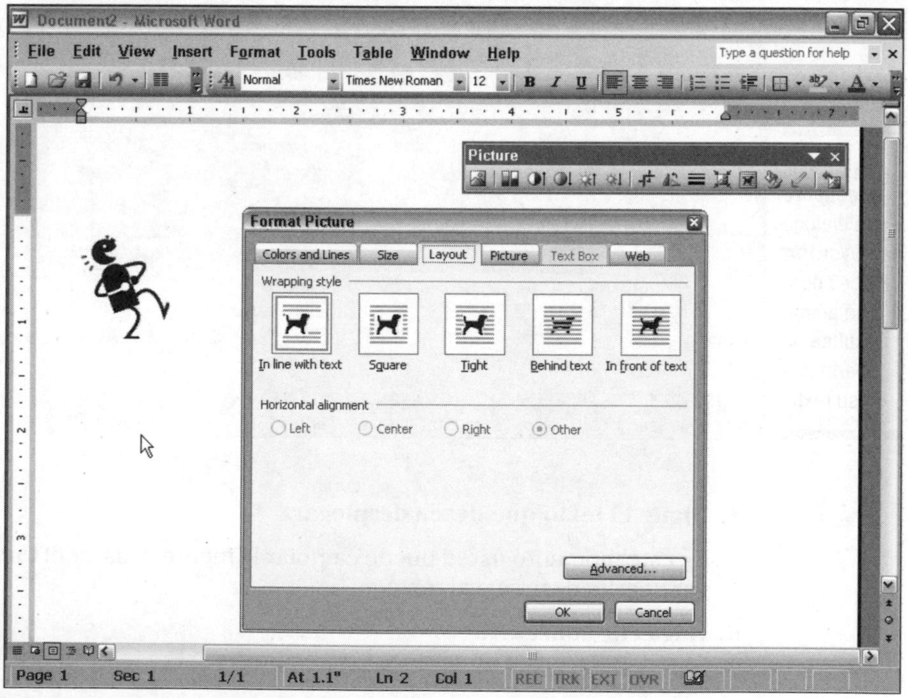

Figura 7-9: El recuadro de diálogo Format Picture le brinda maneras diferentes de acomodar texto alrededor de una imagen.

4. **Haga clic sobre un icono del grupo Wrapping Style, como Square o Tight.**

   Los diferentes iconos del recuadro de diálogo Format le muestran cómo se acomodará su texto alrededor del objeto escogido. Por ejemplo, la opción Tight hace que el texto aparezca muy cerca de los bordes de su dibujo.

5. **Haga clic sobre OK.**

CONSEJO

Si hace clic sobre el botón Advanced después del paso 4, puede definir la distancia exacta que separa el texto del borde de su dibujo.

Mover un dibujo en un documento

Después de colocar un dibujo en un documento, siempre es posible moverlo a una nueva ubicación más adelante. Para hacerlo, siga estos pasos:

1. **Haga clic sobre el dibujo que desea mover.**

   Aparecen unas manijas alrededor de la imagen que escogió.

2. **Mantenga presionado el botón izquierdo del mouse y arrástrelo.**

   Conforme mueve el mouse, aparece una línea gris vertical en su texto para mostrarle dónde Word ubicará su dibujo en el momento que usted suelte el botón izquierdo del mouse.

3. **Suelte el botón izquierdo del mouse cuando el dibujo apareczca donde lo quiere.**

Si necesita mover una imagen una gran distancia, por ejemplo, de la página 1 a la 230, puede resultarle más fácil hacer clic sobre la imagen, presionar Ctrl+X, mover el cursor hasta donde usted quiere colocar la imagen, y después presionar Ctrl+V.

Ajustar el tamaño de una imagen en un documento

Quizás a usted le parezca que una imagen es demasiado pequeña o grande. Usted puede ajustar el tamaño siguiendo estos pasos:

1. **Haga clic sobre la imagen cuyo tamaño usted quiere ajustar.**

   Aparecen unas manijas alrededor de su imagen escogida.

2. **Ponga el puntero del ratón sobre una manija, mantenga presionado el botón izquierdo del mouse, y arrástrelo.**

   Mientras usted mueve el mouse, Word despliega una línea punteada que le muestra el tamaño aproximado de su imagen.

3. **Suelte el botón izquierdo del mouse cuando la imagen tenga el tamaño que usted quiere.**

Borrar una imagen de un documento

Si usted repentinamente decide que ya no quiere una imagen en su documento, puede borrarla siguiendo estos pasos:

1. **Haga clic sobre la imagen que quiere borrar.**

   Aparecen unas manijas alrededor de la imagen escogida.

2. **Presione la tecla Delete.**

   Word borra la imagen escogida.

Poner Bordes en Sus Páginas

Otra manera de hacer su documento visualmente atractivo es poner bordes alrededor de las orillas, la parte superior o inferior de su página. Los bordes pueden ser líneas continuas o punteadas, de ancho y color variables.

Para agregar un borde a su documento, siga estos pasos:

1. **Escoja Format⇨Borders and Shading.**

   EL recuadro de diálogo Borders and Shading aparece, como se aprecia en la Figura 7-10.

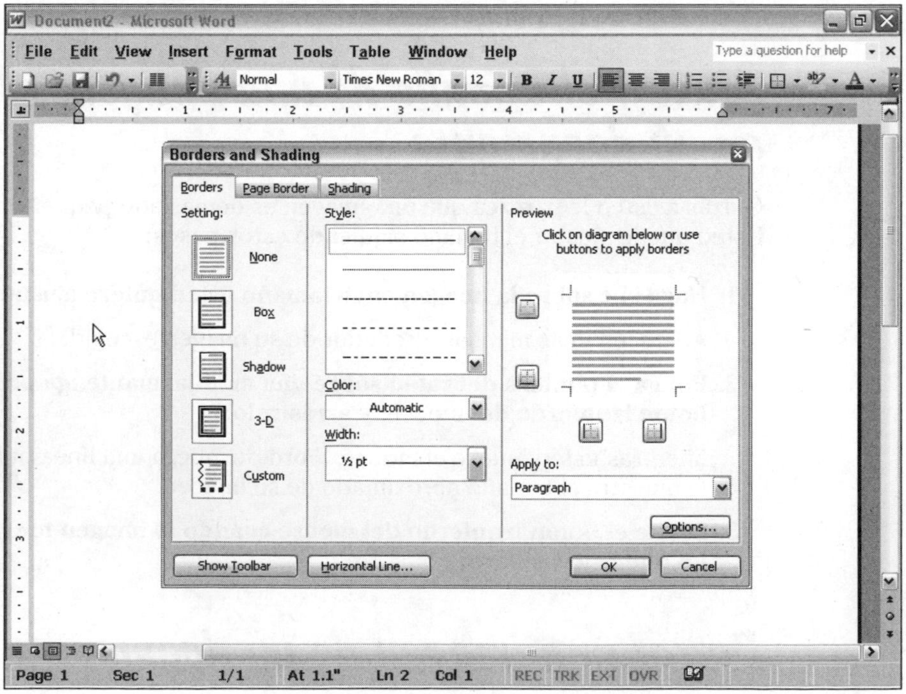

Figura 7-10: El recuadro de diálogo Borders and Shading puede colocar un borde en cualquier orilla de su página.

2. **Haga clic sobre la pestaña Borders o Page Border.**

   Use la pestaña Border para poner un borde alrededor de un párrafo. Use la pestaña Page Border para colocar un borde alrededor de una o más páginas de su documento.

3. **En el área Setting haga clic en alguna opción, como Box o Shadow.**

   El cuadro Preview le indica cómo se verá el borde.

4. **Haga clic en un estilo de línea en el cuadro Style, como continua o punteada.**

5. **Haga clic sobre la casilla de lista Color y escoja un color, como rojo o negro.**

6. **Haga clic en la casilla de lista Width y escoja un ancho, como 1 pt o 3 pt.**

7. **Haga clic sobre el botón top-, bottom-, right- y/o left-edge, en la sección Preview, para definir dónde quiere que el borde aparezca.**

8. **Haga clic en la casilla de lista Apply To y escoja una opción, como Whole Document o This Section.**

9. **Haga clic sobre OK.**

   Word despliega el borde alrededor de su página. Si no puede ver los bordes, tal vez deba cambiar a la vista Print Layout; escoja View⇨Print Layout.

Echar un Vistazo Previo a sus Documentos e Imprimirlos

Si a usted no le molesta contribuir a la deforestación global, es libre de imprimir en cada momento que quiera, simplemente para ver si sus documentos están alineados apropiadamente. Pero si usted es parte de la creciente muchedumbre que se estremece al pensar en gastar preciosos recursos en impresiones innecesarias, use la función Print Preview de Word antes de imprimir su trabajo.

Poner la función Print Preview a trabajar

Print Preview le permite ver cómo su documento luce antes de imprimirlo. De esa manera, usted puede verificar si sus márgenes están alineados apropiadamente y los números de página aparecen en el lugar correcto.

Para usar la función Print Preview, siga estos pasos:

1. **Elija File⇨Print Preview.**

   Word despliega su documento con letras diminutas, como se observa en la Figura 7-11, y el cursor se transforma en una lupa.

2. **Mueva el cursor del mouse (la lupa) por el documento, y haga clic para ver el documento en su tamaño real.**

3. **Haga clic sobre Close para cerrar Print Preview.**

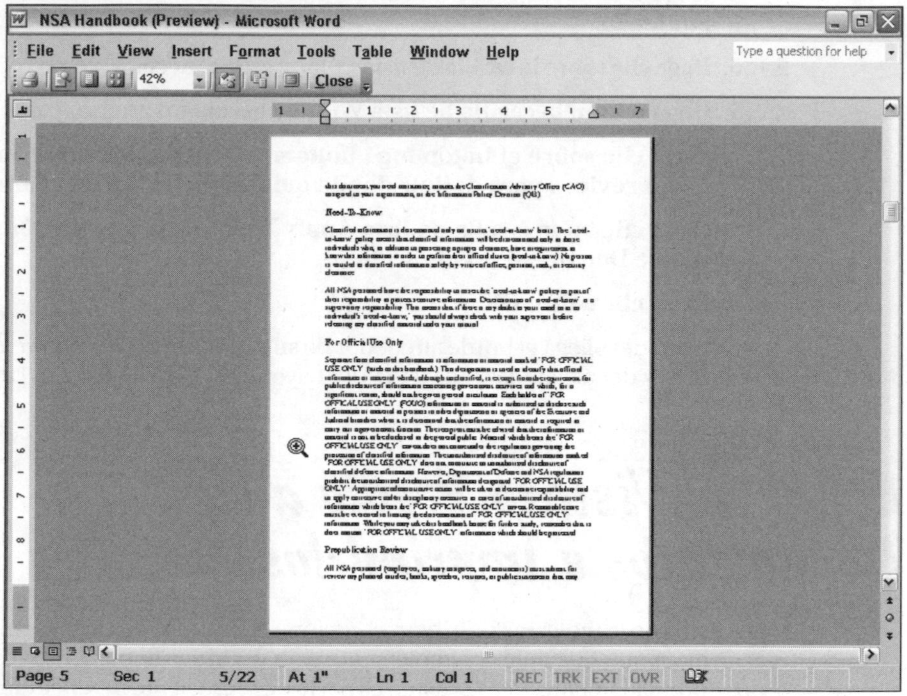

Figura 7-11: Print Preview le muestra cómo lucirá su documento cuando usted eventualmente lo imprima.

Definir sus páginas

Antes de imprimir sus documentos de Word, tal vez usted quiera definir los márgenes de la página y el tamaño del papel. Para definir sus páginas, siga estos pasos:

1. **Elija File⇨Page Setup.**

   El recuadro de diálogo Page Setup aparece.

2. **Haga clic sobre la pestaña Margins, y luego haga clic en los cuadros Top, Bottom, Left o Right para definir los márgenes que usted quiere fijar.**

La pestaña Margins aparece en el recuadro de diálogo Page Setup, mostrado en la Figura 7-12.

3. **Haga clic sobre la pestaña Paper, y luego haga clic en la casilla de lista Paper Size para definir el tamaño del papel (como Legal o A4).**

   También es posible definir el ancho y la altura específicos de sus páginas.

4. **Haga clic en las casillas de lista First Page y Other Pages, bajo el grupo Paper Source, para definir la posición del papel que usted quiere usar en su impresora.**

5. **Haga clic en la pestaña Layout.**

   La pestaña Layout le permite definir si usted quiere que los encabezados y pies de página sean diferentes en las páginas pares e impares, o si deberían aparecer en la primera página o no.

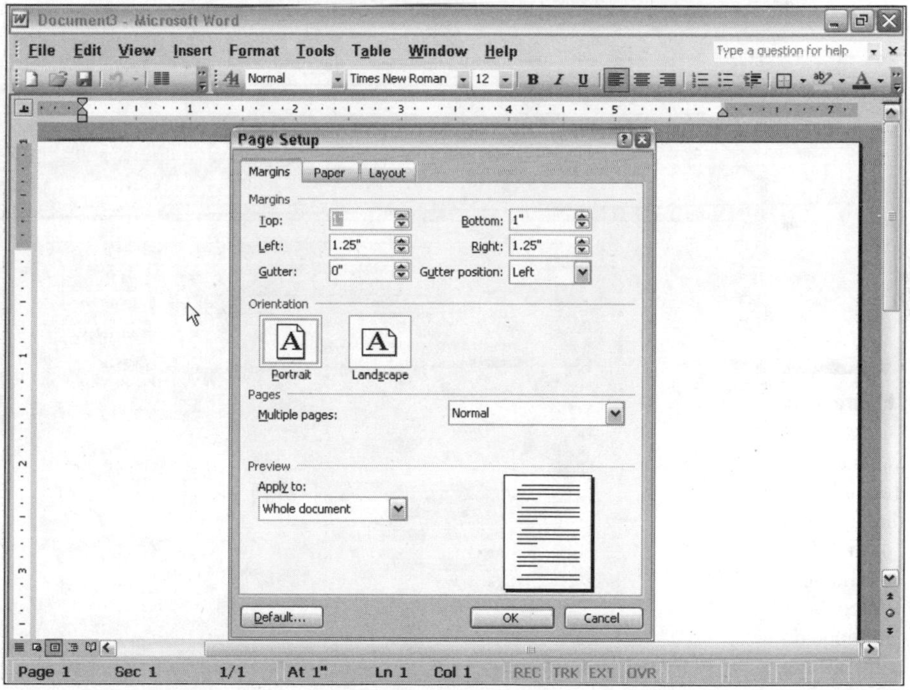

Figura 7-12: Por medio del recuadro de diálogo Page Setup, usted puede definir los márgenes, la disposición y el tipo de papel para imprimir su documento.

6. **Haga clic sobre OK**

   Después del exhaustivo y tedioso proceso de definir el papel que usted usará, está realmente listo para imprimir sus documentos de Word.

Imprimir su trabajo

Tarde o temprano, usted debe sucumbir a la necesidad de imprimir algo que haya creado en Word. Para imprimir un documento de Word, siga estos pasos:

1. **Elija File⇨Print o presione Ctrl+P.**

   El recuadro de diálogo Print aparece, como se aprecia en al Figura 7-13.

2. **Haga clic en la casilla de lista Name y escoja la impresora que va a usar.**

3. **En el grupo Page range, haga clic sobre un botón de opción para escoger las páginas que quiere imprimir, como All o Current page.**

   Si usted hace clic sobre el botón de opción Pages, puede seleccionar exactamente las páginas que quiere imprimir, como las páginas 1, 3 ó 5 -12.

4. **Haga clic sobre el cuadro Number of copies, y escriba el número de copias que quiere.**

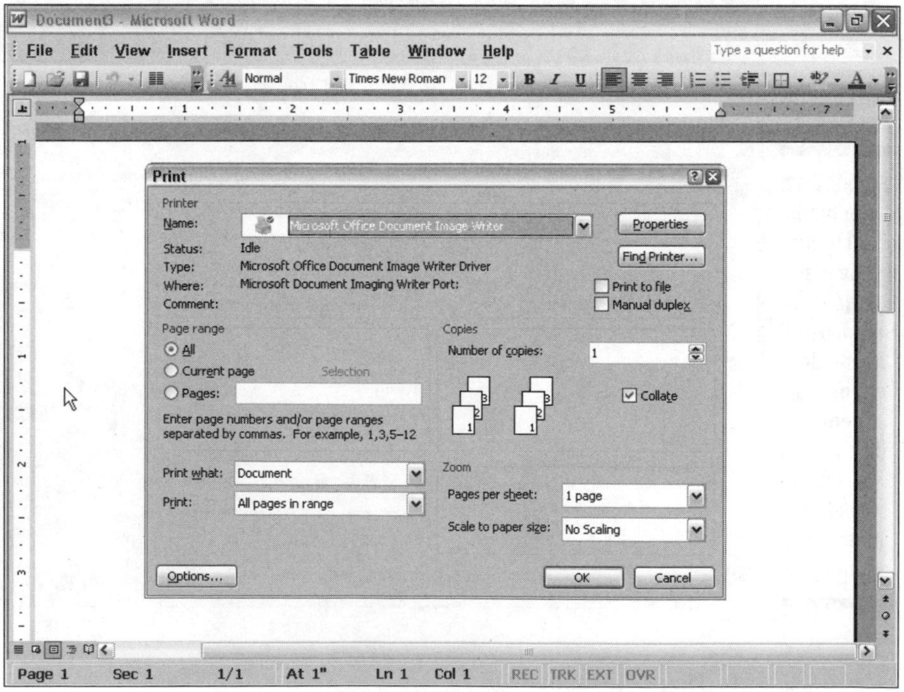

Figura 7-13: Usted puede usar el recuadro de diálogo Print para definir el número de copias y el rango de páginas que quiere imprimir.

5. **Haga clic en la casilla de lista Print y elija qué páginas quiere imprimir, como Odd o Even pages.**
6. **Haga clic sobre OK.**

CONSEJO

Al hacer clic sobre el icono Print en la barra de herramientas estándar, Word inmediatamente empieza a imprimir el documento entero, e ignora el recuadro de diálogo Print. Si usted quiere imprimir páginas específicas o un cierto número de copias, mejor utilice el menú (o presione Ctrl+P).

Parte III

Jugar a los Números con Excel

La 5a Ola
Por Rich Tennant
RICHTENNANT
Se trata de otra mutilación de una caja de vaca, Alguacil. Observe la nitidez con que ha sido desbaratada. Y, si no me equivoco, no encontraremos la tarjeta madre ni a mil millas de distancia.

En esta parte . . .

Si sumar, restar, multiplicar o dividir largas listas de números lo asusta, relájese. Microsoft dotó a Office 2003 con el programa de hojas de cálculo más popular del mundo, llamado Microsoft Excel. Al utilizar Excel, usted puede crear presupuestos, darle seguimiento a inventarios, calcular ganancias futuras (o pérdidas) y diseñar gráficos de barras, lineales y circulares para poder ver qué es exactamente lo que sus números le están tratando de decir.

Piense en Excel como su máquina de cálculo personal, una que se abre paso a través de sus números; no importa si necesita administrar algo tan sencillo como un presupuesto doméstico o algo tan maravillosamente complejo como una declaración de pérdidas y ganancias para una corporación de Fortune 500.

Al darle seguimiento a números, cantidades, longitudes, medidas o dinero con Excel, usted puede predecir tendencias futuras y resultados probables. Digite su salario anual junto con cualquier gasto de negocios que tenga, y podrá calcular el impuesto sobre la renta que su gobierno planea quitarle en el futuro. O juegue con sus números: "Qué ocurre si...?"; y haga preguntas como "¿Cuál región de ventas vende los productos más inútiles?", "¿Cuánto puedo evitar pagar en impuestos si mi ingreso aumenta en un 50 por ciento?", y "Si mi empresa aumenta las ventas, ¿cuánto puedo otorgarme de bono anual, mientras dejo que mis empleados se mueran de hambre con el salario mínimo?"

Así que si desea empezar a lidiar con números, esta es la parte del libro que le muestra cómo utilizar Excel para calcular resultados.

Capítulo 8

Introducción a las Hojas de Cálculo: Números, Etiquetas y Formateo

En este capítulo

- Conocer las partes de una hoja de cálculo
- Digitar elementos en una hoja de cálculo
- Moverse por una hoja de cálculo
- Formatear una hoja de cálculo
- Enviar una hoja de cálculo a la impresora

Mientras un programa como Microsoft Word le permite manipular texto, Microsoft Excel le permite manipular números. Aunque los dos, Word y Excel, pueden almacenar y desplegar números en filas y columnas ordenadas, Excel también le permite realizar cálculos matemáticos con sus números.

Así, si usted está malversando fondos de su compañía, usted podría crear una lista de cuánto dinero usted ha robado cada mes, como:

Enero	$12 millones
Febrero	$8 millones
Marzo	$11 millones

Sumar el total de una lista tan corta como esta puede ser bastante sencillo usando una calculadora pero, cuando se agregan más números, la probabilidad de que usted digite un número incorrecto en la calculadora empieza a aumentar.

Excel resuelve ese problema, pues le permite escribir y almacenar números (al igual que Word) y, además, puede sumarlos automáticamente (como una calculadora). Siempre y cuando usted digite los números correctamente la primera vez, puede estar seguro de que Excel siempre sumará correctamente el total, no importa cuántos números usted digite.

Presentamos las Partes de una Hoja de Cálculo

En los viejos tiempos, los contadores escribían largas columnas de números, en hojas de papel ledger verde divididas en líneas, para facilitar la tarea de introducir y organizar información en filas perfectas. Excel imita el papel ledger verde, al desplegar una hoja de trabajo en la pantalla, dividida en filas y columnas.

Muchas personas utilizan los términos hoja de cálculo (*spreadsheet*) y hoja de trabajo (*worksheet*) indiscriminadamente. Cuando usted crea un archivo en Excel, se le da el nombre de libro (*workbook*); que consiste en una o más hojas de cálculo.

Una hoja de cálculo consiste en filas y columnas donde usted puede digitar texto, números y fórmulas. Un archivo típico de Excel consiste en lo siguiente, como se muestra en al Figura 8-1:

- **Una hoja de cálculo dividida en filas y columnas:** Una *hoja de cálculo* actúa como una página en la cual usted puede digitar números y etiquetas. Cada hoja de cálculo contiene hasta 256 columnas verticales y 65 535 filas horizontales. Las columnas están identificadas por letras (como A, B y C). Las filas son numeradas (por ejemplo 1, 2 y 3).
- **Celdas:** Una *celda* es la intersección de una fila y una columna. Cuando usted digita datos en una hoja de cálculo, debe hacerlo en una celda. Las celdas están identificadas por la letra de su columna seguida de su número de fila. Por ejemplo, la celda en la intersección de la columna G y la fila 12 se llama celda G12.
- **Números:** Los *números* pueden representar montos, longitudes o cantidades, como $50.54, 309 ó 0.094.
- **Etiquetas:** Las *etiquetas* indican el significado de los números en su hoja de cálculo, por si usted lo olvida. Ejemplos típicos de etiquetas son "Mayo", "Región Oeste de ventas" y "Monto total perdido a causa de la estupidez de Fred.".
- **Fórmulas:** Las *fórmulas* le permiten calcular nuevos resultados con base en los números que usted digite. Las fórmulas pueden ser tan sencillas como sumar dos números o tan complicadas como calcular ecuaciones diferenciales de tercer orden que a nadie realmente le importan (el Capítulo 9 ofrece más información sobre la creación de fórmulas).

Las hojas de cálculo pueden parecer una lista aburrida de números, pero su poder real yace en la habilidad de permitirle cambiar números y dejar que Excel calcule automáticamente los nuevos resultados. Esta capacidad de hacer predicciones y presupuestos le da la oportunidad de plantearse preguntas como: "¿Qué ocurriría si el costo del petróleo cambiara de $42 por barril a $38 por barril?", "¿Qué ocurriría si nuestras ventas bajaran un 90 por ciento?", "¿Qué ocurriría si yo me diera un aumento de un millón de dólares, sin importar que las ventas hayan bajado un 90 por ciento?"

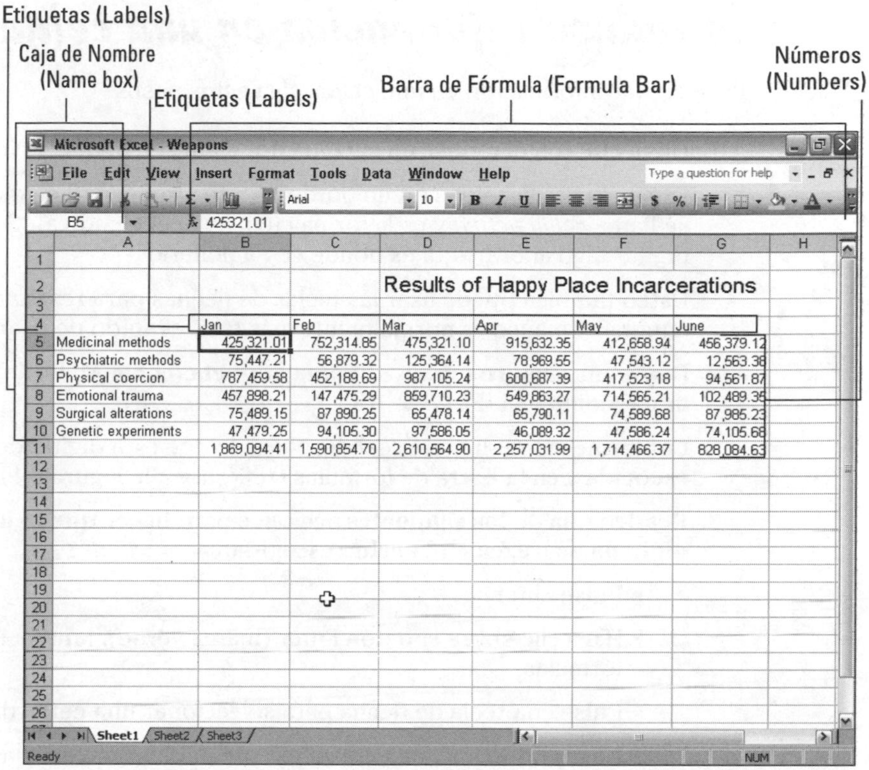

Figura 8-1: Las partes de una hoja de cálculo típica vista en Excel.

Cada archivo de Excel es llamado libro, y cada libro de trabajo puedc contener varios miles de hojas de cálculo individuales (el límite depende de la memoria de su computadora y su disponibilidad de continuar creando más hojas de cálculo).

Poner Cosas en una Hoja de Cálculo

Después de iniciar Excel, aparece una hoja de cálculo vacía en la pantalla. Puesto que una hoja de cálculo en blanco es inútil por sí sola, es necesario que usted digite información en sus celdas. Los tres tipos de información que puede digitar en una celda son números, etiquetas y fórmulas.

Los números representan los datos, las etiquetas le ayudan a identificar lo que los números representan, y las fórmulas le dicen a Excel cómo calcular resultados con base en los números almacenados en su hoja.

Introducir información en una celda

Para digitar información en una celda, siga estos pasos:

1. **Haga clic con el mouse en la celda donde desea digitar la información.**

   Excel resalta la celda con un borde oscuro alrededor. La celda resaltada se llama *celda activa* y es la forma en que Excel le indica: "Si empieza a digitar algo ahora, aquí es donde voy a ponerlo".

   Usted también puede usar las teclas de flechas para resaltar una celda, aunque el mouse es normalmente más fácil y rápido de usar.

2. **Digite un número (como** 8.3**), una etiqueta (como** Mi Botín**) o una fórmula (como** =A1+F4-G3**).**

   Conforme usted digita, Excel despliega lo que está digitando en la celda escogida y en la barra de fórmulas (refiérase a la Figura 8-1).

3. **Realice una de las siguientes acciones para hacer que la información digitada aparezca en la celda escogida:**

   - Pulse Enter.
   - Haga clic sobre el botón Enter (marca verde), junto a la barra de fórmulas.
   - Pulse una tecla de flecha para seleccionar una celda diferente.
   - Haga clic sobre una celda diferente para seleccionarla.

Poner números en una celda

Al digitar un número en una celda, usted puede usar tanto los números localizados en la parte superior del teclado como los del teclado numérico, situado al lado derecho. Una vez que haya digitado un número en una celda, quizás quiera controlar cómo luce. La manera en que sus números se ven en una celda depende del formateo de la misma.

Formatear es completamente cosmético y solamente cambia la apariencia de los números. A menos que usted específicamente cambie el formato, Excel utiliza un formato llamado General.

En Excel, los números pueden aparecer en una variedad de formatos, como moneda (Currency), fracciones (Fractions) o fechas (Dates). Para cambiar el formateado de una celda, siga estos pasos:

1. **Resalte las celdas que contienen los números que usted quiere formatear**

   Usted también puede resaltar celdas vacías para que, al digitar dentro de ellas más adelante, Excel sepa automáticamente, cómo usted quiere que los números aparezcan.

2. **Escoja Format⇨Cells, o presione Ctrl+1.**

   Aparece el recuadro de diálogo Format Cells, como se aprecia en la Figura 8-2.

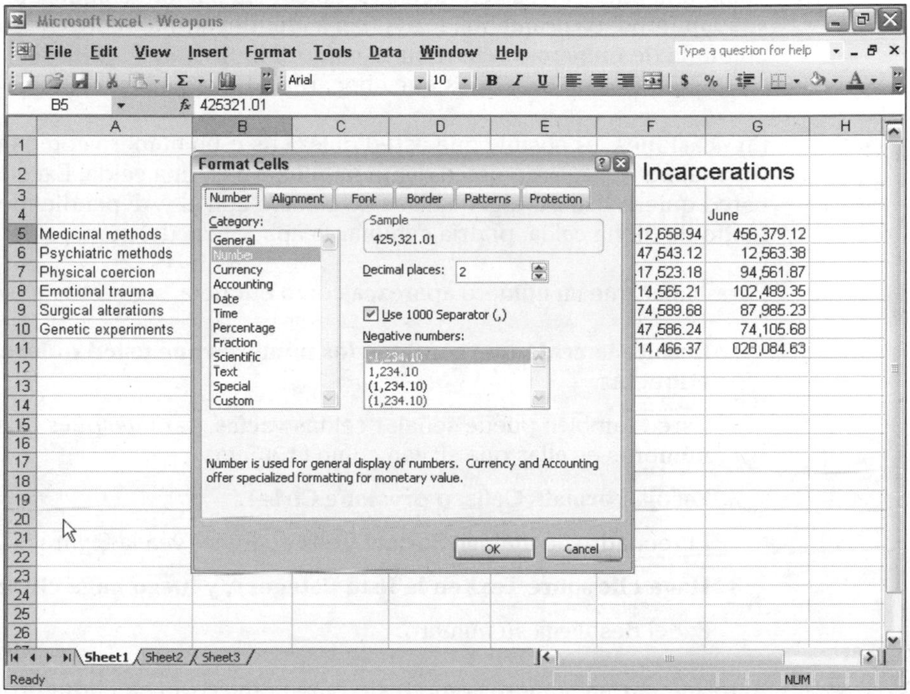

Figura 8-2: El recuadro de diálogo Format Cells le da una variedad de formas para desplegar sus números.

3. **Haga clic sobre el formato que quiera usar.**

   Dependiendo del formato escogido, es posible que deba seleccionar opciones adicionales, como el número de espacios decimales a desplegar o si desplegar los números negativos en rojo o entre paréntesis.

4. **Haga clic sobre OK.**

   Excel despliega sus números en el nuevo formato. Si la celda que usted escogió estaba vacía, usted verá el número formatearse en cuanto lo escriba allí.

CONSEJO

Si el formateado para una celda es General, usted puede digitar una hora con base en un reloj de 12 horas, como por ejemplo **7:45**, seguido por un espacio y **a** o **p** por AM o PM, respectivamente. Excel automáticamente desplegará este número en un formato de hora. Para poner la hora actual en una celda, presione Ctrl+Shift+: (dos puntos). Usted también puede digitar una fecha en una celda con formato General si utiliza barras o guiones, como por ejemplo **4/7/2004** o **4-Mar-2005**. Para poner la fecha actual en una celda, presione Ctrl+; (punto y coma). Si usted ya ha cambiado el formato de una celda del General a otro, como Time o Accounting, no podrá desplegar fechas en esa celda hasta que no cambie el formateado de esa celda a Date o Time.

Digitar una etiqueta en una celda

Cuando usted digita una letra en una celda, Excel automáticamente la trata como una etiqueta. Las etiquetas no afectan la manera en que Excel calcula sus números. Básicamente, le ayudan a identificar qué representa cada fila o columna de números en particular como "Monto Total", "Altura (pulgadas)" o "Número de choferes ebrios que chocaron contra mi buzón."

En ocasiones, es posible que usted quiera usar un número como etiqueta. Normalmente, cuando usted digita un número en una celda, Excel asume que usted quiere realizar alguna clase de cálculo con él y, dependiendo del formateado de dicha celda, podría cambiar la apariencia del número de 12 a $12.00.

Para hacer que un número aparezca como etiqueta, siga estos pasos:

1. **Resalte la celda que contiene los números que usted quiere usar como etiquetas.**

   Usted también puede señalar celdas vacías, para después poder digitar números en ellas que sirvan como etiquetas.

2. **Escoja Format⇨Cells, o presione Ctrl+1.**

   El recuadro de diálogo Format Cells aparece (vea la Figura 8-2).

3. **Haga clic sobre Text en la lista Category, y luego haga clic en OK.**

   Excel despliega su número.

RECUERDE

Al formatear un número como texto para convertirlo en etiqueta, no puede usarlo en ninguna fórmula o cálculo.

Digitar etiquetas largas en una celda

Normalmente, cuando usted digita texto, Excel lo despliega como una sola línea. Si usted quiere desplegarlo en líneas múltiples, presione Alt+Enter para empezar una nueva línea en la celda. Así, si usted digita "**Mis ingresos**", presiona Alt+Enter y luego digita "para el 2005", entonces Excel despliega dos líneas en la celda. Mis ingresos aparece como la primera, y **para el 2005**, como la segunda línea de esa misma celda.

Si usted repentinamente decide que no quiere que sus datos aparezcan en la celda antes de realizar el paso 3, presione Esc o haga clic sobre el botón Cancel (X roja), al lado de la barra de fórmulas. Si usted ya digitó datos en una celda y quiere dar marcha atrás a su acción, presione Ctrl+Z o haga clic sobre el icono Undo.

Para otra forma de desplegar múltiples líneas de texto dentro de una celda, usted puede activar el ajuste de texto, que automáticamente acomoda su texto para encajar dentro del ancho de una celda. Para activar ajuste de texto, siga estos pasos:

1. **Resalte la celda (o celdas) donde quiera usar el ajuste de texto.**
2. **Escoja Format⇨Cells, o presione Ctrl+1.**

   Aparece el recuadro de diálogo Format Cells.
3. **Haga clic en la pestaña Alignment.**

   El recuadro de diálogo Format Cells despliega la pestaña Alignmet, como se observa en la Figura 8-3.

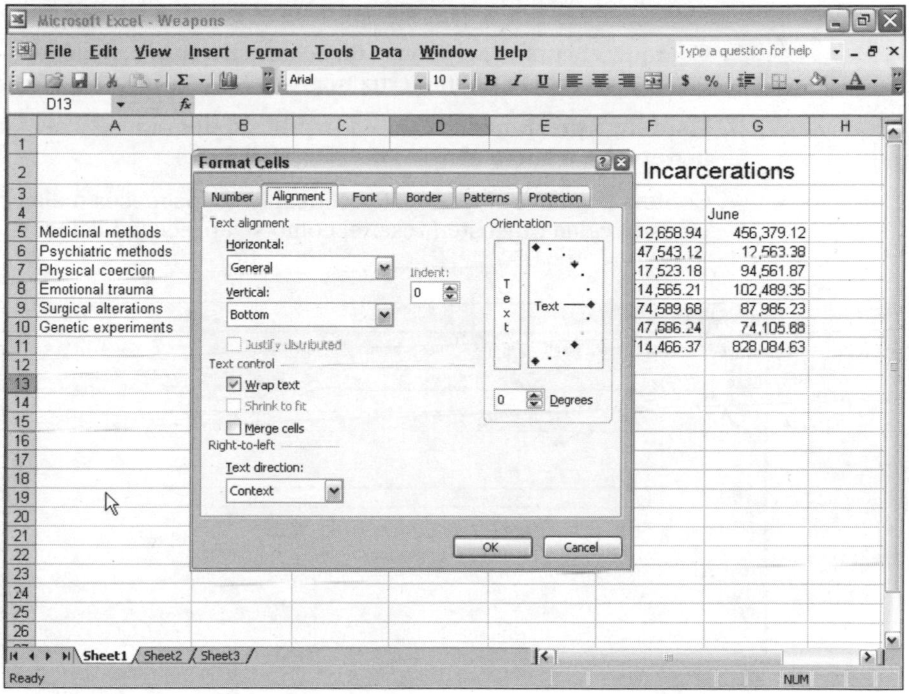

Figura 8-3: La pestaña Alignment le permite definir cómo el texto aparece en una celda.

4. **Haga clic en la casilla WrapText, en la categoría Text control.**

   Usted también puede cambiar la alineación del texto al hacer clic en las casillas de lista Horizontal o Vertical en la categoría Text alignment. Si quiere desplegar texto en un ángulo, usted incluso puede hacer clic en el cuadro Degrees, y hacer clic en las flechas hacia arriba o abajo.
5. **Haga clic sobre OK.**

   Excel cambia la manera en que su texto aparece en la celda resaltada.

Digitar meses o días en una celda

Si necesita digitar nombres de meses o días sucesivos en celdas adyacentes (como enero, febrero, marzo, etc)., Excel tiene un útil atajo que puede ahorrarle mucha digitación. Para usar ese atajo, siga estos pasos:

1. **Haga clic en una celda y escriba un mes o día, como marzo (o** mar) **o lunes (o** lun).

   Aparece el asidero de Fill — un cuadro negro — en la esquina inferior derecha de la celda en la que usted acaba de digitar.

2. **Coloque el cursor del mouse directamente sobre el asidero de Fill, hasta convertirlo en una cruz negra.**

3. **Mantenga presionado el botón izquierdo del mouse y arrástrelo hacia la derecha o hacia abajo.**

   Conforme mueva el mouse, Excel despliega los meses o días sucesivos en cada celda que usted resalte, como se aprecia en la Figura 8-4.

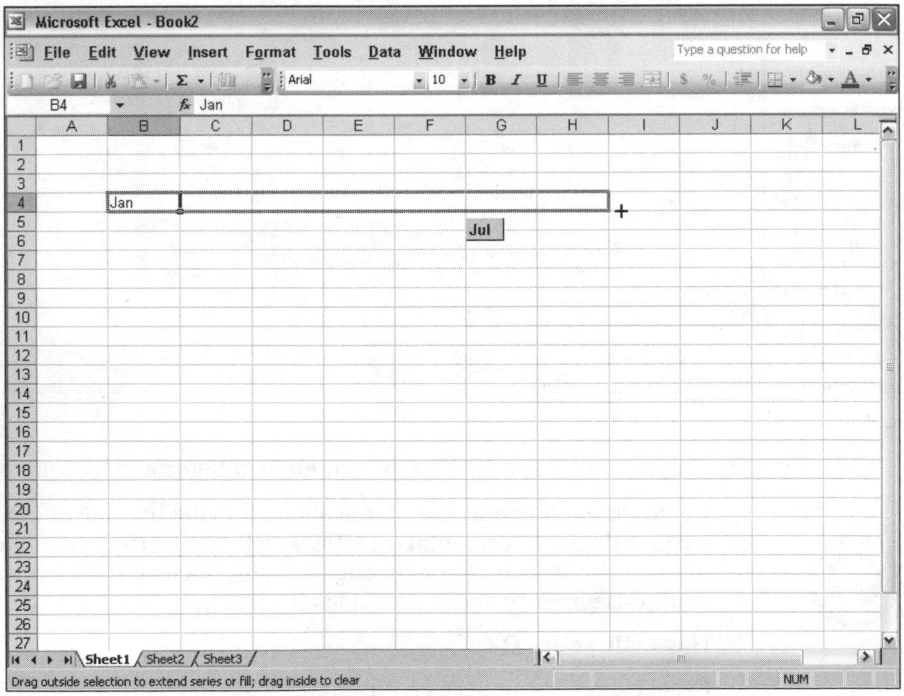

Figura 8-4: Cómo rellenar fácilmente filas y columnas con etiquetas.

4. **Suelte el botón izquierdo del mouse.**

   Excel automáticamente digita el nombre de los meses o días en las celdas que usted seleccionó.

Borrar y Editar los Contenidos de una Celda

Algunas veces necesitará editar lo que digitó en una celda; ya sea debido a un error, o porque simplemente desea expresar sus necesidades creativas digitando algo distinto en la celda, o debido a que desea deshacerse por completo de esa información.

Para editar información en una celda, siga estos pasos:

1. **Haga clic, o utilice las teclas de flechas, para seleccionar la celda que contiene la información que desea editar.**
2. **Pulse F2, haga clic sobre la barra de fórmulas, o haga doble clic sobre la celda que contiene la información que desea editar.**
3. **Presione Backspace para borrar caracteres a la izquierda del punto de inserción, o pulse Delete para borrar caracteres a la derecha del punto de inserción.**
4. **Digite cualquier información nueva.**
5. **Para hacer que la información digitada aparezca en la celda de su elección, pulse Enter, haga clic sobre el botón Enter (la marca verde junto a la barra de fórmulas), o seleccione una celda diferente.**

Para borrar información de celda(s), siga estos pasos:

1. **Resalte la celda que contiene la información que desea eliminar.**
2. **Pulse Delete, o escoja Edit⇨Clear⇨Contents.**

RECUERDE

Cuando usted elimina datos de una celdas, no cambia el formateado definido para ellas; por ejemplo, desplegar los números como moneda (Currency) o fracciones (Fractions).

Navegar por una Hoja de Cálculo

Una sola hoja de cálculo puede contener hasta 256 columnas y 65 536 filas. Desafortunadamente, la pantalla de su computadora no puede desplegar una hoja así de grande de una sola vez. Sólo es posible ver una parte de ella en un momento dado, algo así como observar el mar a través de la portilla de un barco.

Debido a que únicamente se puede mirar una porción limitada de su hoja de cálculo a la vez, Excel proporciona diferentes maneras de ver una parte distinta de la hoja al usar el mouse o el teclado.

Usar el mouse para saltar por una hoja de cálculo

Para navegar por una hoja de cálculo con el mouse, tiene dos opciones:

- Hacer clic en las barras de desplazamiento horizontales o verticales.
- Usar la rueda del mouse (eso, claro está, si su mouse tiene una rueda; no todos los mouse cuentan con una).

Para saltar por un documento usando la barra de desplazamiento vertical u horizontal, puede escoger entre estas alternativas:

- Haga clic sobre los botones arriba/abajo e izquierda/derecha al final de las barras, para desplazarse hacia arriba o abajo una fila, o de izquierda a derecha una columna a la vez.
- Arrastre el cuadro de desplazamiento a lo largo de la misma barra en la dirección deseada, para saltar a una ubicación aproximada en el documento.
- Haga clic en la barra vertical, encima o debajo del cuadro de desplazamiento, para avanzar una página hacia arriba o abajo, el equivalente al tamaño de una pantalla cada vez.
- Haga clic en la barra horizontal, a la izquierda o a la derecha del cuadro de desplazamiento, para avanzar una página en la dirección respectiva, el equivalente al tamaño de una pantalla cada vez.

Usar el teclado para saltar por un documento

Para aquellos que odian el mouse o sencillamente prefieren usar el teclado, he aquí las distintas maneras de saltar por su documento pulsando teclas:

- Presione la tecla ↓ para avanzar una fila hacia abajo en la hoja de cálculo.
- Presione la tecla ↑ para avanzar una fila hacia arriba en la hoja de cálculo.
- Presione la tecla → para moverse una columna hacia la derecha en la hoja de cálculo.
- Presione la tecla ← para moverse una columna hacia la izquierda en la hoja de cálculo.
- Mantenga sostenida la tecla Ctrl y presione ↓, ↑, →, or ← para saltar hacia arriba/abajo o a la izquierda/derecha una fila o columna adyacente de datos a la vez.
- Presione la tecla PgDn (o Page Down en algunos teclados) para saltar hacia abajo en la hoja de cálculo, el equivalente al tamaño de una pantalla cada vez.

- Presione la tecla PgUp (o Page Up en algunos teclados) para saltar hacia arriba en la hoja de cálculo, el equivalente al tamaño de una pantalla cada vez.
- Pulse Home para saltar a la columna A de su hoja.
- Pulse Ctrl+Home para saltar a la celda A1 de su hoja de cálculo, la cual aparece en la esquina superior izquierda de cada hoja de cálculo.

  Pulse Ctrl+End para saltar a la última celda de su hoja.
- Pulse End y luego ↓, ↑, →, or ← para saltar al final/inicio de los datos en la columna o fila actual.

CONSEJO

Usted puede abrir cualquier hoja de cálculo en Excel (incluso una en blanco) y practicar el uso de todos los distintos métodos de navegación. Luego, puede memorizar los comandos que encuentra más útiles y olvidarse del resto.

Usar el comando Go To

Cuando quiera saltar a una celda específica en su hoja de cálculo, el comando Go To resulta mucho más rápido que el mouse o el teclado.

Para utilizar dicho comando, siga estos pasos:

1. **Escoja Edit⇨Go To or press Ctrl+G.**

   El recuadro de diálogo Go To aparece.

2. **Digite una referencia a celda (como** A2 **o** C21**), o haga clic en una referencia o un nombre de celda desplegados en la casilla de lista Go To.**

   RECUERDE

   Cada vez que usted utiliza el comando Go To, Excel recuerda la(s) última(s) referencia(s) a celda(s) que usted digitó. Si usted ha puesto nombre a sus celdas o rangos de celdas (vea la siguiente sección "Nombrar celdas y rangos"), Excel automáticamente despliega estos nombres en el recuadro Go To.

3. **Haga clic en OK.**

   Excel salta a la celda escogida.

Nombrar celdas y rangos

Si no le gusta referirse a las celdas como E4 o H31, usted puede asignar nombres más significativos a cada celda o rango de celdas. Al asignar nombres, encontrar porciones de una hoja de cálculo resulta más fácil. Por ejemplo, encontrar la celda de sus ingresos en el 2004 en su hoja del presupuesto es mucho más sencillo si se llama "ingresos2004", y no F22.

Para dar un nombre a una celda o rango de celdas, siga estos pasos:

1. **Haga clic en la celda que desea nombrar, o seleccione un rango de celdas arrastrando el mouse (mantenga sostenido el botón izquierdo mientras lo mueve) sobre ellas.**

   Excel marca la celda como celda activa. (O, si usted resaltó un rango de celdas, la primera de ellas se convierte en la activa). La celda activa aparece en la casilla Name Box.

2. **Haga clic en la casilla Name Box.**

   Excel resalta la dirección de la celda.

3. **Digite el nombre que desea asignar a la celda o rango de celdas.**

4. **Presione Enter.**

   El nombre asignado aparece en la casilla Name Box.

Los nombres deben empezar con una letra, deben consistir en una sola palabra y no pueden contener más de 255 caracteres. "MisIngresos" es un nombre de celda válido, pero "Mis ingresos en el 2004" no lo es, debido a los espacios entre las palabras. En lugar de usar un espacio, prefiera los guiones; por ejemplo: "Mis_ingresos_en_el_2004".

Saltar a una celda o rango de celdas con nombre

Una vez que haya puesto un nombre a una celda o rango de celdas, usted puede saltar allí desde cualquier otra celda siguiendo estos pasos:

1. **Haga clic en la flecha que apunta hacia abajo, a la derecha de la casilla Name Box.**

   Excel despliega una lista de todas las celdas o los rangos de celdas con nombre en la hoja de cálculo actual.

2. **Haga clic en el nombre de celda al que desea saltar.**

   Excel resalta la celda (o el rango de celdas) representada por el nombre elegido.

Borrar una celda o rango de celdas con nombre

Es posible que, más adelante, usted decida no necesitar un nombre para representar una celda o rango de celdas en particular. Para borrar el nombre de una celda, siga estos pasos:

1. **Escoja Insert⇨Name⇨Define.**

   El recuadro de diálogo Define Name aparece.

2. **Haga clic en el nombre de celda que desea borrar, y haga clic en Delete.**

   Repita este paso para cada nombre de celda que quiera borrar.

3. **Haga clic en OK.**

Borrar el nombre de una celda no borra los contenidos de ninguna celda en la hoja de cálculo.

Hacer que su Hoja de Cálculo Luzca Atractiva con el Formateo

Las filas y columnas de infinitos números y etiquetas pueden verse bastante sosas. Puesto que una hoja de cálculo sencilla y aburrida puede ser tan difícil de entender como un formulario de impuestos, Excel le brinda la oportunidad de formatear sus celdas.

Al formatear diferentes partes de su hoja de cálculo, usted puede convertir un documento sin vida en una poderosa herramienta persuasiva, la cual podrá convencer a su jefe de aprobar sus ideas para el presupuesto (y dará la impresión de que usted se empeñó más de la cuenta).

Excel le ofrece una variedad prácticamente ilimitada de opciones de formateo. Usted puede cambiar fuentes, bordes, estilos numéricos y alineación, para hacer que su hoja de cálculos luzca bonita.

El formateo sólo define la manera en que los datos se ven, pero no afecta la forma en que Excel manipula dichos datos en las fórmulas.

Utilizar AutoFormat

Si usted no es diseñador y quiere disfrutar de formateo sofisticado sin tener que esforzarse demasiado, use la opción AutoFormat de Excel. Ésta puede formatear automáticamente un rango de celdas, según alguno de los muchos estilos de formateado.

Para usar AutoFormat, siga estos pasos:

1. **Resalte dos o más celdas adyacentes que desea formatear.**
2. **Escoja Format⇨AutoFormat.**

   Surge el recuadro de diálogo AutoFormat, como se aprecia en la Figura 8-5.
3. **Haga clic en el formato que desee usar.**
4. **Haga clic en OK.**

Excel automáticamente formatea el rango de celdas seleccionado en el paso 1.

CONSEJO

Si desea restringir los tipos de formateado que AutoFormat puede aplicar, haga clic sobre el botón Options, en el recuadro de diálogo AutoFormat, y retire la marca de cualquier opción que no quiera usar. Por ejemplo, si no desea que Excel cambie las fuentes, quite la marca de la casilla Font haciendo clic sobre ella.

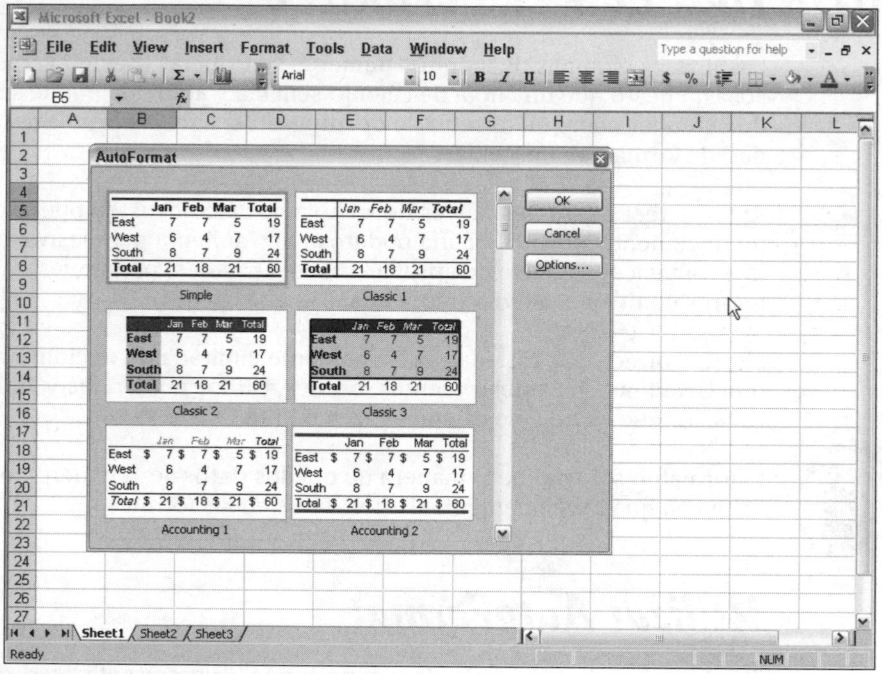

Figura 8-5: El recuadro de diálogo AutoFormat le ofrece una variedad de opciones para formatear sus celdas rápida y fácilmente.

Formatear sus celdas manualmente

Para un mayor control sobre la apariencia de sus celdas, tal vez prefiera formatearlas usted mismo. Para formatear una o más celdas, siga estos pasos:

1. **Resalte la celda o el rango de celdas que desea formatear.**
2. **Escoja Format⇨Cells, o presione Ctrl+1.**

   Surge el recuadro de diálogo Format Cells (vea la Figura 8-2).
3. **Haga clic sobre una de las siguientes pestañas para ver las distintas opciones disponibles:**
   - **Number:** Define la manera en que los números aparecen en las celdas; por ejemplo, como un tipo de moneda o en notación científica.

Una forma más rápida de formatear los números es hacer clic sobre una celda y luego sobre el botón Currency Style, Percent Style, Comma Style, Increase Decimal o Decrease Decimal, en la barra de herramientas de formato.

- **Alignment:** Define la manera en que las etiquetas aparecen en las celdas; por ejemplo, usando word wrapping dentro de ellas, o desplegadas en ángulo..
- **Font:** Define la fuente, su tamaño y los colores de texto y números.
- **Border:** Define los bordes que rodean las celdas.

  Una forma más rápida de crear bordes alrededor de una celda es hacer clic en ella, y luego sobre el botón Borders, en la barra de herramientas de formato. Cuando aparezca un menú con distintos estilos de bordes, haga clic sobre el cual desee usar.
- **Patterns:** Define los colores y patrones de fondo de las celdas.
- **Protection:** Protege las celdas de cualquier cambio, si la hoja de cálculo entera también se encuentra protegida por medio de la opción Tools⇨Protection⇨Protect Sheet o Protect Workbook.

4. **Haga cualquier cambio, como escoger un color diferente o fuente, y luego haga clic en OK.**

   Excel despliega las celdas con el formato que escogió.

Si a usted no le agrada la forma en que se ven sus celdas, puede deshacer cualquier cambio de formato hecho al presionar Ctrl+Z, o al hacer clic sobre el botón Undo inmediatamente.

Retirar el formateo

Si decide que quiere quitar el formateo de una o más celdas, puede hacerlo en cualquier momento:

1. **Resalte una o más celdas de las cuales desea retirar el formateo.**
2. **Escoja Edit⇨Clear⇨Formats.**

   Excel despeja todo el formateo de las celdas escogidas.

Ajustar el ancho de las columnas

Si usted no le indica lo contrario, Excel despliega todas las columnas en el mismo ancho. Sin embargo, quizás usted encuentre, con el tiempo, que algunos datos parecen truncados, apretados, raros o simplemente no están mostrados como usted los quería. Este problema ocurre cuando las columnas son demasiado estrechas.

Para arreglarlo, usted puede ajustar las columnas para hacerlas más anchas o más estrechas. Para ajustar el ancho de las columnas rápidamente, siga estos pasos:

1. **Coloque el cursor del mouse directamente sobre uno de los bordes verticales del encabezado de la columna que desea modificar.**

   Por ejemplo, si quiere ajustar el ancho de la columna B, ponga el cursor sobre el borde entre las columnas B y C.

2. **Sostenga el botón izquierdo del mouse y arrástrelo hacia la izquierda o derecha.**

   El cursor se transforma en una flecha de dos puntas. Excel también despliega una línea punteada vertical para mostrarle el ancho aproximado de su columna.

3. **Suelte el botón izquierdo del mouse cuando las columnas tengan el ancho deseado.**

CONSEJO

Si usted hace doble clic en el borde entre encabezados de columnas, Excel automáticamente modifica la columna a la izquierda y la hace lo suficientemente ancha como para desplegar la entrada más larga de dicha columna.

Si desea ser verdaderamente preciso en la definición de sus anchos de columnas, siga estos pasos:

1. **Haga clic en alguna parte de la columna que desea modificar.**

   (Bueno, está bien, este paso no tiene que ser *tan* preciso).

2. **Escoja Format⇨Column⇨Width.**

   Surge el recuadro de diálogo Column Width.

3. **Digite un número para especificar el ancho de las columnas (como** 14.5**) y luego haga clic en OK.**

   Excel modifica sus columnas.

CONSEJO

Si desea ajustar el ancho de una columna para coincidir con el ancho de los datos en una sola celda, haga clic sobre ésta y elija Format⇨Column⇨AutoFit Selection.

Ajustar la altura de las filas

Excel normalmente despliega todas las filas en la misma altura. Sin embargo, usted tal vez quiera hacer algunas filas más altas que otras, o más bajas. Para cambiar la altura de una fila rápidamente, siga estos pasos:

1. **Coloque el cursor del mouse directamente sobre uno de los bordes horizontales de la fila que desea modificar.**

   El cursor se convierte en una flecha de dos puntas.

2. **Sostenga el botón izquierdo del mouse y arrástrelo hacia arriba o abajo.**

   Excel despliega una línea horizontal punteada, junto con un pequeño cuadro, para indicarle la altura exacta de la fila.

3. **Suelte el botón izquierdo del mouse cuando la fila tenga la altura deseada.**

Para aquellos que quieren definir la altura de las filas con exactitud, estos son los pasos precisos que deben seguir:

1. **Haga clic en la fila que quiere modificar.**
2. **Escoja Format⇨Row⇨Height.**

   Surge el recuadro de diálogo Row Height.

3. **Digite un número para especificar la altura de la fila (como 12.95) y haga clic en OK.**

   Excel modifica sus filas.

CONSEJO

Si quiere ajustar la altura de una fila con base en la altura de los datos en una sola celda, haga clic sobre ésta y elija Format⇨Row⇨AutoFit.

Imprimir una Hoja de Cálculo

Después de haber digitado números, etiquetas y fórmulas en una hoja de cálculo, eventualmente usted querrá imprimirla, y así no tener que arrastrar a todos los demás a verla en la ínfima pantalla de su computadora. Antes de imprimir una hoja de cálculo (y posiblemente desperdiciar valiosos recursos naturales como papel y tinta), utilice la opción Print Preview.

Usar Print Preview para ver su hoja de cálculo

El Print Preview de Excel le permite observar cómo luce su hoja de cálculo antes de imprimirla. Así, usted puede comprobar si los márgenes están alineados en forma apropiada, o si las columnas y filas caben en una sola página.

Para usar Print Preview, siga estos pasos:

1. **Elija File⇨Print Preview.**

   Excel despliega su hoja de cálculo con letras pequeñísimas, y el cursor como una lupa, como se aprecia en la Figura 8-6.

2. **Mueva el cursor del mouse (la lupa) sobre el documento y haga clic para ver el documento en su tamaño real.**

3. **Haga clic en Close para salir de Print Preview, o en Print para empezar a imprimir de inmediato.**

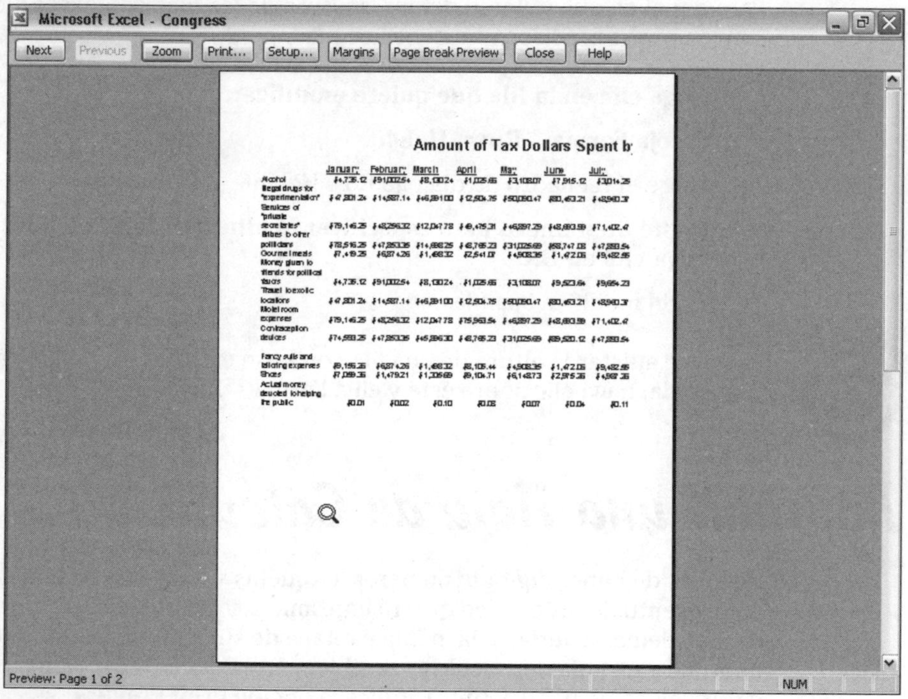

Figura 8-6: La ventana Print Preview le permite ver cómo lucirá su hoja de cálculo si la imprime en papel.

Imprimir hojas de cálculo

Una vez que se decida a imprimir su hoja de cálculo, Excel le brinda una variedad de maneras de hacerlo:

1. **Asegúrese de que su impresora esté encendida, debidamente conectada a su computadora, cargada con papel, que no haya sido lanzada a través de la ventana del tercer piso por frustración, etcétera.**

2. **Escoja una de las siguientes formas de abrir el recuadro de diálogo Print:**
   - Presione Ctrl+P.
   - Escoja File⇨Print.
3. **Haga clic en la casilla de lista Name y elija la impresora que quiere usar.**
4. **En el grupo Print Range, haga clic sobre un botón de opción y escoja las páginas por imprimir.**

   Puede elegir All, o digitar un número o rango de páginas para imprimir en las casillas From y To.
5. **Haga clic en la casilla Number of Copies y digite el número de copias que quiere.**
6. **Haga clic sobre un botón en el área Print What, para elegir qué desea imprimir, como Selection (imprime cualquier celda ya resaltada), Entire Workbook o Active Sheet(s).**
7. **Haga clic sobre OK.**

Si desea imprimir la hoja de cálculo completa inmediatamente, haga clic sobre el icono Print en la barra de herramientas estándar. Si prefiere especificar las páginas y el número de copias por imprimir, elija uno de los otros métodos

Imprimir parte de una hoja de cálculo

Seguramente no siempre querrá imprimir una hoja de cálculo completa. En cambio, tal vez prefiera escoger selectivamente las partes de la hoja que deben imprimirse. Para hacerlo, primero necesita definir algo misterioso que Excel denomina print area. He aquí el secreto:

1. **Resalte una o más celdas que desea imprimir.**
2. **Seleccione File⇨Print Area⇨Set Print Area.**

   Excel despliega líneas punteadas alrededor del área escogida para imprimir. Usted puede definir solamente una de estas áreas a la vez.

Una vez establecida el área por imprimir, puede imprimir la porción de su hoja de cálculo elegida como si fuera una hoja regular. Vea la sección anterior, "Imprimir hojas de cálculo" para más detalles.

Para despejar cualquier área para imprimir que haya definido, escoja File⇨Print Area⇨Clear Print Area.

Capítulo 9

Divertirse con Fórmulas y Funciones

En este capítulo

- Hacer sus propias fórmulas
- Editar sus fórmulas
- Escoger la función correcta para usar
- Revisar sus fórmulas para encontrar errores

Todo el propósito de Excel está en la habilidad de realizar cálculos con cualquier número almacenado en las diferentes celdas. Cuando usted crea una fórmula en una celda, esa fórmula le dice a Excel: "Tome algunos números guardados en otras celdas, calcule un resultado y almacénelo en esta celda."

Aparte de llevar a cabo sus trabajos de sumas, restas, divisiones y multiplicaciones, Excel también puede crear cálculos más complicados: resultados estadísticos, cálculos científicos o fórmulas financieras para comparar cuánto dinero está perdiendo en el mercado de valores por mes con la cantidad de dinero que está gastando en tarjetas coleccionables de béisbol. Para darle más emoción, las fórmulas incluso pueden remitirse a otras fórmulas para obtener los números que necesitan para hacer un cálculo.

Crear Fórmulas

Excel trabaja como una calculadora sofisticada; puede confeccionar cualquier tipo de resultado, siempre y cuando usted sepa lo que está haciendo. Para decirle a Excel qué hacer, usted puede crear una fórmula siguiendo estos pasos:

1. **Haga clic sobre la celda donde desea desplegar los resultados de un cálculo.**
2. **Digite = (el signo de igual), seguido de su fórmula.**

   Por ejemplo, si busca una fórmula que multiplique los contenidos de la celda B3 por los de la C3, digite =**B3*C3**.

En lugar de digitar la referencia de una celda, como C3, puede simplemente hacer clic sobre la celda que contiene la información que desea utilizar.

3. **Pulse Enter.**

Excel despliega los resultados de su cálculo. Si su fórmula tiene un error, como intentar sumar un número a una etiqueta, Excel despliega un mensaje de error para que usted pueda corregirla.

Si su fórmula cuenta con los números almacenados en otras celdas, éstas deben estar en una fila arriba o en una columna a la izquierda de la celda que contiene su fórmula. Entonces, si usted quiere guardar una fórmula en la celda D4, ésta sólo puede usar números almacenados en las siguientes celdas: A1, B1, C1, D1, A2, B2, C2, D2, A3, B3, C3, D3, A4, B4 y C4, como se aprecia en el área sombreada de la Figura 9-1.

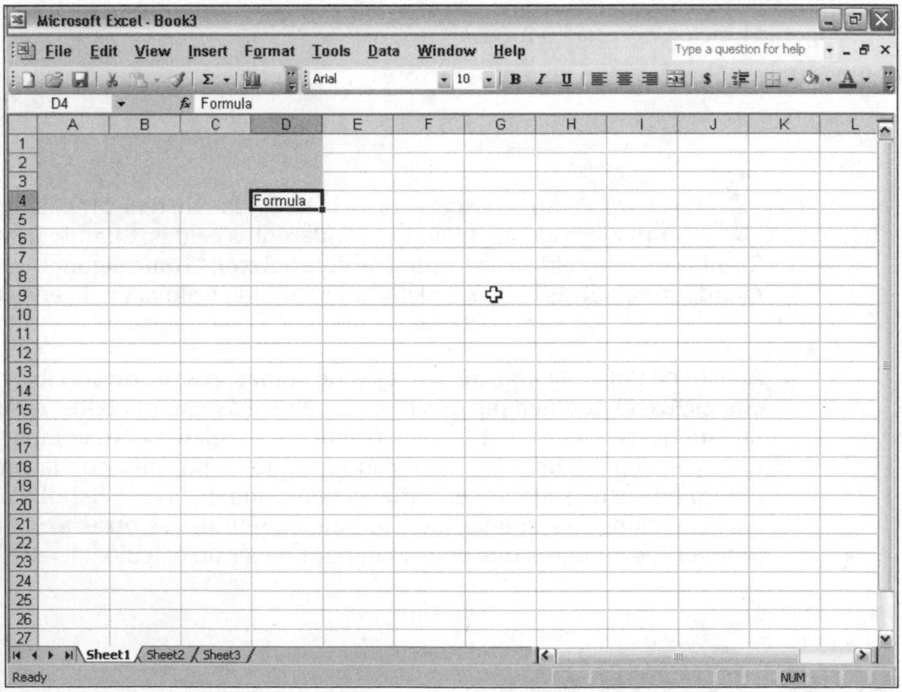

Figura 9-1: El área sombreada resalta las únicas celdas a las que una fórmula en la celda D4 puede acceder.

Para darle una idea de todos los tipos diferentes de fórmulas que usted puede crear, la Tabla 9-1 le muestra los operadores matemáticos más comunes que puede utilizar para hacerlo. Los números incluidos en la columna Ejemplo representan información almacenada en otras celdas. Por ejemplo, en la fila Suma, usted puede digitar **=B3+G12**, donde B3 contiene el número 5 y G12, el número 3.4.

Tabla 9-1 Operadores Matemáticos Comunes

Operador	*Lo que Hace*	*Ejemplo*	*Resultado*
+	Suma	=5+3.4	8.4
-	Resta	=54.2-2.1	52.1
*	Multiplicación	=1.2*4	4.8
/	División	=25/5	5
%	Percentaje	=42%	0.42
^	Exponencial	=4^3	64
=	Igual	=6=7	Falso
>	Mayor que	=7>2	Verdadero
<	Menor que	=9<8	Falso
>=	Mayor o igual a	=45>=3	Verdadero
<=	Menor o igual a	=40<=-2	Falso
<>	No igual a	=5<>7	Verdadero
&	Concatenación de texto	="Bo el " & "Gato"	Bo el Gato

Al crear una fórmula, usted puede digitar números en ella (como 56.43+89/02) o utilizar cosas misteriosas llamadas *referencias a celdas* (como B5+N12). Si bien puede ser ocasionalmente necesario digitar números en una fórmula, el verdadero poder de Excel yace en el uso de referencias a celdas.

Las referencias a celdas le permiten tomar los contenidos de una celda específica y utilizarlos como parte de su cálculo. Entonces, si el contenido de una celda específica cambia, Excel automáticamente vuelve a calcular cualquier fórmula que use los datos de esa celda específica

¿Qué rayos son las referencias?

Para no obligarle a escribir números exactos en todas sus fórmulas, las referencias le permiten decirle a Excel "Sólo utilice cualquier número almacenado en esta celda". Básicamente, las referencias le permiten identificar aquellas celdas con los números que desea utilizar en una fórmula para calcular un resultado

Hacer referencia a una sola celda

En Excel, puede referirse a una celda de dos formas:

- Utilice las etiquetas de columnas y fila, como A4 o C7.
- Utilice sus propias etiquetas de columnas y filas, como Feb o Ventas.

Por ejemplo, suponga que tiene números almacenados en las celdas B5 y B6, como se muestra en la Figura 9-2. En este caso, la celda B7 contiene la fórmula.

```
=B5+B6
```

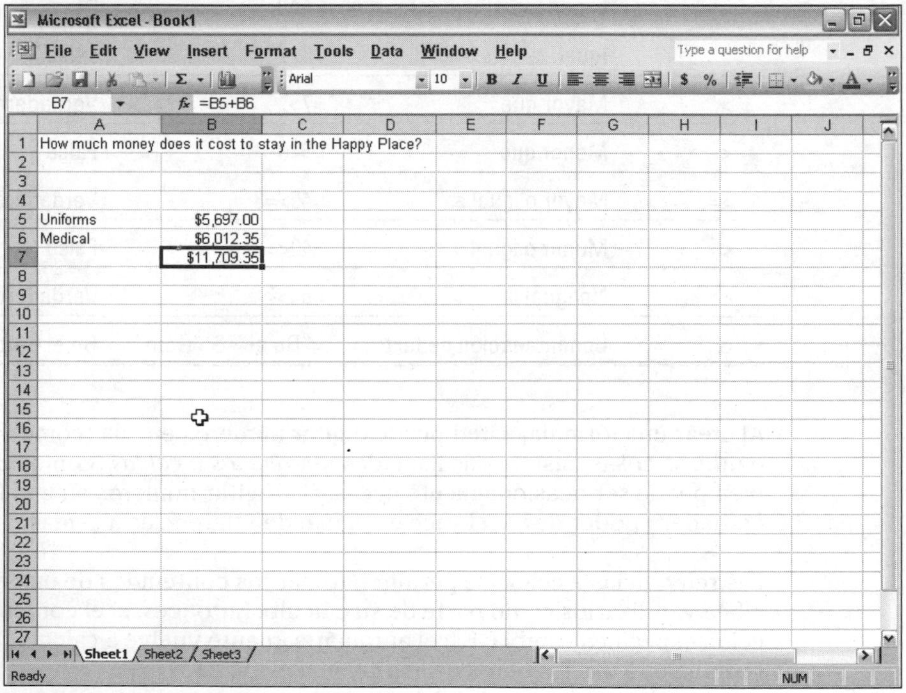

Figura 9-2: Usar referencias a celdas para calcular un resultado.

RECUERDE

Cuando hace referencia a otra celda, ésta puede contener información (como números) o una fórmula (que calcula un resultado con base en datos obtenidos de otras referencias a celdas).

Las referencias a celdas en la fórmula precedente son B5 y B6; entonces, la fórmula le indica a Excel: "Encuentre el número almacenado en la celda B5, súmelo al número almacenado en B6 y despliegue el resultado en la celda B7."

Utilizar referencias a celdas en una fórmula

Para crear una fórmula utilizando referencias a celdas:

1. **Haga clic sobre la celda donde desea que aparezcan los resultados de la fórmula.**
2. **Digite = (el signo de igual).**
3. **Escoja uno de los siguientes métodos:**
   - Digite la referencia a una celda, como B4.
   - Haga clic sobre la celda que contiene el número que desea utilizar en su fórmula, como B4.
4. **Digite un operador, como + (el signo de adición).**
5. **Repita los pasos 3 y 4 tan a menudo como sea necesario para construir su fórmula.**
6. **Pulse Enter.**

Ahora, si cambia el número de una celda que aparece como referencia en la fórmula de otra, como B5 en este ejemplo, Excel automáticamente calcula un nuevo resultado.

Para ayudarle a crear las fórmulas más comunes, Excel tiene la función especial AutoSum. Al hacer clic sobre el icono AutoSum en la barra de herramientas estándar, usted puede rápidamente sumar o encontrar el promedio de una fila o columna llenas de números.

La opción AutoSum solamente calcula los números almacenados en celdas que aparecen en la misma fila o columna. En el momento en que la opción AutoSum encuentra una celda vacía, asume que no quedan más números por incluir en el cálculo.

Una de las funciones más convenientes es la de SUM, que suma una fila o columna de números. Para usar la función SUM, siga estos pasos:

1. **Haga clic en la celda debajo de la columna de números que quiere sumar o a la derecha de una fila de números que quiere sumar.**
2. **Haga clic sobre el icono AutoSum el la barra de herramientas estándar, como se muestra en la Figura 9-3.**

   Excel resalta las celdas con los números que sumará, y automáticamente digita el signo de igual y el nombre SUM en la celda como sigue::

   ```
   =SUM(B3:B6)
   ```

   Esta fórmula le indica a Excel que sume todos los números almacenados entre las celdas B3 y B6.

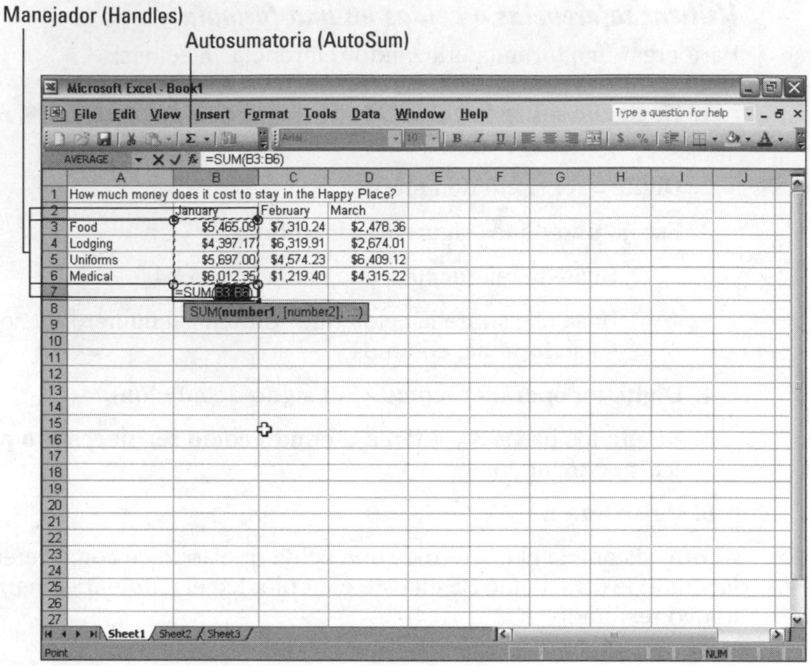

Figura 9-3: La función AutoSum puede facilitar la adición de una columna o fila de números.

3. **Coloque el puntero del mouse sobre el asidero de la esquina, mantenga presionado el botón izquierdo del mouse y arrástrelo para resaltar más o menos celdas, si fuera necesario.**

   Conforme usted resalta más o menos celdas, Excel automáticamente actualiza la fórmula en la celda para reflejar ese cambio.

4. **Presione Enter**

   Excel le muestra el resultado de la adición de todos los números que usted resaltó en el paso 3.

La magia de los paréntesis

Las fórmulas más sencillas utilizan dos referencias a celdas y un operador, como =B4*C4. Sin embargo, es probable que usted necesite crear fórmulas más complicadas, que incluyen tres o más referencias a celdas. Con tantas referencias, es mejor que use paréntesis para organizar todo.

Por ejemplo, suponga que desea sumar los números de las celdas D3, D4 y D5, y luego multiplicar el total por un número en la celda D6. Para calcular este resultado, puede tratar de usar la siguiente fórmula:

```
=D3+D4+D5*D6
```

Desafortunadamente, Excel interpreta esta fórmula como: “Multiplique el número en D5 por el número en D6, y luego sume este resultado a los números en D3 y D4”. Esto tiene que ver con el *orden de las operaciones*; Excel busca una fórmula para ciertos operadores (como *) y calcula esos resultados antes de calcular el resto de la fórmula.

Digamos que tiene los siguientes valores almacenados en las celdas:

D3	$45.95
D4	$199.90
D5	$15.95
D6	7.75%

La fórmula =D3+D4+D5*D6 calcula el número $247.09, el cual nada tiene que ver con el resultado que usted busca (créame). Lo que usted realmente quiere hacer es sumar todos los números de las celdas D3, D4 y D5, y luego multiplicar ese total por el número en D6. Para indicarle a Excel que haga esto, tiene que utilizar paréntesis:

```
=(D3+D4+D5)*D6
```

Los paréntesis le dicen a Excel: “¡Oye, estúpido! Primero suma todos los números almacenados en las celdas D3, D4, D5 y *luego* multiplícalos por el número almacenado en D6”. Con los mismos valores para D3, D4, D5 y D6 que el ejemplo sin paréntesis, Excel ahora calcula $20.29, el resultado que usted buscaba.

Si no aprende ninguna otra cosa en esta sección (o sufre una aterradora regresión al álgebra colegial), al menos recuerde que siempre debe organizar las referencias a celdas múltiples con paréntesis, para asegurarse de que Excel las calcule en el orden adecuado.

Hacer referencia a dos o más celdas

Algunas veces tal vez necesite hacer referencia a dos o más celdas. Un grupo de varias celdas es llamado *rango*. Los dos tipos de rangos son:

- Contiguos (las celdas están una junto a la otra), como D3+D4+D5
- No contiguos (las celdas no están una junto a la otra), como D3+T44+Z89

Especificar un rango contiguo

Un *rango contiguo* de celdas no es más que un montón de celdas que se tocan entre sí, como aquellas apiladas una sobre otra o una junto a otra. Puede especificar celdas contiguas utilizando los dos puntos. Por ejemplo, digitar **A2:A5** le indica a Excel que use las celdas A2, A3, A4 y A5.

Usted también puede especificar celdas adyacentes que abarquen dos o más columnas o filas. Por ejemplo, digitar **D2:E5** le dice a Excel que use las celdas D2, D3, D4, D5, además de E2, E3, E4 y E5. Este rango contiguo en particular abarca cuatro columnas y dos filas.

Los rangos contiguos son más útiles cuando está utilizando las *funciones* de Excel (fórmulas matemáticas incorporadas que actúan como accesos directos) — como =SUM(D2:D6) — la cual suma todos los números almacenados en las celdas de la D2 a la D6. Algunas funciones que trabajan con rangos contiguos incluyen AVERAGE, MAX, MIN y COUNT. Para usar una función, todo lo que debe hacer es escoger una celda para albergarla, y luego escoger una función del recuadro que aparece cuando usted escoge Insert⇨ Function. Puede descubrir más sobre las funciones en la sección "Escoger una Función para Utilizar", más adelante en este capítulo.

Suponga que desea utilizar la siguiente fórmula:

```
=(D3+D4+D5)*D6
```

Las celdas D3, D4 y D5 son un rango contiguo de celdas, así que pueda simplificar la fórmula digitando simplemente lo siguiente:

```
=SUM(D3:D5)*D6
```

La referencia D3:D5 le indica a Excel, "¡Oye, cabeza hueca! Toma todos los números almacenados en las celdas de la D3 a la D5 y súmalos; luego multiplica este resultado por el número en D6."

Para especificar un rango contiguo en una fórmula, siga estos pasos:

1. **Haga clic sobre la celda en la que desea que aparezcan los resultados de la fórmula.**

2. **Digite = (el signo de igual).**

3. **Digite la función incorporada que desea aplicar a su rango contiguo; por ejemplo,** SUM o AVERAGE, **y luego digite el paréntesis izquierdo, que se ve así: (.**

4. **Haga clic sobre la celda con el primer número que usted desea utilizar en la fórmula (por ejemplo, celda D3).**

5. **Mantenga presionado el botón izquierdo del mouse y arrástrelo para seleccionar la totalidad del rango de celdas que desea incluir.**

   Excel resalta el rango de celdas seleccionado con una línea punteada, como se observa en la Figura 9-4.

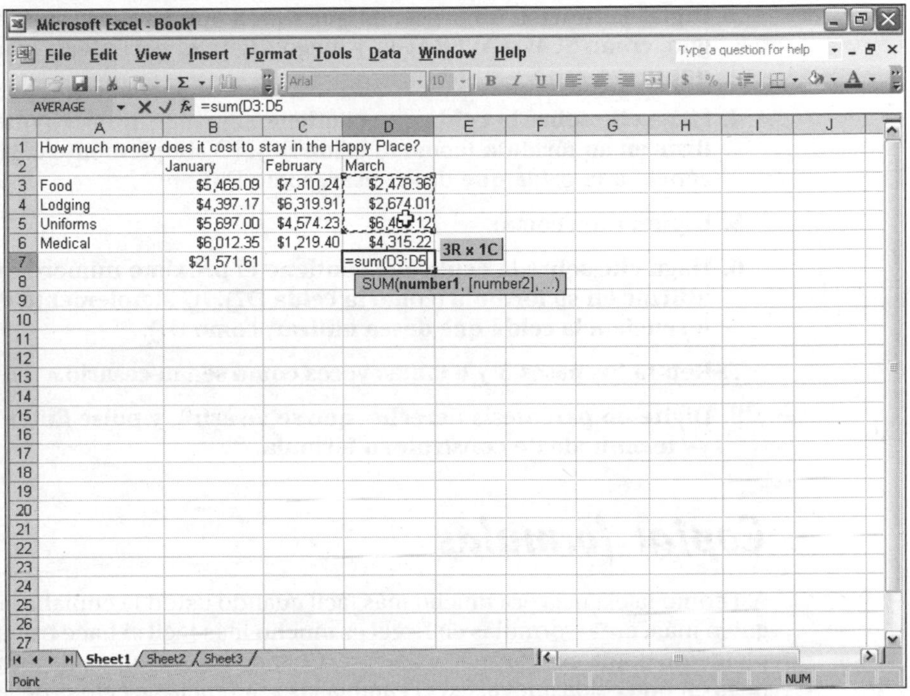

Figura 9-4: Seleccionar un rango contiguo de celdas.

6. **Suelte el botón del mouse y digite el paréntesis derecho, que se ve así :).**
7. **Digite el resto de la fórmula (si es necesario) y pulse Enter.**

Especificar un rango no contiguo

Si desea incluir en una fórmula algunos números que no estén almacenados en celdas adyacentes, puede crear un *rango no contiguo* (término técnico, para "un rango cuyas celdas no se tocan entre sí"). Por ejemplo, considere la siguiente fórmula:

```
=SUM(D3,G5,X7)
```

Esta fórmula le dice a Excel: "Tome el número almacenado en la celda D3, súmelo al de la celda G5 y sume el resultado al número almacenado en la celda X7". Excel obedece diligentemente, y se pone a trabajar.

Para especificar un rango no contiguo en una fórmula, este es el proceso:

1. **Haga clic sobre la celda donde desea que aparezcan los resultados de la fórmula.**
2. **Digite = (el signo de igual).**

3. **Digite la función incorporada que desea aplicar a su rango no contiguo, como SUM o AVERAGE, y luego digite el paréntesis izquierdo, que se ve así: (.**
4. **Haga clic sobre la celda que contiene el primer número que desea utilizar en su fórmula (como la celda D3). (O simplemente digite la referencia a la celda que desea usar, como** D3**).**
5. **Digite, (una coma).**
6. **Haga clic sobre la celda que contiene el próximo número que desea utilizar en su fórmula (como la celda D7). (O simplemente digite la referencia a la celda que desea utilizar, como** D7**).**
7. **Repita los pasos 5 y 6 tantas veces como sea necesario.**
8. **Digite un paréntesis derecho, que se ve así:), y pulse Enter cuando haya terminado de construir su fórmula.**

Copiar fórmulas

Así como la escuela era mucho más fácil cuando usted le copiaba la tarea a alguien más, crear fórmulas en Excel es mucho más fácil si hace trampa y simplemente copia una fórmula existente. Cuando usted copia una fórmula y la pega en una celda nueva, Excel cambia las referencias a celdas de la fórmula automáticamente para cada fila o columna de números.

Por ejemplo, si necesita sumar los primeros cinco números de la columna A y quiere hacer lo mismo con las columnas B y C, su fórmula en la celda A6 se vería así:

```
=SUM(A1:A5)
```

Cuando copia y pega esta fórmula en las celdas B6 y C6, Excel automáticamente cambia la fórmula en la celda B6 a

```
=SUM(B1:B5)
```

y la fórmula en C6 a

```
=SUM(C1:C5)
```

Copiar una fórmula existente es especialmente útil cuando tiene filas o columnas de números que utilizan exactamente el mismo tipo de fórmula; por ejemplo, varias columnas de números que contengan un total en la parte inferior, como se aprecia en la Figura 9-5.

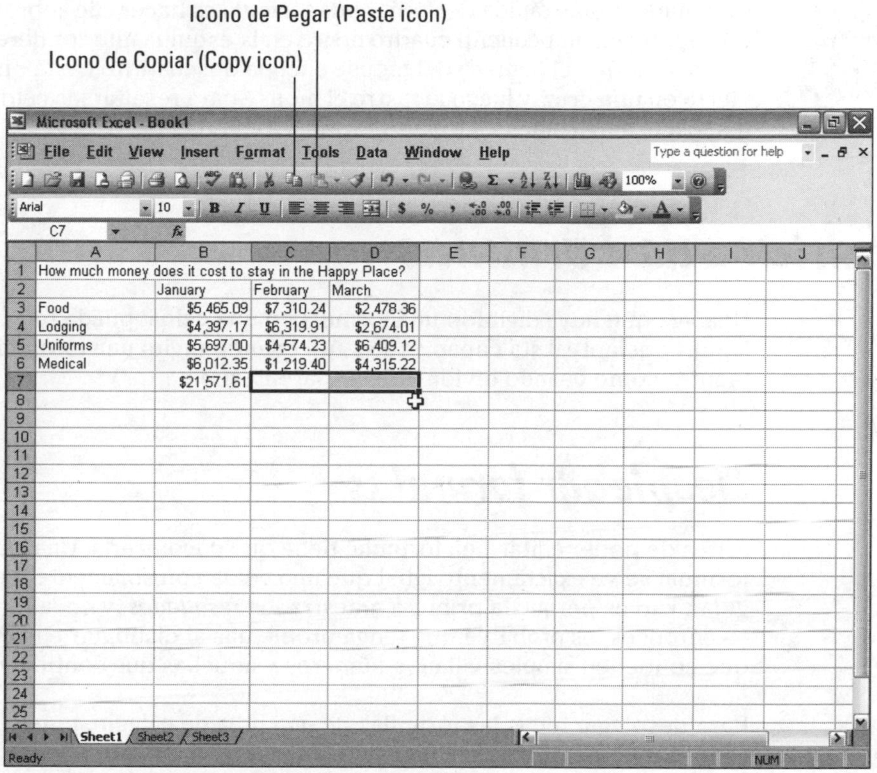

Figura 9-5: Copiar y pegar una fórmula hace que calcular sea más fácil.

Para copiar una fórmula y pegarla a otras filas o columnas, siga estos pasos:

1. **Digite la fórmula que desea copiar.**

   Puede saltarse este paso si la fórmula que desea copiar ya existe.

2. **Resalte la celda con la fórmula que desea copiar.**

3. **Pulse Ctrl+C o haga clic sobre el icono Copy en la barra de herramientas estándar.**

   Excel despliega una línea punteada alrededor de la celda resaltada en el paso 2.

4. **Resalte la celda o el rango de celdas donde desea pegar la fórmula.**

5. **Pulse Ctrl+V o haga clic sobre el icono Paste en la barra de herramientas estándar.**

   Excel despliega los resultados de la fórmula en la celda o el rango de celdas de su elección.

Una manera más rápida de copiar una fórmula es hacer clic sobre ella para que aparezca un pequeño cuadro negro en la esquina inferior derecha de esa celda. Coloque el puntero del mouse encima del cuadrito hasta que se convierta en una cruz, y luego arrastre el mouse para resaltar las celdas adyacentes. Excel mágicamente copia su fórmula a esas celdas.

Editar sus Fórmulas

Una vez que haya digitado una fórmula en una celda, puede regresar y editarla más adelante. Esta capacidad es útil cuando digita una fórmula incorrectamente (como cuando olvida utilizar paréntesis).

Desplegar fórmulas

Antes de poder editar una fórmula, tiene que encontrarla. Una celda con una fórmula se ve exactamente igual que una celda con solamente un número regular. Eso es porque la primera muestra los *resultados*, y no la fórmula en sí — entonces, es probable que tenga problemas al distinguir entre las celdas que contienen simples y llanos números y aquellas que contienen fórmulas.

Para desplegar todas las fórmulas de una hoja de cálculo, pulse Ctrl+` (sí, una tilde al revés). Esa extraña marquita, la cual se digita al sostener la tecla Ctrl, normalmente aparece en la misma tecla que el símbolo (~).

Si debe salir a la caza de la tecla con la tilde al revés (`), pruebe buscar sólo a la izquierda de la tecla 1 en la fila superior. En algunos otros teclados, aparece en la parte inferior, cerca de la barra espaciadora.

Cuando pulsa Ctrl+`, Excel despliega todas las fórmulas que actualmente están en la hoja de cálculo, como se observa en la Figura 9-6. Si pulsa Ctrl+` por segunda vez, Excel las oculta. (Como una alternativa a pulsar Ctrl+`, también puede escoger Tools⇨Formula Auditing⇨Formula Auditing Mode).

Deshacerse de una fórmula

La forma más rápida de editar una fórmula es eliminarla completamente y empezar nuevamente de cero. Cuando desee ejercitar sus impulsos destructivas y borrar una fórmula para siempre, siga estos pasos:

1. **Haga clic sobre la celda con la fórmula que desea borrar.**
2. **Pulse Delete o Backspace.**

   Excel elimina su fórmula de la faz de la Tierra

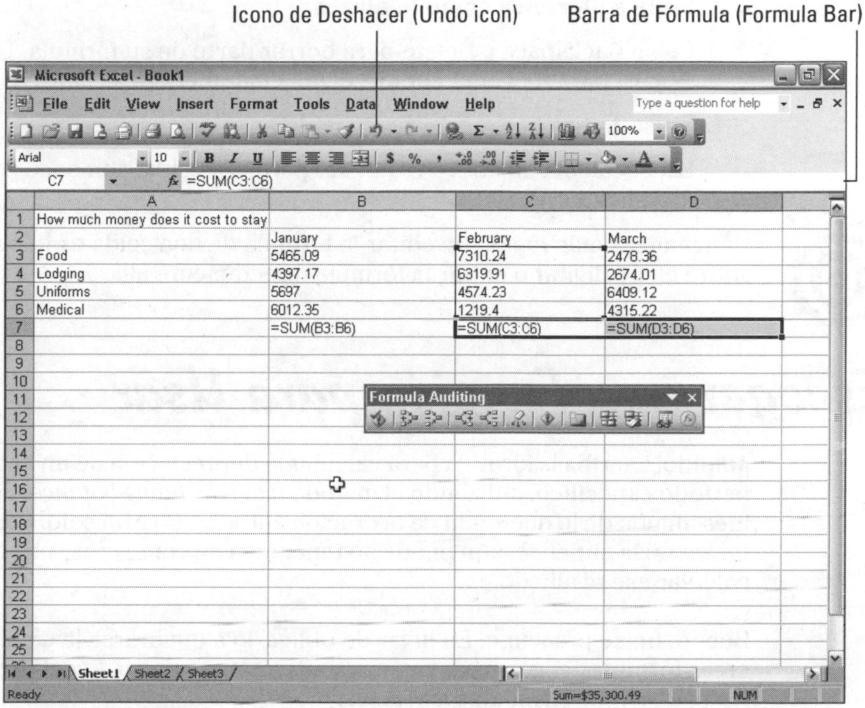

Figura 9-6: Revelar las fórmulas ocultas detrás de los números.

En efecto los pasos anteriores funcionan para borrar los contenidos de cualquier celda. Si borra algo por error, puede recuperarlo al pulsar inmediatamente Ctrl+Z, o haciendo clic sobre el icono Undo.

Cambiar una fórmula

Si desea editar una fórmula haciendo un cambio mínimo (digamos, como digitar un paréntesis o sumar una referencia a celda distinta), puede utilizar la barra de fórmulas (refiérase a la Figura 9-6). Cada vez que hace clic sobre una celda con una fórmula, la barra de fórmulas la despliega, de manera que usted puede verla entera y editarla.

Para editar una fórmula, siga estos pasos:

1. **Haga clic sobre la celda con la fórmula que desea editar.**

   Excel hacendosamente la despliega en la barra de fórmulas (refiérase a la Figura 9-6).

2. **Haga clic sobre la barra de fórmulas para que el cursor aparezca en ella.**

   Excel resalta todas las celdas usadas por la fórmula escogida en el cálculo del resultado.

3. **Edite su fórmula como le plazca.**

   Pulse Backspace o Delete para borrar parte de su fórmula. Use las teclas → y ← para mover el cursor; digite cualquier corrección.

4. **Pulse Enter.**

   Excel calcula un nuevo resultado para esa celda, con base en la fórmula modificada.

Una manera más rápida de editar la fórmula de una celda es hacer doble clic sobre ella y digitar o editar la fórmula directamente allí.

Escoger una Función para Usar

¡Rápido! Escriba la fórmula para calcular la depreciación de un activo para un período específico, utilizando el método *fixed-declining-balance*. Si no tiene idea alguna de lo que significa la oración anterior, no está solo. Por supuesto, *incluso* si la entiende, aún puede no tener idea de cómo crear una fórmula para calcular ese resultado.

Bueno, no se preocupe. En lugar de obligarlo a quebrarse la cabeza para crear fórmulas engorrosas y complicadas usted mismo, Excel le ofrece fórmulas predefinidas llamadas *funciones*.

La diferencia principal entre una función y una fórmula es que la primera ya tiene una fórmula incorporada. Una función sólo le pregunta cuáles referencias a celdas (números) utilizar; una fórmula debe construirse paso a paso, escogiendo referencias a celdas e indicándole a Excel si debe sumar, restar, multiplicar o dividir. Para cálculos sencillos, usted puede crear sus propias fórmulas; sin embargo, para aquellos realmente complicados, quizás prefiera utilizar una función incorporada.

Por si se lo preguntaba, es posible utilizar funciones dentro de cualquier fórmula que construya. Por ejemplo, la siguiente fórmula usa la función SUM y, además, el operador de multiplicación:

```
=SUM(D4:D5)*D7
```

Para ayudarle a escoger la función adecuada, Excel viene con la opción Paste Function, la cual lo guía paso a paso para escoger una función y rellenarla con referencias a celdas. Relájese — no tiene que hacerlo todo usted mismo.

Para utilizar la opción Paste Function, siga estos pasos:

1. **Haga clic sobre la celda donde desea utilizar una función.**
2. **Haga clic sobre la flecha que apunta hacia abajo en el botón AutoSum y escoja More Functions, luego elija Insert⇨Function.**

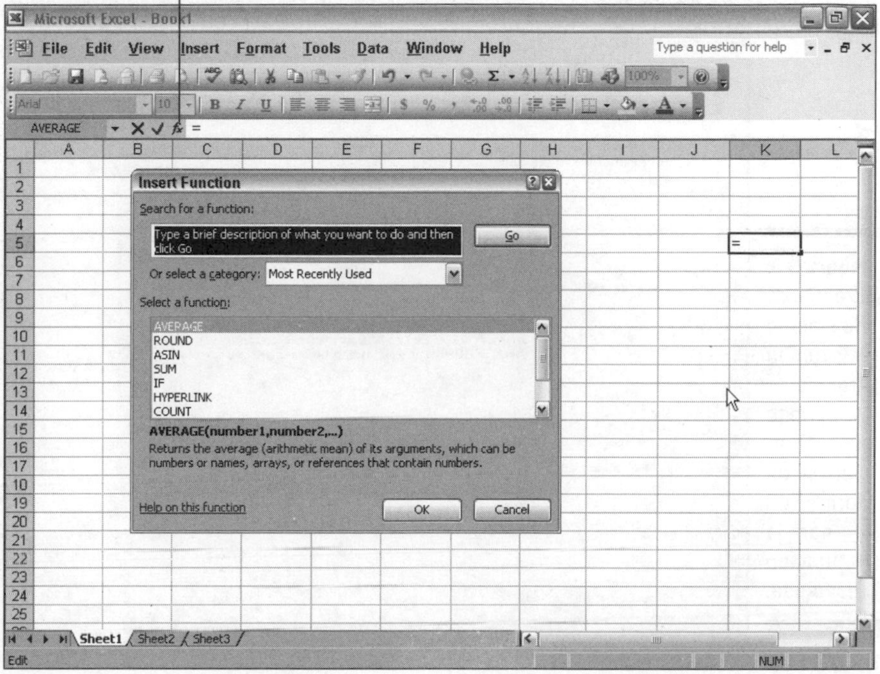

Figura 9-7: El recuadro de diálogo Insert Function ofrece una variedad de funciones que puede utilizar para calcular diferentes resultados.

3. **Haga clic en la lista desplegable Select a Category y haga clic en la categoría con el tipo de función que desea utilizar (como Financial o Statistical).**

4. **Haga clic sobre la función que desea utilizar en el cuadro Select a Function.**

   Cada vez que haga clic sobre una función, Excel despliega una breve explicación sobre ella en la parte inferior del recuadro de diálogo.

5. **Haga clic sobre OK.**

   Excel despliega el recuadro de diálogo Function Arguments, el cual le pide referencias a celdas específicas, como se observa en la Figura 9-8.

   Dependiendo de la función que escoja en el paso 4, el recuadro de diálogo que aparece después del paso 5 puede verse levemente diferente.

6. **Haga clic sobre las celdas con los números que desea utilizar (como la celda E3) o digite las referencias a celdas usted mismo.**

   Si hace clic sobre el icono Shrink Dialog Box, el recuadro de diálogo se encoge para permitirle ver el resto de su hoja de cálculo. Después, aún puede ser necesario mover el recuadro para apartarlo de su camino.

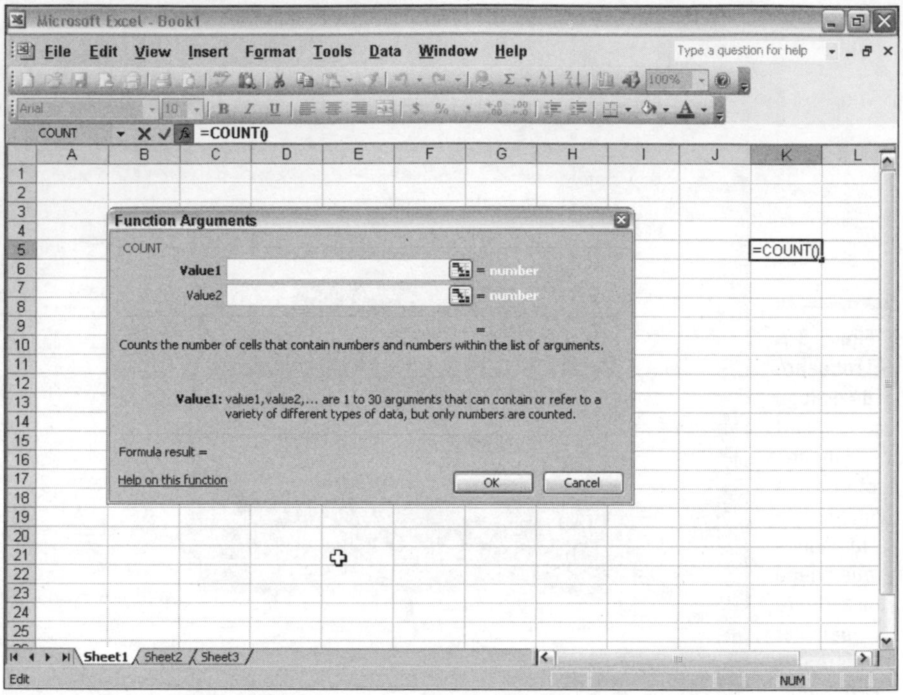

Figura 9-8: El recuadro de diálogo Function Arguments le permite especificar el tipo de información para la función escogida.

7. **Haga clic sobre OK.**

   Excel calcula un valor con base en la función escogida y los números que usted le indicó que usara en el paso 6.

CONSEJO

Aunque Excel contiene varios cientos de funciones diferentes, quizás nunca tenga que usarlas todas. La tabla 9-2 trae una lista corta de los miembros del equipo estrella de las funciones; úsela como referencia la próxima vez que desee utilizar una función común.

Tabla 9-2 Funciones comúnes de Excel

Nombre de la función	*Lo que Hace*
AVERAGE	Calcula el valor promedio de números almacenados en dos o más celdas
COUNT	Cuenta cuántas celdas contienen un número en lugar de texto
MAX	Encuentra el número más grande almacenado en dos o más celdas
MIN	Encuentra el número más pequeño almacenado en dos o más celdas

Nombre de la función	*Lo que Hace (continúa)*
SQRT	(No es lo que usted hace con una pistola de agua). Calcula la raíz cuadrada de un número
ROUND	Redondea un número decimal a un número especifico de dígitos
SUM	Suma los valores almacenados en dos o más celdas

Revisar la Precisión de sus Fórmulas

Las computadoras no son perfectas (aunque puede ser que tengan menos fallas que las personas con las que usted trabaja). Por lo tanto, aun si Excel parece estar calculando correctamente, quizás usted prefiera revisar sus cálculos, sólo para estar seguro. Algunos errores comunes que pueden estropear sus cálculos incluyen estas pequeñas pifias:

- **Información faltante:** La fórmula no está usando todos los datos necesarios para calcular el resultado adecuado.
- **Información incorrecta:** La fórmula está obteniendo información de la celda equivocada.
- **Cálculo incorrecto:** Su fórmula está calculando incorrectamente un resultado.

¿Cómo puede encontrar errores en sus hojas de cálculo? Bueno, usted podría revisar manualmente cada fórmula y digitar números diferentes, para así asegurarse de que las fórmulas estén calculando los resultados correctos. Pero las hojas de cálculo pueden contener docenas de fórmulas (cualquiera de las cuales puede estar interrelacionada con otras); revisarlas manualmente no es práctico, a menos que usted cuente con todo el tiempo del mundo para gastar. Como alternativa, Excel viene con opciones incorporadas de *auditoría* para revisar sus fórmulas. Al utilizar estas opciones, usted puede:

- Asegurarse de que sus fórmulas estén utilizando información de las celdas correctas.
- Darse cuenta instantáneamente si una fórmula podría enloquecer si usted cambia una referencia a celda.

Descubrir de dónde obtiene una fórmula su información

Aun la fórmula más maravillosa es inútil si calcula resultados utilizando información de las celdas equivocadas. *Rastrear* una fórmula le muestra de cuáles celdas ésta saca la información.

Cualquier celda que suministra información a una fórmula es llamada *precedente*.

Para rastrear una fórmula, siga estos pasos:

1. **Haga clic sobre la celda con la fórmula que quiere rastrear.**
2. **Escoja Tools➪Formula Auditing➪Trace Precedents.**

   Excel despliega una línea que indica cuáles celdas alimentan información a la fórmula escogida en el paso 1, como se observa en la Figura 9-9.

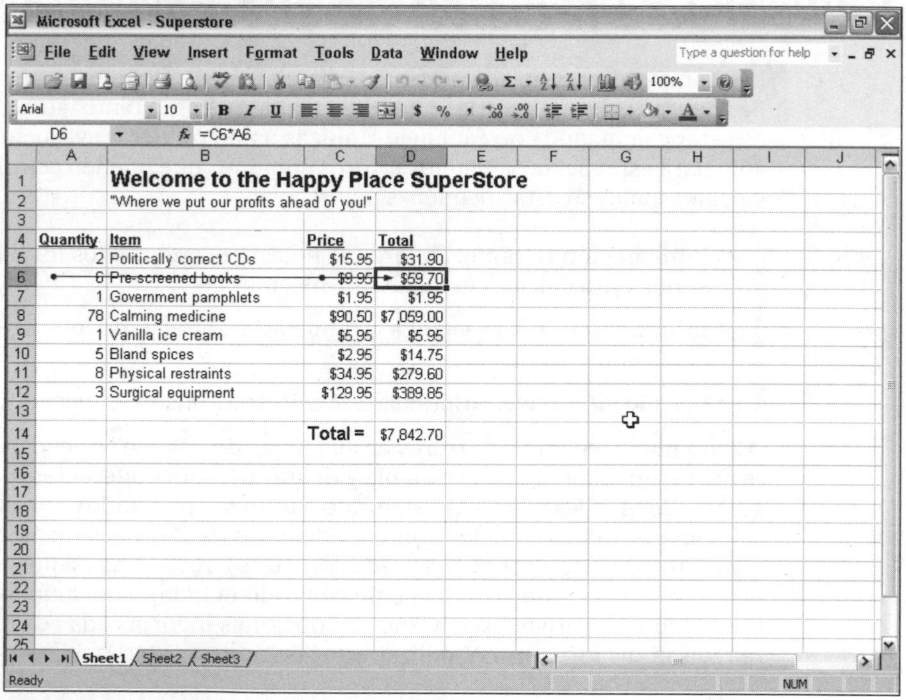
Microsoft Excel - Superstore
File Edit View Insert Format Tools Data Window Help
Type a question for help
D6
=C6*A6
Welcome to the Happy Place SuperStore
"Where we put our profits ahead of you!"
Quantity Item Price Total
2 Politically correct CDs $15.95 $31.90
6 Pre-screened books $9.95 $59.70
1 Government pamphlets $1.95 $1.95
78 Calming medicine $90.50 $7,059.00
1 Vanilla ice cream $5.95 $5.95
5 Bland spices $2.95 $14.75
8 Physical restraints $34.95 $279.60
3 Surgical equipment $129.95 $389.85
Total = $7,842.70
Sheet1 Sheet2 Sheet3
Ready
NUM

Figura 9-9: Rastreo de las celdas precedentes que alimentan datos a una fórmula.

3. **Elija Tools➪Formula Auditing➪Remove All Arrows para hacer que las flechas desaparezcan.**

Descubrir cuál (es) fórmula (s) puede cambiar una celda

Es probable que usted sienta curiosidad acerca de cómo una celda en particular podría afectar una fórmula almacenada en su hoja de cálculo. Aunque usted podría simplemente digitar un nuevo valor en esa celda y tratar de encontrar algún cambio, una forma más fácil (y más precisa) de hacerlo es rastrear las celdas dependientes.

ASPECTOS TÉCNICOS

Cualquier fórmula que reciba datos es llamada *dependiente*.

Para encontrar una o más fórmulas que se verían afectadas al cambiar una sola celda:

1. **Haga clic en la celda con el número para el que usted quiere revisar cuáles fórmulas podría afectar.**
2. **Escoja Tools⇨Formula Auditing⇨Trace Dependents.**

   Excel traza una línea que muestra la celda con la fórmula que depende de la celda escogida en el paso 1, como se aprecia en la Figura 9-10.

3. **Escoja Tools⇨Formula Auditing⇨Remove All Arrows hacer desaparecer las flechas.**

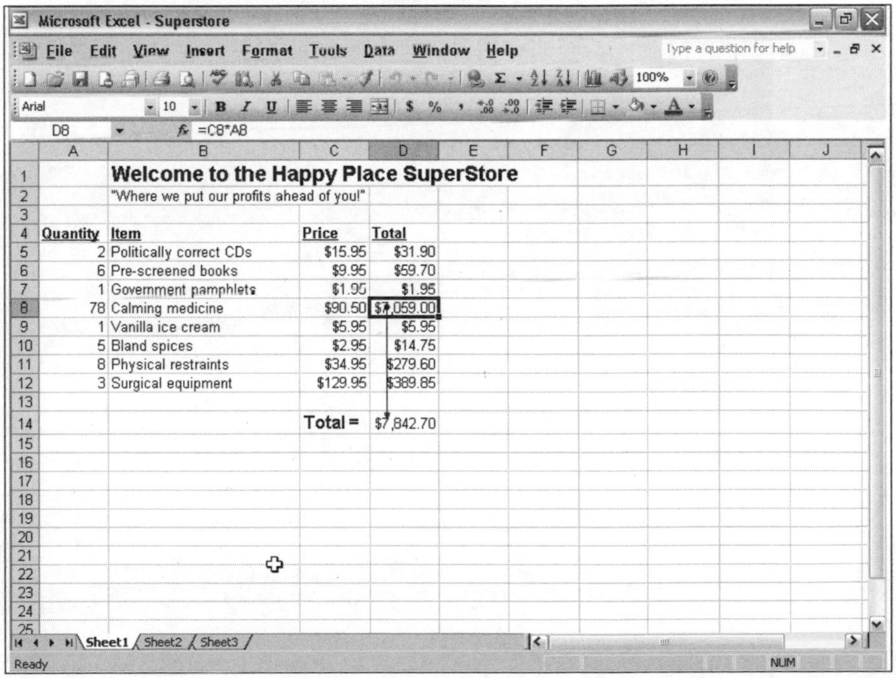

Figura 9-10: El rastreo de celdas dependientes le indica cuáles fórmulas puede cambiar una sola celda.

Capítulo 10

Convertir sus Números en Gráficos

En este capítulo

- Disecar las partes de un gráfico
- Utilizar Chart Wizard
- Cambiar su gráfico

Una imagen vale más que mil palabras; sin embargo, si una imagen no tiene sentido, las únicas palabras que evocará serán malas. Debido a que la mayoría de las hojas de cálculo de Excel consisten en nada más que filas y columnas llenas de números y etiquetas que no significan absolutamente nada para quien las ve, sería recomendable que usted haga su información más fácil de comprender al convertir sus números en gráficos. Los gráficos pueden mostrar tendencias, cantidades o patrones que a primera vista parecen imposibles de entender con sólo mirar una lista de números.

Comprender las Partes de un Gráfico

Excel puede crear gráficos hermosos (o espantosos) que representen los números en sus hojas de cálculo. Por supuesto, para proporcionarle flexibilidad máxima, Excel ofrece numerosas, y abrumantes, opciones para representar sus datos gráficamente.

Pero anímese; una vez que haya introducido sus datos en una hoja de cálculo, para crear un gráfico sólo hace falta indicarle a Excel cuál información utilizar, qué tipo de gráfico busca usted y dónde quiere ponerlo. Aun cuando no es necesario saber mucho sobre la jerga de los gráficos para crearlos, usted debería comprender algunos términos que podrían ser confusos al principio.

La mayoría de los gráficos contiene al menos una serie de datos. Una *serie de datos* es simplemente un grupo de números que Excel usa para determinar cómo dibujar su gráfico, como hacer una sección de un gráfico circular más grande que otra. Por ejemplo, una serie de datos puede ser los resultados de un producto vendido durante enero, febrero y marzo. Otra serie de datos podría ser las ventas combinadas de cinco productos diferentes en el mismo período.

Los gráficos también tiene un *eje* X y un *eje* Y. El eje x es el plano horizontal (de izquierda a derecha), y el eje y es el plano vertical (de arriba hacia abajo).

Para ayudarle a comprender sus números, un gráfico también puede incluir un título (como Gráfico de nuestras pérdidas en el 2008) y una leyenda. Una *leyenda* identifica qué representan las diferentes partes de un gráfico, como se observa en la Figura 10-1

Algunos de los tipos más comunes de gráficos incluyen los siguientes, ilustrados en la Figura 10-2:

- **Gráfico lineal (Line chart):** Una o más líneas, cada una de las cuales representa un solo elemento rastreado, como bollos de pan o fallas en la transmisión. Usted puede utilizar un gráfico lineal para mostrar tendencias de su información en el tiempo; por ejemplo, si es que las ventas de diferentes productos han estado subiendo (o bajando) en un período de cinco años.
- **Gráfico de área (Area chart):** Idéntico a uno lineal, excepto que suministra un sombreado debajo de cada línea para enfatizar los valores desplegados. Si planea trazar más de cuatro elementos, un gráfico de área puede congestionarse y tornarse difícil de leer.

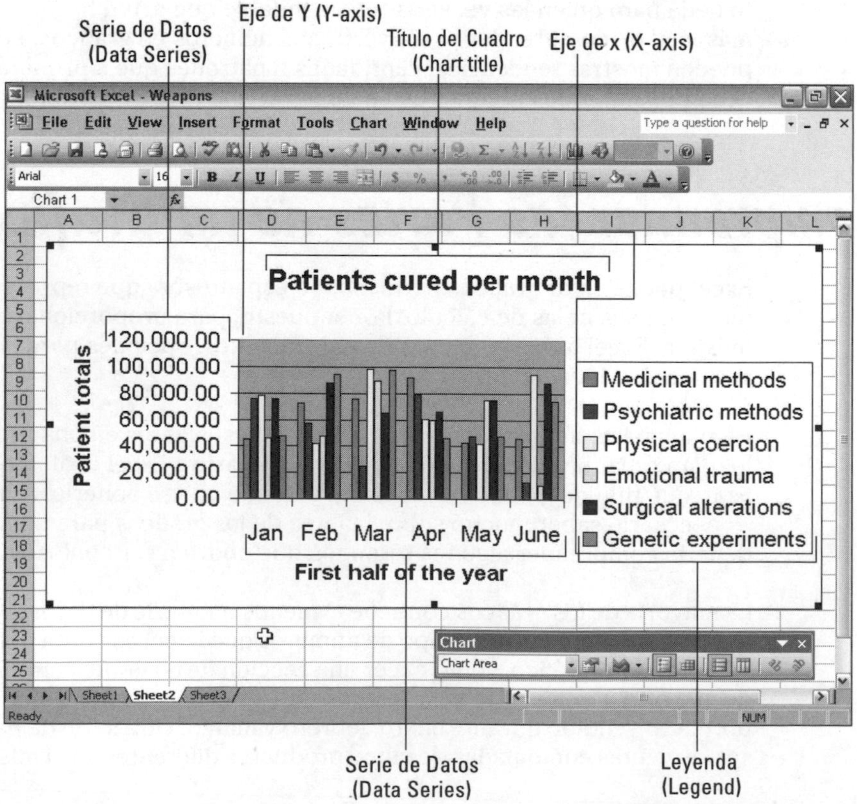

Figura 10-1: Las partes de un gráfico típico de Excel.

- **Gráfico de columnas (Column chart):** Compara dos o más elementos en el tiempo (como las ventas de pan blanco contra las de pan integral, en un período de seis meses). Las columnas representan diferentes elementos y aparecen una junto a la otra; además de desplegar cómo se vende cada producto mes a mes, también muestran cómo se vende cada producto en comparación con otros.
- **Gráfico de barras (Bar chart):** En esencia un gráfico de columnas inclinado, el gráfico de barras despliega barras de distintas longitudes, de izquierda a derecha. Resulta muy útil para comparar dos o más elementos o cantidades en el tiempo. Por ejemplo, un gráfico de barras puede utilizar cinco barras diferentes para representar cinco productos distintos; la longitud de cada barra podría representar las ganancias de cada uno.
- **Gráfico circular (Pie chart):** Compara la manera en que las partes separadas conforman un todo; por ejemplo, para determinar cuánto dinero contribuye (o resta) cada región de ventas a las ganancias de una compañía cada año.

Muchos gráficos están también disponibles en 3-D, lo cual les da una apariencia diferente. Algunas personas encuentran este tipo de gráfico más fácil de leer; otros piensan que el efecto 3-D complica las cosas más de la cuenta. (Conozca a su público.)

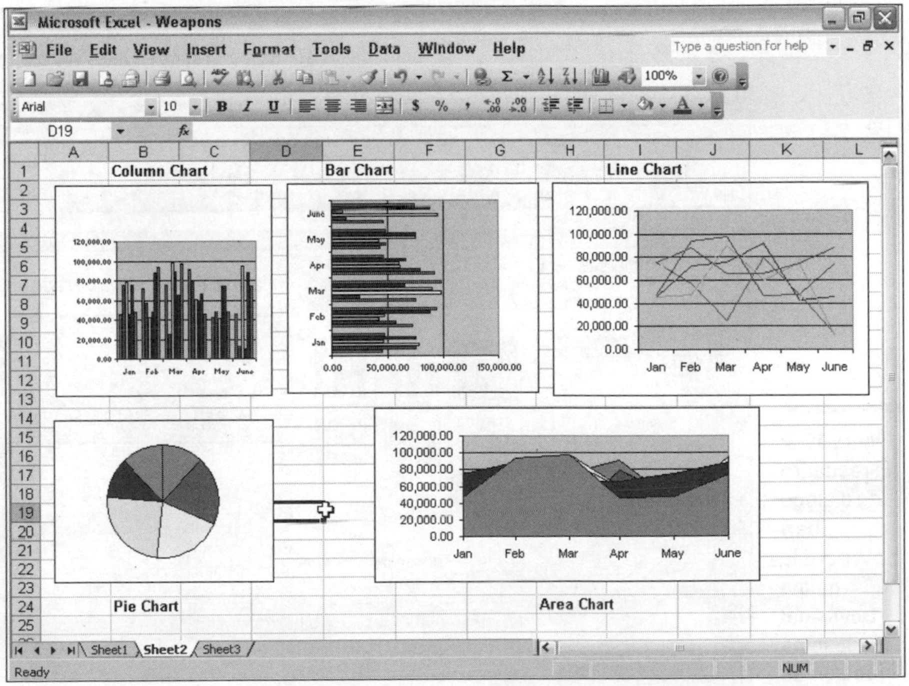

Figura 10-2: Los tipos comunes de gráficos de Excel que puede utilizar para trazar sus datos.

Crear un Gráfico con Chart Wizard

Para ayudarle a crear gráficos (casi) automáticamente, Excel ofrece el Chart Wizard, que amablemente lo guía a través del proceso de crear gráficos a partir de sus datos.

CONSEJO

Crear gráficos en Excel es más fácil cuando sus datos están acomodados en un formato de tabla que use filas y columnas adyacentes.

Para crear un gráfico con Chart Wizard, siga estos pasos:

1. **Resalte todas las celdas (incluyendo los encabezados de columnas y filas) con los datos que desea representar gráficamente.**

   Excel utiliza los encabezados de columnas para el título del eje x, y los de filas, para la leyenda. (Usted puede cambiar los encabezados de su gráfico más adelante.)

2. **Haga clic sobre el icono Chart Wizard en la barra de herramientas estándar o escoja Insert⇨Chart.**

   Aparece el recuadro de diálogo Chart Wizard, como se observa en la Figura 10-3

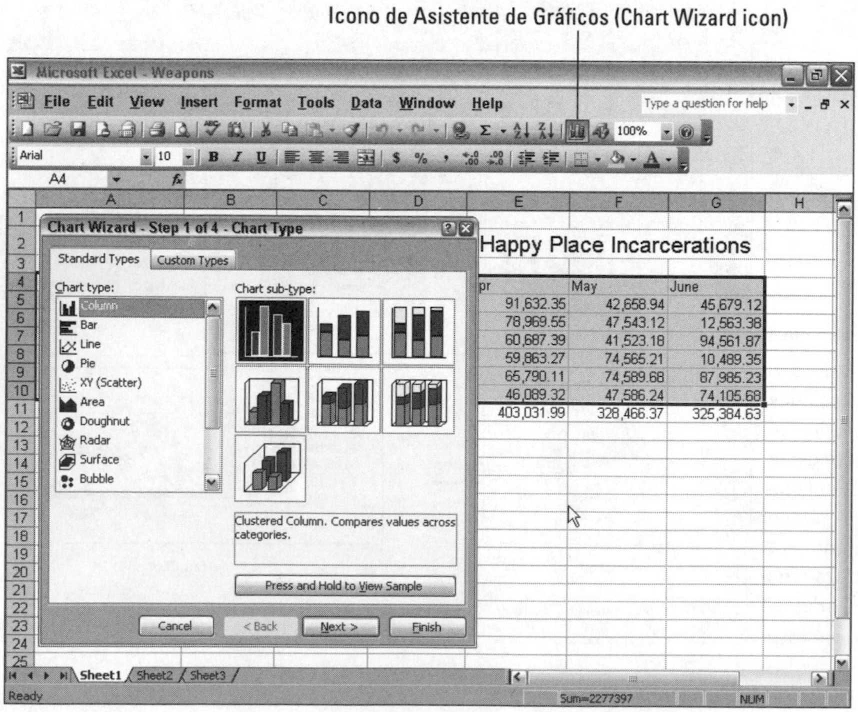

Figura 10-3: El recuadro de diálogo Chart Wizard lo guía a través del proceso de creación de un gráfico.

3. **Haga clic sobre el tipo de gráfico que desea (como Line, Pie, o Area) en la casilla de lista Chart type.**
4. **Haga clic sobre haga clic sobre la variación del gráfico que quiere en el grupo Chart subtype.**
5. **Haga clic en Next.**

   Aparece el segundo recuadro de diálogo Chart Wizard, el cual le muestra la apariencia de su gráfico, como se aprecia en la Figura 10-4.

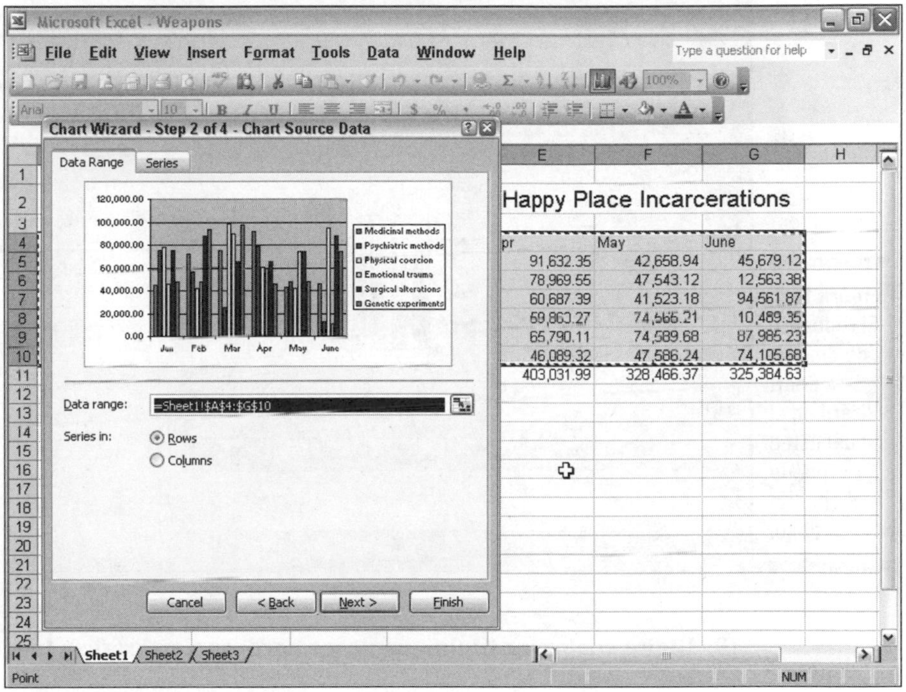

Figura 10-4: El recuadro de diálogo Chart Wizard le muestra cómo se ve su gráfico; usted puede aceptarlo o modificarlo.

6. **Haga clic sobre el botón Rows o Columns, para cambiar la manera en que Excel utiliza sus datos para crear un gráfico.**

   Al escoger Rows, Excel elige las etiquetas de filas (si las hay) para aparecer en el eje x de su gráfico. Al escoger Columns, Excel utiliza las etiquetas de columnas (si las hay) para aparecer en el eje x de su gráfico.

7. **Haga clic sobre el icono Collapse Dialog Box.**

   Chart Wizard se encoge hasta convertirse en una pequeña ventana flotante.

8. **Seleccione las etiquetas y datos que desea representar. (Puede saltarse este paso si no quiere cambiar las etiquetas y datos que escogió en el paso 1).**

   Excel resalta los datos de su elección con una línea punteada.

9. **Haga clic sobre el icono Expand Dialog Box (anteriormente el botón Collapse Dialog Box) y luego haga clic sobre Next.**

   Aparece el tercer recuadro de diálogo Chart Wizard, que le permite escoger títulos para su gráfico y ambos ejes (refiérase a la Figura 10-5).

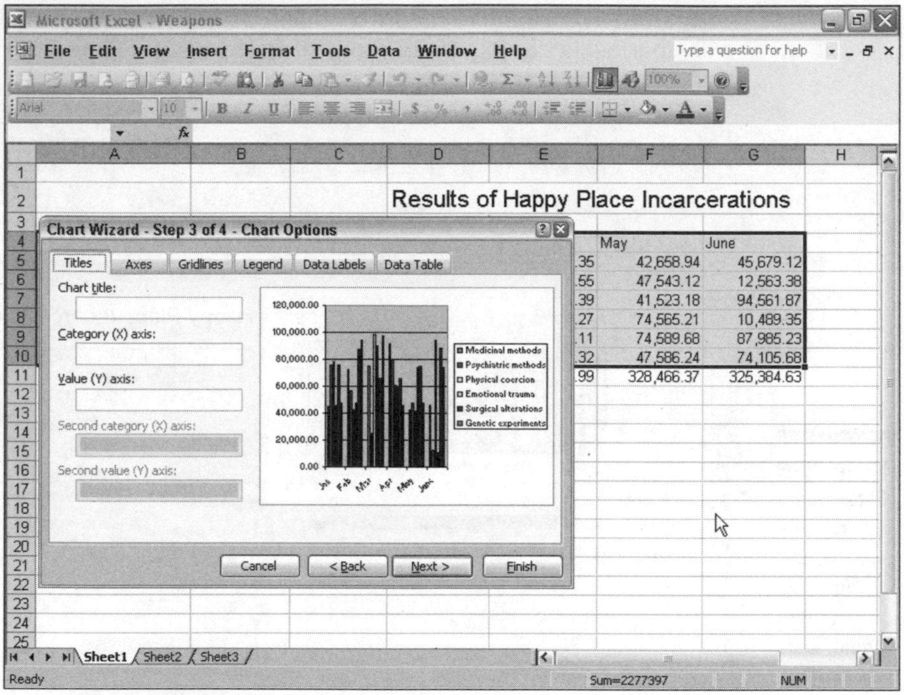

Figura 10-5: El recuadro de dialogo Chart Wizard en el cual usted puede digitar un título.

10. **Digite cualquier título que desee agregar a su gráfico; luego haga clic sobre Next.**

    Aparece el cuarto recuadro de diálogo Chart Wizard, como se observa en la Figura 10-6; éste le pregunta si desea colocar su gráfico en la misma hoja de cálculo que sus datos, o en una separada. Algunas veces, quizás prefiera mantener el gráfico en la misma hoja que los datos usados para crearlo. En otras, podría preferir ponerlo en una hoja separada, especialmente si el gráfico es tan grande como la pantalla de su computadora.

11. **Haga clic sobre el botón As New Sheet o As Object In, y escoja la hoja de cálculo donde desea colocar el gráfico.**

    El lugar donde coloque su gráfico es cuestión de preferencia personal. Si quiere una imagen grande, es mejor ponerlo en una hoja separada; así

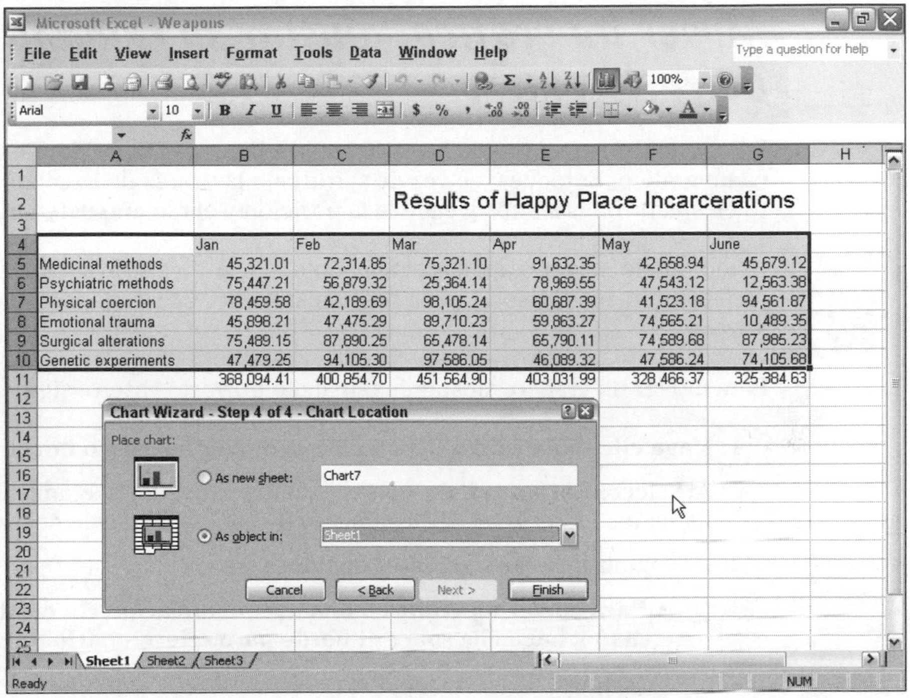

Figura 10-6: Escoger entre colocar su gráfico en una hoja aparte o en una existente.

podrá ajustar el tamaño más adelante. Si quiere mantenerlo cerca de los datos que está trazando, seleccione el botón As Object In, y colóquelo cerca los datos resaltados en el paso 1.

12. **Haga clic sobre el botón Finish.**

    Excel le dibuja su gráfico y lo coloca en la hoja de cálculo escogida.

Editar sus Gráficos

El Chart Wizard le ayuda a crear un gráfico rápidamente. Sin embargo, usted tal vez decida regresar después y modificarlo un poco para hacerlo más lindo, moverlo o ajustar su tamaño. Recuerde: siempre es posible cambiar cualquier gráfico que haya creado; no tenga miedo de experimentar y dejar volar su imaginación.

RECUERDE

Cuando usted cambia los números en su hoja de cálculo, Excel automáticamente modifica sus gráficos, para que usted pueda visualizar esos cambios.

Mover un gráfico, ajustar su tamaño y borrarlo entero

En ocasiones, usted puede no estar satisfecho con el lugar donde Excel coloca un gráfico. Entonces, en vez de sufrir bajo la tiranía de Excel, tome el asunto en sus propias manos y cambie la posición y el tamaño usted mismo.

Usted puede mover o ajustar el tamaño de un gráfico sólo si escoge el botón As Object In en el paso 11 de la sección anterior "Crear un gráfico con ChartWizard".

Para mover un gráfico, ajustar su tamaño o borrarlo entero, siga estos pasos:

1. **Haga clic sobre el gráfico que desea mover, ajustar o borrar.**

   Al seleccionar un gráfico, aparecen unos pequeños rectángulos negros, llamados *asideros*, en las esquinas y los lados del borde del gráfico.

2. **Escoja una de las siguientes opciones:**

   - **Para mover un gráfico a una nueva ubicación sin cambiar su tamaño, haga clic sobre el borde para seleccionarlo todo.**

     Después de seleccionar el gráfico, coloque el puntero del mouse dentro de él (no sobre uno de los asideros). Mantenga presionado el botón izquierdo del mouse, y muévalo hasta que se convierta en una flecha de cuatro puntas. Arrastre el mouse, y notará que Excel le muestra un contorno donde aparecería el gráfico si usted soltara el botón. Cuando esté satisfecho con la ubicación, suelte el botón izquierdo del mouse.

   - **Para cambiar el tamaño de un gráfico, haga clic sobre su orilla y arrastre un asidero.**

     Coloque el puntero del mouse directamente sobre un asidero y mantenga presionado el botón izquierdo del mouse hasta que se convierta en una flecha de dos puntas. Arrastre el mouse, y notará que Excel le muestra un contorno donde aparecería el gráfico si usted soltara el botón. Cuando esté satisfecho con el tamaño, suelte el botón izquierdo del mouse.

     Nota: Los asideros centrales cambian solamente la ubicación de un lado del gráfico; los asideros esquineros controlan dos lados simultáneamente. Si arrastra el asidero superior central, por ejemplo, puede mover el lado superior del gráfico para hacerlo más alto o bajo (el lado inferior permanece donde está). Si arrastra el asidero de la esquina superior derecha, mueve el lado superior y el derecho simultáneamente.

   - **Para borrar un gráfico, pulse Delete.**

Editar las partes de un gráfico

Además de mover, ajustar el tamaño o borrar las partes de un gráfico, usted puede modificarlas también. Por ejemplo, si escribe incorrectamente el título de un gráfico, o si decide de repente que en realidad quiere un título para el eje x o que no le gustan los colores de la leyenda, entonces puede cambiar lo que sea.

Un gráfico de Excel consiste en varios objetos que usted puede modificar. La mayoría de los gráficos incluye estas partes comunes:

- **Área del gráfico (Chart area):** El cuadro entero; consta del área de trazado más la leyenda.
- **Área de trazado (Plot area):** El gráfico mismo (circular, de barras o lineal) y las etiquetas de ambos ejes.
- **Leyenda (Legend):** Un pequeño cuadro que define lo que cada color representa en el gráfico.
- **Título del gráfico (Chart title):** Texto que describe el propósito del gráfico

Cambiar los títulos de su gráfico

Después de haber creado un gráfico, tal vez quiera modificar alguna parte, como el título del gráfico. Para editar un título, siga estos pasos:

1. **Haga clic sobre el título que desea editar.**

   Aparece un cuadro gris alrededor de su texto.

2. **Haga clic en cualquier parte del título que desea editar, para que aparezca el cursor en forma de I.**

3. **Digite cualquier cambio que desee hacer (o borre el texto por completo, si así lo desea).**

   Puede utilizar las teclas de flechas, la tecla Backspace y la tecla Delete para editar su título.

Formatear texto

Además de (o en lugar de) cambiar texto, quizás usted solamente desea cambiar el estilo de formateo utilizado. Para cambiar el formato del texto, siga estos pasos:

1. **Haga doble clic sobre el texto que desea formatear.**

   Aparece el recuadro de diálogo Format.

2. **Escoja fuente, estilo de fuente, tamaño, color y cualquier otra opción de formato que quiera aplicar al texto de la leyenda.**

3. **Haga clic sobre OK.**

Escoger un tipo diferente de gráfico

Algunos gráficos se ven mejor que otros. Si usted primero escoge un tipo de gráfico (de barras, por ejemplo) que no facilita visualmente la comprensión de sus datos, pruebe elegir uno diferente, como uno circular, lineal o esparcido. Para cambiar el tipo de gráfico, siga estos pasos:

1. **Haga clic sobre la orilla del gráfico que desea cambiar.**

   Aparecen asideros alrededor del gráfico

2. **Haga clic derecho, y luego escoja Chart Type.**

   Aparece el recuadro de diálogo Chart Type.

3. **Haga clic sobre un tipo de gráfico que desee utilizar; luego haga clic sobre OK.**

Cambiar el tipo de gráfico modifica toda su apariencia, posiblemente estropeándola. Si el gráfico se ve muy enredado después de cambiar el tipo, pulse Ctrl+Z inmediatamente para deshacer la última acción.

Utilizar la barra de herramientas de gráficos

Una manera rápida de modificar gráficos es a través de la barra de herramientas de gráficos, la cual proporciona varios iconos sobre los que puede hacer clic para ver y modificar la apariencia de su gráfico. La barra de herramientas de gráficos normalmente aparece cuando usted hace clic sobre un gráfico.

Para desplegar (o esconder) la barra de herramientas de gráficos, escoja View⇨Toolbars⇨Chart. Aparece la barra de gráficos, como se aprecia en la Figura 10-7, que ofrece comandos para modificar su gráfico.

La barra de herramientas de gráficos viene equipada con las siguientes opciones:

- **Objetos del gráfico (Chart Objects):** Le permite seleccionar una parte de su gráfico, como la leyenda o el eje de categorías, sin tener que hacer clic sobre ella.
- **Formato (Format):** Le permite cambiar los colores, los bordes o la fuente del objeto sobre el que hizo clic, o escoger en la casilla de lista Chart Objects.
- **Tipo de gráfico (Chart Type):** Le permite escoger rápidamente un tipo de gráfico diferente para trazar sus datos; por ejemplo, cambiar de un gráfico de columnas a uno circular.
- **Leyenda (Legend):** Esconde o despliega una leyenda en su gráfico.
- **Tabla de datos (Data Table):** Despliega los datos usados para crear el gráfico.
- **Por fila (By Row):** Utiliza encabezados de filas para definir su gráfico.
- **Por columna (By Column):** Utiliza encabezados de columnas para definir su gráfico.

- **Ángulo en dirección con las manecillas del reloj (Angle Clockwise):** Cambia la apariencia del texto en un ángulo en dirección a las manecillas del reloj.
- **Contra el reloj (Angle Counterclockwise):** Cambia la apariencia del texto en un ángulo en dirección contraria a las manecillas del reloj

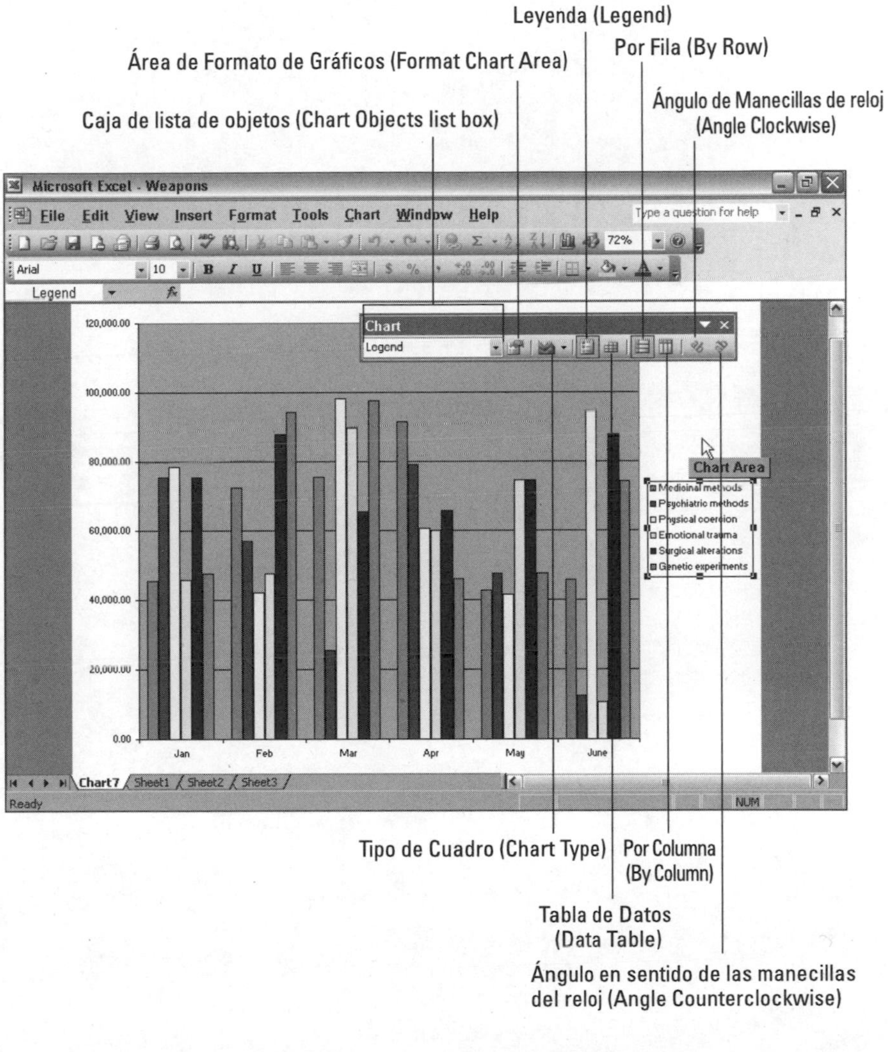

Figura 10-7: La barra de herramientas de gráficos le da acceso rápido a varios comandos necesarios para modificar la apariencia de su gráfico.

Para usar la barra de herramientas de gráficos, siga estos pasos:

1. **Haga clic sobre el gráfico que quiere modificar.**

   Aparecen asideros alrededor de él, y surge la barra de herramientas de gráficos.

2. **Haga clic sobre un icono en la barra de herramientas de gráficos.**

   Dependiendo del icono sobre el cual usted hizo clic, Excel puede desplegar un recuadro de diálogo o un menú con opciones adicionales para escoger.

3. **Haga clic sobre la opción que usted quiere.**

Parte IV

Hacer Presentaciones con PowerPoint

La 5a Ola Por Rich Tennant

En esta parte . . .

El miedo a hablar en público es la fobia número uno de la mayoría de las personas; el miedo a la muerte queda relegado a un segundo lugar muy distante. Si bien Microsoft Office 2003 no puede ayudarle a superar su miedo a la muerte, sí puede ayudarle a sobreponerse de su miedo a hablar y dar presentaciones en público, con la ayuda de Microsoft PowerPoint; puede asistirlo en la organización y el diseño de una presentación tan entretenida, que su público no se molestará en mirarlo a usted.

Cuando utiliza PowerPoint para crear una presentación, no necesita valerse de meras palabras, gestos innecesarios o diagramas primitivos garabateados en una pizarra blanca. Con PowerPoint, usted puede dar presentaciones impecables que contengan texto, gráficos e incluso efectos de sonido que otras personas recordarán.

La próxima vez que necesite deslumbrar a su público (ya sea con hechos, rumores o mentiras evidentes disfrazadas de hechos), lea esta parte del libro y vea cómo PowerPoint puede ayudarle a crear fascinantes presentaciones de diapositivas y volantes que aclaren, enfaticen o distorsionen en forma divertida los temas para sus oyentes hasta que usted pueda escapar del salón echarle las culpas a una agencia del gobierno por darle información engañosa.

Capítulo 11

Crear una Presentación de PowerPoint

En este capítulo

- Hacer una presentación
- Agregar texto a una diapositiva
- Ver una presentación
- Imprimir una presentación

El miedo número uno de muchas personas es hablar en público. (El número dos es perder el tiempo viendo una presentación aburrida.) Dar un discurso puede ser aterrador, pero mostrar una presentación junto con su discurso puede proporcionar un apoyo importante: material visual. Los materiales visuales pueden tomar la forma de volantes, diapositivas de 35mm, transparencias en blanco y negro o a color, o imágenes de computadora desplegadas en un monitor o proyectadas en una pantalla.

El apoyo visual le ayuda a estructurar su presentación, para no memorizarlo todo. En cambio, puede mostrar gráficos bonitos y hablar sobre cada uno sin tener que soportar las miradas del público todo el tiempo.

Para ayudarle a crear exposiciones con diapositivas en su computadora, Microsoft Office 2003 incluye un programa de presentaciones llamado PowerPoint. Al utilizar PowerPoint, usted puede dar presentaciones en su computadora o imprimirlas en lindos volantes.

PowerPoint puede ayudarle a hacer presentaciones visualmente interesantes. Sin embargo, ni siquiera todos los efectos especiales del mundo pueden salvar a una presentación inútil. Antes de apurarse a crear una presentación de diapositivas en PowerPoint, tómese un tiempo para decidir qué es importante para su público y qué desea usted lograr con su exposición (vender un producto, explicar por qué desechar petróleo en el océano es dañino para el ambiente, dar más apoyo a la venta de armas a países inestables del tercer mundo sólo por el dinero, etcétera).

Crear una Presentación

Una presentación de PowerPoint consiste en una o más diapositivas; cada una de ellas contiene texto y, a veces, gráficos. Ya sea que una presentación consista en una diapositiva o varias, proporciona información para apoyar un punto de vista específico, como explicar por qué la compañía planea despedir centenares de obreros y otorgarle un bono de un millón de dólares a un gerente incompetente.

Cuando usted crea una presentación, necesita agregar o definir los siguientes cuatro elementos, como se aprecia en la Figura 11-1:

- **Texto:** Aparece en cada diapositiva como un título y una lista con viñetas.
- **Gráficos:** Pueden aparecer opcionalmente en una diapositiva para ilustrar mejor algún punto. Por ejemplo, mostrar un gráfico circular o de barras, que ilustre cómo las ganancias cayeron el año pasado. Los gráficos también pueden incluir un dibujo o una fotografía, como una foto del gerente burlándose de los empleados por su estado de peones.
- **Distribución:** Determina la colocación física de texto y gráficos en cada diapositiva. Cada diapositiva puede tener una distribución diferente.
- **Diseño:** Determina los colores del fondo y la apariencia de cada diapositiva de la presentación.

PowerPoint puede crear la distribución y el diseño de su presentación; usted nada más debe proporcionar el texto en sí y las imágenes (si fuera el caso). Para crear una presentación, tiene cuatro opciones:

- Crear una presentación diapositiva por diapositiva.
- Utilizar PowerPoint AutoContent Wizard, para guiarlo por los pasos al crear una presentación.
- Utilizar una de las plantillas de presentación de Power Point, y así solamente tener que digitar su propia información.
- Crear una presentación con base en una ya existente.

El AutoContent Wizard es la manera más rápida de crear una presentación, aunque tal vez deba modificarse para satisfacer sus necesidades. Crear una presentación diapositiva por diapositiva es el método más lento, pero ofrece mayor flexibilidad para diseñar cada diapositiva exactamente como usted quiere.

Título-Texto (Text (Title)

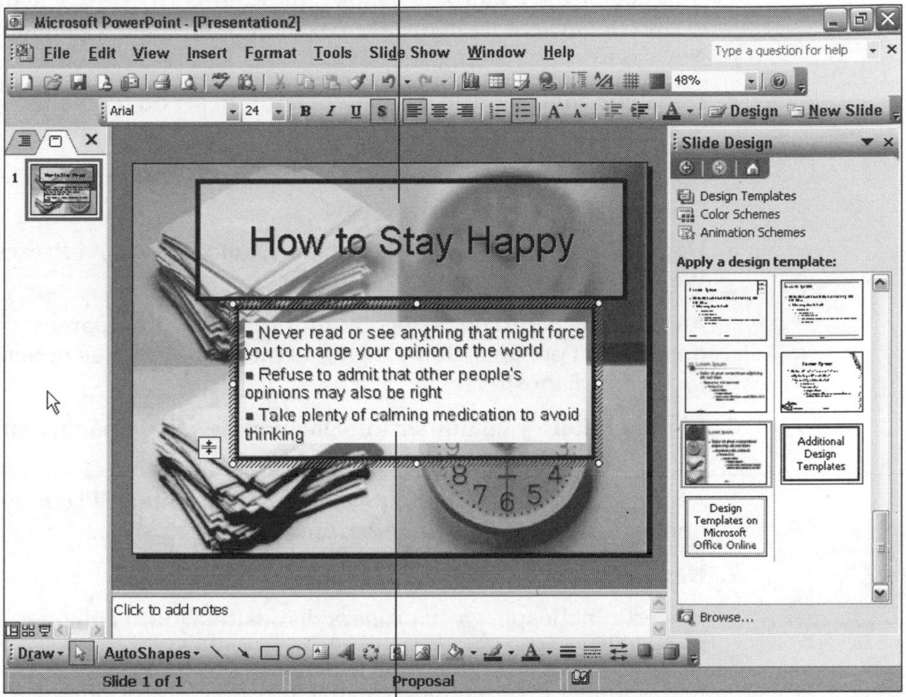

Lista de viñetas-Texto (Text (Bullet listing)

Figura 11-1: Las partes típicas de una presentación de PowerPoint.

Le presento el AutoContent Wizard

Para ayudarle a crear una presentación rápidamente, PowerPoint le ofrece AutoContent Wizard, el cual le permite preparar una presentación casi sin pensarlo (como la mayoría de las personas prefiere hacerlo, en todo caso). El AutoContent Wizard crea una presentación que consiste en varias diapositivas con un diseño y una distribución ya definidos. Usted solamente escribe su propio texto y agrega las imágenes que quiera.

Para utilizar AutoContent Wizard, siga estos pasos:

1. **Escoja File⇨New.**

   Aparece el panel de tareas New Presentation.

2. **Haga clic sobre From AutoContent Wizard, bajo la categoría New.**

   Aparece el recuadro de diálogo AutoContent Wizard para indicarle que está a punto de ayudarle a crear una presentación.

3. **Haga clic sobre Next.**

   Aparece otro recuadro de diálogo AutoContent Wizard, y le pregunta por el tipo de presentación que desea dar (por ejemplo, Communicating Bad News o Recommending a Strategy).

4. **Haga clic sobre el tipo de presentación deseado (como Brainstorming Session o Communicating Bad News), y luego haga clic en Next.**

   Aparece otro recuadro de diálogo AutoContent Wizard, que le pregunta cómo desea usar su presentación.

5. **Haga clic sobre un botón de opción (como On-screen Presentation o Web Presentation), y luego sobre Next.**

   Aún otro recuadro de diálogo AutoContent Wizard aparece, que le pide nombrar su presentación y digitar el pie de página que deberá salir en todas sus diapositivas.

6. **Digite el título y cualquier información de pie de página en las casillas adecuadas, y luego haga clic sobre Next.**

   Aparece el último recuadro de diálogo AutoContent Wizard, y le avisa que ha terminado de responder preguntas.

7. **Haga clic sobre Finish.**

   PowerPoint despliega su primera diapositiva junto con un esquema de toda su presentación, como se observa en la Figura 11-2.

Después de haber creado una presentación con el AutoContent Wizard, es posible modificarla y editarla en el futuro..

Rellenar espacios con una plantilla de PowerPoint

Como alternativa a utilizar AutoContent Wizard, usted puede escoger una plantilla prediseñada de PowerPoint y solamente digitar su texto. Crear una presentación basada en una plantilla se hace rápidamente, sin mucho esfuerzo, reflexión o tiempo.

La diferencia principal entre AutoContent Wizard y las plantillas de PowerPoint es que el primero lo guía a través de la creación de su presentación. Las segundas simplemente contienen un estilo y distribución prediseñados, los cuales pueden ser modificados (siempre y cuando usted sepa lo que está haciendo).

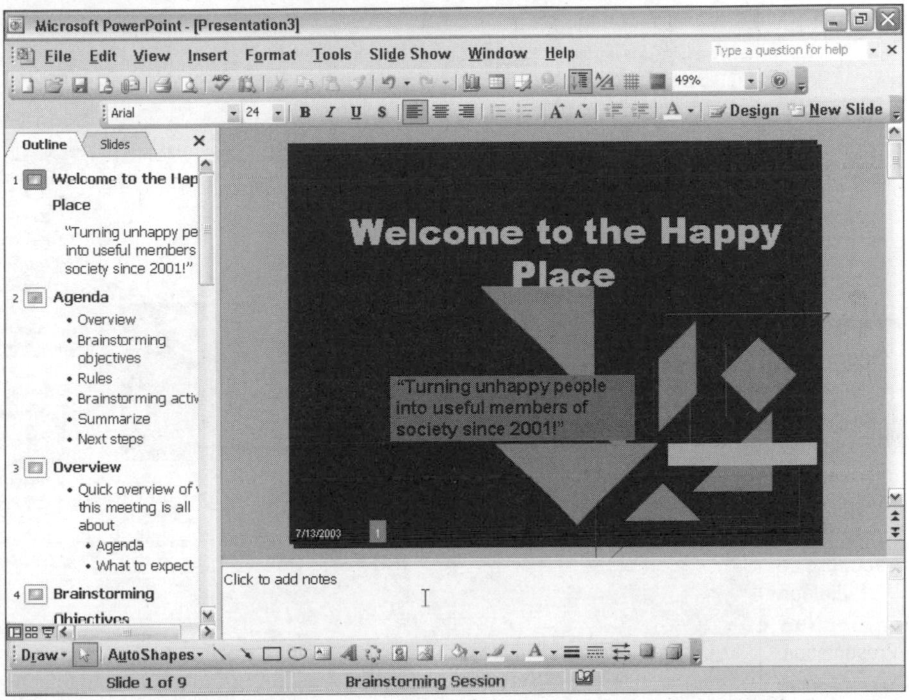

Figura 11-2: Una diapositiva inicial creada por el PowerPoint AutoContent Wizard.

Para crear una presentación con una plantilla de PowerPoint, siga estos pasos:

1. **Escoja File⇨New.**

   Aparece el panel de tareas New Presentation.

2. **Haga clic en On my computer, bajo la categoría Templates.**

   Aparece el recuadro de diálogo New Presentation.

   Usted puede encontrar más plantillas almacenadas en el sitio Web de Microsoft al hacer clic en Templates on Office Online, bajo la categoría Templates.

3. **Haga clic sobre la pestaña Presentations.**

   La pestaña Presentations muestra una lista de todas las presentaciones prediseñadas que usted puede escoger, como se aprecia en la Figura 11-3. Esta lista es idéntica a la del AutoContent Wizard.

4. **Haga clic sobre la plantilla que mejor describa el tipo de presentación que desea, y luego haga clic sobre OK.**

   PowerPoint despliega la primera diapositiva de la plantilla, lista para editar y personalizar según sus necesidades.

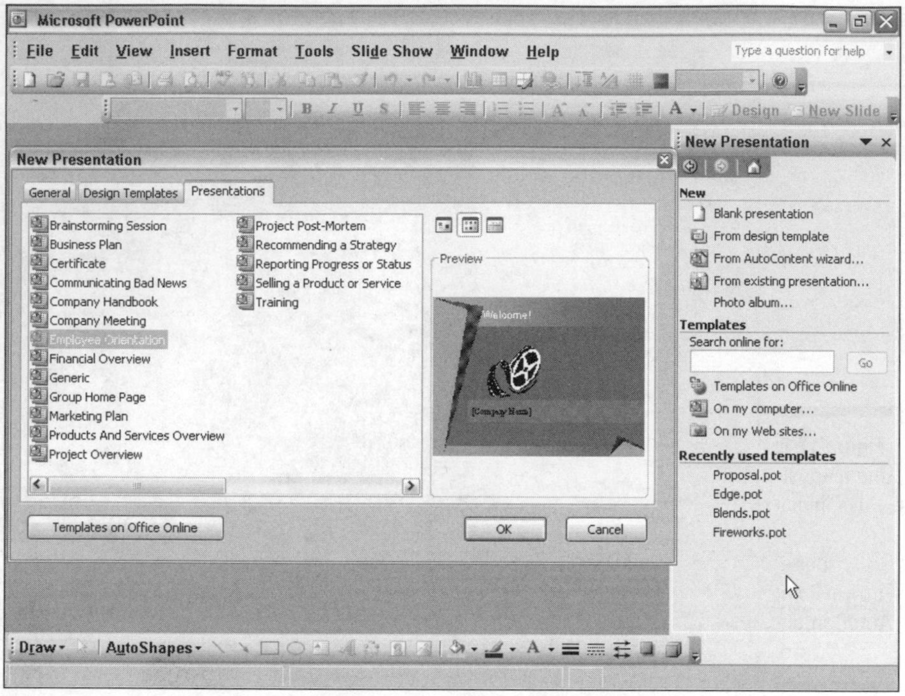

Figura 11-3: La lista de presentaciones disponibles, desplegada en el recuadro de diálogo New Presentation.

Crear una presentación a partir de una ya existente

Si bien las plantillas hacen que crear una nueva presentación sea rápido y fácil, quizás prefiera ahorrar más tiempo al basar su nueva presentación en una ya existente. Por ejemplo, si usted (o alguien más) ya ha creado una presentación visualmente impresionante, podría simplemente copiar ese archivo y modificarlo para crear su nueva presentación.

Para copiar una presentación existente, siga estos pasos:

1. **Escoja File⇨New.**

   Aparece el panel de tareas New Presentation.

2. **Haga clic sobre From existing presentation, bajo la categoría New.**

   Aparece el recuadro de diálogo New from Existing Presentation. Quizás tenga que cambiar de unidad o carpeta para encontrar el archivo de PowerPoint que desea utilizar como base para su nueva presentación.

3. **Haga clic sobre el archivo de presentación que desea copiar, y luego sobre Create New.**

   PowerPoint crea una copia de la presentación escogida. Todo lo que necesita hacer ahora es editarla y guardarla bajo un nuevo nombre.

Crear una presentación en blanco

Para un máximo de flexibilidad, usted puede crear una presentación diapositiva por diapositiva. Así, puede configurar el texto, los gráficos y el formato exactamente como quiere (si está dispuesto a invertir el tiempo haciéndolo).

Para crear una presentación en blanco, siga estos pasos:

1. **Escoja File⇨New.**

   El panel de tareas New Presentation aparece.

2. **Haga clic sobre Blank presentation, bajo la categoría New.**

   PowerPoint despliega una diapositiva en blanco y diferentes distribuciones en el panel de tareas, como se aprecia en la Figura 11-4.

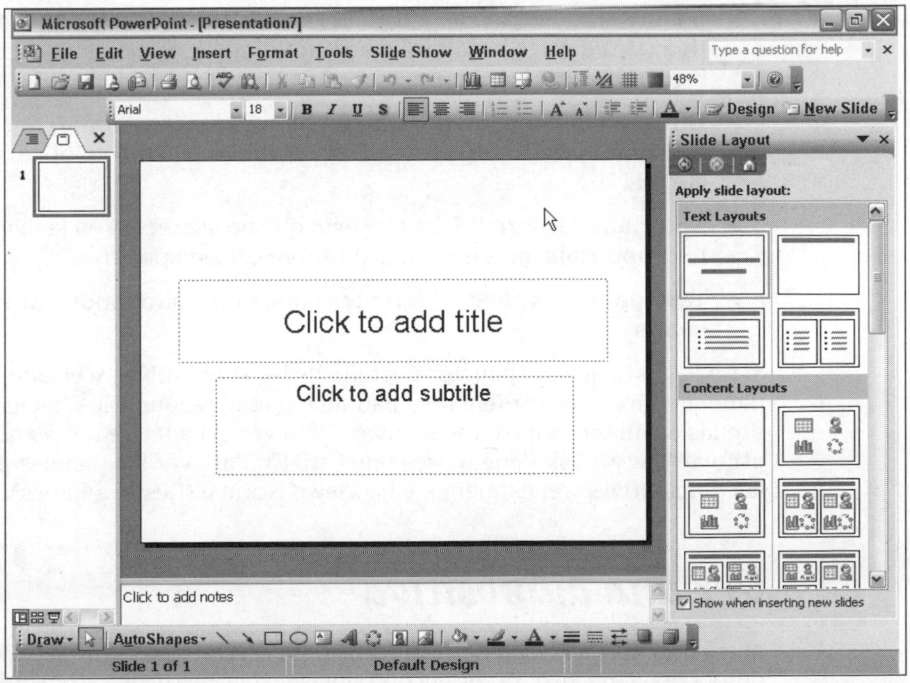

Figura 11-4: El panel de tareas Slide Layout le proporciona maneras diferentes de organizar texto y gráficos en una diapositiva.

3. **Haga clic, en el panel de tareas, sobre la distribución que quiere usar.**

   PowerPoint crea una diapositiva en blanco con base en la distribución que usted escogió. En este momento, depende de usted empezar a digitar texto, agregar colores y poner gráficos bonitos para hacer su diapositiva interesante.

Modificar una Presentación

No importa si usted crea una presentación con la ayuda de AutoContent Wizard o una plantilla o si lo hace usted mismo, una diapositiva a la vez; es probable que deba modificarla algún día en el futuro. Modificar una presentación puede significar acomodar sus diapositivas en un orden diferente, cambiar el diseño que aparece en el fondo de cada una, agregar nuevas o simplemente borrar una existente.

Para ayudarle a modificar sus presentaciones (o solamente confundirlo más), PowerPoint divide la pantalla en varios paneles, donde usted puede modificar su presentación:

- **Slide pane:** Le permite editar texto, gráficos, distribución y diseño de cada diapositiva.
- **Slides tab pane:** Le permite reacomodar, borrar y agregar nuevas diapositivas, mientras despliega versiones en miniatura de cada diapositiva para dejarle ver la presentación entera, como se aprecia en la Figura 11-5.
- **Outline tab pane:** Le permite editar texto, reacomodar, borrar y agregar nuevas diapositivas a una presentación, como se observa en la Figura 11-6.
- **Note pane:** Le permite digitar texto que no aparecerá en la diapositiva pero proporciona más información sobre cada diapositiva.
- **Task pane:** Despliega diferentes comandos para modificar su presentación.

Si no le gusta que los paneles-pestaña de las diapositivas y el esquema, o el panel de tareas, desordenen su pantalla, puede esconderlos haciendo clic sobre las casillas de cierre respectivas. Para ver el panel de tareas nuevamente, escoja Views⇨Task Pane o presione Ctrl+F1. Para ver los paneles-pestaña de las diapositivas y el esquema, elija View⇨Normal (Restore Panes).

Ver una diapositiva

Antes de poder modificar una diapositiva, es necesario encontrarla. PowerPoint le proporciona tres maneras de encontrar una diapositiva oculta en su presentación:

- Haga clic sobre las barras de desplazamiento en el panel de diapositivas

- Use el panel-pestaña de diapositivas
- Use el panel-pestaña del esquema
- Use la vista Slide Sorter

Usar la barra de desplazamiento en el panel de diapositivas

Hacer clic sobre la barra de desplazamiento en el panel de diapositivas le permite ver su presentación una diapositiva a al vez. Para ver sus diapositivas, elija una de las siguientes opciones, como se aprecia en la Figura 11-7:

- Arrastre el cuadro de desplazamiento hacia arriba o hacia abajo. Al hacerlo, PowerPoint despliega una diminuta ventana cerca, la cual muestra el número de la diapositiva que usted vería si soltara en ese momento el botón izquierdo del mouse.
- Haga clic en cualquier parte más arriba o abajo del cuadro de desplazamiento para ver la diapositiva previa o la siguiente.
- Haga clic sobre los botones Previous Slide o Next Slide, al fondo de la barra de desplazamiento.

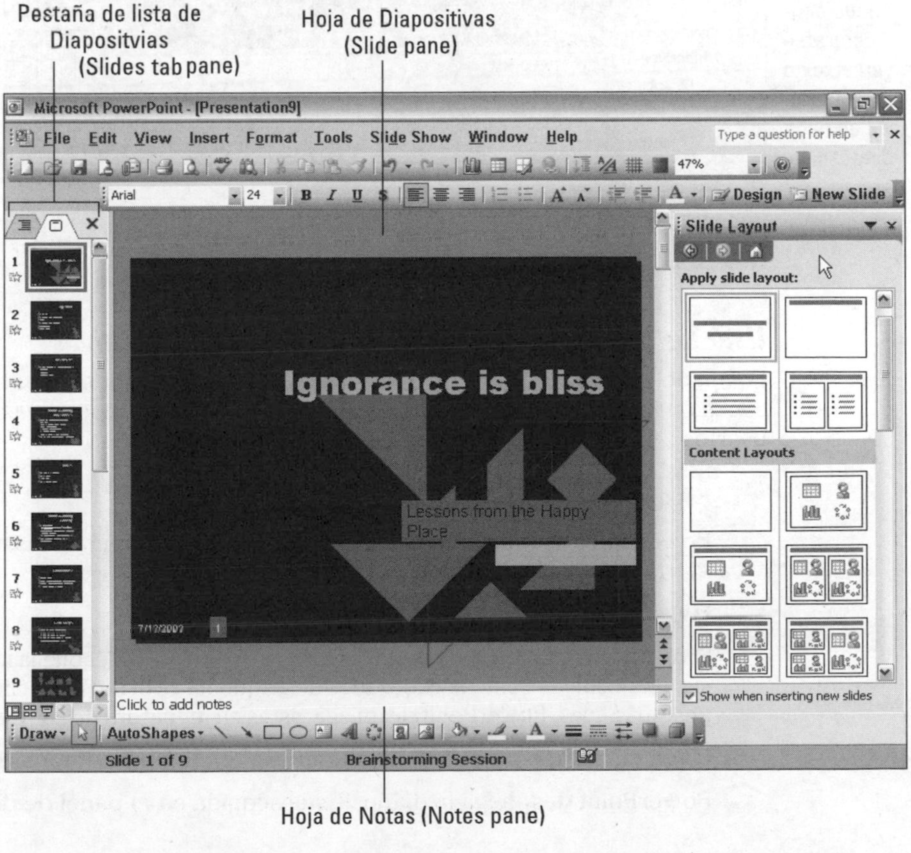

Figura 11-5: Con el panel-pestaña de diapositivas desplegado, usted puede apreciar versiones en miniatura de todas las diapositivas de su presentación.

Pestaña Outline (Outline tab pane)

Hoja de Diapositivas (Slide pane)

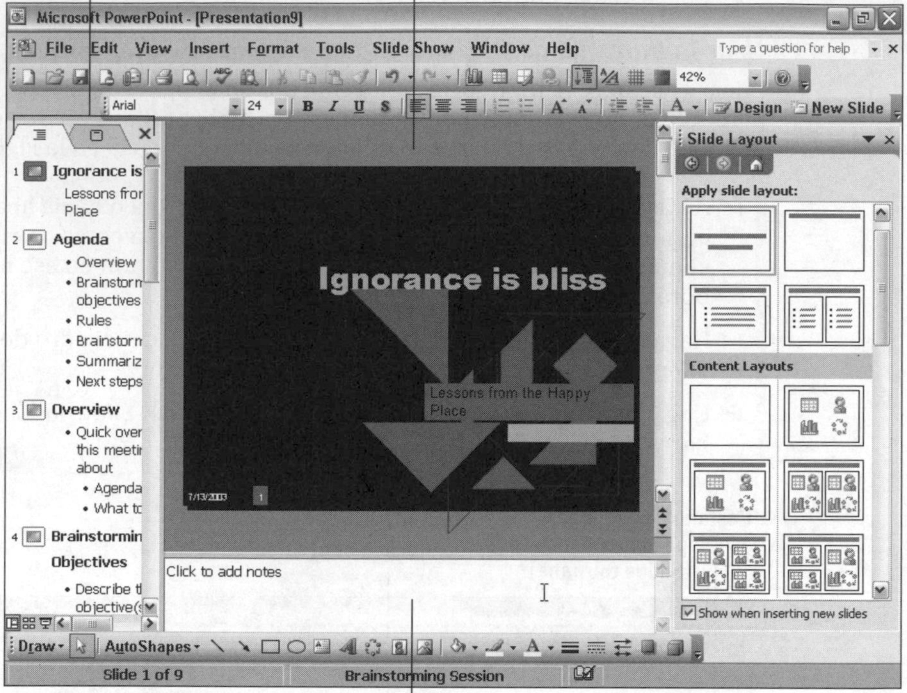

Hoja de Notas (Notes pane)

Figura 11-6: Con el panel-pestaña del esquema desplegado, usted puede concentrarse en el texto que aparece en cada diapositiva.

Usar los paneles-pestaña del esquema y las diapositivas

Los paneles-pestaña del esquema y las diapositivas pueden resultar más eficaces cuando usted quiere saltar rápidamente de una diapositiva a otra. Para usarlos, siga estos pasos:

1. **Escoja View⇨Normal (Restore Panes).**

   PowerPoint despliega los paneles-pestaña del esquema y las diapositivas al lado izquierdo de la pantalla.

2. **Haga clic sobre la pestaña Outline o Slides.**

   Si usted hace clic sobre la pestaña Outline, PowerPoint despliega los títulos de sus diapositivas como encabezados del esquema. Si usted hace clic sobre la pestaña Slides, PowerPoint despliega vistas en miniatura de sus diapositivas.

3. **Haga clic sobre un encabezado del esquema o una diapositiva.**

   PowerPoint despliega la diapositiva escogida en el panel de diapositiva.

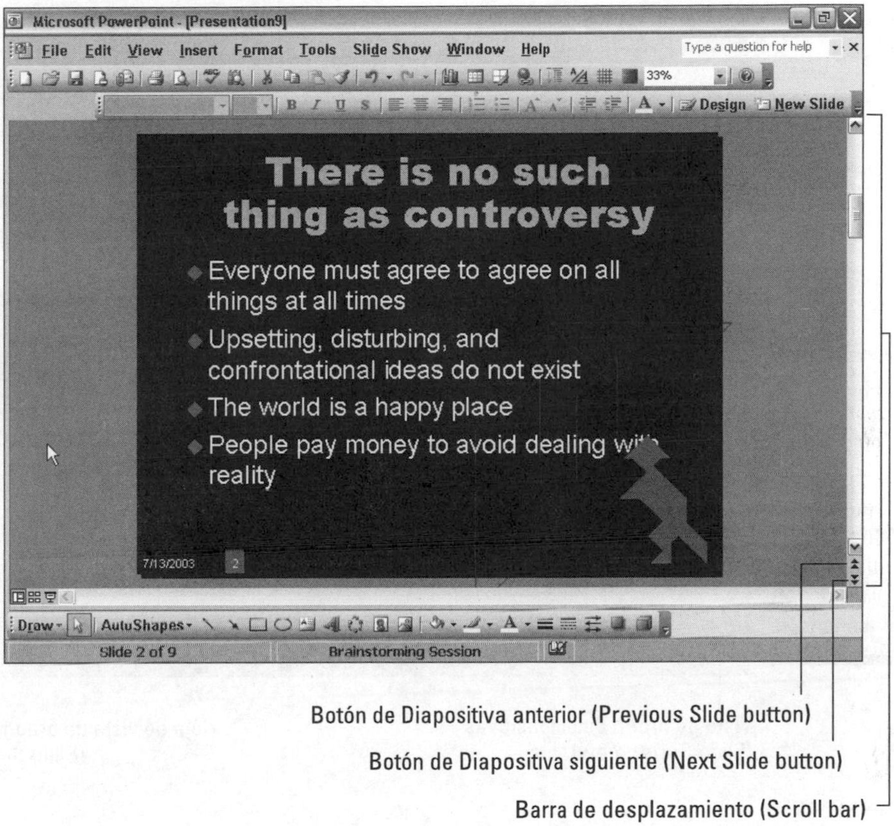

Figura 11-7: Cómo usar el panel de diapositivas para ver una diapositiva diferente.

Usar la vista Slide Sorter

La vista Slide Sorter cambio el panel de diapositiva por el panel Slide Sorter, el cual despliega todas sus diapositivas en versión miniatura en la pantalla. Para usar esta vista para escoger una diapositiva, siga estos pasos:

1. **Escoja View⇨Slide Sorter o haga clic sobre el icono Slide Sorter View.**

   PowerPoint despliega la vista Slide Sorter, como se observ en la Figura 11-8.

2. **Haga doble clic sobre la diapositiva que quiere ver.**

   PowerPoint despliega la diapositiva escogida en el panel de diapositiva.

Agregar una nueva diapositiva

La manera más común de modificar una presentación es agregar una nueva diapositiva. Al hacerlo, ésta usará el mismo diseño que el resto de las diapositivas de su presentación, aunque todavía es necesario añadirle texto y gráficos, además de definir una distribución para ella.

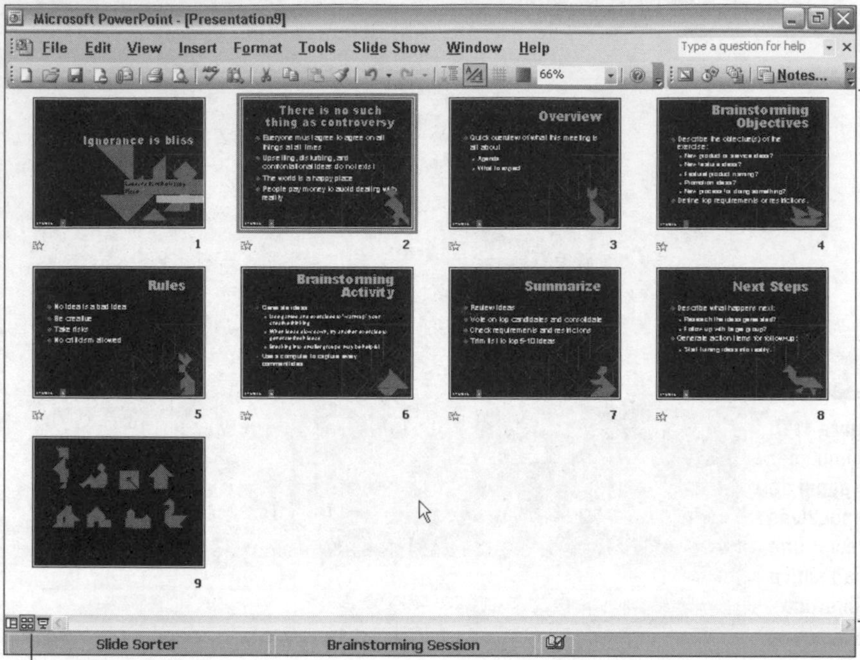

Vista de orden de diapositivas (Slide Sorter View)

Hoja de vista de orden de diapositivas (Slide Sorter View pane)

Figura 11-8: La vista Slide Sorter facilita la organización de todas las diapositivas de su presentación.

Cuando usted agrega una nueva diapositiva, PowerPoint la inserta después de la diapositiva que aparezca en ese momento en el panel de diapositiva. Para insertar una diapositiva, siga estos pasos:

1. **Escoja una diapositiva mediante uno de los métodos explicados en la sección anterior "Ver una diapositiva".**

   PowerPoint insertará una nueva diapositiva después de la que usted escoja en este paso.

   Si hace clic derecho sobre el panel-pestaña del esquema o el de diapositivas, un menú desplegable aparece, y usted puede hacer clic en New Slide para insertar una diapositiva. Desde el panel-pestaña del esquema, también es posible mover el cursor hasta el final del título de una diapositiva y presionar Enter para insertar una nueva diapositiva. Si usted coloca el cursor delante del título y presiona Enter, puede insertar una diapositiva antes.

2. **Escoja Insert⇨New Slide, pulse Ctrl+M, o haga clic sobre el icono New Slide en la barra de herramientas de formato.**

   PowerPoint agrega una nueva diapositiva.

3. **Escoja Format⇨Slide Layout.**

PowerPoint despliega el panel de tareas Slide Layout (refiérase a la Figura 11-4).

4. **Haga clic sobre la distribución que desea utilizar.**

   PowerPoint despliega la distribución escogida en su nueva diapositiva.

Borrar una diapositiva

En alguna ocasión, quizás desee borrar una diapositiva que ya no necesite. Para hacerlo, siga estos pasos:

1. **Escoja la diapositiva que desea borrar mediante uno de los métodos explicados en la sección anterior "Ver una diapositiva".**

   PowerPoint despliega la diapositiva escogida.

2. **Elija Edit⇨Delete Slide.**

   PowerPoint borra la diapositiva escogida.

Desde los paneles-pestaña del esquema y las diapositivas, o desde la vista Slide Sorter, también es posible hacer clic derecho sobre una diapositiva para eliminarla. Cuando aparezca un menú contextual, haga clic en Delete Slide.

Si usted cometió un error y eliminó la diapositiva equivocada, presione Ctrl+Z o haga clic sobre el icono Undo para recuperarla.

Reacomodar diapositivas

A veces tal vez le parezca que una diapositiva se ve mejor en una posición distinta en su presentación. Usted puede reacomodar sus diapositivas desde las siguientes tres ubicaciones:

- La vista Slide Sorter
- El panel-pestaña de diapositivas
- El panel-pestaña del esquema

Para reacomodar sus diapositivas, siga estos pasos:

1. **Escoja uno de los siguientes procedimientos:**
   - Elija View⇨Slide Sorter o haga clic sobre el icono Slide Sorter View.
   - Haga clic sobre la pestaña Slides
   - Haga clic sobre la pestaña Outline

2. **Haga clic sobre la diapositiva que quiere mover y mantenga presionado el botón izquierdo del mouse.**

   PowerPoint resalta la diapositiva escogida

3. **Arrastre el mouse (mantenga presionado el botón izquierdo y desplácelo) a una nueva posición.**

   Mientras arrastra el mouse, PowerPoint despliega una línea vertical u horizontal, para mostrarle dónde aparecerá la diapositiva resaltada al soltar el botón izquierdo del mouse.

Editar Texto en una Diapositiva

El texto puede aparecer como un título o como un listado de viñetas. Usted sólo puede poner un título en una diapositiva, pero puede agregar tantos listados de viñetas como quiera. Para editar el texto de una diapositiva, puede hacerlo directamente en ella usando el panel de diapositiva o puede hacerlo en el panel-pestaña del esquema.

Editar texto

PowerPoint almacena el texto en una diapositiva en un cuadro. Para editar texto en una diapositiva, siga estos pasos:

1. **Escoja la diapositiva con el texto que usted quiere editar.**

   Use uno de los métodos explicados en la sección "Ver una diapositiva" para desplegar una en el panel de diapositiva. Si usted quiere editar texto desde el panel-pestaña del esquema, haga clic sobre la pestaña Outline para desplegar el esquema de su presentación.

2. **Haga clic sobre el texto que quiere editar.**

   PowerPoint resalta el cuadro que guarda el texto escogido y despliega un cursor con forma de I.

3. **Digite el texto nuevo, o use la tecla Backspace o Delete para borrar lo que no desee.**

   Usted también puede resaltar el texto con el mouse y luego presionar la tecla Delete para borrarlo.

4. **Resalte el texto que quiere formatear.**

5. **Escoja Format⇨Font.**

   El recuadro de diálogo Font aparece. Éste le da diferentes opciones para cambiar la fuente, los tamaños de la fuente y los estilos, como negrita o cursiva, de su texto.

   En lugar de usar el recuadro de diálogo Font, también puede hacer clic sobre la barra de herramientas de formato y elegir una fuente, un tamaño o un estilo diferentes para el texto resaltado, como se aprecia en la Figura 11-9.

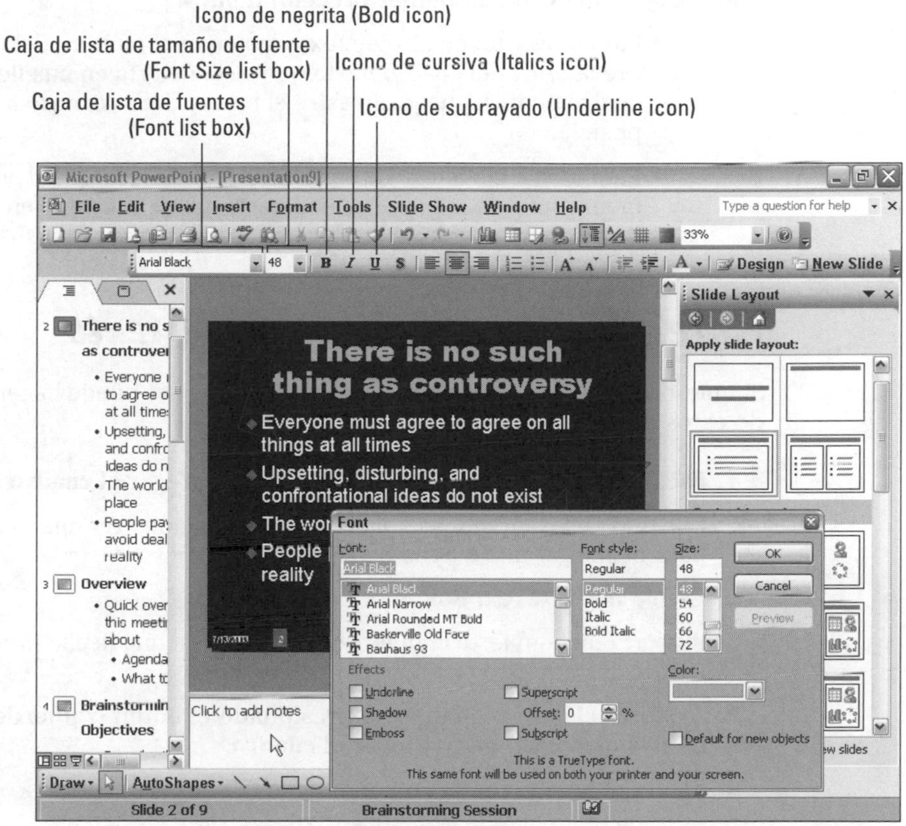

Figura 11-9: La barra de herramientas de formato le ofrece diferentes posibilidades de formatear su texto.

Mover y ajustar el tamaño de un cuadro de texto

En lugar de editar el texto dentro de un cuadro, tal vez usted quiera mover el cuadro de texto a un punto diferente en la diapositiva, o cambiar el tamaño de aquél para desplegar más (o menos) texto. Para modificar un cuadro de texto, siga estos pasos:

1. **Escoja la diapositiva con el cuadro de texto que usted quiere modificar.**

   Use uno de los métodos explicados en la sección "Ver una diapositiva" para desplegar una diapositiva en el panel.

2. **Haga clic sobre el texto que quiere cambiar.**

   PowerPoint resalta el cuadro de texto y despliega asideros alrededor de las esquinas y las orillas.

3. **Escoja uno de los siguientes procedimientos:**

   - Para mover un cuadro de texto, coloque el puntero del mouse sobre la orilla del cuadro hasta que se convierta en una flecha de cuatro puntas. Luego, arrastre el mouse para correrlo a una nueva posición.
   - Para ajustar el tamaño de un cuadro de texto, coloque el puntero del mouse sobre la orilla del cuadro hasta que se convierta en una flecha de dos puntas. Después, arrastre el mouse para ajustar su tamaño.

Agregar un nuevo cuadro de texto

Si quiere crear un nueva cuadro para desplegar texto, puede hacerlo siguiendo estos pasos:

1. **Escoja la diapositiva donde usted quiere agregar el cuadro de texto.**

   Use uno de los métodos explicados en la sección "Ver una diapositiva" para desplegar una diapositiva en el panel.

2. **Escoja Insert ⇨Text Box.**

   PowerPoint convierte el puntero del mouse en una flecha que apunta hacia abajo.

3. **Arrastre el mouse (mantenga presionado el botón izquierdo y luego mueva el mouse) para dibujar el cuadro.**

4. **Suelte el botón izquierdo del mouse.**

   PowerPoint despliega su cuadro de texto, listo para que usted digite algo en él.

Añadir Notas a una Diapositiva

El panel de notas le permite digitar apuntes para acompañar cada diapositiva. Usted puede referirse a ellas durante su presentación o pasarlas como volantes para otorgarle a su público una referencia útil durante y después de la presentación. (La sección "Imprimir una Presentación" explica cómo imprimir sus notas con las diapositivas).

El texto que digite en la porción de apuntes de una diapositiva no aparece en ella. Las notas son sólo una forma de colocar texto relacionado con sus diapositivas cerca de ellas.

Para digitar una nota para una diapositiva, siga estos pasos:

1. **Escoja la diapositiva con el gráfico que quiere modificar.**

Use uno de los métodos explicados en la sección "Ver una diapositiva" para desplegar una diapositiva en el panel.

2. **Haga clic sobre el panel de notas (refiérase a la Figura 11-5) y digite el texto que quiera.**

   Si el panel de notas no aparece, escoja View⇨Normal (Restore Panes).

Guardar sus Presentaciones

A menos que disfrute creando todo desde cero una y otra vez, debería guardar su trabajo. Para protección adicional, debería guardarlo periódicamente mientras modifica su presentación.

Guardar su presentación

Para guardar una presentación, presione Ctrl+S o elija File⇨Save.Siéntase libre de escoger el comando Save tan a menudo como sea necesario. De esa forma, si la corriente electrónica falla o su computadora colapsa repentinamente, no perderá sus valiosos datos.

Si no ha guardado el archivo anteriormente, aparece el recuadro de diálogo Save As, el cual le pide escoger un nombre de archivo y un directorio para almacenarlo.

Guardar presentaciones en PowerPoint para llevar

Muchas personas crean presentaciones PowerPoint en su computadora personal, donde pueden afinarlas y modificarlas. Luego la empacan y almacenan en una computadora portátil para llevarla a otro lugar.

Para facilitar este proceso, PowerPoint incluye una opción especial, Pack and Go, que aglomera todos los archivos necesarios en una sola ubicación. Así, la probabilidad de dejar olvidado un archivo importante a 3.000 millas de distancia de su computadora personal disminuye.

Para utilizar la opción Pack and Go de PowerPoint, cargue la presentación que desea transferir y siga estos pasos:

1. **Escoja File⇨Package for CD.**

   Aparece el recuadro de diálogo Package for CD, como se aprecia en la Figura 11-10.

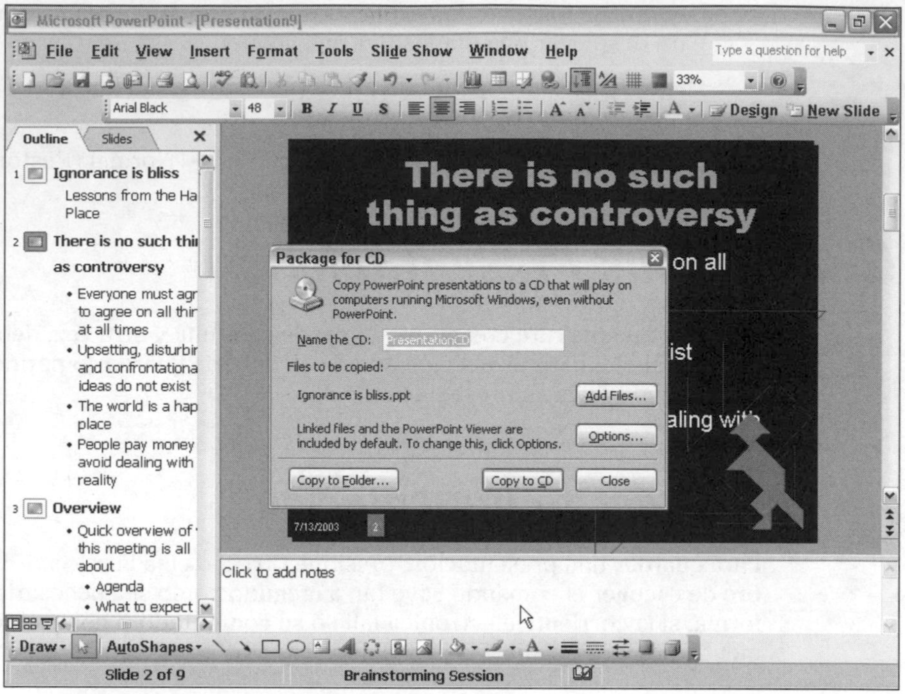

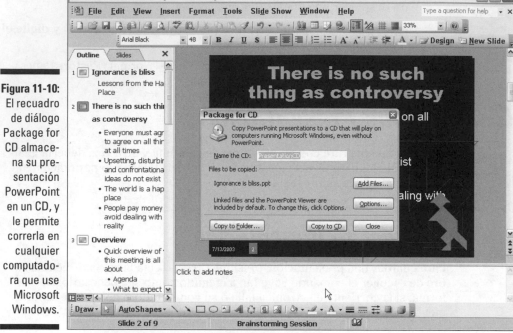

Figura 11-10: El recuadro de diálogo Package for CD almacena su presentación PowerPoint en un CD, y le permite correrla en cualquier computadora que use Microsoft Windows.

2. **Escriba un nombre para su CD en la casilla Name the CD. (Opcional)**

   El nombre de su CD puede ayudarle a identificar cuál presentación ha almacenado allí si usted tiene varios CDs con presentaciones de PowerPoint.

3. **Inserte un CD en blanco en su unidad de CD regrabable.**

   Si usted no tiene una unidad de CD regrabable, haga clic en el botón Copy to folder.

4. **Haga clic sobre Copy to CD.**

   PowerPoint copia su presentación y todos los archivos que usted necesite en el CD. Cuando termina, aparece un recuadro de diálogo preguntándole si usted quiere copiar los mismos archivos a otro CD.

5. **Haga clic sobre No y luego haga clic sobre Close para esconder el recuadro de diálogo Package for CD.**

   El CD de su presentación está listo para usarse en otra computadora.

Si usted inserta el CD de su presentación en otra computadora y no pasa nada, ejecute el archivo pptview almacenado en su CD; cuando aparezca el recuadro de diálogo Open, haga clic sobre el archivo de la presentación.

Imprimir una presentación

Una vez que su presentación esté como usted la quiere, puede imprimir su trabajo para crear volantes o empapelar su oficina con presentaciones maravillosamente creativas. Para imprimir una presentación, siga estos pasos:

1. **Escoja File⇨Print.**

   Aparece el recuadro de diálogo Print.

2. **Haga clic sobre la casilla de lista Print What, y escoja una de las siguientes opciones:**

   - **Slides:** Imprime una diapositiva por página; así, usted puede ver todo el texto y los gráficos de cada una.
   - **Handouts:** Imprime una o más versiones miniatura de sus diapositivas en una hoja que los miembros del público pueden llevar a casa y estudiar más adelante.
   - **Notes Pages:** Imprime solamente las notas para cada diapositiva; usted puede repartirlas a su público o conservarlas para su propia referencia.
   - **Outline View:** Imprime el esquema de su presentación, para que usted pueda ver toda la estructura, sin gráficos.

   También puede reducir el trabajo de impresión a un número específico de diapositivas haciendo clic sobre el botón Current Slide, o llenarla casilla Slides, en el área Print Range, con los números de diapositivas que desea imprimir.

3. **Haga clic sobre OK.**

   Si hace clic sobre el botón Preview, puede ver cómo lucirá su presentación antes de imprimirla.

Capítulo 12

Agregar Color e Ilustraciones a PowerPoint

En este capítulo

- Colorear sus diapositivas
- Escoger una plantilla de diseño
- Agregar ilustraciones

En el nivel más sencillo, una presentación de Power Point puede consistir en nada más que texto. Aunque práctica, luce aburrida. Para darle vida, PowerPoint le brinda la opción de añadir colores e ilustraciones a sus diapositivas; así, la gente pensará que su presentación es visualmente interesante, aun si los contenidos pueden ser aburridos y completamente inútiles.

RECUERDE

Si bien el color y las ilustraciones se ven agradables, usted debería usarlos sólo para realzar la presentación, y no como sustitutos para una exposición bien pensada y claramente organizada. Si la gente de verdad deseara observar colores o ilustraciones sofisticados, podrían simplemente ver la televisión.

Cambiar los Colores de sus Diapositivas

El color puede lograr que sus diapositivas se vean súper especiales (o súper estúpidas, si no tiene cuidado). Las dos partes principales de una diapositiva que usted puede colorear son:

- Cualquier texto que salga, incluyendo el título
- El fondo

Cambiar el color del texto

El texto normalmente aparece en negro, pero quizás usted desea enfatizarlo en rojo, amarillo o cualquier otro color que le guste. Para cambiar el color del texto:

1. **Haga clic sobre el texto que desea modificar.**

   PowerPoint dibuja un borde gris alrededor del texto escogido.

2. **Resalte el texto que desea cambiar.**

   PowerPoint resalta el texto de su elección.

   RECUERDE

   El icono Font Color despliega el último color que usted haya escogido. Si desea utilizar ese color, haga clic sobre el icono mismo, y no sobre la flecha que apunta hacia abajo, a su derecha.

3. **Haga clic sobre la flecha que apunta hacia abajo, junto al icono Font Color, en la barra de herramientas de formato.**

   Aparece un menú desplegable, como se aprecia en la Figura 12-1. Si contiene el color que usted quiere usar, haga clic sobre él. Puede saltarse los pasos 4 y 5.

   CONSEJO

   En lugar de hacer clic sobre el icono Font Color en la barra de herramientas de formato, puede escoger Format➪Font, para desplegar el recuadro de diálogo Font. Haga clic sobre la casilla de lista Color. Además de permitirle cambiar colores, también es posible escoger el estilo de la fuente, su tamaño y efectos especiales, como subíndice o superíndice, para su texto.

Icono de Color de Fuente (Font Color icon)

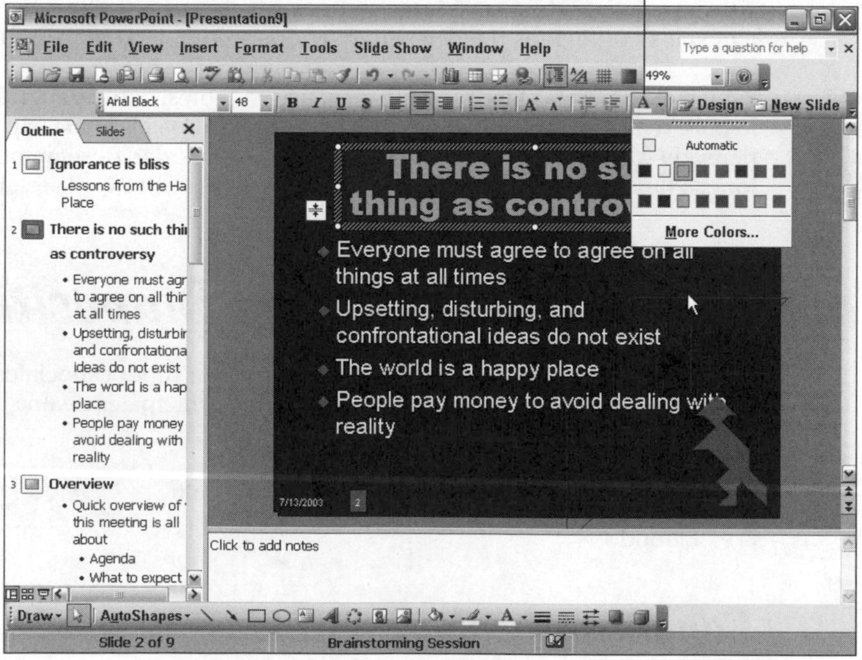

Figura 12-1: Al hacer clic en la flecha que apunta hacia abajo en el icono Font Color, aparece un menú donde usted puede escoger diferentes colores.

4. **Haga clic sobre More Colors.**

   Aparece el recuadro de diálogo Colors, el cual le muestra todo el espectro de colores disponibles, como se aprecia en la Figura 12-2.

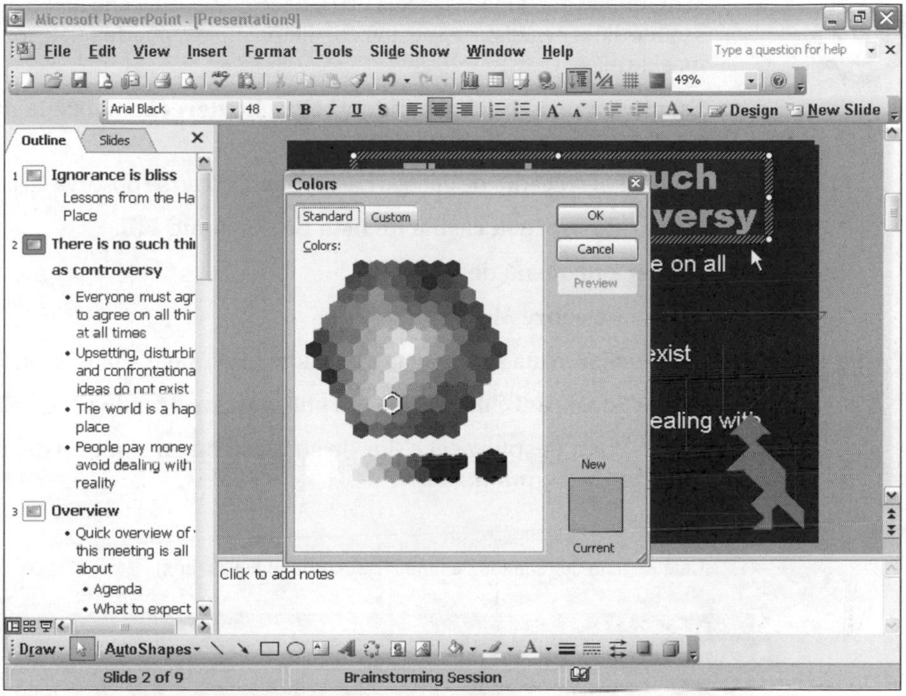

Figura 12-2: El recuadro de diálogo Colors ofrece una gran variedad de colores para elegir.

5. **Haga clic sobre el color que quiere para su texto y haga clic sobre OK.**

   PowerPoint despliega el texto resaltado en el color de su elección.

Colorear el fondo

Un simple fondo blanco para sus diapositivas puede darle a su presentación una apariencia genérica. Para añadirle un poco de personalidad, agregue algo de color en el fondo.

Si colorea el texto y el fondo, asegúrese de que los tonos se complementan entre sí. Tratar de leer texto amarillo brillante sobre un fondo amarillo brillante definitivamente dificultará la comprensión.

Para colorear el fondo de su presentación, siga estos pasos:

1. **Escoja una diapositiva usando uno de los métodos ilustrados en la sección "Ver una diapositiva", del Capítulo 11.**

   Si desea cambiar el color del fondo de todas sus diapositivas, no importa cuál de ellas aparezca en ese momento en el panel.

   CONSEJO

   Si mantiene presionada la tecla Ctrl y hace clic sobre cada diapositiva que desea modificar en el panel-pestaña de diapositivas, puede seleccionar dos o más de ellas.

2. **Escoja Format⇨Background, o haga clic derecho sobre la diapositiva en el panel y escoja Background.**

   Aparece el recuadro de diálogo Background, como se observa en la Figura 12-3.

3. **Haga clic sobre la casilla de lista Background Fill.**

   Aparece un menú desplegable.

4. **Haga clic sobre More Colors.**

   Aparece el recuadro de diálogo Colors (refiérase a la Figura12-2).

5. **Haga clic sobre el color que quiera utilizar para el fondo y haga clic sobre OK.**

   PowerPoint despliega el color de su elección en el fondo del recuadro de diálogo Background.

Caja de lista de rellenos de fondo (Background Fill list box)

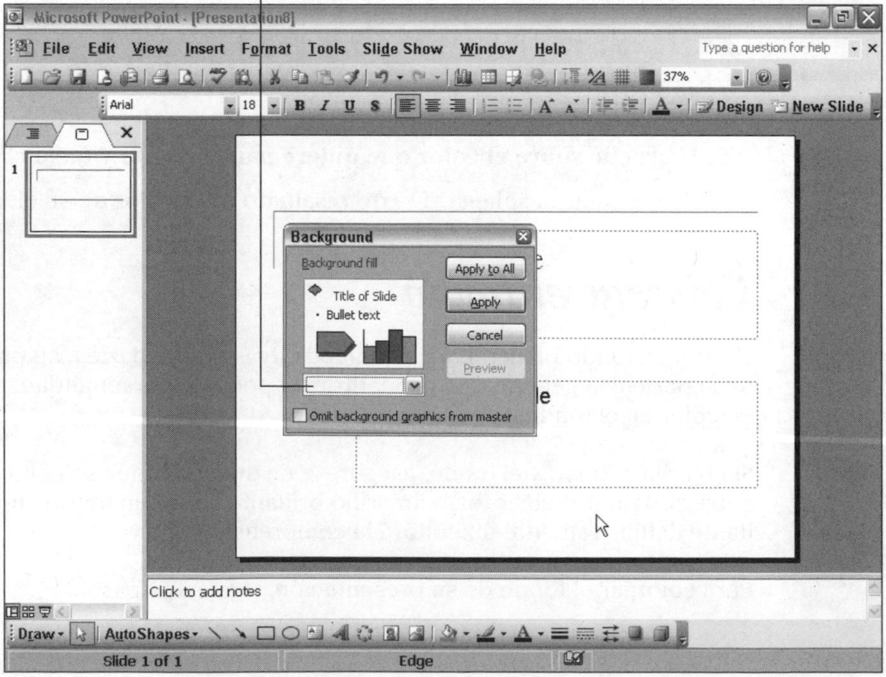

Figura 12-3: El recuadro de diálogo Background puede cambiar el color de fondo de la diapositiva actualmente desplegada o de toda su presentación.

6. **Haga clic sobre Apply (para aplicar el color elegido a la diapositiva actualmente mostrada) o Apply to All (para aplicarlo a todas las diapositivas de su presentación).**

   PowerPoint despliega el color de su elección en el fondo de la diapositiva o presentación.

CONSEJO

Si el color de fondo escogido se ve horroroso, pulse Ctrl+Z (o haga clic sobre el botón Undo) inmediatamente para deshacerse de los colores ofensivos.

Escoger un esquema de color

Si navegar a través de colores individuales para descubrir uno adecuado le suena demasiado tedioso y lento, PowerPoint suministra una variedad de esquemas de color ya seleccionados, apropiados para usar de fondo.

Para escoger un esquema de color, siga estos pasos:

1. **Escoja una diapositiva usando uno de los métodos ilustrados en la sección "Ver una diapositiva", del Capítulo 11.**

   Si desea cambiar el color del fondo de todas sus diapositivas, no importa cuál de ellas aparezca en este momento en el panel.

   CONSEJO

   Si mantiene presionada la tecla Ctrl y hace clic sobre cada diapositiva que desea modificar en el panel-pestaña de diapositivas, puede seleccionar dos o más de ellas.

2. **Escoja Format⇨Slide Design, o haga clic derecho sobre una diapositiva en el panel y escoja Slide Design.**

   El panel de tareas Slide Design aparece.

3. **Haga clic sobre Color Schemes.**

   El panel de tareas Slide Design despliega una lista de diferentes esquemas de color, como se aprecia en la Figura 12-4.

4. **Coloque el puntero del mouse sobre el esquema de color que desea utilizar.**

   Aparece una flecha que apunta hacia abajo, a la derecha del esquema de color escogido.

5. **Haga clic sobre la flecha que apunta hacia abajo.**

   Aparece un menú desplegable.

6. **Escoja Apply to All Slides o Apply to Selected Slides.**

   PowerPoint utiliza su esquema de color para colorear las diapositivas.

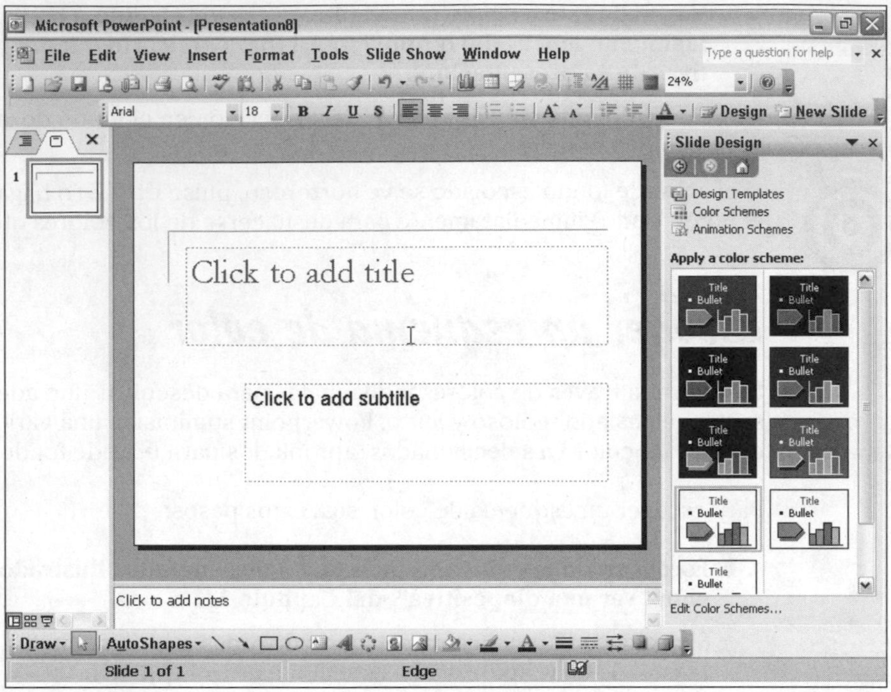

Figura 12-4: Esquemas de colores en el panel de tareas Slide Design.

Escoger un patrón de fondo

Aparte de colorear sus diapositivas con un tono sólido, PowerPoint también le brinda la opción de escoger gradaciones de color o patrones diferentes, como mármol, madera o patrones a rayas.

Para escoger un patrón de fondo, siga estos pasos:

1. **Escoja una diapositiva usando uno de los métodos ilustrados en la sección "Ver una diapositiva", del Capítulo 11.**

   Si desea cambiar el patrón de fondo de todas sus diapositivas, no importa cuál de ellas aparezca en este momento en el panel.

   Si mantiene presionada la tecla Ctrl y hace clic sobre cada diapositiva que desea modificar en el panel-pestaña de diapositivas, puede seleccionar dos o más de ellas.

2. **Escoja Format⇨Background, o haga clic derecho sobre una diapositiva en el panel y escoja Background.**

   Aparece el recuadro de diálogo Background (refiérase a la Figura 12-3).

3. **Haga clic sobre la casilla de lista Background Fill.**

   Aparece un menú desplegable.

4. **Haga clic sobre Fill Effects.**

   Aparece el recuadro de diálogo Fill Effects, como se observa en la Figura 12-5.

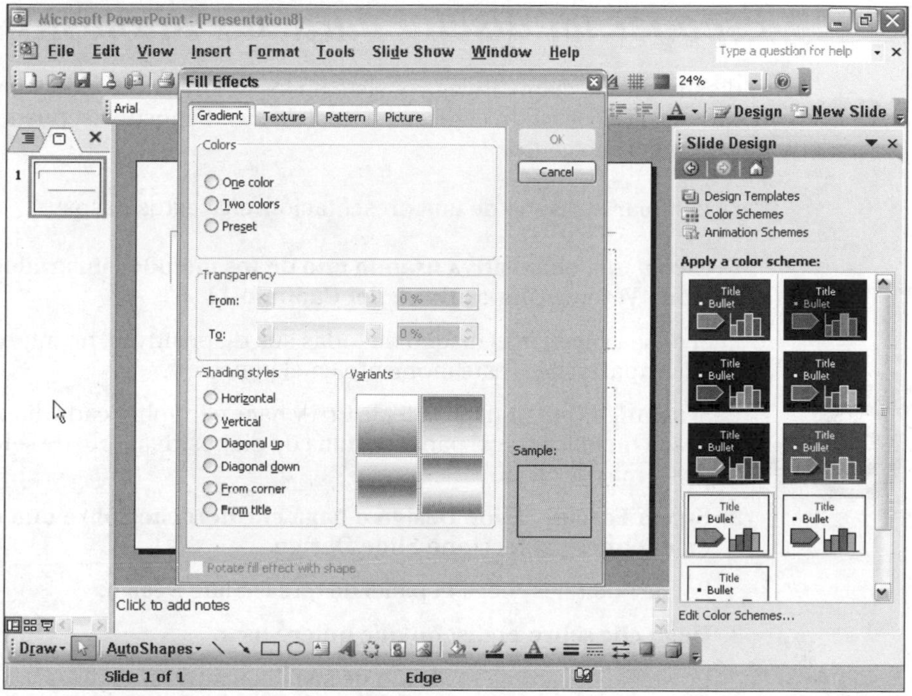

Figura 12-5: El recuadro de diálogo Fill Effects le ofrece diferentes fondos para sus diapositivas.

5. **Haga clic sobre una de las siguientes pestañas:**

   - **Gradient:** Seleccione uno o más colores que gradualmente se desvanecen a un lado de su diapositiva.
   - **Texture:** Seleccione patrones que se parezcan al mármol o la madera.
   - **Pattern:** Seleccione patrones con rayas, ladrillos o tableros.
   - **Picture:** Use el archivo gráfico de su escogencia para el fondo.

6. **Haga clic sobre las opciones que quiere y luego haga clic sobre OK.**

   PowerPoint despliega el fondo escogido en el recuadro de diálogo Background.

7. **Haga clic sobre Apply (para aplicar el color escogido a la diapositiva actualmente desplegada) o Apply to All.**

   PowerPoint despliega el fondo escogido en su diapositiva o presentación.

CONSEJO

Si el fondo recién confeccionado se ve horrible, pulse Ctrl+Z inmediatamente para eliminar el patrón de fondo y empezar de nuevo.

Escoger un diseño para sus diapositivas

El diseño de sus diapositivas consiste en los colores del fondo y gráficos decorativos. Si no le gusta el diseño actual de sus diapositivas, puede cambiarlo en cualquier momento.

Para cambiar el diseño de una presentación, siga estos pasos:

1. **Escoja una diapositiva usando uno de los métodos ilustrados en la sección "Ver una diapositiva", del Capítulo 11.**

   Si desea cambiar el diseño de todas sus diapositivas, no importa cuál de ellas aparezca en este momento en el panel.

   CONSEJO

   Si mantiene presionada la tecla Ctrl y hace clic sobre cada diapositiva que desea modificar en el panel-pestaña de diapositivas, puede seleccionar dos o más de ellas.

2. **Escoja Format⇨Slide Design o haga clic derecho sobre una diapositiva en el panel y seleccione Slide Design.**

   PowerPoint despliega el panel de tareas Slide Design.

3. **Haga clic sobre el diseño que quiere usar.**

   PowerPoint cambia el diseño de sus diapositivas

CONSEJO

Si usted escoge un diseño espantoso, presione Ctrl+Z para regresar al anterior.

Agregar Ilustraciones a una Diapositiva

Las presentaciones de PowerPoint pueden desplegar ilustraciones. Los dos tipos más comunes son los gráficos (como los de barras o circulares) y las imágenes comunes.

Añadir un gráfico

Un gráfico puede otorgar credibilidad instantánea a sus diapositivas, incluso si nadie entiende su significado. Para añadir un gráfico a una diapositiva, siga estos pasos:

1. **Seleccione la diapositiva donde quiere agregar el gráfico.**

   Use uno de los métodos ilustrados en la sección "Ver una diapositiva", del Capítulo 11, para desplegar una diapositiva en el panel.

2. **Escoja Insert⇨Chart.**

   PowerPoint despliega un gráfico de columnas y una ventana separada llamada Datasheet, la cual contiene los números usados para crear el gráfico, como se aprecia en la Figura 12-6.

3. **Haga clic en la ventana Datasheet y digite números y etiquetas nuevos para definir su gráfico.**

4. **Elija Chart⇨Chart Type.**

   PowerPoint despliega el recuadro de diálogo Chart Type; es idéntico al recuadro usado para cambiar un gráfico en Excel.

5. **Haga clic sobre un tipo de gráfico, como Bar o Pie, haga clic sobre la variación que desea, y haga clic sobre OK.**

   PowerPoint despliega el gráfico recientemente escogido.

CONSEJO

Para cambiar los números que definen su gráfico, haga doble clic sobre él; surge la ventana Datasheet, donde puede digitar los nuevos números.

Ventana de Hoja de Trabajo (Datasheet window)

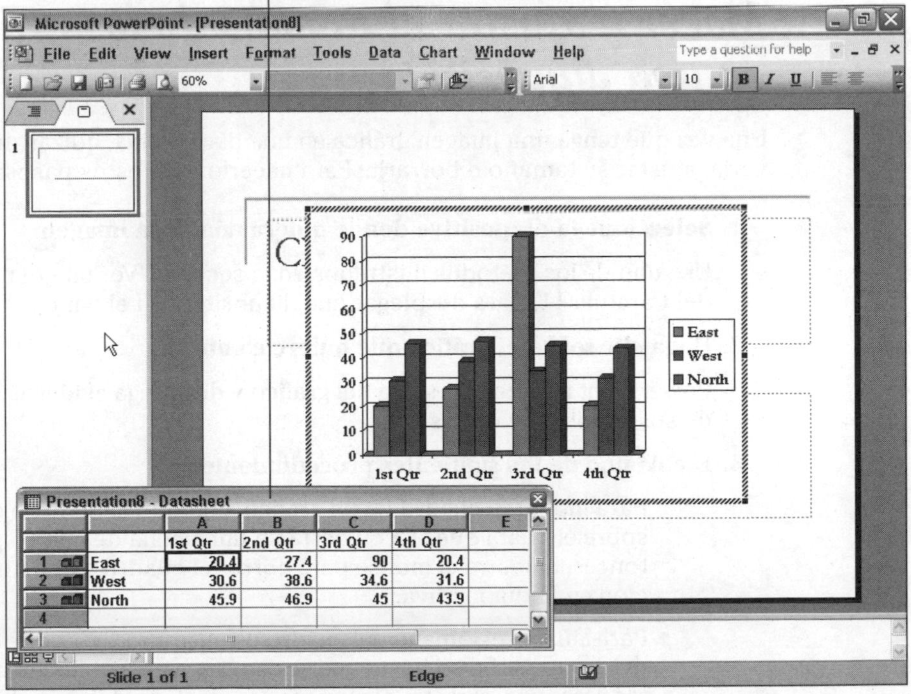

Figura 12-6: Al añadir un gráfico a una diapositiva, también puede modificar los números en la ventana Datasheet que lo define.

Agregar una imagen

Tal vez usted quiera agregar una imagen a una diapositiva sólo para hacerla menos aburrida y monótona. Es posible añadir alguna de las imágenes prediseñadas, una fotografía digital o un cuadro que haya escaneado. Para agregar una imagen, siga estos pasos:

1. **Seleccione la diapositiva donde quiere añadir la imagen.**

   Use uno de los métodos ilustrados en la sección "Ver una diapositiva", del Capítulo 11, para desplegar una diapositiva en el panel.

2. **Escoja Insert⇨Picture.**

   PowerPoint muestra un menú desplegable con la lista de los diferentes tipos de imágenes que puede incluir, como Clip Art o From File (si usted ya tiene una imagen guardada en su computadora). Según la opción que usted escoja, PowerPoint responde en forma diferente. Por ejemplo, si usted hace clic en From File, el recuadro de diálogo Insert Picture aparece. Si hace clic sobre Clip Art, aparece el panel de tareas Clip Art.

Mover y ajustar el tamaño de los gráficos en una diapositiva

Una vez que tenga una imagen gráfica en una diapositiva, quizás desee moverla, ajustar su tamaño o borrarla. Para hacerlo, siga estos pasos:

1. **Seleccione la diapositiva donde quiera añadir la imagen.**

   Use uno de los métodos ilustrados en la sección "Ver una diapositiva", del Capítulo 11, para desplegar una diapositiva en el panel.

2. **Haga clic sobre el gráfico que quiere cambiar.**

   PowerPoint resalta el cuadro del gráfico y despliega asideros alrededor de sus esquinas y orillas.

3. **Escoja uno de los siguientes procedimientos:**

   - Para mover el cuadro de un gráfico, coloque el puntero del mouse sobre él hasta que se convierta en una flecha de cuatro puntas. Entonces, arrastre el mouse para correr el cuadro a una nueva posición en la diapositiva.
   - Para ajustar el tamaño del cuadro de un gráfico, coloque el puntero del mouse sobre él hasta que se convierta en una flecha de dos puntas. Después, arrastre el mouse para ajustar el tamaño del cuadro.

Hacer que sus ilustraciones se vean más lindas

Después de poner una ilustración o gráfico de barras en su diapositiva, podría añadir un borde o modificar la apariencia de las imágenes en su diapositiva. Si es así, siga estos pasos:

1. **Haga clic sobre la ilustración o el gráfico que desea modificar.**

   PowerPoint despliega asideros alrededor de la ilustración escogida.

2. **Escoja Format⇨Object, o haga clic en el botón derecho y escoja Format Object.**

   Aparece el recuadro de diálogo Format Object, como se aprecia en la Figura 12-7.

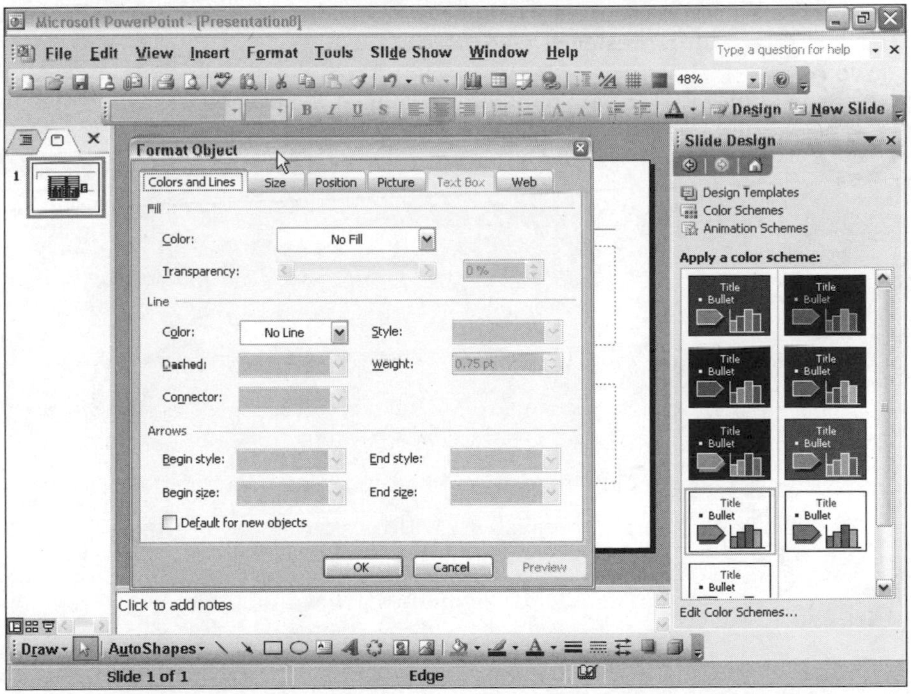

Figura 12-7: El recuadro de diálogo Format Object.

3. **Haga clic sobre una de las siguientes pestañas:**

   - **Colors and Lines:** Agrega bordes y colores de fondo.
   - **Size:** Especifica el ancho y la altura de la ilustración.
   - **Position:** Especifica la ubicación de la imagen en la diapositiva.
   - **Picture:** Ajusta brillo o contraste de la ilustración.

4. **Haga cualquier cambio que desee a la ilustración y haga clic sobre OK.**

   PowerPoint despliega la ilustración con las opciones que escoja.

Borrar una ilustración

Para deshacerse de una ilustración en su diapositiva, bórrela siguiendo estos pasos:

1. **Haga clic sobre la ilustración o el gráfico que desea eliminar.**

   PowerPoint despliega asideros alrededor de la ilustración.

2. **Pulse Delete.**

   La primera vez que usted presiona Delete, PowerPoint elimina la ilustración escogida y despliega un cuadro de gráfico vacío. Para retirar el cuadro, presione Delete otra vez.

CONSEJO

Pulse Ctrl+Z para recuperar cualquier ilustración, si decide que no desea eliminarla después de todo.

Capítulo 13

Presumir con sus Presentaciones de PowerPoint

En este capítulo

- Hacer transiciones cautivadoras
- Preparar su presentación para el público

Después de crear una presentación de diapositivas con Microsoft PowerPoint, usted seguramente querrá presumir de ella, como si se tratara de un bebé recién nacido, para que otros se deslumbren al verla. Puesto que la apariencia de su presentación es a menudo más importante que el contenido (eso explica por qué su jefe recibe mayor paga que usted), Microsoft PowerPoint le brinda muchísimas maneras de dar vida a su presentación. Algunas incluyen transiciones entre diapositivas al estilo Hollywood, efectos de sonido para acompañarlas y texto desplazable, para hacer sus diapositivas más entretenidas de ver.

RECUERDE

Pero recuerde, no debe exagerar. Si va demasiado lejos con los efectos especiales, su presentación podría ser recordada por pretenciosa. Sea prudente al escoger las opciones; no deje que la gente se distraiga con efectos especiales e ignore el mensaje real de su presentación.

Hacer Transiciones Formidables

Una presentación informativa, inspiradora o sencillamente interesante logra mantener la atención de todo el público presente y hace que el tiempo vuele.

Para ayudarle a construir una presentación interesante, PowerPoint le permite añadir transiciones especiales entre diapositivas. Por ejemplo, desvanecerse unas en otras, retirarse de izquierda a derecha, desplazarse desde la parte inferior de la pantalla para cubrir la diapositiva anterior o dividirse en dos para revelar una nueva debajo.

PowerPoint le brinda dos tipos de transiciones que puede elaborar para sus diapositivas:

- **Visual transitions,** las cuales determinan cómo se ve su diapositiva cuando aparece por primera vez.
- **Text transitions,** las cuales determinan cómo aparece el texto en cada diapositiva.

Crear transiciones visuales para sus diapositivas

Una transición *visual* determina cómo se muestra su diapositiva en la pantalla (por ejemplo, si se desliza a través de la pantalla o aparece repentinamente). Para elaborar una transición visual para cada diapositiva en su presentación, siga estos pasos:

1. **Escoja una diapositiva usando uno de los métodos explicados en la sección "Ver una diapositiva", del Capítulo 11.**

   La diapositiva de su elección aparece en el panel.

   CONSEJO: Si mantiene presionada la tecla Ctrl, puede hacer clic sobre dos o más diapositivas que desee cambiar en panel-pestaña del esquema.

2. **Escoja Slide Show⇨Slide Transition.**

   Aparece el panel de tareas Slide Transition, como se aprecia en la Figura 13-1.

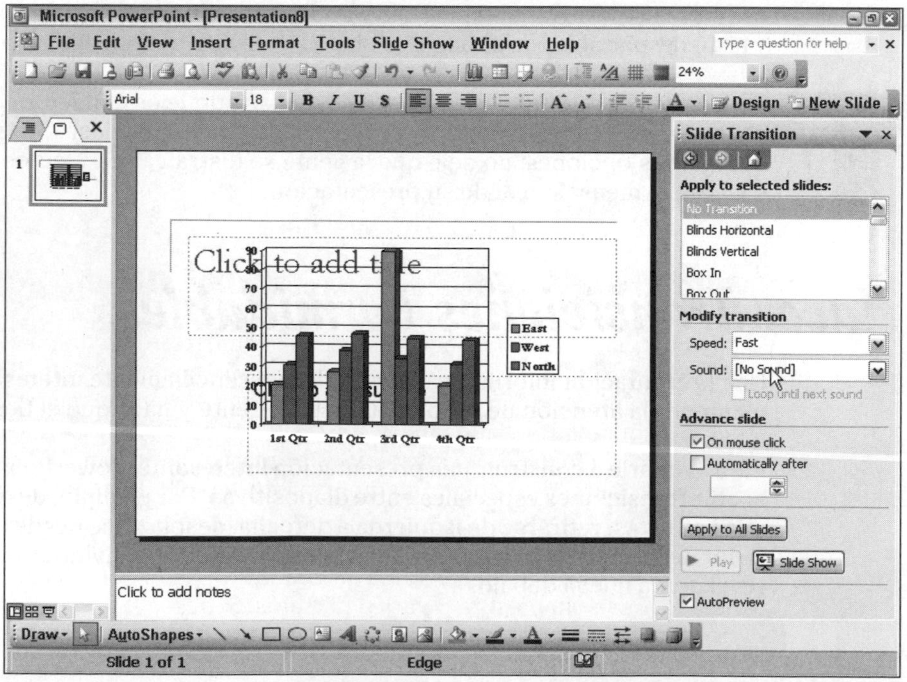

Figura 13-1: El panel de tareas Slide Transition es donde usted puede crear efectos visuales para sus diapositivas.

3. **Haga clic sobre una transición en la casilla de lista Apply to Selected Slides, como Box In, Cut o Wipe Right.**

   PowerPoint le enseña el efecto de su preferencia en el panel de diapositiva.

4. **Haga clic sobre la casilla de lista Speed y escoja la velocidad de la transición, como Slow, Medium o Fast.**

   PowerPoint le enseña el efecto de la velocidad escogida.

5. **Haga clic sobre la casilla de lista Sound y escoja un sonido.**

   Haga clic sobre la casilla Loop Until Next Sound si desea que el sonido escogido continúe reproduciéndose hasta encontrarse con una diapositiva que tenga un sonido diferente.

   Utilice la opción Loop Until Next Sound con moderación: escuchar sonidos en forma continua podría molestar a su público.

6. **En la categoría Advance slide, escoja cómo debe avanzar una diapositiva a la otra.**

   Marque la casilla On Mouse Clic si desea cambiar diapositivas al hacer clic con el mouse. Marque la casilla Automatically After y, en el cuadro Seconds, digite la cantidad de segundos que PowerPoint debe esperar antes de cambiar a la próxima diapositiva, si prefiere que su presentación proceda automáticamente.

7. **Haga clic sobre el botón Apply to All Slides si desea aplicar la transición a todas las diapositivas de su presentación. (Ignore este paso si seleccionó varias diapositivas sosteniendo la tecla Ctrl en el paso 1).**

   Haga clic sobre el botón Play para revisar cómo se ve la transición escogida.

8. **Repita los pasos del 1 al 7 para cada diapositiva de su presentación y, al terminar, haga clic sobre el cuadro Close del panel de tareas Slide Transition.**

Crear transiciones de texto para sus diapositivas

La idea detrás de las transiciones de texto es mostrar una diapositiva sin ningún texto al principio (o solamente con un poco) y luego, con cada clic del mouse, que aparezca un nuevo trozo del texto. Este tipo de acto puede mantener al público interesado en ver sus diapositivas, aunque sea para observar cuáles efectos inusuales y entretenidos preparó usted cuando supuestamente estuvo trabajando. (Bueno, siempre existe la posibilidad de *aparentar* que no se divirtió).

Las transiciones de texto afectan a un cuadro de texto completo, ya sea que conste de una sola palabra o varios párrafos. Si desea diferentes transiciones para cada palabra, línea o párrafo, debe confeccionar cuadros de texto separados escogiendo Insert➪ Text Box.

Para crear una transición de texto, siga estos pasos para cada diapositiva en la que desea exhibir ese efecto:

1. **Escoja una diapositiva usando uno de los métodos explicados en la sección "Ver una diapositiva", del Capítulo 11.**

   La diapositiva escogida aparece en el panel.

2. **Haga clic sobre el cuadro de texto que desea modificar.**

   Aparece el panel Custom Animation, el cual ofrece opciones para modificar la forma en que aparece su texto en una diapositiva.

4. **Haga clic sobre el botón Add Effect.**

   Aparece un menú desplegable.

5. **Escoja una o más de las siguientes opciones:**

   - **Entrance:** Define cómo aparece el texto en la diapositiva
   - **Emphasis:** Define la apariencia del texto, como aumentar o disminuir el tamaño de la fuente
   - **Exit:** Define cómo desaparece el texto de la diapositiva
   - **Motion Paths:** Define la dirección en que el texto se mueve cuando aparece o desaparece de una diapositiva

   Cuando usted hace clic sobre una opción, como Entrance o Exit, surge otro menú contextual con más opciones para la transición escogida, como se observa en la Figura 13-2.

6. **Haga clic sobre la transición que quiere, como Diamond transition, del menú desplegable Entrance.**

   PowerPoint le muestra cómo aparece el texto con la transición escogida. Conforme agrega transiciones, PowerPoint despliega números cerca de cada cuadro de texto que tenga una transición. El panel de tareas Custom Animation también despliega casillas de lista Start, Direction y Speed, para que usted personalice su transición de texto, como se aprecia en la Figura 13-3.

7. **Haga clic sobre las casillas de lista Start, Direction y Speed, y escoja una opción para definir el comportamiento de su transición.**

8. **Repita los pasos del 4 al 7 hasta haber terminado de escoger los efectos de transición para su texto.**

9. **Haga clic sobre el botón Play.**

   PowerPoint le enseña cómo aparecen las diferentes transiciones en la diapositiva.

10. **Haga clic sobre el cuadro Close del panel de tareas Custom Animation cuando haya acabado.**

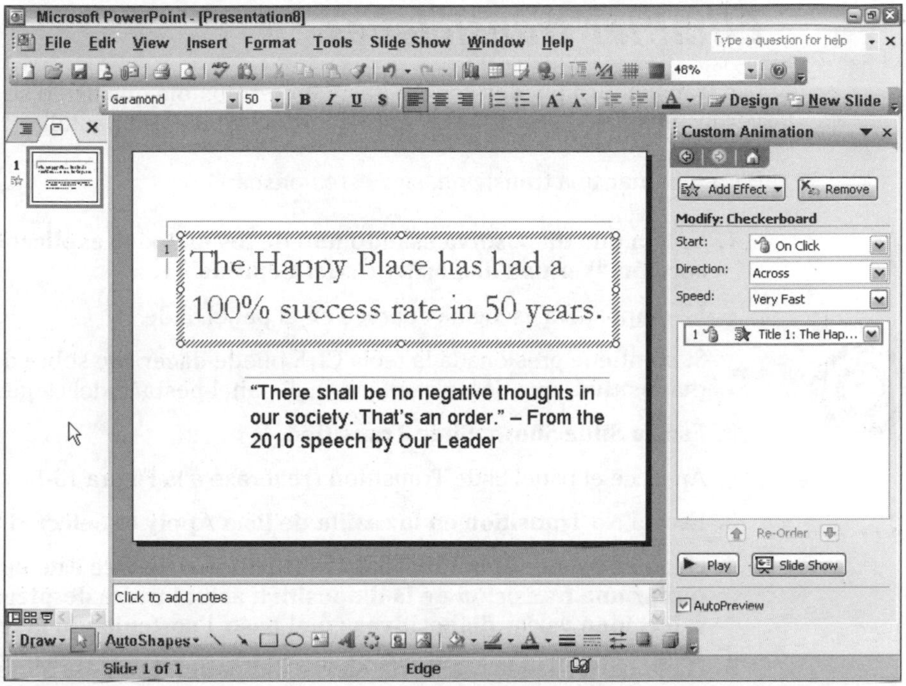

Figura 13-2: Cuando usted hace clic sobre el botón Add Effects, puede elegir la opción Entrance y escoger una transición específica para definir cómo entra su texto en la diapositiva.

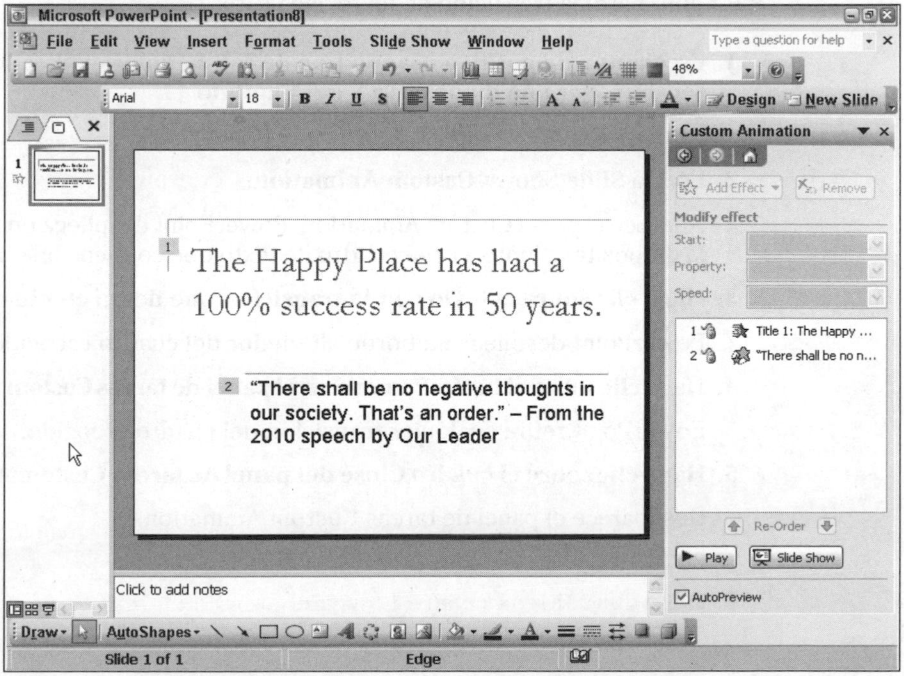

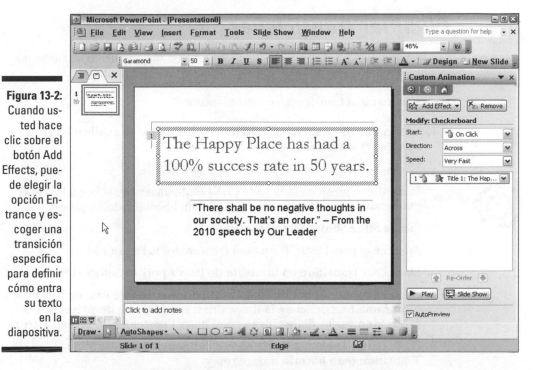

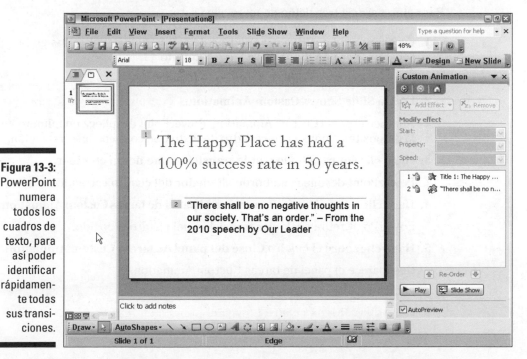

Figura 13-3: PowerPoint numera todos los cuadros de texto, para así poder identificar rápidamente todas sus transiciones.

Eliminar transiciones

Las transiciones pueden ser bonitas, pero es posible que usted se canse de ver las mismas diapositivas y texto dando vueltas en la pantalla.

Para eliminar una transición, siga estos pasos:

1. **Escoja una diapositiva usando uno de los métodos explicados en la sección "Ver una diapositiva", del Capítulo 11.**

   La diapositiva escogida aparece en el panel Slide.

   CONSEJO

   Si mantiene presionada la tecla Ctrl, puede hacer clic sobre dos o más diapositivas que desea cambiar en el panel-pestaña del esquema.

2. **Escoja Slide Show⇨Slide Transition.**

   Aparece el panel Slide Transition (refiérase a la Figura 13-1).

3. **Escoja No Transition en la casilla de lista Apply to Selected Slides.**
4. **Haga clic sobre el botón Apply to All Slides. (Ignore este paso si desea quitar una transición de la diapositiva actualmente desplegada, o si seleccionó varias diapositivas en el paso 1 sosteniendo la tecla Ctrl).**
5. **Haga clic sobre la casilla de cierre del panel de tareas Slide Transition para hacerlo desaparecer.**

Para eliminar una transición de texto, siga estos pasos:

1. **Escoja una diapositiva usando uno de los métodos explicados en la sección "Ver una diapositiva", del Capítulo 11.**

   La diapositiva escogida aparece en el panel Slide.

2. **Escoja Slide Show⇨Custom Animation.**

   Aparece el panel Custom Animation. PowerPoint despliega un número en la diapositiva, junto a cada cuadro de texto que contiene una transición.

3. **Haga clic sobre el texto con la transición que desea eliminar.**

   PowerPoint despliega un borde alrededor del cuadro escogido.

4. **Haga clic sobre el botón Remove en el panel de tareas Custom Animation.**

   PowerPoint retira cualquier transición del cuadro escogido.

5. **Haga clic sobre el cuadro Close del panel de tareas Custom Animation.**

   Desaparece el panel de tareas Custom Animation.

Preparar su Presentación para el Público

Una vez que su presentación de diapositivas esté perfectamente organizada, completa y lista, usted puede revelarla al público. Para un máximo de flexibilidad, PowerPoint le permite añadir diferentes elementos a su presentación para ayudarle a avanzar por ella manualmente o mostrarla como una presentación automática para que otros la puedan observar por sí mismos.

Agregar botones

La mayoría de las presentaciones muestra diapositivas una después de la otra en el mismo orden aburrido. Mantener un solo orden está bien algunas veces, especialmente si usted está dando la presentación, pero puede ser demasiado limitante si otros la observan sin su supervisión.

En lugar de obligar a alguien a ver sus diapositivas una después de la otra, puede colocarles botones. Al hacer clic sobre un botón se puede mostrar cualquier diapositiva, sin importar si es la primera, la última, la siguiente, la anterior o la sexta.

Añadir botones (llamados *hipervínculos* por PowerPoint) le brinda a su público la oportunidad de saltar de una diapositiva a otra. Así, usted (o quien controle su presentación) tiene mayor libertad y flexibilidad para hacer su exposición.

Crear un hipervínculo a otra diapositiva

Para crear un botón o hipervínculo en una diapositiva, siga estos pasos:

1. **Escoja una diapositiva usando uno de los métodos explicados en la sección "Ver una diapositiva", del Capítulo 11.**

   La diapositiva escogida aparece en el panel Slide.

2. **Escoja Slide Show⇨Action Buttons.**

   Aparece un menú de diferentes botones, como se observa en la Figura 13-4.

   CONSEJO

   Si coloca el puntero del mouse en la parte superior del menú desplegable, se convierte en una flecha de cuatro puntas. Luego, si arrastra el mouse, puede separar el menú para que aparezca en la pantalla todo el tiempo.

3. **Haga clic sobre un botón del menú.**

   El cursor del mouse se convierte en una cruz.

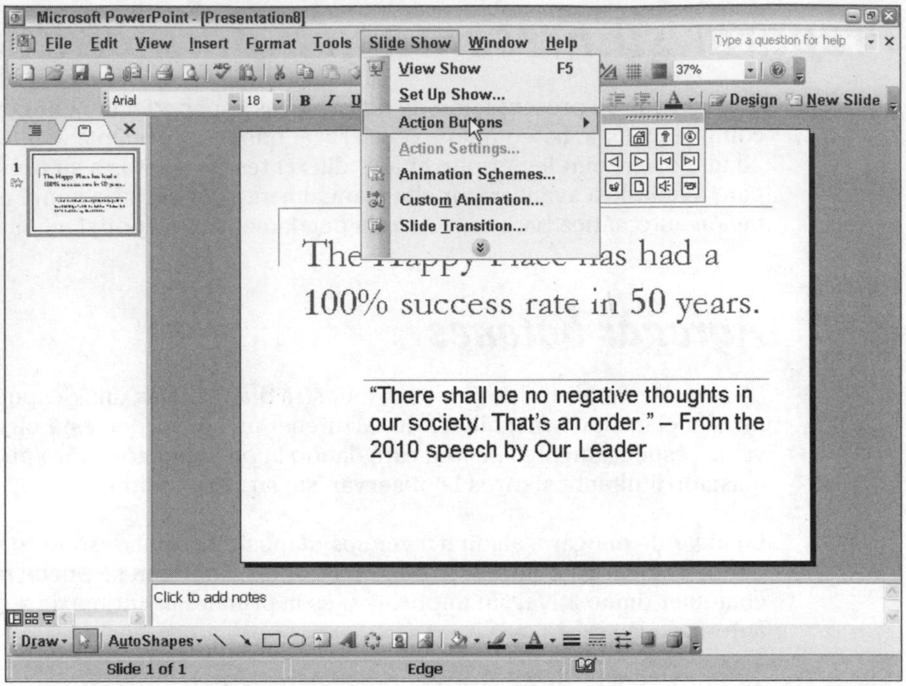

Figura 13-4: Un menú con los diferentes tipos de botones de hipervínculo que usted puede colocar en una diapositiva.

4. **Coloque el mouse donde desea dibujar el botón, mantenga presionado el botón izquierdo, arrastre el mouse para dibujar su botón y luego suéltelo.**

   Aparece el recuadro de diálogo Action Settings, como se muestra en la Figura 13-5, y le ofrece maneras de definir el funcionamiento de su hipervínculo.

5. **Haga clic sobre el botón de opción Hyperlink to, haga clic en la casilla de lista, y luego escoja una diapositiva, como Next Slide o Last Slide Viewed.**

   RECUERDE

   Al escoger una opción en el paso 5, como Next Slide, asegúrese de que ésta corresponda a la apariencia visual del botón sobre el que hizo clic en el paso 3. Entonces, si el botón escogido parece un botón de Forward, usted probablemente no quiere que la acción despliegue la diapositiva anterior (a no ser que quiera confundir a las personas).

6. **Haga clic sobre OK.**

   Para probar su botón, escoja View⇨Slide Show or press F5.

CONSEJO

Después de crear un botón de hipervínculo, quizás desee cambiar la diapositiva a la cual éste salta al hacer clic sobre él. Para cambiar la conducta de un botón, haga clic derecho sobre él y elija Edit Hyperlink para desplegar el recuadro de diálogo Action Settings, donde usted puede escoger la nueva diapositiva de destino.

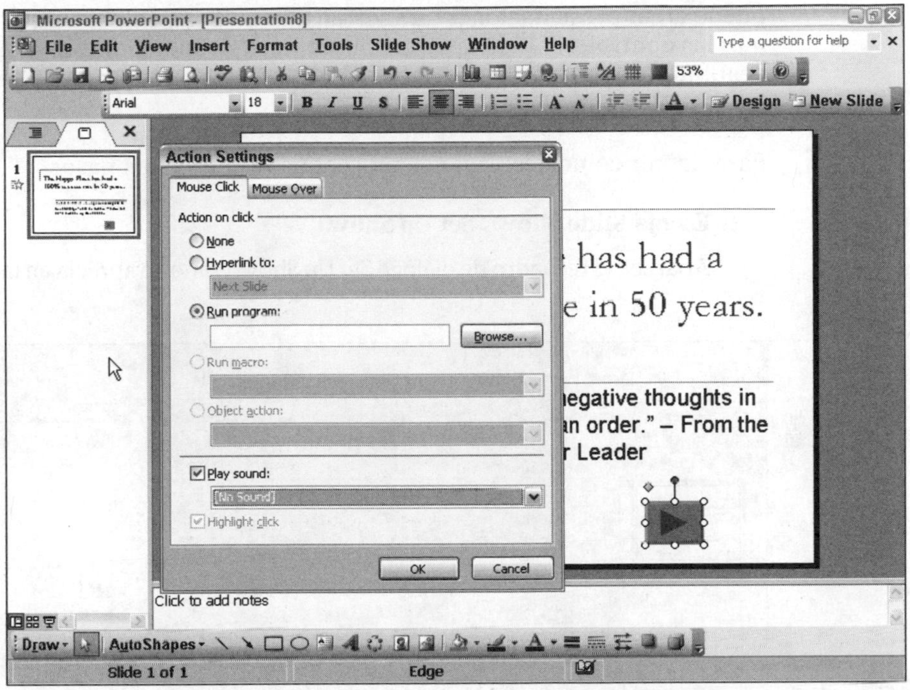

Figura 13-5: El recuadro de diálogo Action Settings le permite definir cómo funciona un botón de hipervínculo en su diapositiva.

Borrar un botón de hipervínculo

Tal vez un día usted quiera borrar algún botón de hipervínculo de su presentación. Puede borrar un botón de hipervínculo en cualquier momento siguiendo estos pasos:

1. **Escoja una diapositiva usando uno de los métodos explicados en la sección "Ver una diapositiva", del Capítulo 11.**

   La diapositiva escogida aparece en el panel Slide.

2. **Haga clic sobre el botón de hipervínculo que desea borrar.**

   PowerPoint resalta el botón de hipervínculo escogido.

3. **Pulse Delete o escoja Edit⇨Clear.**

   PowerPoint retira el botón escogido.

Definir cómo mostrar su presentación de diapositivas

Muchas personas utilizan PowerPoint para crear presentaciones que puedan mostrar, como presentaciones de diapositivas o charlas, pero usted también puede crear presentaciones que corran automáticamente para que alguien más las controle. Por ejemplo, un museo puede poner una computadora en el vestíbulo, donde los visitantes observen una presentación de PowerPoint que les enseñe las atracciones principales.

Para definir cómo desplegar su presentación, siga estos pasos

1. **Escoja Slide Show➪Set Up Show.**

   Aparece el recuadro de diálogo Set Up Show, como se aprecia en la Figura 13-6.

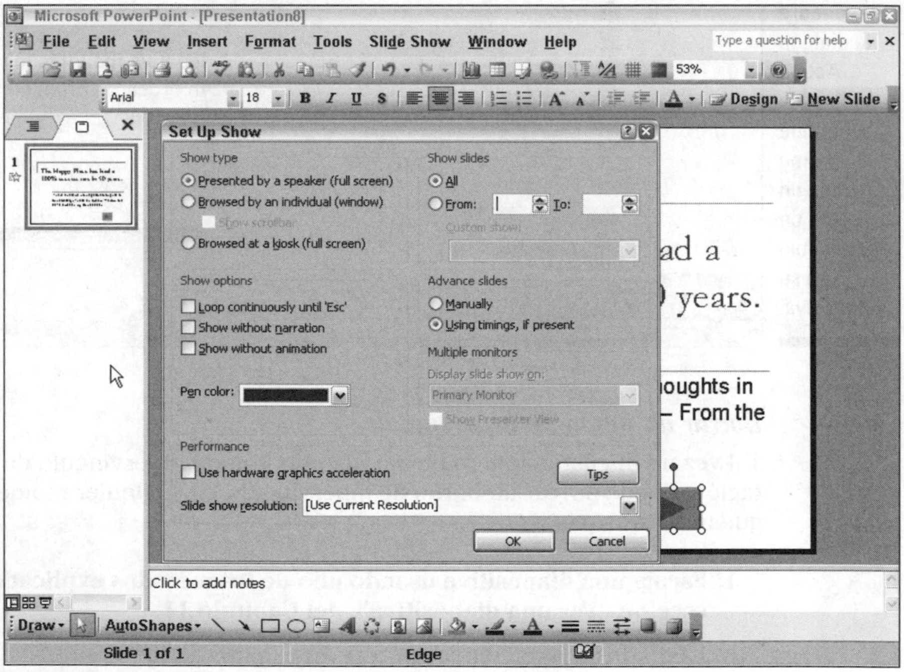

Figura 13-6: El recuadro de diálogo Set Up Show le permite definir cómo correr su presentación.

2. **Haga clic sobre uno de los siguientes botones de opción:**

   - **Presented by a speaker (full screen):** Las diapositivas cubren toda la pantalla. Es posible navegar por ellas con el mouse o el teclado.
   - **Browsed by an individual (window):** Las diapositivas aparecen en una ventana con los menús y barras de herramientas de PowerPoint completamente visibles. Es posible navegar por ellas con el mouse o el teclado.
   - **Browsed at a kiosk (full screen):** Las diapositivas cubren toda la pantalla, pero solamente se puede navegar por ellas con un mouse. (Para que esta opción funcione adecuadamente, asegúrese de poner botones de hipervínculo en sus diapositivas).

3. **Haga clic sobre una o más de las siguientes casillas:**
   - **Loop continuous until 'Esc':** Repite toda la presentación hasta que alguien pulse la tecla Esc.
   - **Show without narration:** Elimina cualquier narración que usted haya grabado utilizando el comando Slide Show⇨Record Narration. (La opción Record Narration le permite agregar su propia voz u otros sonidos a través de un micrófono. Para aprender más sobre ella, lea *PowerPoint 2003 For Dummies*, por Doug Lowe, publicado por Wiley Publishing, Inc).
   - **Show without animation:** Elimina todas las sofisticadas transiciones de texto y diapositivas que usted haya creado.
4. **En el grupo Advance slides, haga clic sobre el botón de opción Manually o Using Timings If Present.**
5. **Haga clic sobre OK.**

¡ADVERTENCIA!

Si hace clic sobre el botón Browsed at a Kiosk en el paso 2 y, además, en el botón Using Timings If Present en el paso 3, escoja Slide Show⇨Slide Transition, y asegúrese de que todas sus diapositivas tengan la casilla Automatically After marcada. De lo contrario, no podrá avanzar a través de su presentación.

Probar su presentación de diapositivas

Antes de mostrar su presentación durante una decisiva reunión de negocios, debería probarla. De esa manera, si encuentra errores o efectos visuales molestos, puede editarlos y, así, no le restarán importancia a su presentación.

CONSEJO

Además de asegurarse de que las transiciones de texto y diapositivas funcionen, cerciórese de que su ortografía y gramática estén correctas. Nada puede verse peor y más tonto que escribir mal el nombre de su compañía.

Para probar su presentación, siga estos pasos:

1. **Escoja Slide Show⇨View Show or press F5.**

   PowerPoint despliega su primera diapositiva.
2. **Presione cualquier tecla o haga clic con el mouse para ver la próxima diapositiva.**
3. **Presione Esc para terminar la presentación en cualquier momento.**

Parte V

Organizarse con Outlook

La 5a Ola

Por Rich Tennant

"...entonces, si tiene un mensaje para alguien, lo escribe en un papelito y los coloca en su refrigerador con estos imanes. es sólo hasta que arreglemos nuestro sistema de e-mail."

En esta parte . . .

Después de unos días de trabajo, la mayor parte de los escritorios desaparece debajo de una pila de memorandos, informes y papeles. Si realmente quisiera utilizar la superficie del escritorio para escribir, y no como archivo o basurero, quizás necesite la ayuda de Microsoft Outlook para salvarlo: un programa que combina el correo electrónico con un organizador de información personal.

Además de ayudarle a crear, enviar, recibir y revisar su correo electrónico, Outlook también organiza sus citas, tareas y contactos importantes. Con la ayuda de Outlook, puede darle seguimiento a reuniones y citas que preferiría evitar, almacenar nombres de personas que podría olvidar y organizar correo electrónico en una sola ubicación; no será necesario registrar todo su disco duro para encontrar un mensaje importante que podría determinar el futuro de su carrera o negocio.

Outlook maneja toda su información personal; así, usted puede enfocarse únicamente en hacer su trabajo. ¿Quién sabe? Si Outlook lo hace ser suficientemente productivo, tal vez usted encuentre tiempo como para relajarse y tomar el almuerzo prolongado que tanta falta le hace.

Capítulo 14

Organizar su Correo Electrónico

En este capítulo

- Configurar Outlook
- Hacer una libreta de direcciones
- Escribir y enviar correo electrónico
- Leer y responder correo electrónico

Hoy en día, casi todo el mundo tiene una cuenta de correo electrónico; algunas personas tienen varias. Si usted usa diferentes cuentas de correo electrónico, sus mensajes podrían estar esparcidos por todas partes, y seguramente le resulta difícil aclarar quién le mandó qué a quién.

Con Outlook, usted puede no solamente escribir, enviar y leer correo electrónico, sino también encauzar todo el correo de sus cuentas de Internet a un buzón central. Así, cuando quiera organizar su correo electrónico, puede hacerlo todo esto desde un solo programa, fácil y rápidamente.

El Capítulo 20 le enseña cómo reducir ese odioso correo *spam*.

Configurar Outlook para Trabajar con Correo Electrónico

Cuando instala Microsoft Office 2003, Outlook lo guía a través del proceso de configurar una cuenta de correo electrónico. Sin embargo, más adelante usted puede añadir o cancelar una cuenta de Internet; entonces, debe saber cómo indicarle a Outlook sobre esos cambios en su correo electrónico.

Definir una cuenta de correo electrónico para Outlook requiere detalles técnicos, como conocer el POP3 de Internet o información de SMTP. Si no tiene la menor idea de lo que esto significa, llame a su proveedor de servicios de Internet por ayuda o pídale a un amigo que lo socorra.

Agregar una cuenta de correo electrónico a Outlook

Para añadir una cuenta de correo electrónico a Outlook, siga estos pasos:

1. **Escoja Tools➪Options.**

   Aparece el recuadro de diálogo Options.

2. **Haga clic sobre la pestaña Mail Setup.**

   Se abre la pestaña Mail Setup, como se observa en la Figura 14-1.

3. **Haga clic sobre el botón E-Mail Accounts.**

   Aparece el recuadro de diálogo E-Mail Accounts.

4. **Haga clic sobre el botón Add a New E-Mail Account y luego haga clic en Next.**

   El recuadro de diálogo E-Mail Accounts le pregunta por su tipo de servidor, como se aprecia en la Figura 14-2.

   Si se está conectando a una cuenta de Internet que lo obliga a marcar a través de su línea telefónica, haga clic sobre el botón POP3. Si desea conectarse a Hotmail, Yahoo! u otra cuenta de correo electrónico basada en la Web, haga clic sobre el botón HTTP. Hable con un experto en computadoras (preferiblemente uno cercano) para que le enseñe a a utilizar las otras opciones, las cuales a menudo se usan para conectar Outlook a una cuenta corporativa de correo electrónico en una red de área local.

5. **Haga clic sobre una opción en Server Type (como POP3) y haga clic sobre Next.**

   Según la opción que escoja, aparece otro recuadro de diálogo y le pide digitar detalles técnicos sobre su cuenta de correo, como el nombre de su servidor de correo.

6. **Digite la información requerida en los cuadros de texto User Information.**

   La información típica sobre el usuario incluye lo siguiente:

   - **Your Name**: Su nombre
   - **E-mail address:** Su dirección actual de correo electrónico; por ejemplo, `sunombre@isp.net`
   - **Incoming mail server (POP3):** Información POP3 de su proveedor de servicios de Internet; por ejemplo `pop.suisp.net`
   - **Outgoing mail server (SMTP):** Información SMTP de su proveedor de servicios de Internet, por ejemplo `smtp.suisp.net`

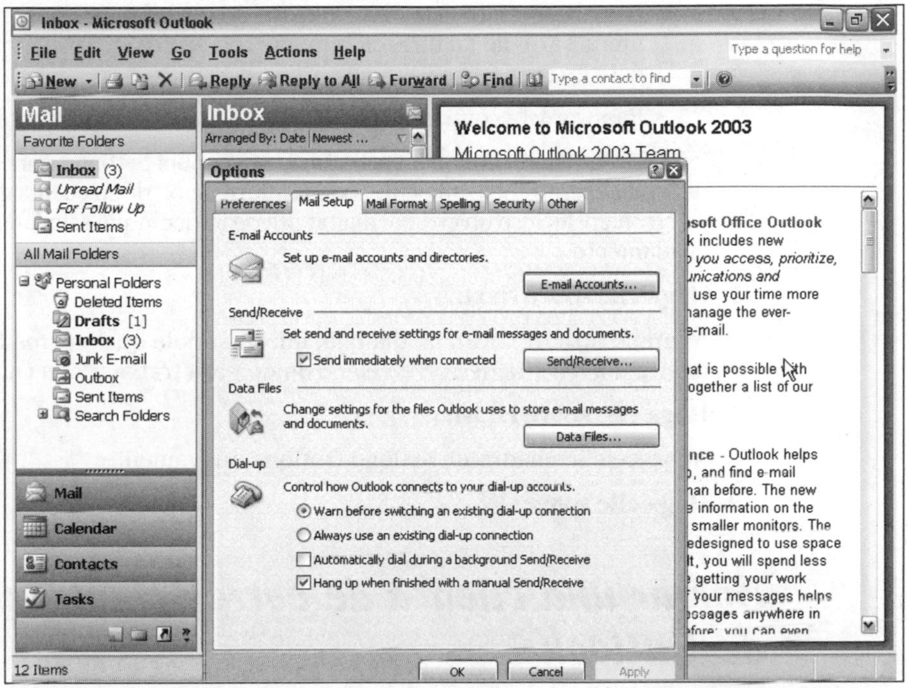

Figura 14-1: La pestaña Mail Setup, en el recuadro de diálogo Options, le permite especificar una cuenta de correo electrónico para utilizar con Outlook.

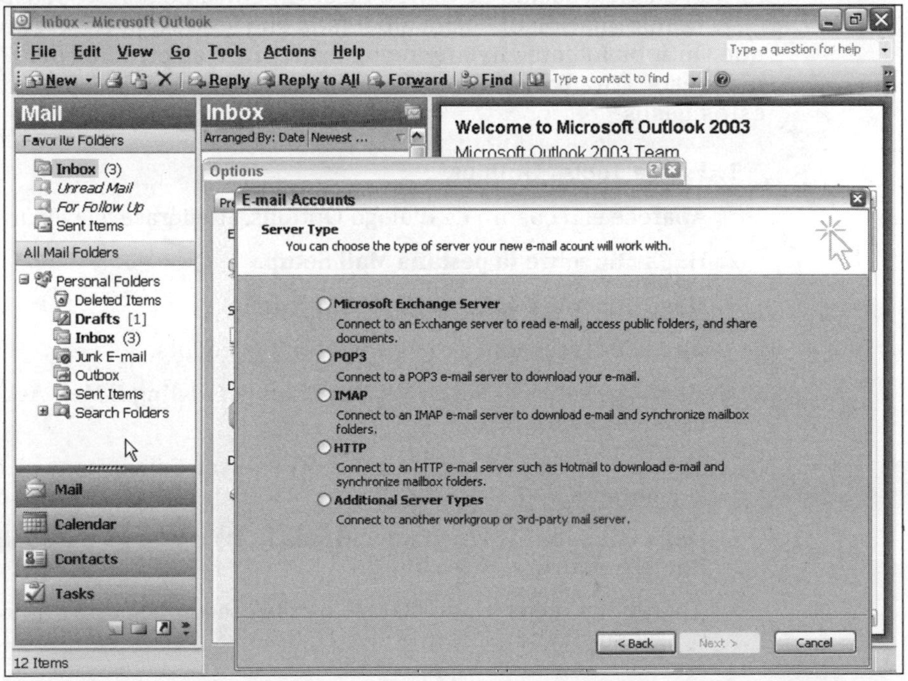

Figura 14-2: Para configurar una cuenta de correo electrónico con Outlook, necesita conocer el tipo de servidor.

- **User Name:** Nombre de su cuenta de Internet; por lo general, la primera parte de su dirección de correo electrónico, como `Jsmith` si ésta es `Jsmith@meISP.net`
- **Password:** La contraseña que le permite acceder mágicamente a su cuenta

Usted podría hacer clic sobre el botón Test Account Settings, para asegurarse de haber escrito correctamente toda la información de su cuenta de correo electrónico. Incluso un error al digitar puede impedir que ésta funcione adecuadamente.

7. **Haga clic sobre Next.**

   Aparece otro recuadro de diálogo, informándole que ha creado exitosamente una cuenta de correo electrónico para trabajar con Outlook.

8. **Haga clic sobre Finish.**

   Aparece el recuadro de diálogo Options nuevamente.

9. **Haga clic sobre OK.**

Borrar una cuenta de correo electrónico de Outlook

Si usted se va a otra compañía o cambia de proveedor de servicios de Internet, su vieja cuenta de correo electrónico ya no será válida. No mantenga esta información obsoleta albergada en Outlook; bórrela, para así evitar que Outlook intente enviar y recuperar correo electrónico desde una cuenta muerta. Para borrar una cuenta de correo electrónico de Outlook, siga estos pasos:

1. **Escoja Tools⇨Options.**

   Aparece el recuadro de diálogo Options. (Refiérase a la Figura 14-1).

2. **Haga clic sobre la pestaña Mail Setup.**
3. **Haga clic sobre el botón E-Mail Accounts.**

   Aparece el recuadro de diálogo E-Mail Accounts.

4. **Haga clic sobre el botón View o Change Existing E-Mail Accounts, y haga clic sobre Next.**

   Aparece una lista de cuentas de correo electrónico, como se muestra en la Figura 14-3.

5. **Haga clic sobre la cuenta que desea borrar y luego haga clic sobre el botón Remove.**

   Aparece un recuadro de diálogo que le pregunta si está seguro de querer borrar su cuenta de correo electrónico.

Como una alternativa a borrar una cuenta de correo electrónico entera, usted puede hacer clic sobre el botón Change, y no Remove. De esa manera, usted puede modificar la configuración actual en su cuenta de correo electrónico.

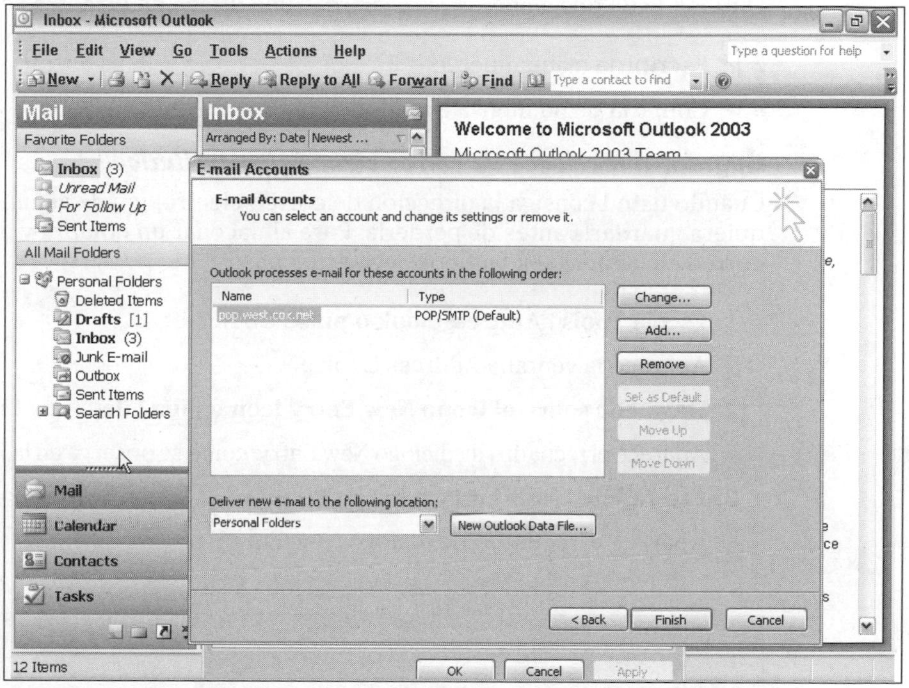

Figura 14-3: Ver una lista de cuentas de correo electrónico existentes en Outlook.

6. **Haga clic sobre Yes.**
7. **Haga clic sobre Finish.**

   Aparece de nuevo el recuadro de diálogo Options.

8. **Haga clic sobre OK.**

Almacenar direcciones de correo electrónico en Outlook

El problema con las direcciones de correo electrónico es que parecen crípticas, como si un gato las hubiera hecho, al caminar por su teclado. Las direcciones típicas de Internet consisten en letras separadas por puntos y ese tonto carácter arroba (@), como en `sunombre@yourisp.net`.

Si digita un carácter equivocado, Outlook no sabrá cómo enviar el mensaje al destino correcto. En un intento desesperado por hacer las computadoras menos hostiles hacia el usuario, Outlook le permite almacenar nombres y direcciones de correo electrónico en la libreta de direcciones (Address Book). De esa manera, sólo necesita digitar la dirección correcta *una vez*. Después, puede simplemente escoger una dirección haciendo clic sobre un nombre de la lista.

Outlook le da dos maneras para guardar una dirección de correo electrónico:

- Escribirla manualmente
- Copiarla de un mensaje recibido

Guardar direcciones de correo electrónico en Outlook

Cuando usted consiga la dirección de correo electrónico de alguien, tal vez quiera guardarla antes de perderla. Para almacenar un nombre y dirección de correo electrónico en Outlook, siga estos pasos:

1. **Escoja Tools⇨Address Book o pulse Ctrl+Shift+B.**

   Aparece la ventana Address Book

2. **Haga clic sobre el icono New Entry icon o elija File⇨New Entry.**

   Aparece el recuadro de diálogo New Entry, como se observa en la Figura 14-4.

3. **Escoja File⇨New Entry o haga clic sobre el icono New Entry.**

   Aparece el recuadro de diálogo New Entry.

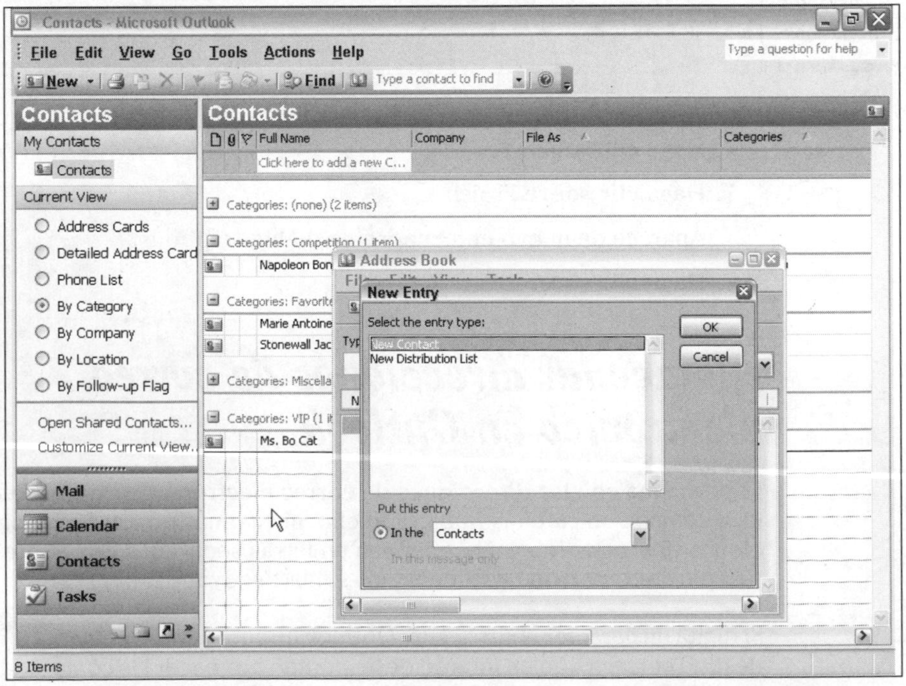

Figura 14-4: El recuadro de diálogo New Entry le permite decidir dónde almacenar sus direcciones de correo electrónico.

4. **Haga clic sobre OK.**

   Aparece la ventana Contact, como se aprecia en la Figura 14-5.

5. **Digite el nombre y dirección de correo de la persona en las casillas correspondientes.**

6. **Haga clic sobre Save y Close.**

   Outlook despliega su entrada en la ventana Address Book.

7. **Seleccione File⇨Close.**

Guardar direcciones de correo electrónico de un mensaje

Si alguien le envía un mensaje de correo electrónico y usted realmente quiere guardar su dirección para uso futuro, es mucho más fácil decirle a Outlook: "¿Puedes ver la dirección de ese mensaje que acabo de recibir? Guárdamela, para no tener que digitar más de lo necesario."

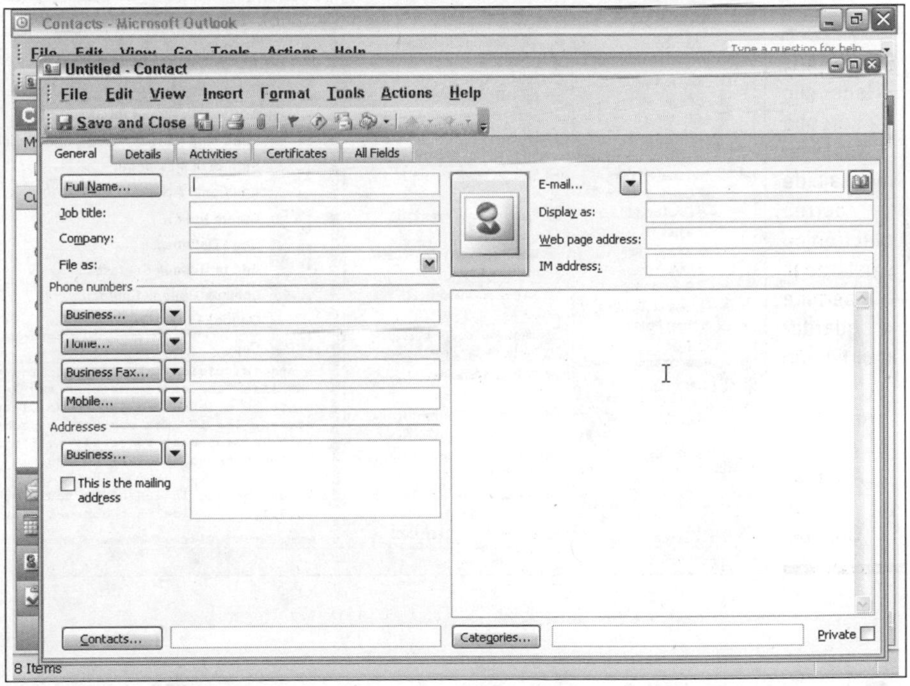

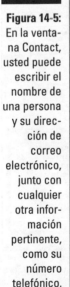

Figura 14-5: En la ventana Contact, usted puede escribir el nombre de una persona y su dirección de correo electrónico, junto con cualquier otra información pertinente, como su número telefónico.

Para almacenar la dirección de un mensaje de correo electrónico, siga estos pasos:

1. **Escoja Go⇨Mail, o pulse Ctrl+1.**

   Aparece el panel Inbox.

2. **Haga clic sobre un mensaje.**

   El mensaje de correo electrónico escogido aparece en un panel separado.

3. **Haga clic derecho sobre el nombre de quien le envió el mensaje.**

   Un menú desplegable aparece, como se aprecia en la Figura 14-6.

4. **Haga clic sobre Add to Outlook Contacts.**

   La ventana Contact aparece, como se observa en la Figura 14-7.

5. **Digite cualquier información adicional que quiera guardar (como un número de teléfono) y haga clic sobre Save y Close.**

   Outlook guarda su dirección en el Outlook Contacts Address Book.

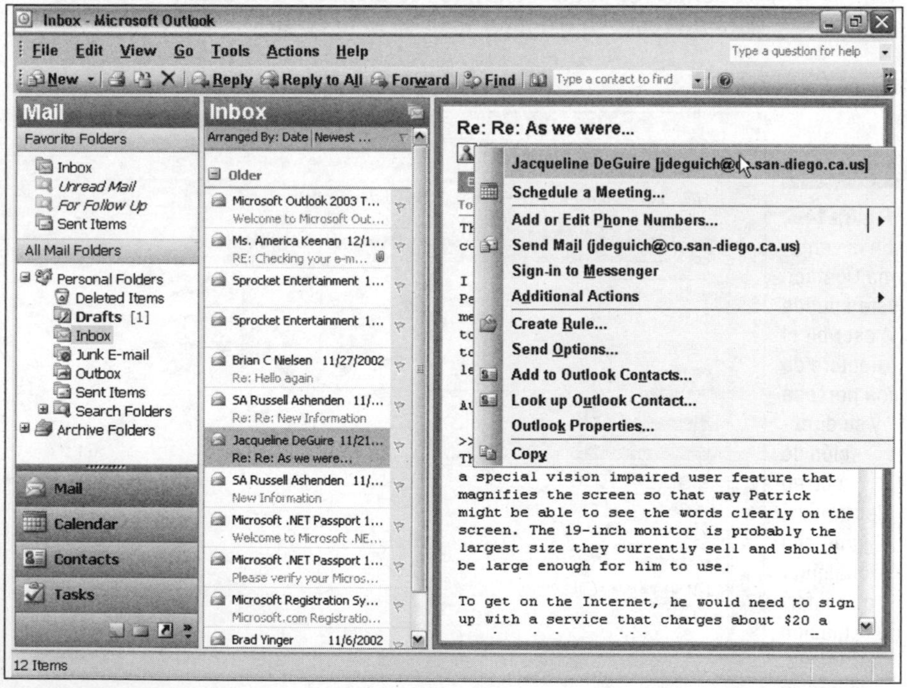

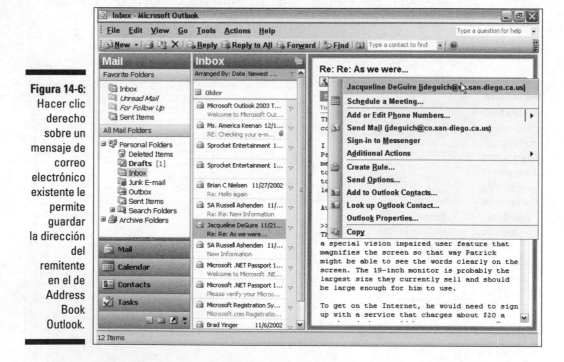

Figura 14-6: Hacer clic derecho sobre un mensaje de correo electrónico existente le permite guardar la dirección del remitente en el Address Book Outlook.

Crear un Mensaje de Correo Electrónico

Puede escribir un mensaje de correo electrónico en Outlook cuando esté en línea (conectado a la Internet) o cuando esté desconectado (no conectado a la Internet).

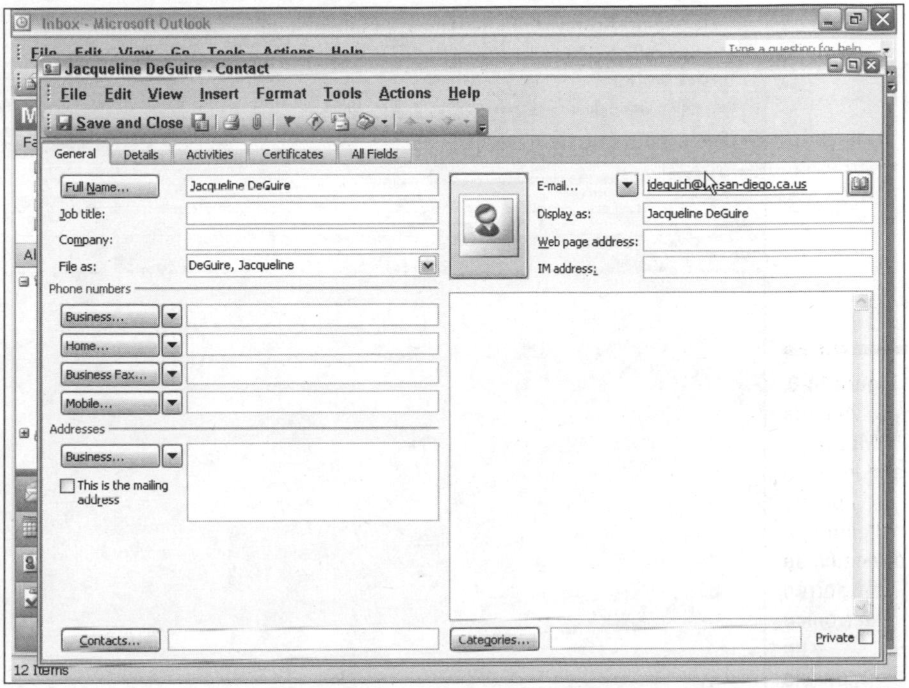

Figura 14-7: La ventana Contact le permite guardar información adicional sobre una persona, además de su nombre y dirección de e-mail.

No necesita conectarse a la Internet para escribir un correo electrónico, pero eventualmente tendrá que hacerlo para enviarlo.

Para crear un mensaje de correo electrónico, siga estos pasos:

1. **Escoja Go⇨Mail, o presione Crl+1.**

   Aparece el panel Inbox.

2. **Haga clic sobre el icono New en la barra de herramientas, escoja Actions⇨New Mail Message, o pulse Ctrl+N.**

   La ventana Message aparece, como se muestra en la Figura 14-8.

   La ventana Message realmente es Microsoft Word disfrazado. Esto le da todas las opciones de Word para crear un mensaje de e-mail, incluyendo la revisión de ortografía, las tablas y los macros.

3. **Haga clic sobre la casilla To y digite la dirección de correo electrónico donde desea enviar su mensaje.**

   Haga clic sobre el botón To para mostrar un recuadro de diálogo Select Names, y luego haga doble clic sobre el nombre del receptor. Luego, haga clic sobre OK.

Icono de Archivo adjunto (File attachment icon)

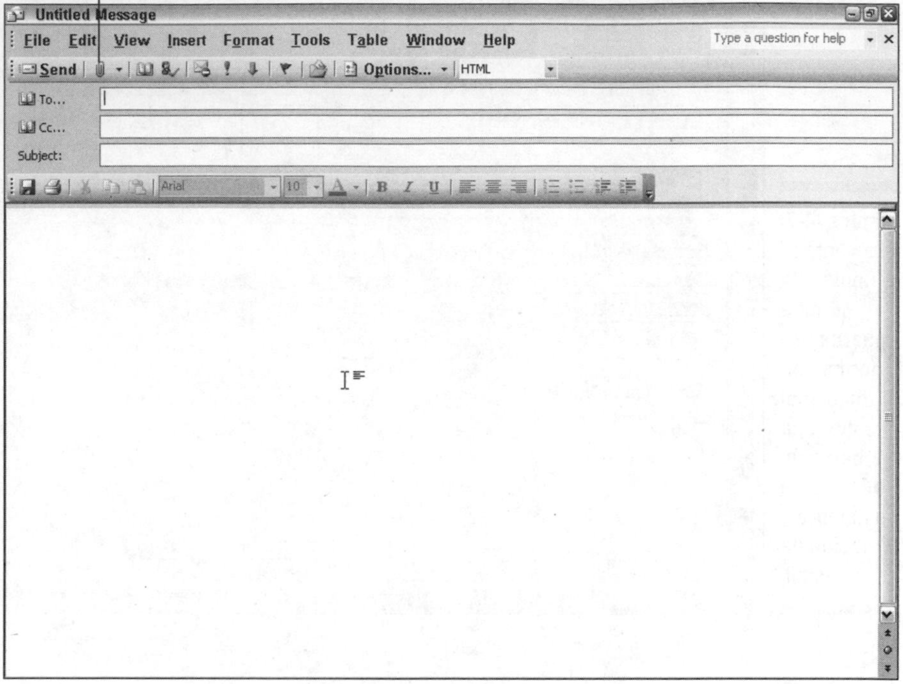

Figura 14-8: La ventana Message, donde usted puede digitar una dirección de correo electrónico y un mensaje para enviar.

Para enviar el mismo mensaje a dos o más personas, puede digitar múltiples direcciones de correo electrónico, separada por punto y coma, en el cuadro de texto To; por ejemplo, **john@doe.com; jane@doe.com.**

Para enviar una *copia a carbón* (término del siglo veinte para referirse a *mensaje idéntico*) del mensaje a otras personas, usted puede digitar una dirección directamente en la casilla Cc.

Si bien es posible, al hacer clic sobre los botones To y Cc, enviar el correo electrónico a dos o más personas, el botón Cc fue concebido para enviar un correo a alguien y mantenerlo informado de su correspondencia, sin necesariamente esperar su respuesta.

4. **Haga clic sobre la casilla Subject y digite un asunto para su mensaje.**

   Por ejemplo, digite **Planes secretos para eliminar la gravedad del planeta**.

5. **Haga clic sobre el cuadro grande en la parte inferior de la ventana Message y digite el mensaje.**

   Si desea enviar un archivo junto con su correo, no ejecute el paso 6 todavía. En cambio, siga las instrucciones de la sección siguiente, "Adjuntar archivos al correo electrónico", y luego regrese al paso 6.

Escoja Tools⇨Spelling and Grammar o pulse F7 para revisar la ortografía de su mensaje.

6. **Haga clic sobre el botón Send.**

   Outlook envía su correo electrónico de inmediato si usted está actualmente conectado a la Internet. De lo contrario, lo almacena en la carpeta Outbox.

Adjuntar archivos al correo electrónico

En lugar de enviar meramente texto, también es posible mandar música, programas, documentos del procesador de palabras, fotografías o cualquier otro tipo de archivo que le plazca.

Trate de no enviar archivos masivos, de mayor tamaño que un megabyte. Cuanto más grande sea un archivo, más tiempo durará la otra persona en bajarlo. Para comprimir archivos, considere un programa de compresión de archivos, como WinZip (`www.winzip.com`).

Para adjuntar un archivo a su correo electrónico, siga estos pasos:

1. **Elabore su correo electrónico siguiendo los pasos del 1 al 5 en la sección anterior, "Crear un Mensaje de Correo Electrónico".**
2. **Escoja Insert⇨File o haga clic sobre el icono Insert File (el dibujo de un clip) en la barra de herramientas.**

   Aparece el recuadro de diálogo Insert File.
3. **Haga clic sobre el archivo que desea enviar con su correo electrónico.**

   Quizás deba intercambiar unidades o carpetas para encontrar el archivo que desea enviar.
4. **Haga clic sobre Insert.**

   Outlook despliega un icono y el archivo escogido en la casilla Attach, directamente debajo de Subject. Ahora, usted está listo para enviar su correo electrónico.

   Puede adjuntar varios archivos a un mensaje de correo electrónico. Sólo repita los pasos del 2 al 4 para cada archivo adicional que desea añadir.
5. **Haga clic sobre el botón Send.**

   Outlook envía su correo electrónico junto con el archivo adjunto.

Utilizar la carpeta Outbox

Si usted no está conectado a Internet, Outlook almacena los mensajes de correo electrónico no enviados en la carpeta Outbox. En cuanto usted se conecte, Outlook vacía la carpeta Outbox y manda los mensajes.

Ver y editar mensajes en la carpeta Outbox

Para ver todos los mensajes atrapados temporalmente en su carpeta Outbox, siga estos pasos:

1. **Escoja Go➪Mail o presione Ctrl+1.**

   La ventana del panel Mail aparece.

2. **Haga clic sobre el icono Outbox en el grupo All Mail Folders.**

   Outlook despliega una lista de mensajes que esperan por ser enviados.

3. **Haga doble clic sobre el mensaje que desea ver.**

   Aparece la ventana Message, donde usted puede editar el correo electrónico.

4. **Seleccione File➪Save para almacenar su correo nuevamente en la carpeta Outbox.**

Para enviar el correo electrónico almacenado en la carpeta Outbox, siga los pasos de la siguiente sección.

Enviar un correo electrónico desde la carpeta Outbox

Los mensajes almacenados en la carpeta Outbox permanecen allí hasta que ocurra una de estas condiciones:

- Usted los envía manualmente.
- Usted configura Outlook para enviar todos los mensajes del Outbox automáticamente, en cuanto se conecte a Internet (o la red de área local).

Para enviar el correo electrónico del Outbox manualmente, siga estos pasos:

1. **Escoja Go➪Mail o presione Ctrl+1.**

   La ventana del panel Mail aparece.

2. **Haga clic sobre el icono Outbox en el grupo All Mail Folders.**

   Outlook despliega una lista de mensajes que esperan por ser enviados.

3. **Haga clic sobre el mensaje que desea enviar.**

   Para escoger más de un mensaje, sostenga la tecla Ctrl y haga clic sobre cada mensaje que desea enviar. Para seleccionar un rango continuo de mensajes, haga clic sobre el primero, sostenga la tecla Shift, y luego haga clic sobre el último.

4. **Escoja Tools➪Send/Receive➪Send/Receive All o Send All, o presione F9**

   Si no está conectado a la Internet, aparece un recuadro de diálogo que le solicita el nombre de usuario y la contraseña de su cuenta de Internet, para que Outlook pueda conectarse y enviar su correo.

Si le parece complicado enviar manualmente su correo electrónico del Outbox, deje que Outlook lo haga automáticamente. Si desea configurar Outlook para enviar correo electrónico automáticamente desde su carpeta Outbox, siga estos pasos:

1. **Escoja Tools⇨Options.**

   Aparece el recuadro de diálogo Options. (Refiérase a la Figura 14-1).

2. **Haga clic sobre la pestaña Mail Setup.**

3. **Haga clic en la casilla Send Immediately When Connected, bajo la categoría Send/Receive. (Si la casilla ya está marcada, sáltese este paso).**

4. **Haga clic sobre OK.**

   De ahora en adelante, Outlook automáticamente envía todos los correos electrónicos del Outbox tan pronto como usted se conecte a la Internet.

Recuperar y Leer Correo Electrónico

Outlook puede recuperar y organizar correo electrónico de la mayoría de cuentas de Internet, con la excepción de America Online. Piense en Outlook como un excelente organizador en su computadora, imposible de extraviar (a menos que usted extravíe su computadora portátil).

Recuperar correo electrónico

Para recuperar correo electrónico, siga estos pasos:

1. **Escoja Go⇨Mail o presione Ctrl+1.**

   La ventana del panel Mail aparece.

2. **Seleccione Tools⇨Send/Receive.**

   Aparece un menú desplegable, el cual muestra todas las cuentas de Internet que usted ha definido para Outlook.

   Para enviar mensajes de todas sus cuentas, seleccione Send/Receive All.

3. **Haga clic sobre la cuenta de Internet de donde desea sacar el correo.**

   Si Outlook encuentra un correo para usted, amablemente lo almacena en la carpeta Inbox.

Leer un mensaje de correo electrónico

Para leer un mensaje de correo electrónico, siga estos pasos:

1. **Escoja Go⇨Mail o presione Ctrl+1.**

La ventana del panel Mail aparece.

2. **Haga clic sobre el icono Inbox, bajo el grupo All Mail Folders.**

   Outlook despliega todos los mensajes guardados en su Inbox, divididos en categorías según el momento en que usted los recibió. Los mensajes no leídos aparecen en negrita.

3. **Haga clic sobre el mensaje que desea leer.**

   Los contenidos del mensaje escogido aparecen en un panel, en el lado derecho de la pantalla.

4. **Al terminar de leer el mensaje, haga clic sobre otro.**

   Si desea responder un correo electrónico, siga los pasos enumerados en la siguiente sección, "Responder un mensaje de correo electrónico".

Responder un mensaje de correo electrónico

A menudo necesita responderle a alguien que le envió un mensaje de correo electrónico, ya sea por cortesía o porque quiere algo de ellos. Responder correo electrónico es fácil, ya que Outlook automáticamente sabe dónde mandar su respuesta. No es necesario volver a digitar la críptica dirección. Para responder un mensaje de correo electrónico, siga estos pasos:

1. **Siga los pasos del 1 al 3 de la sección anterior, "Leer un mensaje de correo electrónico".**

2. **Escoja Actions⇨Reply, press Ctrl+R, pulse Ctrl+R o haga clic sobre el icono Reply en la barra de herramientas.**

   Si desea que su respuesta llegue a todas las personas que recibieron el mensaje original, escoja Actions⇨Reply to All, pulse Ctrl+Shift+R o haga clic sobre el icono Reply to All en la barra de herramientas.

   Aparece la ventana Message, con una copia del mensaje original en la ventana de mensaje y la dirección del receptor (o los receptores) ya digitadas para usted.

3. **Digite su respuesta y luego haga clic sobre el botón Send.**

Reenviar correo electrónico

En lugar de responder un correo electrónico, quizás desee pasar un mensaje a alguien más; esta es una forma divertida de distribuir bromas mientras trabaja. Pasar mensajes de correo electrónico se conoce (en círculos más pretenciosos y técnicos) como *reenviar*. Para reenviar un mensaje de correo electrónico, siga estos pasos:

1. **Siga los pasos del 1 al 3 de la sección anterior, "Leer un mensaje de correo electrónico", anteriormente en este capítulo.**

2. **Escoja Actions⇨Forward, pulse Ctrl+F, o haga clic sobre el icono Forward en la barra de herramientas.**

   La ventana Message aparece, con el mensaje de correo electrónico original ya digitado para usted.

3. **Digite la dirección, en la casilla To, dela persona a quien desea enviar el mensaje.**

   Si desea enviar un correo electrónico a una dirección almacenada en el Address Book, haga clic sobre el botón To y luego sobre el nombre del receptor. Si desea enviar el mensaje a alguien que no esté en su Address Book, entonces debe digitar la dirección en la casilla To.

4. **Digite cualquier mensaje adicional que quiera enviar junto con el mensaje reenviado.**

5. **Haga clic sobre el botón Send.**

Borrar un Correo Electrónico Viejo

Si no se cuida, es probable que encuentre su Inbox inundado de viejos mensajes que ya no necesita. En lugar de perder valioso espacio en el disco duro almacenando mensajes inútiles, tómese algo de tiempo periódicamente para limpiar su Inbox.

Aparte del Inbox, otra carpeta que puede estar atiborrada es la Sent Items, que contiene copias de cada mensaje enviado. Aunque puede gustarle mantener un registro para futuras referencias, seguramente querrá eliminar una parte de estos mensajes en algún momento.

Borrar correo electrónico

Para borrar un mensaje de correo electrónico guardado en cualquier carpeta, siga estos pasos

1. **Escoja Go⇨Mail o presione Ctrl+1.**
   La ventana del panel Mail aparece.

2. **Haga clic sobre la carpeta con los mensajes que usted quiere borrar, como Inbox.**

   Cuando usted hace clic sobre una carpeta, aparece un panel separado con una lista de todos los mensajes guardados en esa carpeta en particular.

3. **Haga clic sobre el mensaje que desea borrar.**

   Si desea borrar varios mensajes, sostenga la tecla Ctrl y haga clic sobre cada mensaje uno. Si desea borrar un rango de mensajes, sostenga la tecla Shift, haga clic sobre el primero y luego sobre el último.

4. **Escoja Edit⇨Delete, pulse Ctrl+D o haga clic sobre el icono Delete en la barra de herramientas.**

   Outlook borra los mensajes escogidos.

Cuando borra mensajes, Outlook los almacena en la carpeta Deleted Items, para darle una última oportunidad de recuperar cualquier mensaje que desea guardar antes de borrarlo permanentemente. (Refiérase a "Recuperar mensajes de la carpeta Deleted Items", a continuación).

Recuperar mensajes de la carpeta Deleted Items

Si elimina un mensaje y repentinamente decide que lo necesita después de todo, todavía puede recuperarlo de su carpeta Deleted Items. Para recuperar e-mail de la carpeta Deleted Items, siga estos pasos:

1. **Seleccione Go⇨Mail o presione Ctrl+1.**

   La ventana del panel Mail aparece.

2. **Haga clic sobre el icono Deleted Items, bajo el grupo All Mail Folder.**

   Un panel separado despliega todos los mensajes guardados en la carpeta Deleted Items.

3. **Haga clic sobre el mensaje que desea recuperar.**

   Si desea recuperar una serie de mensajes, puede seleccionarlos sosteniendo la tecla Ctrl y haciendo clic sobre cada uno.

4. **Escoja Edit⇨Move to Folder o pulse Ctrl+Shift+V.**

   Aparece el recuadro de diálogo Move Items, como se aprecia en la Figura 14-9.

   El recuadro de diálogo Move Items no se limita simplemente a mover mensajes fuera de la carpeta Deleted Items. Usted puede usarlo para mover mensajes de cualquier carpeta a otra.

5. **Haga clic sobre el icono Inbox y luego haga clic sobre OK.**

   Aparece el mensaje en el Inbox, en su condición original. (Si lo desea, puede escoger una carpeta diferente a Inbox).

Borrar correo electrónico para siempre

Si usted no borra los mensajes de correo electrónico de la carpeta Deleted Items, éstos pueden ser recuperados y leídos por otros. Como mínimo, sus mensajes no deseados todavía están allí y ocupan espacio en su disco duro hasta que usted los elimine para siempre.

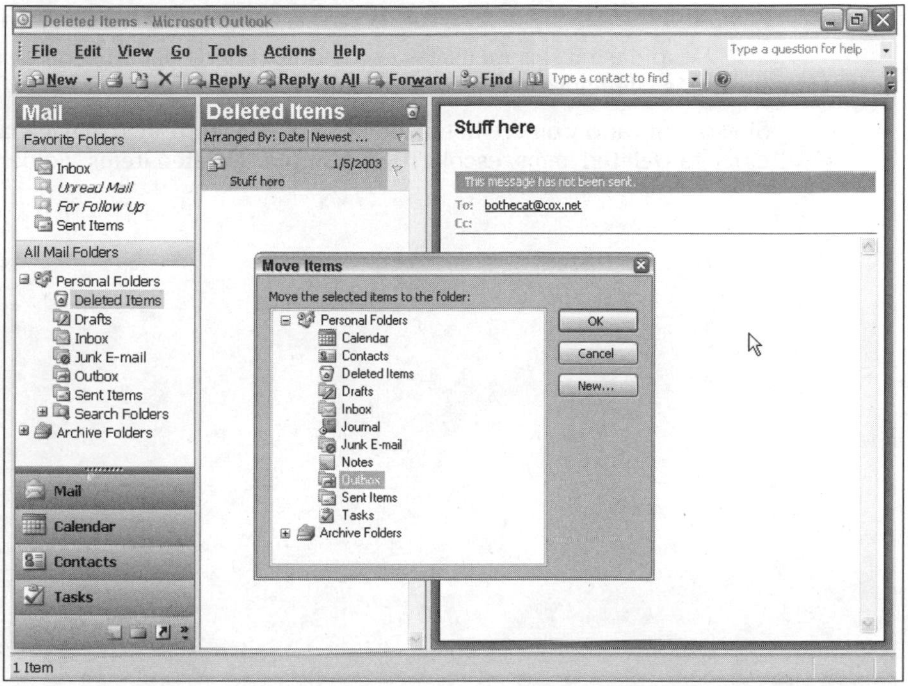

Figura 14-9: El recuadro de diálogo Move Items le permite recuperar un mensaje de la carpeta Deleted Items y almacenarlo en otra parte.

Después de borrar correo electrónico de la carpeta Deleted Items, no podrá recuperarlo nunca. Es mejor que esté seguro de lo que hace.

Para borrar correo electrónico de su computadora para siempre, siga estos pasos:

1. **Escoja Go⇨Mail o presione Ctrl+1.**

   La ventana del panel Mail aparece.

2. **Haga clic sobre el icono Deleted Items, bajo el grupo All Mail Folder.**

   Un panel separado muestra todos los mensajes almacenados en la carpeta Deleted Items.

3. **Haga clic sobre el mensaje que desea borrar.**

   Si desea borrar una serie de mensajes simultáneamente, puede seleccionar varios sosteniendo la tecla Ctrl y haciendo clic sobre cada uno.

4. **Escoja Edit⇨Delete, presione Ctrl+D, o haga clic sobre el icono Delete en la barra de herramientas.**

   Aparece un recuadro de diálogo y le advierte que usted está a punto de borrar permanentemente el mensaje.

5. **Haga clic sobre el botón Yes.**

   Despídase de los mensajes escogidos. (Puede hacerlo con un beso; es más silencioso que una risa maniática).

Si está apurado y quiere botar todo el correo electrónico almacenado en la carpeta Deleted Items, escoja Tools➪Empty "Deleted Items" Folder.

Capítulo 15

Fijar Tareas y Hacer Contactos

En este capítulo

- Almacenar nombres y direcciones
- Organizar nombres por categorías
- Crear una lista de cosas por hacer

Además de leer y escribir mensajes de correo electrónico, en Microsoft Outlook usted también puede organizar el resto de su vida fuera de la Internet. Con las mágicas características de Outlook, usted puede crear sus propias listas de cosas por hacer (ya no deberá gastar dinero comprando papel especial con el encabezado "Cosas que hacer hoy") y almacenar valiosos nombres, direcciones, números telefónicos y demás información importante sobre personas que puedan favorecer su carrera.

CONSEJO

Para más información sobre cómo utilizar las maravillosas opciones de Outlook, lea *Outlook 2003 For Dummies*, por Bill Dyszel (publicado por Wiley Publishing, Inc).

Organizar la Información de los Contactos

Casi todo el mundo tiene tarjetas de presentación que entrega a quienes pueden serle útiles en el futuro. Aquellas personas que están aún atrapadas en la Edad Oscura conservan su colección de tarjetas en un archivo Rolodex, pero usted puede avanzar al siglo veintiuno, y almacenar nombres y direcciones en Outlook. Al utilizar Outlook, es posible copiar rápidamente sus contactos de negocios valiosos y compartirlos con otros, o simplemente deshacerse de su incómodo archivo Rolodex y poner una computadora, mucho más incómoda, en su escritorio.

Almacenar información de contactos

Para almacenar información acerca de un contacto en Outlook, siga estos pasos:

1. **Escoja Go⇨Contacts o presione Ctrl+3.**

   El panel Contacts aparece.

2. **Seleccione Actions⇨New Contact o presione Ctrl+N.**

   Aparece el recuadro de diálogo Contact, como se muestra en la Figura 15-1.

3. **Digite el nombre, dirección, número telefónico y cualquier otra información que desee almacenar sobre el contacto en casillas correspondientes.**

   Si digita el nombre de una compañía, asegúrese de hacerlo en forma consistente. No lo digite una vez como "Communist Propaganda Publishing Inc." y después como "Communist Propaganda Inc." ; Outlook las considerará diferentes.

   • Si hace clic sobre el botón Full Name, aparece el recuadro de diálogo Check Full Name. En él, puede especificar un título (como Dr. o Srta).; primer nombre, segundo nombre y apellido; y un sufijo (como Jr. o III).

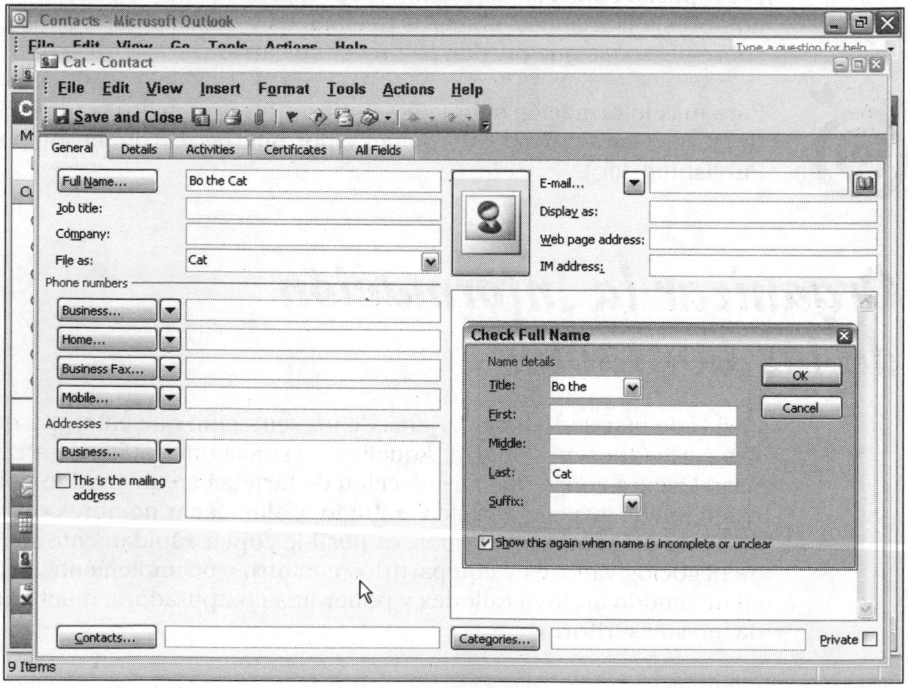

Figura 15-1: La ventana de Contacts le permite almacenar toda la información importante que usted necesita sobre una persona.

- Si hace clic sobre el botón Address, aparece el recuadro de diálogo Check Address. Aquí, puede especificar un nombre de calle, ciudad, estado o provincia, código postal y país.
- Si hace clic sobre la flecha que apunta hacia abajo en la categoría Addresses, puede especificar dos o más direcciones para cada persona, como una de negocios y otra residencial.
- La casilla This Is the Mailing Address le permite especificar cuál dirección utilizar al enviar correo postal.
- Si usted hace clic sobre el botón que parece un libro abierto, el cual aparece a la derecha de la casilla E-Mail, aparece una lista de direcciones de correo electrónico anteriormente almacenadas para todos sus contactos.
- Si usted hace clic sobre el icono Add Picture, puede guardar una imagen digital de su contacto si la tiene almacenada su computadora.

4. **Haga clic sobre Save y Close para guardar su información.**

No es necesario rellenar todas las casillas. Por ejemplo, tal vez sólo quiera almacenar el nombre y el número telefónico de alguien. En ese caso, no hace falta digitar la dirección o cualquier otra información irrelevante.

Cambiar su punto de vista

El verdadero poder de su computadora y Outlook entra en juego al acomodar y desplegar diferentes puntos de vista de su información para ayudarle a encontrar justamente lo que necesita. Usted cuenta con siete maneras de desplegar sus contactos en Outlook:

- **Address Cards:** Despliega nombres (acomodados alfabéticamente por apellido), direcciones, números telefónicos y direcciones de correo electrónico.
- **Detailed Address Cards:** Despliega cada trozo de información sobre una persona, como el nombre de la compañía, número de fax y título de trabajo.
- **Phone List:** Despliega nombres y números telefónicos (incluyendo los de la oficina, domicilio, fax y celular) en un formato de filas y columnas que facilita la observación.
- **By Category:** Despliega información de acuerdo con las categorías, como Business, Hot Contacts, Key Customer y Suppliers. (Puede aprender a organizar sus contactos en categorías en la sección "Categorizar sus contactos", más adelante en este capítulo).
- **By Company:** Despliega los nombres agrupados según el nombre de la compañía. (Resulta útil para encontrar varios miembros de la misma compañía).

- **By Location:** Despliega información por país, ciudad y estado/provincia.
- **By Follow-Up Flag:** Despliega los contactos identificados con una bandera de seguimiento, la cual usted puede agregar a un contacto pulsando Ctrl+Shift+G o escogiendo Actions⇨Follow-Up.

Para escoger una vista diferente para desplegar su información de contacto, sencillamente haga clic sobre el botón apropiado en la categoría Current View, en el panel Contacts al lado izquierdo de la pantalla, como se aprecia en la Figura 15-2. (Como alternativa, usted también puede escoger View⇨Arrange By⇨ Current View y hacer clic en Phone List or By Category).

Buscar contactos

Después empezar a utilizar Microsoft Outlook, es posible que acabe almacenando cantidades de información que sea difícil de encontrar nuevamente. Entonces, para ayudarle a buscar un contacto específico almacenado en Outlook, siga estos pasos:

1. **Escoja Go⇨Contacts o presione Ctrl+3.**

   El panel Contacts aparece.

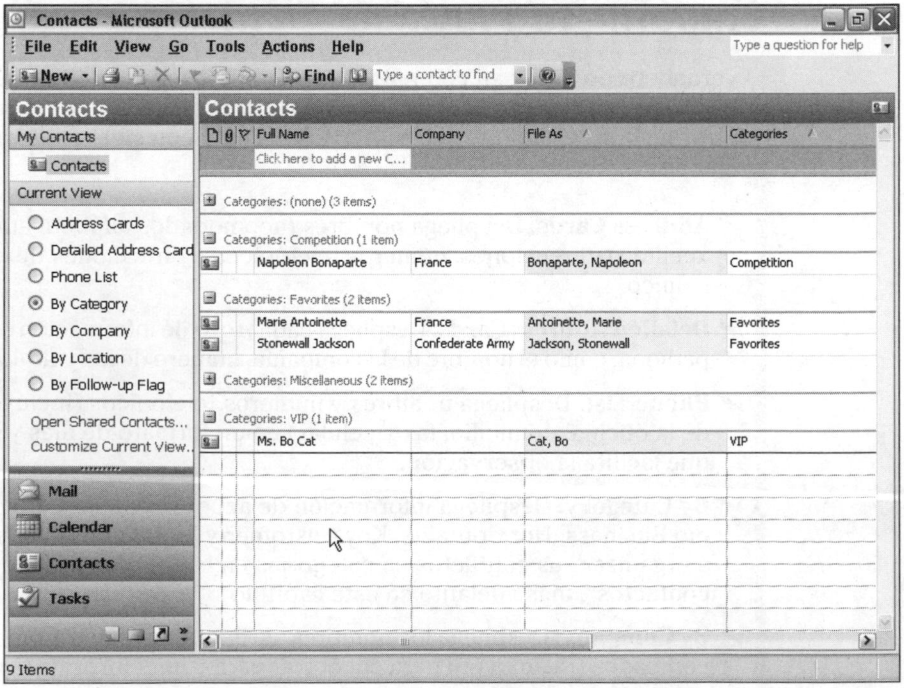

Figura 15-2: Outlook despliega la información de sus contactos por categoría.

CONSEJO

Si usted selecciona Go⇨Mail o presiona Ctrl+1 en el paso 1, puede registrar sus mensajes de correo electrónico en busca del nombre de quien le envió uno o el de la persona a quien usted se le mandó.

2. **Seleccione Tools⇨Find⇨Find, presione Ctrl+E, o haga clic sobre el icono Find en la barra de herramientas.**

   Outlook despliega la casilla de lista Look for and Search cerca de la parte superior de la pantalla, como se muestra en la Figura 15-3.

3. **Haga clic sobre la casilla Look For y digite la frase (como nombre o apellido) que desea encontrar.**

   Para hacer la búsqueda más rápida, digite tanto como pueda de dicha frase. Por ejemplo, en lugar de digitar F para buscar a todas las personas cuyo primer nombre empieza con F, hágalo más específico y digite tanto del nombre como sea posible, como **FRAN**.

RECUERDE

Asegúrese de escribir los nombres correctamente; de lo contrario, Outlook no podrá encontrarlos.

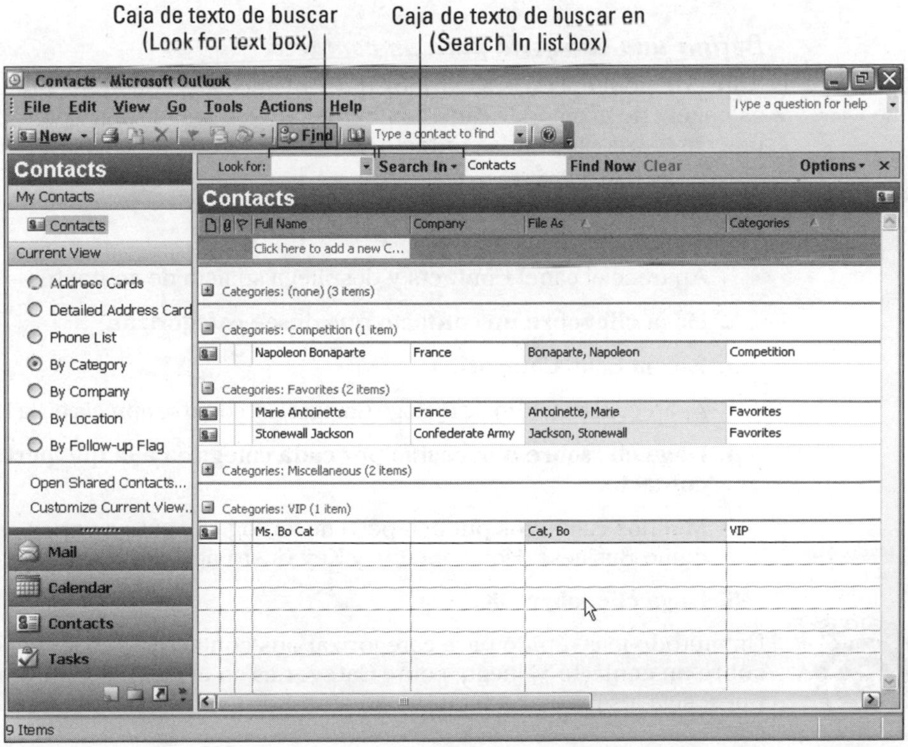

Figura 15-3: Para poder encontrar un nombre en Outlook, es necesario especificar el nombre y, además, el nombre de la libreta donde usted lo guardó.

4. **Haga clic sobre le botón Find Now, a la derecha de la casilla Search In.**

   Outlook despliega los contactos que coincidan con sus criterios de búsqueda. Puede hacer doble clic sobre el contacto que desea ver.

5. **Haga clic sobre le botón Clear, a la derecha de la casilla Search In.**

   Outlook despliega todos sus contactos de nuevo.

Categorizar sus contactos

Si usted es una persona ocupada (o un coleccionista que no puede resistir almacenar todos los nombres y direcciones posibles), puede ser que su lista de contactos de Outlook se encuentre tan llena que tratar de encontrar uno solo resulte engorroso.

Para resolver este problema, puede organizar sus contactos por categorías, como contactos personales o clientes. Cuando sólo quiera ver la información de un grupo en particular, puede indicarle a Outlook que distribuya su lista de contactos según la categoría adecuada.

Definir una categoría para un contacto

Antes de poder pedirle a Outlook que organice sus contactos por categoría, es necesario acomodar cada contacto en una o más categorías. Para definir una categoría para cada contacto, asegúrese de estar en la vista Contacts y luego siga estos pasos:

1. **Seleccione Go⇨Contacts o presione Ctrl+3.**

   Aparece el panel Contacts y despliega su lista de contactos.

2. **Haga clic sobre un contacto que desee categorizar.**
3. **Escoja Edit⇨Categories.**

   Aparece el recuadro de diálogo Categories, como se aprecia en la Figura 15-4.

4. **Haga clic sobre una casilla por cada categoría a la que pertenezca su contacto.**

   Muchos contactos pueden pertenecer lógicamente a varias categorías, como Business, Hot Contacts y Key Customer.

5. **Haga clic sobre OK.**

CONSEJO

Un método más rápido para categorizar sus contactos es hacer clic derecho sobre un contacto y, luego, sobre Categories en el menú desplegable. Después, siga los pasos 4 y 5 de la lista anterior.

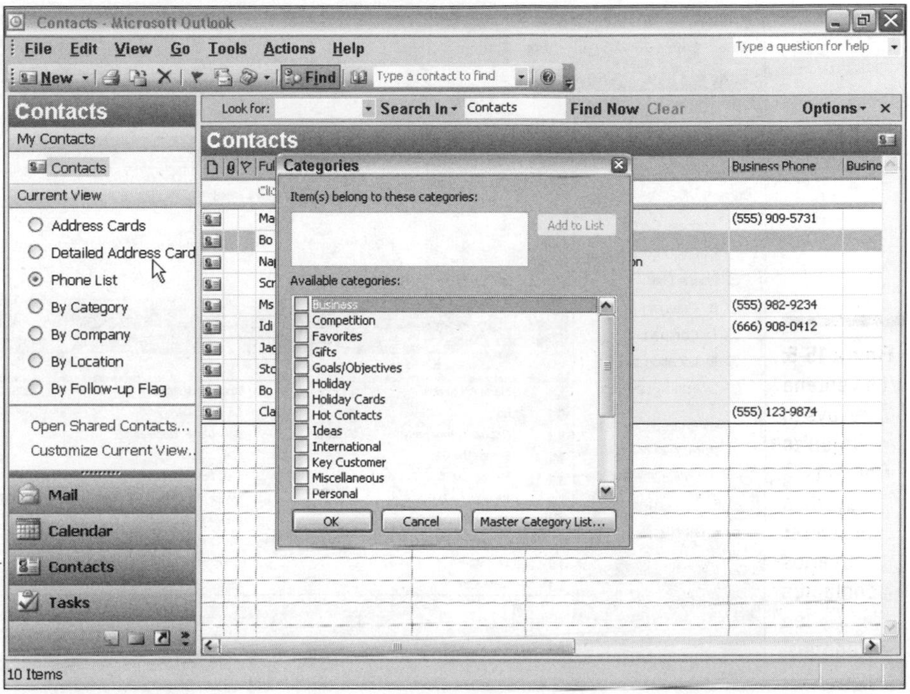

Figura 15-4: El recuadro de diálogo Categories le permite agrupar sus contactos.

Si desea otra forma de definir una categoría para un contacto, o quiere organizar varios contactos en una categoría, siga estos pasos:

1. **Escoja Tools⇨Organize.**

   Aparece la ventana Ways to Organize Contacts, como se observa en la Figura 15-5.

2. **Haga clic sobre los contactos que desea agregar a una categoría.**

   Puede escoger varios contactos sosteniendo la tecla Ctrl y haciendo clic sobre los que desea incluir.

3. **Haga clic sobre la casilla de lista Add Contacts, escoja una categoría (como Business o Hot Contacts) y haga clic sobre el botón Add.**

   Para crear una nueva categoría, digite el nombre en el cuadro Create a New Category Called, y haga clic sobre el botón Create.

4. **Haga clic sobre el cuadro Close de la ventana Ways to Organize Contacts.**

Distribuir contactos en categorías

Una vez que haya asignado sus contactos a diferentes categorías, puede indicarle a Outlook que le muestre solamente aquellos incluidos en una categoría dada. De esa manera, usted puede encontrar rápidamente los contactos de negocios, los personales o los ultrasecretos. Para ver sus contactos por categoría, siga estos pasos:

Figura 15-5: La ventana Ways to Organize Contacts le ayuda a organizar varios contactos en categorías.

1. **Escoja Go⇨Contacts o presione Ctrl+3.**

   El panel Contacts aparece y despliega su lista de contactos.

2. **Haga clic sobre el botón By Category, en la categoría Current View, o seleccione View⇨Arrange By⇨Current View⇨By Category.**

   Outlook despliega todas las categorías marcadas, como se aprecia en la Figura 15-6.

   Si hay demasiadas categorías abarrotando su pantalla, puede colapsar una al hacer clic en el botón correspondiente (signo menos), que aparece a la izquierda de su nombre. Para expandir una categoría previamente contraída, haga clic en el botón correspondiente (signo más), a su izquierda.

3. **Haga doble clic sobre el contacto que desea ver.**

   Aparece la ventana Contact, que muestra toda la información del contacto escogido.

4. **Haga clic sobre Save y Close cuando haya terminado de ver o editar el contacto.**

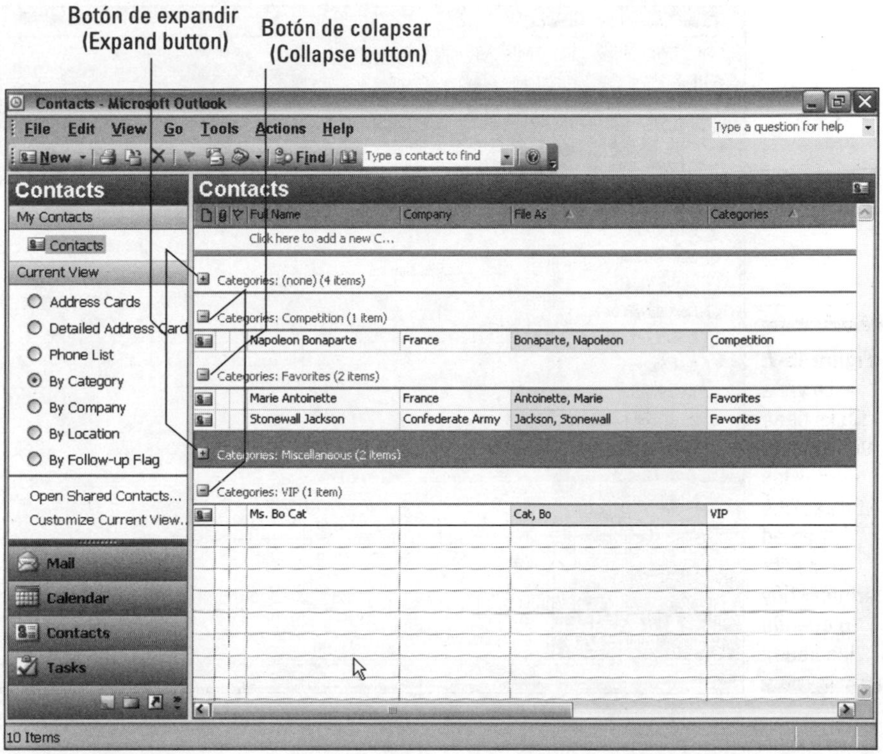

Figura 15-6: Outlook puede organizar sus contactos según categorías.

Administrar sus Tareas

Para evitar desperdiciar los días haciendo tareas triviales y olvidar las importantes, usted puede crear una lista diaria de cosas por hacer en Outlook, y tachar las tareas conforme las complete.

Crear tareas de una lista de cosas por hacer

Para crear una lista de cosas que hacer, siga estos pasos:

1. **Escoja Go➪Tasks o presione Ctrl+4.**

   Aparece la vista Tasks, como se observa en la Figura 15-7.

2. **Haga clic sobre el cuadro Click Here to Add a New Task y digite una tarea.**

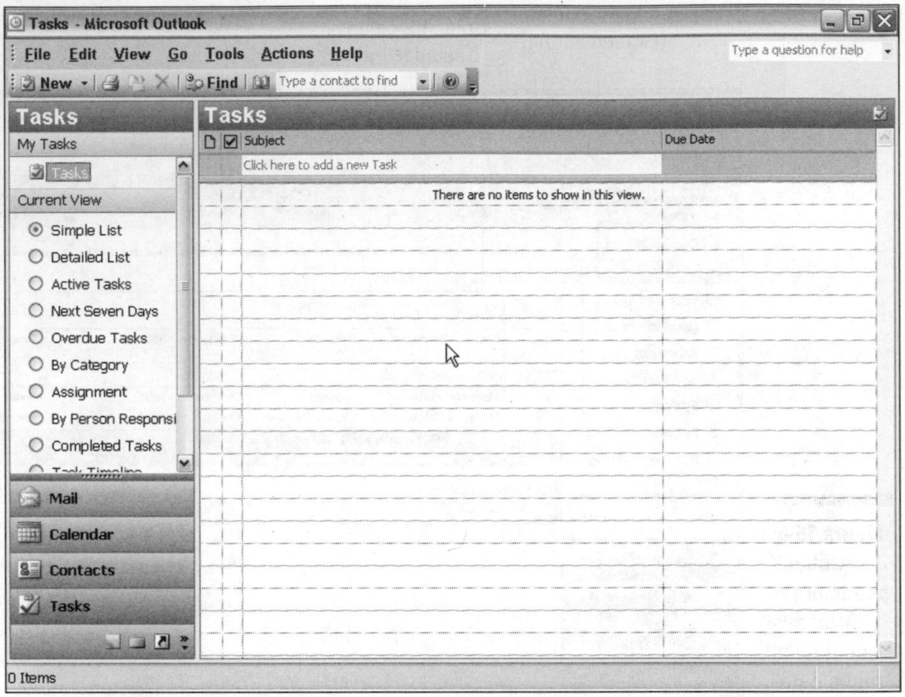

Figura 15-7: La vista Tasks tiene una lista de todas las tareas que usted necesita terminar hoy (o cuando las haga).

3. **Haga clic sobre el recuadro Due Date. (Ignore los pasos del 3 al 5 si no desea escoger una fecha de cumplimiento).**

   Aparece una flecha que apunta hacia abajo.

4. **Haga clic sobre la flecha que apunta hacia abajo.**

   Aparece un calendario.

5. **Haga clic sobre una fecha y pulse Enter.**

   Outlook despliega su tarea con la fecha de cumplimiento escogida.

Editar una tarea

Después de crear una tarea, puede editarla para fijar un recordatorio o rastrear el progreso en su cumplimiento. Para editar una tarea, siga estos pasos:

1. **Seleccione Go⇨Tasks o presione Ctrl+4.**

   La vista Tasks aparece (refiérase a la Figura 15-7).

2. **Haga doble clic sobre una tarea (o haga clic sobre la tarea y luego pulse Ctrl+O).**

   Aparece la ventana Task, como se muestra en la Figura 15-8.

3. **Escoja una o más de las siguientes opciones:**

   - **Haga clic sobre las casillas Due Date o Start Date y escoja una nueva fecha.**
   - **Haga clic sobre la casilla de lista Status y escoja un estado para su tarea, como In Progress, Completed, Deferred, o Waiting on Someone Else.**

     El estado de una tareas le indica cómo está progresando cada tarea (o no); esta opción le ayuda a administrar el tiempo más efectivamente.

   - **Haga clic sobre la casilla de lista Priority y escoja Low, Normal o High.**

     Al categorizar las tareas por prioridad, puede identificar aquellas que usted realmente necesita terminar y las que puede ignorar sin preocuparse, en espera de que desaparezcan.

   - **Haga clic sobre la casilla % Complete para especificar cuánto de la tarea ha completado hasta ahora.**

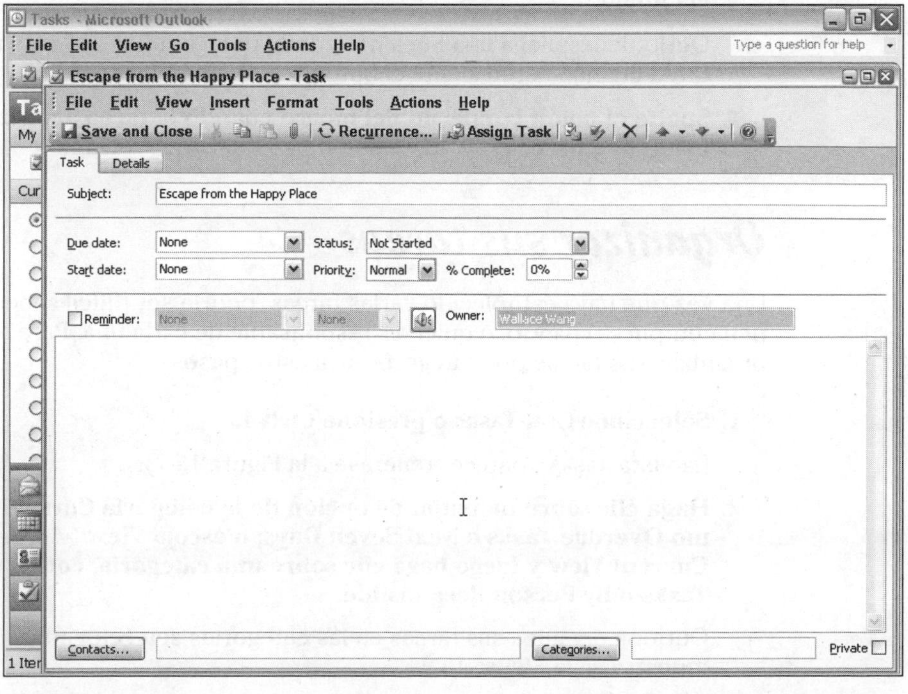

Figura 15-8: La ventana Task le permite editar su tarea.

- **Haga clic sobre la casilla Reminder, y especifique una fecha y hora para que Outlook le recuerde esa tarea particular.**

  Si hace clic sobre el botón Alarm (parece un megáfono), puede especificar un sonido especial que Outlook reproduce para recordarle de su tarea.

- **Digite su tarea más detalladamente en el cuadro de texto grande, en la parte inferior del recuadro de diálogo Task.**

4. **Haga clic sobre Save y Close.**

Mover una tarea

Normalmente, Outlook organiza sus tareas en el orden que usted las creó. Como ése no es siempre el método más efectivo para organizar tareas, tómese el tiempo para acomodarlas. Para hacerlo, siga estos pasos:

1. **Escoja Go⇨Tasks o presione Ctrl+4.**

   La vista Tasks aparece (refiérase a la Figura 15-7).

2. **Haga clic sobre la tarea que desea mover.**
3. **Sostenga el botón izquierdo del mouse y arrástrelo hacia arriba o hacia abajo.**

   Outlook despliega una línea horizontal que le indica a dónde moverá su tarea cuando usted suelte el botón izquierdo del mouse.

4. **Suelte el botón izquierdo del mouse cuando la tarea aparezca donde usted la quiere.**

Organizar sus tareas

Una vez que haya establecido varias tareas, podría ser difícil saber cuáles deben cumplirse cuándo, o quién es responsable de cada una. Para ayudarle a organizar sus tareas por categoría, siga estos pasos:

1. **Seleccione Go⇨Tasks o presione Ctrl+4.**

   La vista Tasks aparece (refiérase a la Figura 15-7).

2. **Haga clic sobre un botón de opción de la categoría Current View, como Overdue Tasks o Next Seven Days; o escoja View⇨Arrange By⇨Current View y luego haga clic sobre una categoría, como Active Tasks o By Person Responsible.**

   Outlook organiza sus tareas en las categorías seleccionadas, como se muestra en la Figura 15-9.

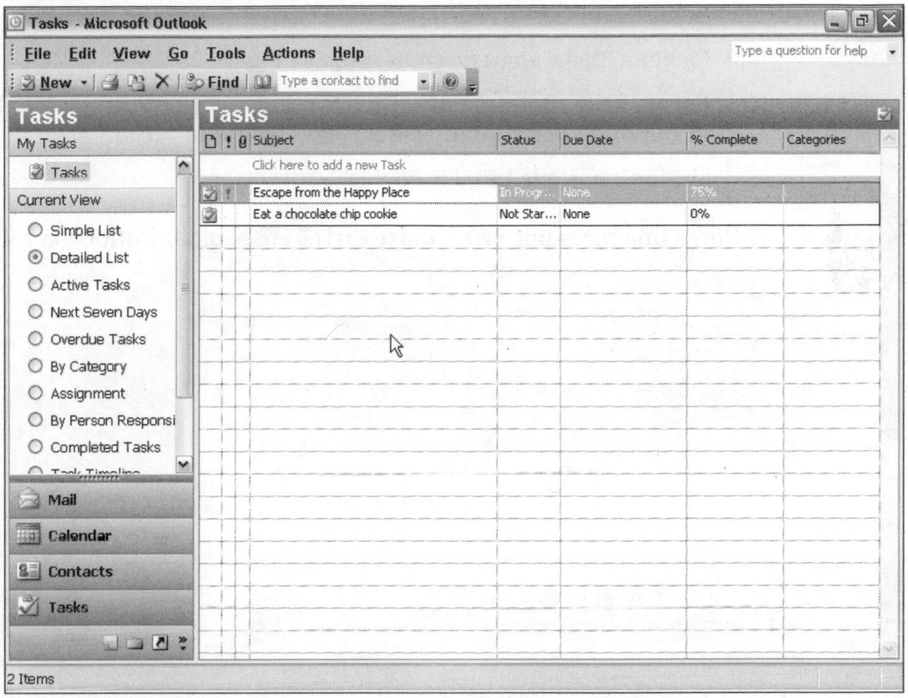

Figura 15-9: Outlook puede organizar sus tareas de acuerdo con categorías.

3. **Haga doble clic sobre la tarea que quiere ver.**

   La ventana Task aparece, y le enseña toda la información de la tarea escogida.

4. **Haga clic sobre Save y Close cuando haya terminado de ver y editar el contacto.**

Terminar una tarea

Para indicarle a Outlook que ha completado una tarea, haga clic sobre casilla correspondiente. Outlook muestra una marca en la casilla, atenúa la tarea y dibuja una línea sobre ella.

Borrar una tarea

Una vez que haya completado una tarea (o si decide ignorarla permanentemente), puede eliminarla de Outlook para que no obstaculice su pantalla. He aquí cómo hacerlo:

1. **Seleccione Go⇨Tasks o presione Ctrl+4.**

   La vista Tasks aparece (refiérase a la Figura 15-7).

2. **Escoja Edit⇨Delete, pulse Ctrl+D o haga clic sobre el icono Delete en la barra de herramientas del recuadro de la tarea.**

   Outlook borra la tarea escogida.

Si borra una tarea por error, pulse Ctrl+Z enseguida. Outlook la recupera.

Capítulo 16

Programar su Tiempo

En este capítulo

- Hacer una cita
- Cambiar una cita
- Imprimir su horario

Además de organizar sus mensajes de correo electrónico y la información de sus contactos, Microsoft Outlook también actúa como la versión electrónica de un planeador diario. Al darle seguimiento a sus citas en la computadora, usted siempre estará seguro de recordar sus tareas diarias, semanales, mensuales e incluso anuales (eso sí, debe encender su computadora).

Hacer una Cita

Si usted se colma de citas y no encuentra tiempo para trabajar, Outlook puede ayudarle a acomodarlas y tenerlas a mano: mantiene un registro de su tiempo libre y ocupado.

Hacer una nueva cita

Outlook le permite programar citas para mañana o (si prefiere la vista a largo plazo) con décadas de anticipación. Para hacer una cita en Outlook, siga estos pasos:

1. **Escoja Go⇨Calendar o presione Ctrl+2.**

   Aparece la vista Calendar.

2. **Haga clic sobre el día en el cual desea programar una cita.**

   Outlook resalta el día actual con un recuadro rojo en el calendario. Si usted hace clic sobre otro día (como mañana o un día dentro de tres semanas), lo resalta en gris; el recuadro rojo alrededor del día actual permanece allí.

3. **Haga clic sobre el icono Day que aparece en la barra de herramientas.**

   Outlook despliega su lista de citas para ese día, dividida en intervalos de media hora, como se aprecia en la Figura 16-1.

4. **Haga clic, en la lista Appointment, sobre la hora en que desea empezar su cita, como 11:00 ó 3:00.**

   Si desea fijar una cita en la mañana, asegúrese de hacer clic sobre una ranura de tiempo en AM. Asimismo, si quiere establecer una cita en la tarde o noche, asegúrese de hacer clic en una ranura de tiempo en PM.

   Outlook resalta la hora escogida.

5. **Digite una descripción breve de su cita, como Almuerzo con mi amante o Cena en el Aburrido Banquete de la Oficina.**

   Outlook despliega el texto en la lista Appointment, con un borde.

6. **Coloque el puntero del mouse sobre el borde inferior alrededor de su cita.**

   El puntero del mouse se convierte en una flecha de dos puntas.

7. **Sostenga el botón izquierdo y arrastre el mouse hacia abajo, hasta la hora en que terminará su cita, como 12:30.**

   ¡Felicidades! Acaba de almacenar una cita en Outlook.

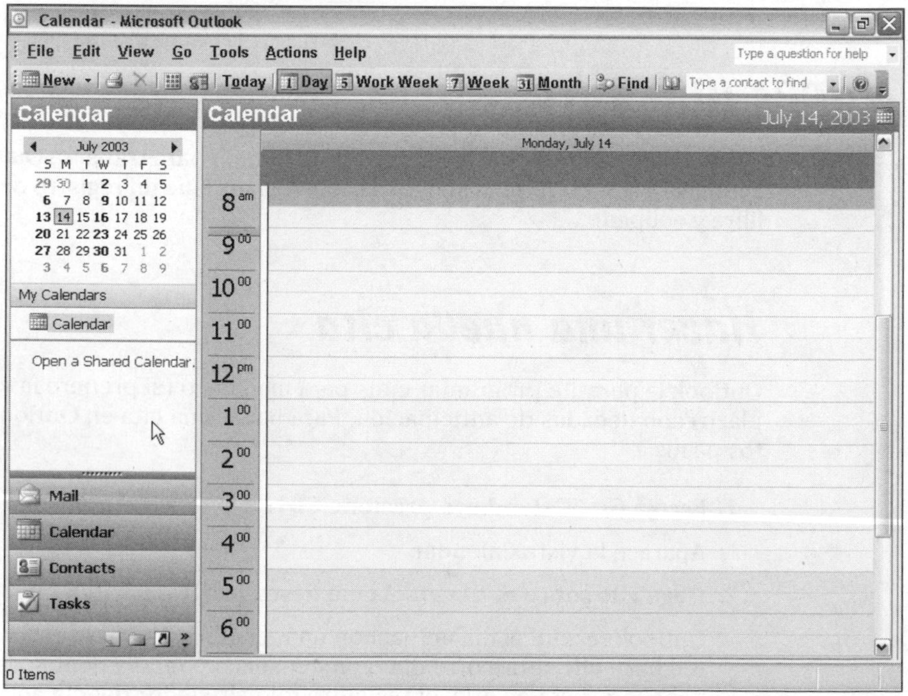

Figura 16-1: La vista diaria Calendar en Outlook.

Editar una cita

Una vez que haya creado una cita, es posible editarla para especificar la ubicación, el tema, las horas exactas de inicio y finalización, y determinar si Outlook debiera enviarle un recordatorio sonoro para no olvidarla.

Para editar una cita en Outlook, siga estos pasos:

1. **Escoja Go⇨Calendar o presione Ctrl+2.**

   Aparece la vista Calendar (vea la Figura 16-1).

2. **Haga clic sobre el día con la cita que desea editar.**
3. **Abra la cita ejecutando uno de los siguientes pasos:**
   - Haga doble clic sobre ella.
   - Haga clic sobre ella y pulse Ctrl+O.
   - Haga clic con el botón derecho sobre ella, y luego sobre Open.

   La ventana Appointment aparece, como se muestra en la Figura 16-2.

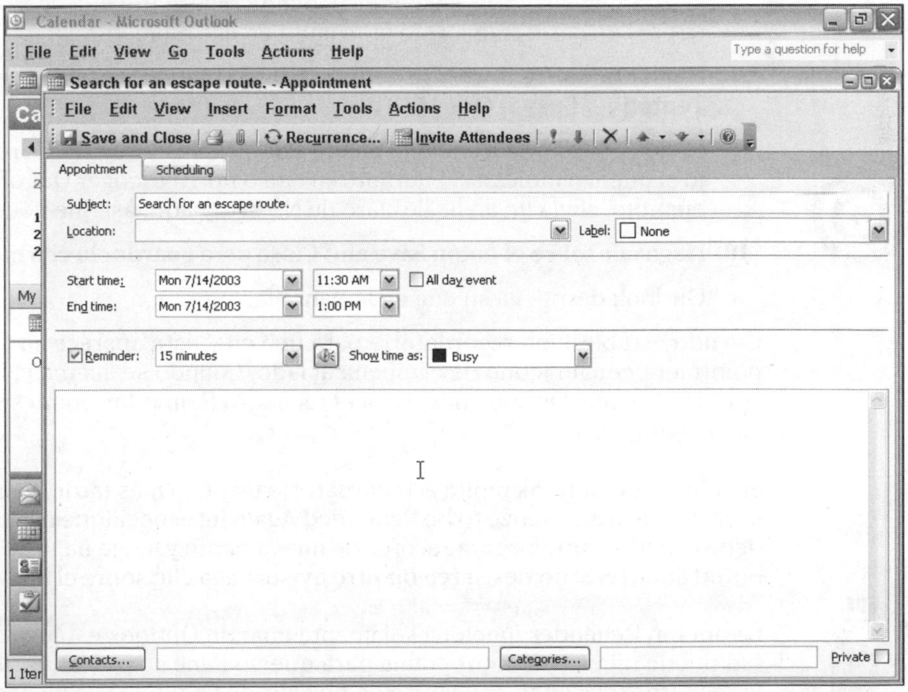

Figura 16-2: La ventana Appointment le permite modificar su cita.

4. **Haga clic sobre la casilla Subject para modificar la descripción de su cita.**

   Por ejemplo, digite Entregar preaviso, huir del trabajo, correr desnudo a través del parqueo durante la hora del almuerzo, etc.

5. **Haga clic en la casilla Location y digite la ubicación de su cita.**

   Si ha digitado ubicaciones para otras citas, puede hacer clic sobre la flecha que apunta hacia abajo y luego sobre una ubicación presente (como un salón de reuniones específico, restaurante, centro de convenciones u oficinas centrales secretas).

6. **Haga clic sobre la casilla de lista Start Time para especificar la fecha y hora en que empieza la cita.**

7. **Haga clic sobre la casilla de lista End Time para especificar la fecha y hora en que termina la cita.**

8. **Haga clic sobre la casilla de lista Reminder para especificar cuándo desea que Outlook le recuerde su cita.**

   La casilla Reminder le indica a Outlook que le dé un aviso cuando se acerque el momento de su cita (por ejemplo, 15 minutos o una hora antes). Siempre y cuando Outlook esté corriendo en su computadora (aun si está minimizado o escondido), puede recordarle una cita — no importa cuál otro programa esté utilizando en ese momento.

9. **Haga clic sobre la casilla de lista Show Time As y escoja Free, Tentative, Busy o Out of Office.**

   Si está conectado a una red, puede aclararles a sus compañeros de trabajo si pueden molestarlo durante su cita o no. Al escoger Out of Office, por ejemplo, envía un mensaje claro de No-estoy-aquí-así-que-no-me moleste.

10. **Haga clic sobre el botón Save and Close para guardar la cita modificada.**

    Outlook despliega su cita en la pantalla.

Cuando establece un recordatorio para una cita, ésta aparece en la lista Appointment con un icono de campana al lado. Cuando se acerca la hora de recordarle su cita, Outlook despliega el recuadro Reminder, como se muestra en la Figura 16-3.

Si quiere que Outlook repita el recordatorio un poco más tarde, haga clic sobre la casilla de lista Snooze to Be Reminded Again In; especifique cuánto tiempo debe esperar Outlook para recordarle nuevamente y luego haga clic sobre el botón Snooze. Si no desea recibir otro aviso, haga clic sobre el botón Dismiss.

La opción Reminder funciona solamente cuando Outlook está corriendo (usted puede minimizar el programa para que no llene su pantalla). Si desea que le recuerden las citas, asegúrese de no salir de Outlook. Si está apagado, no puede hacer *nada* por usted.

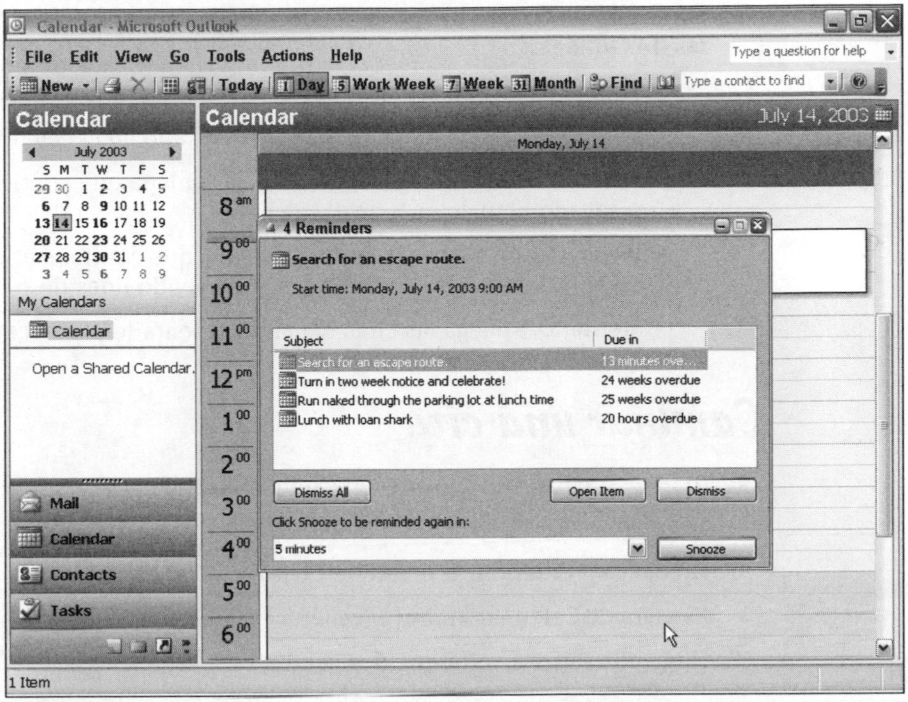

Figura 16-3: Outlook le recuerda las próximas citas.

Echar un vistazo general a sus citas

Outlook ofrece varias maneras diferentes de enseñar sus citas:

- **Day:** Muestra un solo día, hora por hora (refiérase a la Figura 16-1); así, usted puede ver cuáles citas ha olvidado hoy.
- **Work Week:** Muestra todas las citas de una semana (refiérase a la Figura 16-4), exceptuando sábados y domingos.
- **Week:** Muestra todas las citas de una semana, incluyendo fines de semana (refiérase a la Figura 16-5); así, usted no podrá perderse un juego de golf el sábado.
- **Month:** Muestra todas las citas de un mes (refiérase a la Figura 16-6); así, usted puede mantener un registro de todas las citas que tenga, con varias semanas de anticipación.

Para cambiar a una vista en particular en Outlook, siga estos pasos:

1. **Seleccione Go⇨Calendar o presione Ctrl+2.**

   La vista de Calendar aparece (refiérase a la Figura 16-1).

2. **Haga clic sobre uno de los siguientes iconos en la barra de herramientas de Outlook:**

   - **Today:** Despliega las citas para el día actual.
   - **Day:** Despliega el día actualmente resaltado en el calendario.
   - **Work Week:** Despliega las citas de la semana que contiene el día resaltado actualmente en el calendario.
   - **Week:** Despliega las citas de la semana que contiene el día resaltado actualmente en el calendario, incluyendo fines de semana.
   - **Month:** Despliega las citas del mes presentado por el calendario.

Cambiar una cita

Puesto que las citas siempre pueden cambiar o cancelarse, es probable que necesite editar una cita siguiendo estos pasos:

1. **Escoja Go⇨Calendar o presione Ctrl+2.**

   La vista de Calendar aparece (refiérase a la Figura 16-1).

2. **Haga clic sobre la cita que desea editar.**

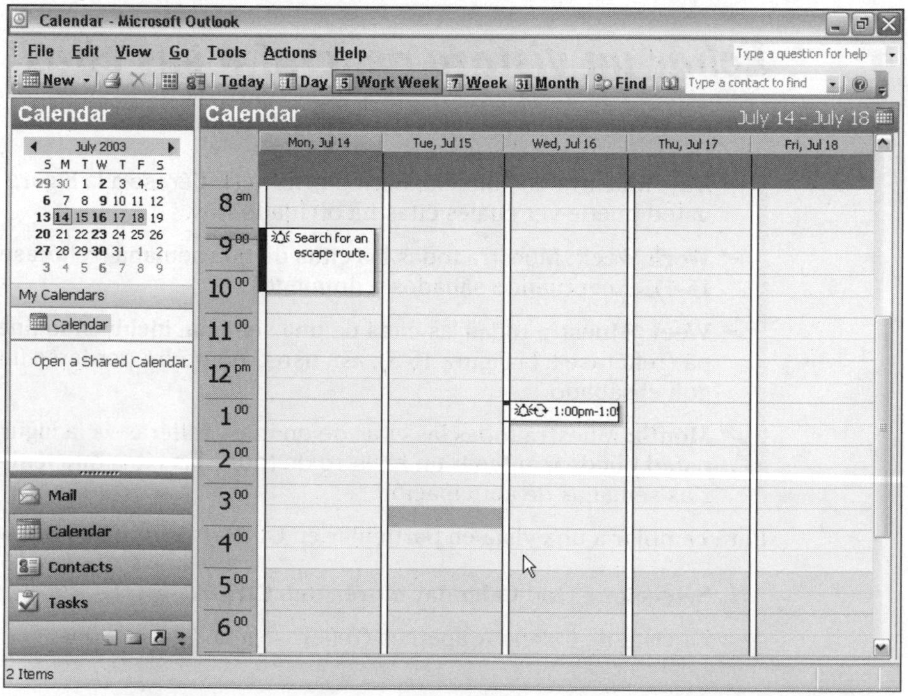

Figura 16-4: La vista Work Week en Outlook: de lunes a viernes.

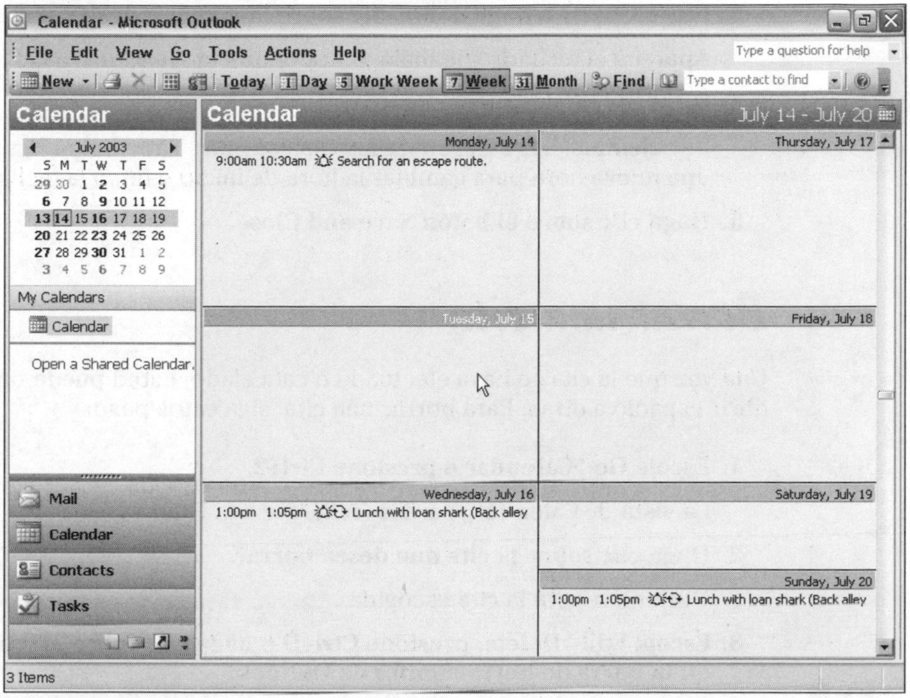

Figura 16-5: La vista Week en Outlook.

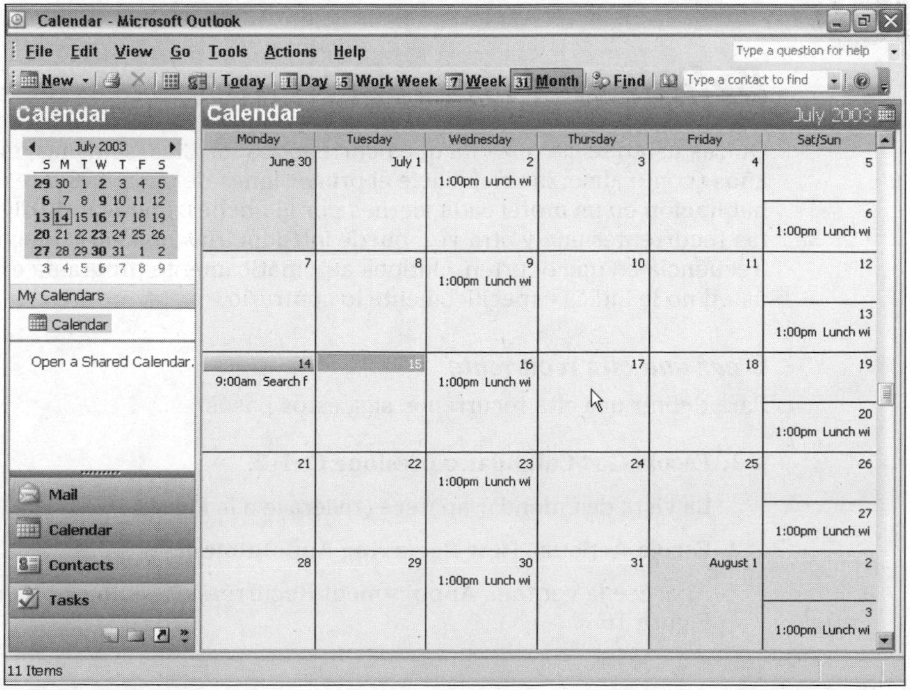

Figura 16-6: La vista Month en Outlook.

3. **Pulse Ctrl+O o haga doble clic sobre la cita que desee modificar.**

   Aparece el recuadro de diálogo Appointment (refiérase a la Figura 16-2).

4. **Haga los cambios a la cita.**

   Por ejemplo, haga clic sobre las casillas Start Time o End Time, y digite una nueva hora para cambiar la hora de inicio o fin, o la fecha de su cita.

5. **Haga clic sobre el botón Save and Close.**

Borrar una cita

Una vez que la cita se haya efectuado o cancelado, usted puede borrarla para abrir espacio a otras. Para borrar una cita, siga estos pasos:

1. **Escoja Go⇨Calendar o presione Ctrl+2.**

   La vista de Calendar aparece (refiérase a la Figura 16-1).

2. **Haga clic sobre la cita que desea borrar.**

   Outlook resalta la cita escogida.

3. **Escoja Edit⇨Delete, presione Ctrl+D o haga clic sobre el icono Delete en la barra de herramientas de Outlook.**

CONSEJO

Si borra una cita por error, pulse Ctrl+Z para recuperarla

Definir una cita recurrente

Quizás usted tenga una cita que ocurre todos los días, semanas, meses o años (como almorzar con el jefe el primer lunes de cada mes o reservar una habitación en un motel cada viernes por la noche). En lugar de digitar las citas recurrentes una y otra vez, puede introducirlas una vez y luego definir la frecuencia en que ocurren. Outlook automáticamente programa esas citas, si usted no le indica específicamente lo contrario.

Crear una cita recurrente

Para definir una cita recurrente, siga estos pasos:

1. **Escoja Go⇨Calendar o presione Ctrl+2.**

   La vista de Calendar aparece (refiérase a la Figura 16-1).

2. **Escoja Actions⇨New Recurring Appointment.**

   Aparece la ventana Appointment Recurrence, como se observa en la Figura 16-7

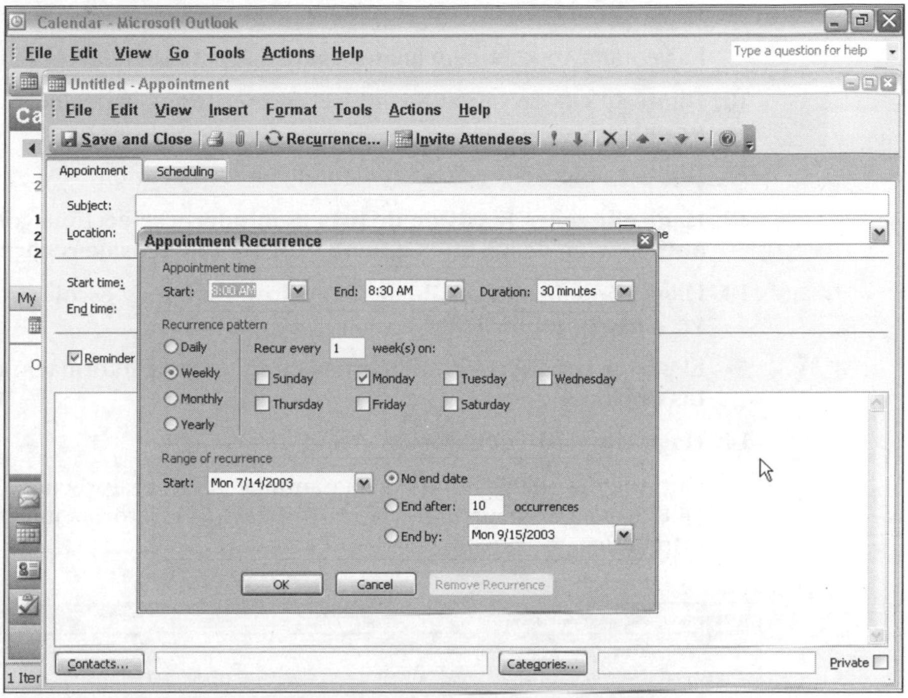

Figura 16-7: La ventana Appointment Recurrence es donde usted especifica la frecuencia en que ocurre una cita.

3. **Haga clic sobre la casilla de lista Start; digite la hora para su cita recurrente: haga clic sobre la flecha que apunta hacia abajo, hasta que aparezca la hora correcta.**

   Usted también puede digitar una hora, como **8:13 AM,** en la casilla Start.

4. **Haga clic sobre la casilla de lista End y digite la hora en que su cita recurrente acaba.**

5. **Haga clic sobre la casilla de lista Duration y elija la extensión de su cita.**

6. **Haga clic sobre uno de los siguientes botones para especificar la frecuencia de la cita: Daily, Weekly, Monthly o Yearly (o escoja un día específico, como domingo o martes).**

7. **En el área Range of Recurrence, haga clic sobre la casilla de lista Start y haga clic sobre la fecha que corresponde a la primera instancia de su cita recurrente.**

8. **Haga clic sobre uno de los botones en el área Range of Recurrence para definir cuándo desea detener las citas recurrentes.**

   Puede especificar un número de ocurrencias (End after), una fecha de finalización (End by) o ningún final (No end date).

9. **Haga clic sobre OK.**

   La ventana Appointment aparece para que usted defina su cita recurrente.

10. **Digite su cita en la casilla Subject (por ejemplo, salir del trabajo temprano).**

11. **Digite la ubicación de su cita en el cuadro Location.**

12. **Haga clic sobre la casilla de lista Reminder y seleccione con cuánta anticipación desea que Outlook le envíe un mensaje recordatorio.**

13. **Haga clic sobre la casilla de lista Show Time As y escoja Free, Tentative, Busy o Out of Office.**

    El paso 9 en la sección "Editar una cita" contiene información sobre estas opciones.

14. **Haga clic sobre el botón Save and Close.**

    Outlook despliega su cita en la pantalla, como se aprecia en la Figura 16-8. Las citas recurrentes muestran flechas giratorias junto a las descripciones.

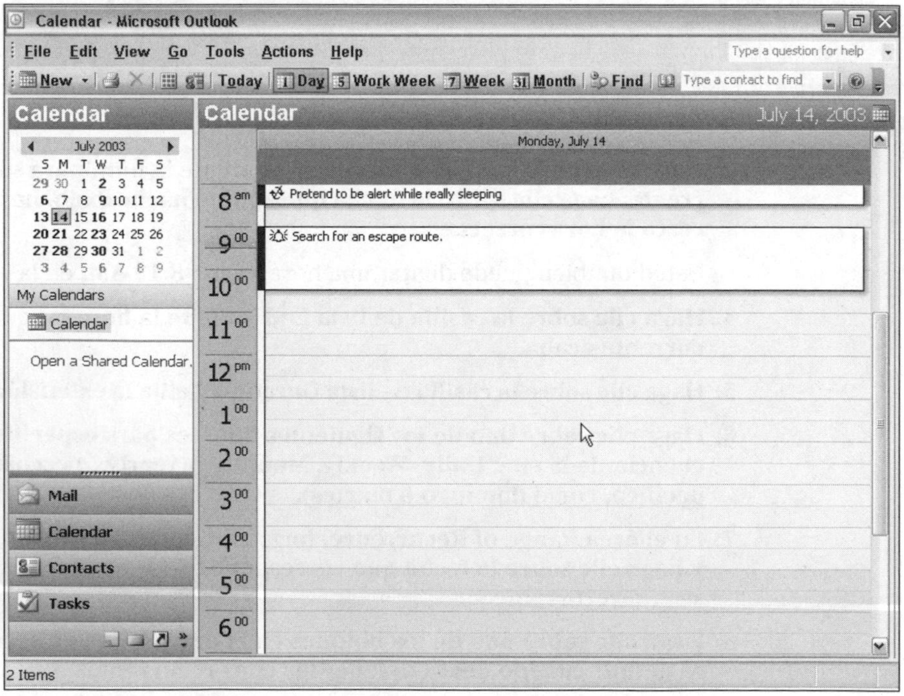

Figura 16-8: Outlook identifica una cita recurrente con un indicador circular.

CONSEJO

Es posible lograr que cualquier cita existente se convierta en una recurrente al hacer doble clic sobre ella y luego sobre el icono Recurrence en la barra de herramientas. (Lógico, ¿no es cierto?)

Editar una cita recurrente

Para editar una cita recurrente, siga estos pasos:

1. **Escoja Go⇨Calendar o presione Ctrl+2.**

   La vista de Calendar aparece (refiérase a la Figura 16-1).

2. **Haga doble clic sobre la cita recurrente que desea editar, presione Ctrl+O, o haga clic derecho y escoja Open.**

   Aparece el recuadro de diálogo Open Recurring Item.

3. **Haga clic sobre uno de los siguientes botones:**

   - **Open This Occurrence:** Usted puede editar sólo esa cita específica (por ejemplo, únicamente la instancia que ocurre el 18 de octubre).
   - **Open the Series:** Usted puede editar todas las citas recurrentes (por ejemplo, todas sus citas "salir temprano del trabajo el viernes").

   Outlook despliega el recuadro de diálogo Appointment Recurrence, como en la Figura 16-7.

4. **Haga cualquier cambio a su cita recurrente (como la hora de inicio o finalización, o el día en que ocurre), y luego haga clic sobre el botón Save and Close.**

Imprimir su Horario

Seguramente usted necesite imprimir de vez en cuando su horario de citas en papel, para poder verlo sin usar electricidad o copiarlo para todos sus seguidores y familiares.

Vista preliminar de su horario

Antes de desperdiciar papel para encontrar que Outlook no imprimió lo que usted realmente quería, eche un vistazo previo a su horario. Para una vista preliminar, siga estos pasos:

1. **Escoja Go⇨Calendar o presione Ctrl+2.**

   La vista de Calendar aparece (refiérase a la Figura 16-1).

2. **Seleccione File⇨Print Preview.**

   Outlook despliega un horario, como se observa en la Figura 16-9.

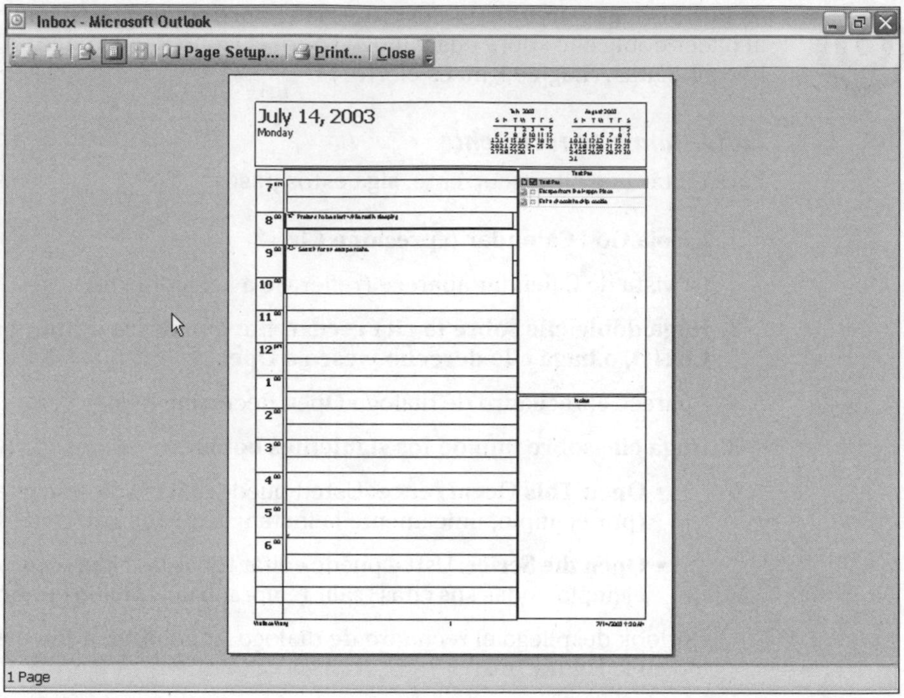

Figura 16-9: La función Print Preview le permite ver cómo luce su horario antes de desperdiciar papel imprimiéndolo.

3. **Haga clic sobre Print para imprimirla o haga clic sobre Close para abandonar la ventana Print Preview.**

   Si usted hace clic sobre Print, aparece el recuadro de diálogo Print, el cual se explicará en la siguiente sección, "Imprimir su horario."

Imprimir su horario

Para imprimir su horario de citas, siga estos pasos:

1. **Escoja Go⇨Calendar o presione Ctrl+2.**

   La vista de Calendar aparece (refiérase a la Figura 16-1).

2. **Escoja una de las siguientes:**

   - Escoja File⇨Print.
   - Pulse Ctrl+P.
   - Haga clic sobre el icono Print en la barra de herramientas estándar.

   Aparece el recuadro de diálogo Print, como se muestra en la Figura 16-10.

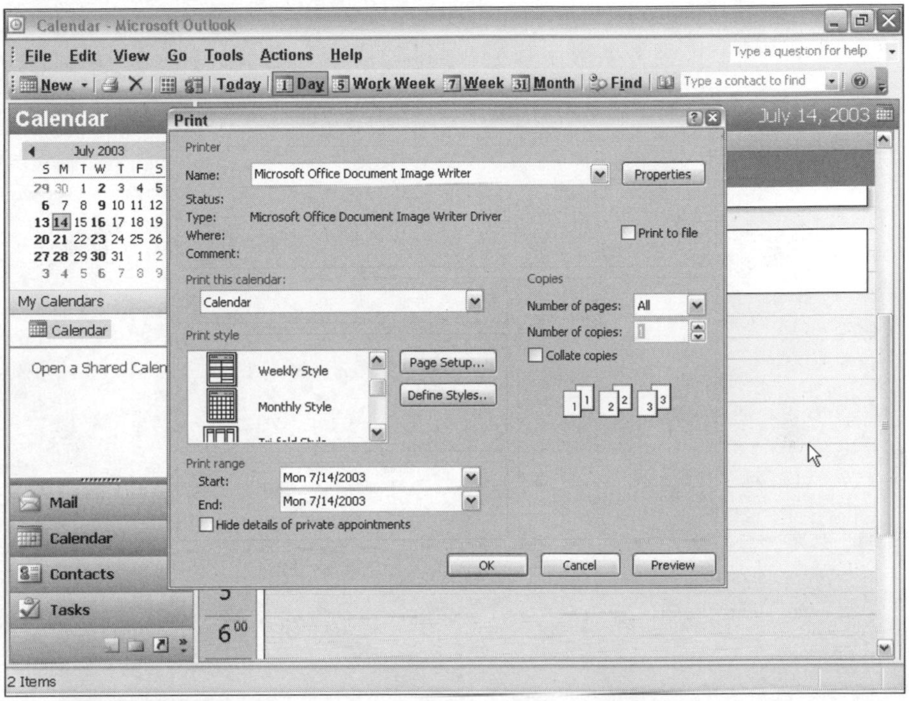

Figura 16-10: El recuadro de diálogo Print le permite especificar un estilo de impresión.

Si hace clic sobre el icono Print en la barra de herramientas estándar, Outlook imprime todo el horario, sin darle la oportunidad de seguir los pasos del 3 al 5.

3. **Haga clic sobre un estilo en el cuadro Print Style (como Weekly Style o Monthly Style).**

   Aquí es donde puede definir el marco de tiempo para imprimir su horario.

4. **Haga clic sobre el botón Preview para echar un vistazo previo a su horario.**

   Para especificar un tamaño de impresión de su planeador diario, haga clic sobre el botón Page Setup; haga clic en la pestaña Paper, y escoja una opción en la casilla Size (ya sea para una libreta o las páginas del estilo Day-Timer, Day-Runner o Franklin Day Planner).

5. **Haga clic sobre el botón Print para empezar a imprimir.**

Parte VI

Almacenar Cosas en Access

La 5a Ola Por Rich Tennant

ALMACENAJE DE DATOS SNOW GLOBE
©RICHTENNANT
Bueno, agitemos esta a ver qué sale

En esta parte . . .

Las computadoras personales proporcionan una excelente herramienta para almacenar grandes trozos de información en bases de datos; así, usted no deberá almacenarla en gavetas de archivos. Las bases de datos no sólo pueden almacenar grandes cantidades de información; también pueden ordenarla y buscarla, cosa que las hace particularmente valiosas para los negocios que necesiten darle seguimiento a sus clientes, inventarios o activos. Por eso, no es ninguna sorpresa que las versiones más avanzadas (y caras) de Microsoft Office 2003 incluyen un programa de base de datos especial llamado (¿cómo era?) Access.

Para quienes disfrutan descifrando terminología de computación, Access es una base de datos relacional. Para aquellos que prefieren el español, la oración anterior significa que Access le permite almacenar muchas cosas en una variedad de formas diferentes, para poder encontrarlas nuevamente, y rápido, cuando las necesite.

Esta parte del libro lo inicia en el almacenamiento de cosas en Access. La meta es hacerlo sentirse lo suficientemente cómodo para crear bases de datos con Access, con el fin de poder almacenar enormes cantidades de información útil (o, si usted está en el trabajo, inútil) en su computadora.

Capítulo 17

Usar una Base de Datos

En este capítulo

- Comprender los elementos básicos de las bases de datos
- Introducir sus datos
- Ver sus datos

A pesar del poder de las computadoras personales, muchas personas aún almacenan nombres, direcciones y teléfonos importantes en archivos tipo Rolodex, fichas o papeles amontonados en carpetas. Aunque algunas veces resulta conveniente, el papel es terrible para recuperar y analizar información. Sólo observe un archivador típico, y pregúntese cuánto tiempo necesita para encontrar los nombres y números telefónicos de cada cliente que vive en Missouri y solicitó más de $5 000 de sus productos en los últimos seis meses. (Aterrador, ¿verdad?)

En lugar de quebrarse la cabeza o rebuscar pedacitos de papel desperdigados, aprovéchese de Microsoft Access para organizar su información. Access le permite almacenar, recuperar, distribuir, manipular y analizar información. Además, las tendencias o patrones en sus datos son más fáciles de encontrar (para saber si su compañía está perdiendo dinero). Cuanto más conozca su información, mejor podrá lidiar con competidores, compañeros de trabajo o supervisores menos enterados.

CONSEJO

Si usted solamente necesita guardar nombres y direcciones, Outlook le parecerá mucho más fácil y rápido que Access. (Para más sobre Outlook, vaya a la Parte V). Si necesita almacenar información más complicada, como facturas de clientes o números de parte del inventario, utilice Access.

Introducción a las Bases de Datos

Access es una *base de datos relacional programable*. Esto puede sonar intimidante (o estúpido), pero se reduce a una idea sencilla: Access no es más que un sofisticado archivador virtual. Usted tira información dentro y la saca de nuevo, casi instantáneamente, sin lastimarse los dedos. Sin embargo, antes de poder realizar esta proeza, tiene que decirle al programa qué tipo de información desea almacenar. Un archivo típico de Access (almacenado en su disco duro bajo la extensión de archivo `.mdb`, de *M*icrosoft *database*) está compuesto por los siguientes elementos:

- **Uno o más campos:** Un *campo* (field) contiene un trozo de información, como un nombre, número de fax o número telefónico.
- **Uno o más registros:** Un *registro* (record) contiene dos o más campos relacionados. Por ejemplo, el registro de cada empleado podría contener su nombre, número telefónico y número de identificación.
- **Una o más tablas de la base de datos:** Una *tabla de base de datos* (database table) almacena su información y la despliega como uno o más registros en filas y columnas, muy parecido a una hoja de cálculo. Las tablas de bases de datos son convenientes para observar múltiples registros simultáneamente; por ejemplo, para distribuir todos los registros alfabéticamente.
- **Uno o más formularios:** Un *formulario* (form) generalmente despliega un registro a la vez, como el nombre, dirección y número telefónico de una persona. Los formularios proporcionan una forma conveniente de introducir y visualizar datos para un único registro almacenado en una tabla de base de datos.
- **Uno o más informes:** Un *informe* (report) contiene maneras predefinidas de mostrar sus datos, ya sea en pantalla o impresos. (Por ejemplo, usted podría imprimir una lista de empleados que ganan más de $50 000 al año y trabajan en Iowa). Los informes le ayudan a dar sentido a los datos almacenados en su base de datos.

En el nivel más sencillo, puede utilizar Access sólo para ordenar información, como los nombres de sus amigos, sus direcciones, sus números de teléfono celular y fechas de cumpleaños.

En un nivel más complicado, puede escribir programas miniatura en Access para cumplir con un propósito específico, como administrar un inventario en una compañía de electrónica o crear una lista de correo para obras de caridad.

Este libro se enfoca principalmente en los usos más sencillos de Access al almacenar datos y recuperarlos. Si desea aprender más acerca de cómo diseñar bases de datos personalizadas, tome una copia de *Access 2003 For Dummies*, por John Kaufeld (publicado por Wiley Publishing, Inc).

Crear un nuevo archivo de base de datos con Wizard

Piense en una base de datos como un archivador dedicado a mantener un tipo de datos; por ejemplo, información relacionada con impuestos o seguimiento del inventario de su negocio. Cuando desea crear una base de datos, Access le brinda dos opciones.

- **Crear una base de datos entera, desde cero;** definir los campos (nombre, número telefónico, número de parte o cumpleaños) para describir el tipo de información que debiera tener la base de datos.
- **Utilizar el Access Database Wizard** para ayudarle a apresurar el proceso de creación. Cuando confecciona una base de datos utilizando el Access Database Wizard, Access crea una ventana especial, llamada *Main Switchboard window*. Esta ventana brinda una lista de acciones que puede realizar con la información de su base de datos (como añadir más). De esa manera, no es necesario que usted mismo use un formulario o una tabla de Access.

La mayor parte del tiempo, el Access Database Wizard es la forma más sencilla de crear una base de datos. Recuerde: siempre puede modificar una base de datos después de crearla con el asistente. Deje que aquellos con demasiado tiempo se dediquen a empezar desde cero.

Para crear un nuevo archivo de base de datos utilizando el Database Wizard, siga estos pasos:

1. **Seleccione File⇨New.**

   Aparece el panel de tareas New File, como se aprecia en la Figura 17-1, el cual le da la opción de crear una base de datos nueva o abrir una existente.

   Si usted hace clic sobre Templates Home Page, bajo la categoría Templates on Microsoft.com, puede ver más plantillas predefinidas de Access y usarlas para crear su archivo de base de datos.

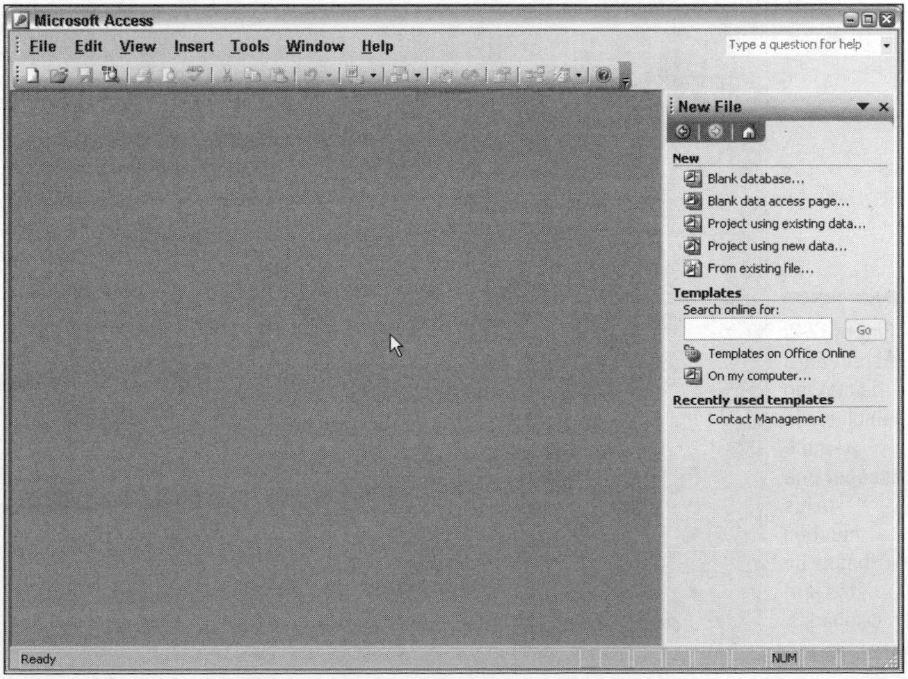

Figura 17-1: El panel de tareas New File, donde usted puede crear una nueva base de datos desde cero o a partir de una plantilla.

2. **Haga clic sobre la opción On My Computer, bajo la categoría Templates.**

   Aparece el recuadro de diálogo Templates.

3. **Haga clic sobre la pestaña Databases.**

   Access le muestra una lista de bases de datos predefinidas que usted puede personalizar, como se observa en la Figura 17-2.

4. **Haga clic sobre el tipo de base de datos que desea utilizar (como Asset Tracking, Inventory Control o Contact Management) y luego haga clic sobre OK.**

   Nota: Dependiendo de cuál base de datos escoja, lo que Access le muestra difiere levemente de lo que ve en este libro. Las figuras de este capítulo muestran qué ocurre cuando usted elige Contact Management Database Wizard.

   Aparece el recuadro de diálogo File New Database.

5. **Digite un nombre para su base de datos en el cuadro File Name y haga clic sobre el botón Create.**

   Si desea almacenar su base de datos en una carpeta específica, haga clic sobre la casilla de lista Save In, y escójala.

   Después de unos cuantos segundos, aparece el recuadro de diálogo Database Wizard, y le indica el tipo información que la base de datos almacenará.

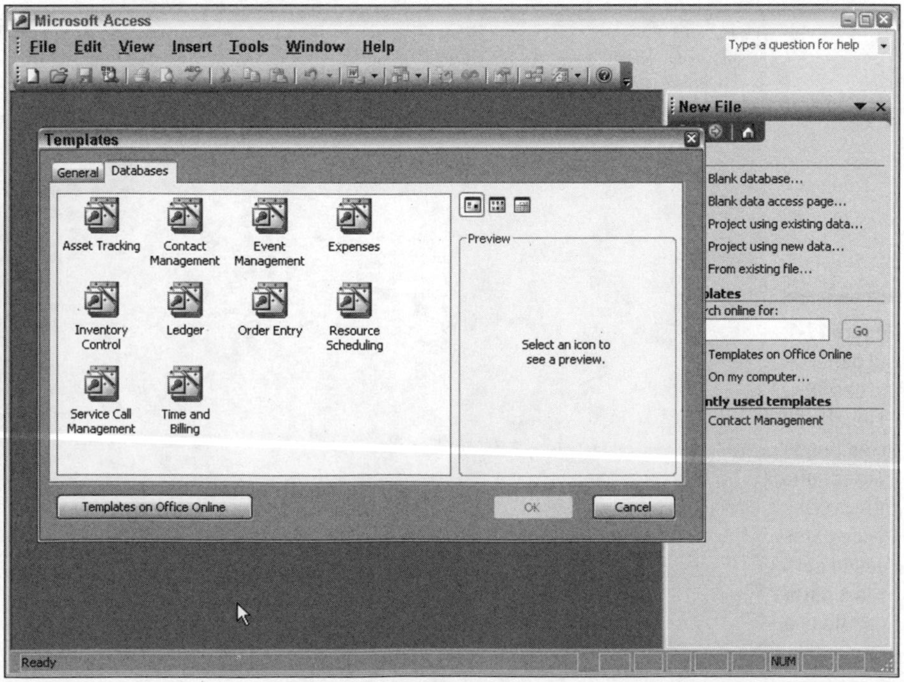

Figura 17-2: El recuadro de diálogo Templates le permite escoger una de las muchas bases de datos prediseñadas.

6. **Haga clic sobre Next.**

   Aparece otro recuadro de diálogo Database Wizard, el cual enumera las tablas y campos que creará, como se aprecia en la Figura 17-3.

7. **Haga clic sobre las casillas de los campos adicionales que desea almacenar en su base de datos (o retire las marcas de aquellos que no desea incluir en su base de datos) y luego haga clic en Next.**

   Si su base de datos consiste en dos o más tablas, quizás deba hacer clic sobre cada una, en el lado izquierdo del recuadro de diálogo Database Wizard, y luego repetir el paso 6 para agregar cualquier campo adicional a cada una.

   Aparece otro recuadro de diálogo Database Wizard, el cual le da la oportunidad de seleccionar una ilustración de fondo para sus formularios, como se aprecia en la Figura 17-4.

8. **Escoja un estilo de despliegue en pantalla (elija Standard, si no le gustan los fondos decorados) y haga clic sobre Next.**

   Aparece otro recuadro de diálogo Database Wizard, y le pregunta cuál estilo desea utilizar para reportes impresos, como se observa en la Figura 17-5. Un *reporte* es una copia impresa de la información en su base de datos. Un estilo hace que su informe se vea interesante (aun si no tiene nada importante que decir).

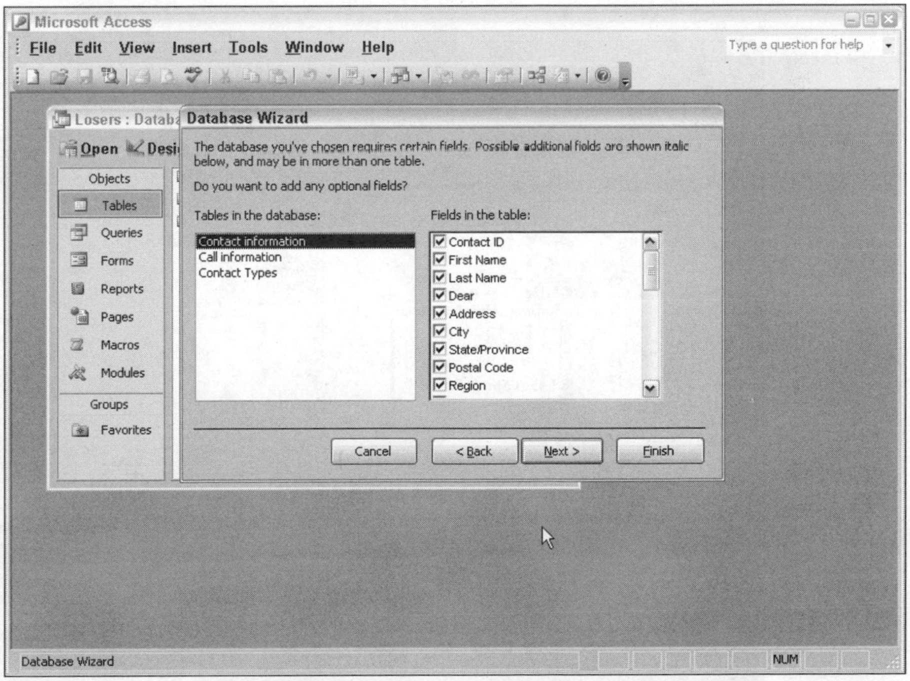

Figura 17-3: El Database Wizard enumera las tablas y campos que creará para su base de datos.

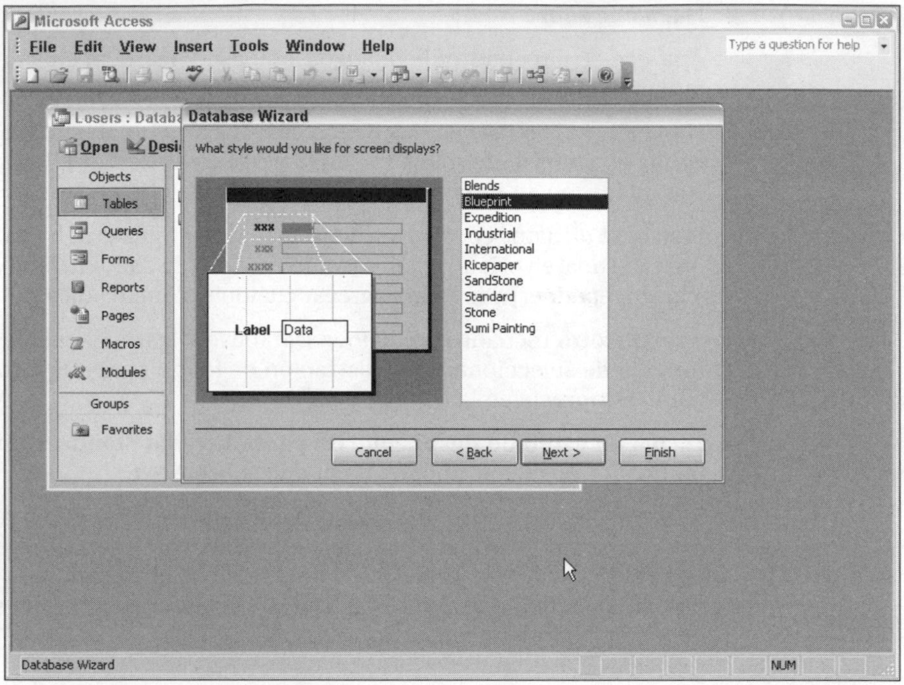

Figura 17-4: Puede escoger diferentes fondos para su base de datos.

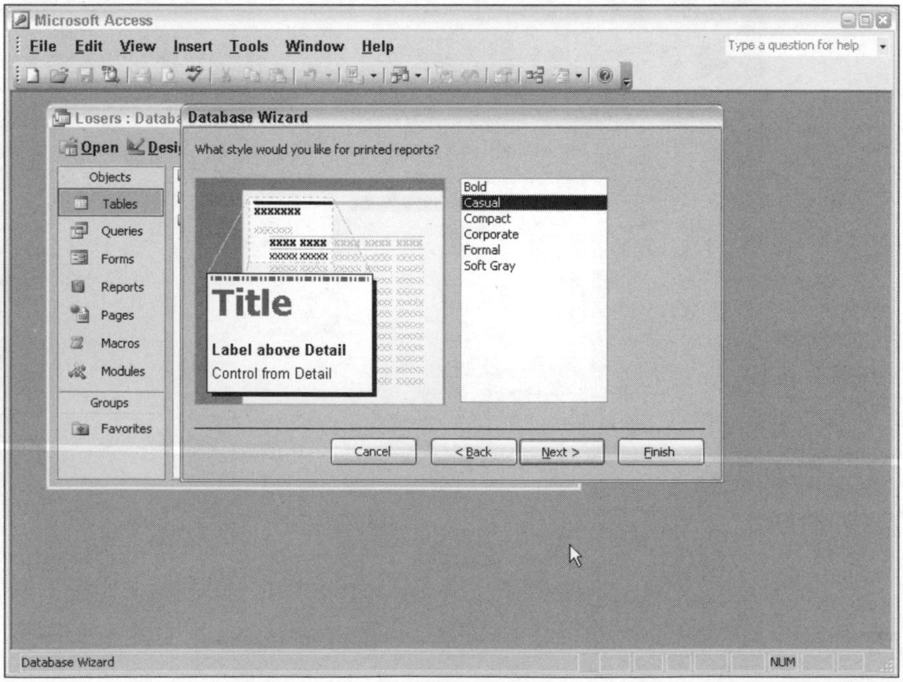

Figura 17-5: Los estilos le dan un toque sofisticado a los informes de su base de datos.

Para ayudarle a elegir el estilo más adecuado a sus necesidades, haga clic sobre varios, uno por uno, y revise la ventana izquierda para saber cómo lucen.

9. **Escoja un estilo y luego haga clic sobre Next.**

   Aparece otro recuadro de diálogo Database Wizard; le pide un título para la base de datos y le pregunta si desea añadir una ilustración a sus reportes. (Access despliega el título en la ventana Main Switchboard. Éste es meramente decorativo; no afecta el diseño ni la organización de su base de datos).

10. **Digite un título para su base de datos (como Nombres valiosos o Gente con la que debo tratar) y luego haga clic sobre Next.**

    Aparece el último recuadro de diálogo Database Wizard, y le comunica que ha terminado con todas las molestas preguntas. Si desea empezar a usar su base de datos inmediatamente, asegúrese de seleccionar la casilla Yes, Start the Database.

11. **Haga clic sobre Finish.**

    Access crea su base de datos y despliega la ventana Main Switchboard (una interfaz de usuario simple para acceder a su base de datos), como se observa en la Figura 17-6.

Después de crear una base de datos, usted puede abrirla nuevamente si selecciona File⇨Open o presiona Ctrl+O.

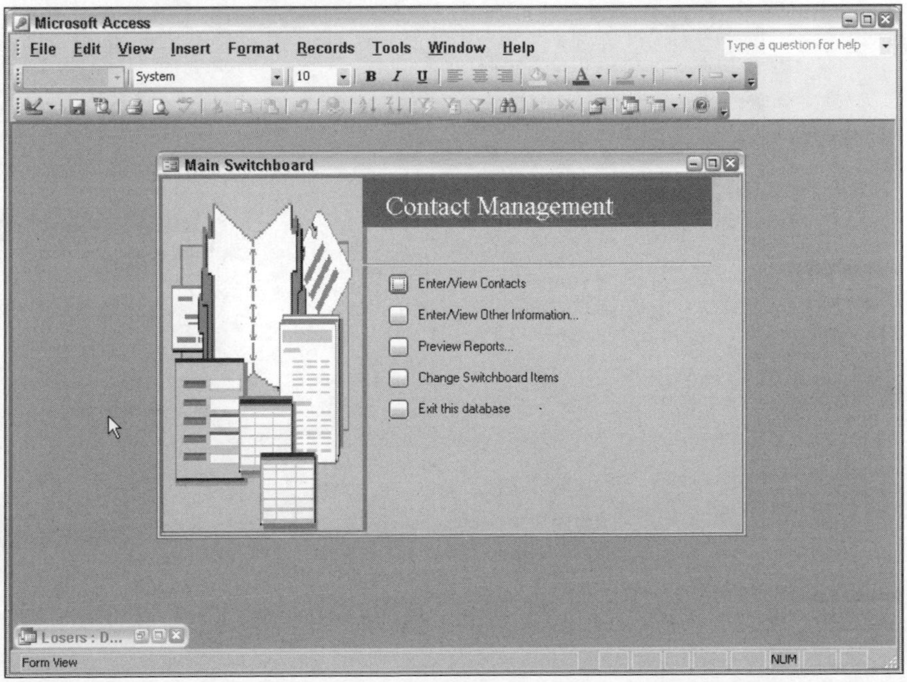

Figura 17-6: La ventana Main Switchboard le brinda acceso rápido a su base de datos en Access.

Observar las partes de su base de datos

Cuando Access utiliza un asistente para crear una base de datos, esta última realmente está compuesta por dos ventanas separadas:

- La ventana Main Switchboard
- La ventana Database

La ventana Main Switchboard ofrece el método simple, de un clic, para utilizar su base de datos; así usted puede ver, editar e imprimir la información. (Refiérase a la Figura 17-6).

Si crea una base de datos sin usar el Access Database Wizard, no contará con la ventana Main Switchboard.

La ventana Database muestra todas las partes separadas (reportes, módulos, formularios, tablas y macros) que conforman su base de datos, como se aprecia en la Figura 17-7.

Un informe le permite imprimir o ver datos específicos de su base de datos.

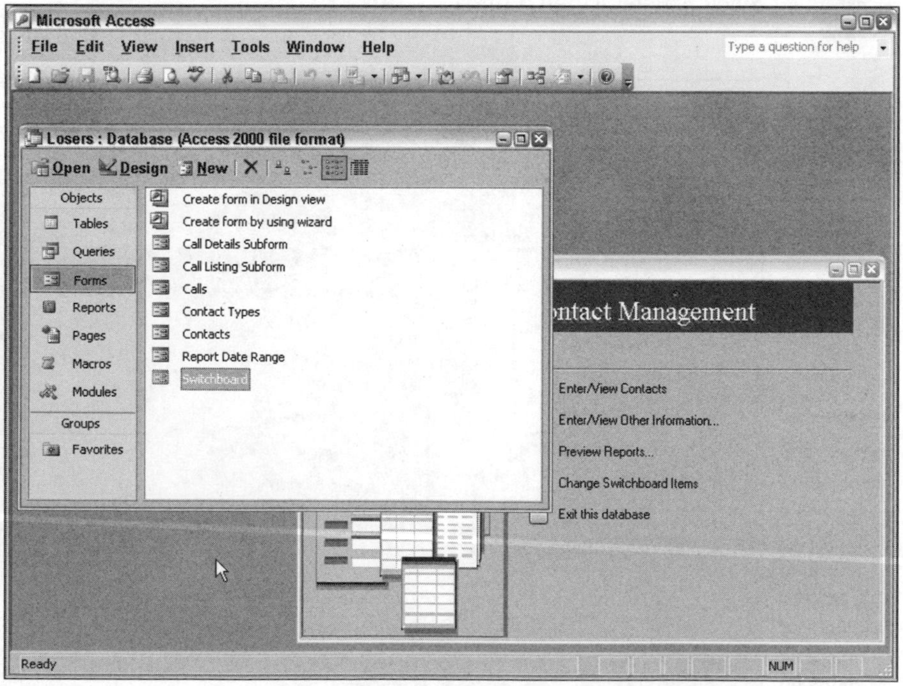

Figura 17-7: La ventana Database le muestra las diferentes partes que conforman su base de datos de Access.

Para intercambiar entre las ventanas Main Switchboard y Database, escoja Window⇨Main Switchboard o Window⇨Database.

El propósito de la ventana Main Switchboard es ocultar los detalles desagradables de la administración de una base de datos. Si realmente quiere involucrarse en la creación, modificación y programación de Access, vaya a la ventana Database. Si sólo desea utilizar una base de datos y no le importan los detalles específicos, utilice la ventana Main Switchboard.

Poner Información dentro de una Base de Datos

Después de que Access elabora una base de datos, ésta se encuentra completamente vacía (y es, además, completamente inútil) hasta que usted empieza a meter su información en ella.

Conforme digita información en una base de datos, Access automáticamente la guarda en el disco. (En otros programas de Office 2003, como Word o Excel, usted debe hacerlo manualmente, pulsando Ctrl+S). Al seleccionar File⇨Save in Access, usted guarda el diseño y la estructura de su base de datos, y no solamente los datos en sí.

Introducir información a través de Main Switchboard

La forma más sencilla de meter información en una base de datos nueva o existente es desde la ventana Main Switchboard. Para utilizar esta ventana para agregar nuevos datos, siga estos pasos:

1. **Abra la base de datos que desea utilizar y escoja Window⇨Main Switchboard.**

   Aparece la ventana Main Switchboard.

2. **Haga clic sobre uno de los botones Enter/View en la ventana Main Switchboard.**

   Por ejemplo, si desea agregar un nuevo contacto en la base de datos desplegada en la Figura 17-6, haga clic sobre Enter/View Contacts.

   Access despliega un formulario, el cual muestra el primer registro de su base de datos y los campos donde puede digitar información, como se observa en la Figura 17-8.

3. **Haga clic sobre el campo donde desea agregar información (como First Name o Address); luego digítela.**

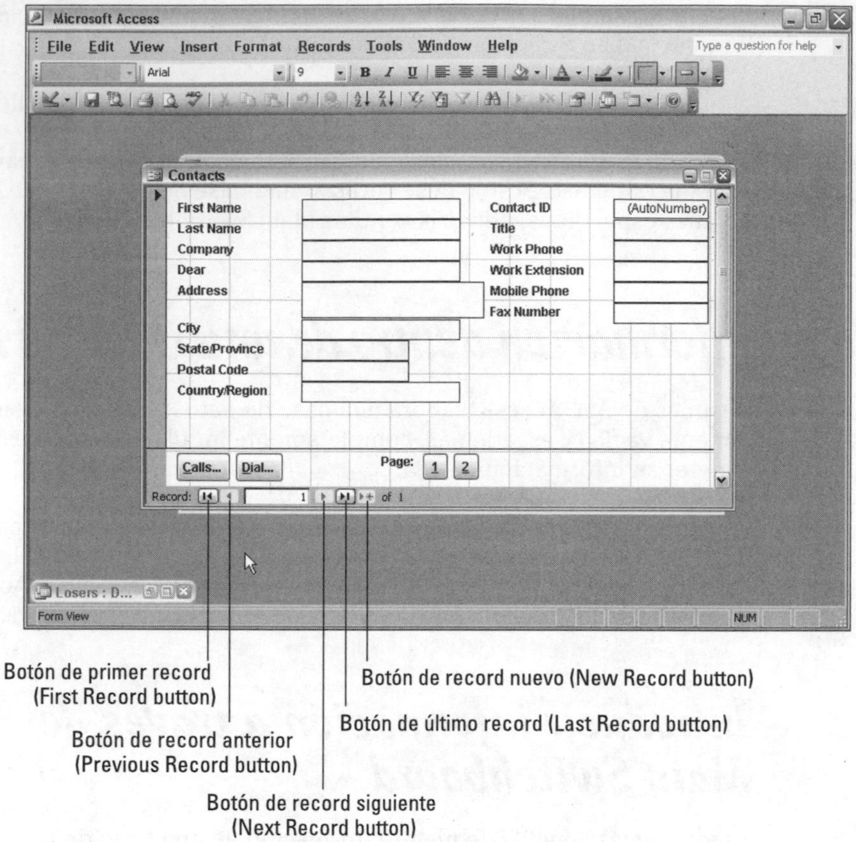

Figura 17-8: Un formulario típico para digitar información en una base de datos.

4. **Para digitar la información del próximo registro, escoja Insert⇨New Record, presione Ctrl++ (signo más), haga clic sobre el icono New Record, en la barra de herramientas Form View, o haga clic sobre el botón Next Record en el formulario.**

   Access despliega un registro en blanco.

5. **Repita los pasos 3 y 4 para cada registro nuevo que quiera agregar a su base de datos.**

6. **Después de introducir la información deseada, haga clic sobre el recuadro Close en la ventana del formulario.**

CONSEJO

Si tiene varios registros en una base de datos, puede verlos al hacer clic sobre uno de los siguientes botones que aparecen en el formulario de la base de datos:

- **First Record:** Despliega el primer registro de la base de datos
- **Previous Record:** Despliega el registro que viene antes del que está viendo actualmente

- **Next Record:** Despliega el registro que viene después del que está viendo actualmente
- **Last Record:** Despliega el último registro de la base de datos

Introducir información a través de una tabla o formulario

Si no utiliza Main Switchboard, usted puede introducir datos utilizando la ventana Database. Al hacerlo, puede introducir datos a través de una tabla o un formulario. Introducir información en una tabla le permite ver varios registros simultáneamente en filas y columnas, al igual que en una hoja de cálculo. Introducir información en un formulario le permite ver un registro a la vez, en una ventana que se asemeja a un formulario de papel.

Access no le importa si usted introduce información en un formulario o una tabla, pues éstos representan simplemente maneras diferentes de ver la misma información.

Introducir información en un formulario equivale a usar Main Switchboard.

Para introducir información en una tabla o formulario, siga estos pasos:

1. **Abra una base de datos existente.**
2. **Escoja Window⇨Database.**

   Access despliega la ventana Database (refiérase a la Figura 17-7).
3. **Haga clic sobre el icono Tables (o Forms) en el panel Objects, a la izquierda de la ventana Database.**
4. **Haga doble clic sobre la tabla o formulario que desea utilizar para introducir información.**

   Access despliega la tabla (o formulario) escogida, como se observa en la Figura 17-9.
5. **Digite los datos en los campos correspondientes.**

   Para moverse de un campo al otro, utilice el mouse, o pulse Tab o Shift+Tab.
6. **Cuando termine, haga clic sobre el recuadro Close de la ventana Table o Form.**

Borrar información

Eventualmente, quizás decida borrar datos de campos individuales, o incluso registros enteros. Por ejemplo, si tiene un registro con información sobre alguien a quien usted no desea ver nunca más, como un ex cónyuge o compañero de cuarto. En lugar de dejar que el nombre y la dirección de esa persona lo atormenten con su presencia en la base de datos, puede borrar ese registro y (metafóricamente) borrar el nombre de esa persona de la faz de la tierra; o, al menos, de la faz de su computadora.

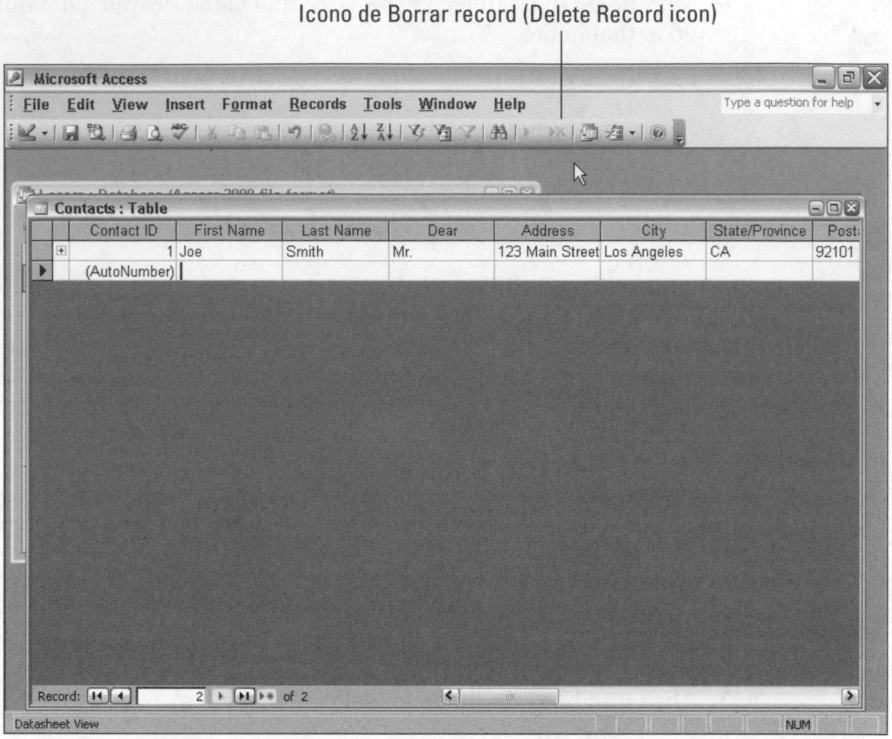

Figura 17-9: Una tabla le permite ver varios registros de una base de datos.

Access ofrece dos formas de borrar información:

- Borrar sólo la información almacenada en un campo (sirve para editar un solo campo, como la dirección de alguien que se ha trasladado).
- Borrar toda la información almacenada en un registro (sirve para eliminar todo rastro de un registro; puede ser útil para arrasar completamente con toda la información sobre una persona que ya no trabaja para su compañía).

Borrar información en un campo

Para borrar información almacenada en un campo, siga estos pasos:

1. **Siga los pasos en las secciones "Introducir información a través de Main Switchboard" o "Introducir información a través de una tabla o formulario", hasta encontrar el registro con la información que desea borrar.**
2. **Haga clic sobre el campo con la información que desea borrar.**
3. **Escoja uno de los siguientes métodos para borrar la información:**
   - Pulse Delete o Backspace para borrar un carácter a la vez.

- Arrastre el mouse para seleccionar la información; luego pulse Delete o Backspace para borrarla.

Borrar un registro completo

Borrar uno o dos campos puede ser útil para editar sus registros. Pero si desea eliminar un registro completo, siga estos pasos:

1. **Siga los pasos en la sección "Introducir información a través de Main Switchboard" o la sección "Introducir información a través de una tabla o formulario", hasta encontrar el registro con la información que desea borrar.**
2. **Escoja Edit⇨Select Record.**

   Access resalta el registro escogido.
3. **Escoja Edit⇨Delete, presione Delete, o haga clic sobre el icono Delete Record en la barra de herramientas Form View.**

   Aparece un recuadro de diálogo y le advierte que, si continúa, su registro se perderá para siempre.
4. **Haga clic sobre el botón Yes (pero solamente si está seguro de querer borrar el registro escogido para siempre). De lo contrario, haga clic sobre el botón No.**

¡ADVERTENCIA!

Asegúrese de que realmente quiere borrar todo el registro. Usted no podrá recuperar la información eliminada más adelante.

Modificar la Estructura de una Base de Datos

Si bien Access ofrece bases de datos predefinidas que usted puede utilizar, quizás prefiera crear una desde cero, o modificar una ya existente. Las tablas y los formularios son dos elementos comunes de añadir, borrar o modificar en una base de datos.

RECUERDE

Las *tablas* despliegan información en un formato de filas y columnas, igual que una hoja de cálculo. Los *formularios* despliegan información al igual que un formulario de papel en la pantalla.

Agregar una tabla

Para agregar una tabla a un archivo de base de datos de Access existente, siga estos pasos:

1. **Abra una base de datos existente.**
2. **Escoja Window⇨Database.**

   Access despliega la ventana Database (refiérase a la Figura 17-7).
3. **Haga clic sobre el icono Tables, en el panel Object de la ventana Database.**
4. **Haga doble clic sobre el icono Create Table by Using Wizard.**

   Aparece el recuadro de diálogo Table Wizard, como se observa en la Figura 17-10.
5. **Haga clic sobre el botón Business o Personal.**

   Access despliega una lista de campos comunes para las bases de datos Business o Personal.
6. **Haga clic sobre la casilla de lista Sample Tables, y escoja la tabla que mejor calce con la que desea crear (como Contacts o Mailing List).**
7. **Haga clic sobre la casilla de lista Sample Fields y sobre el campo que mejor calce con el que desea crear (como LastName o City).**
8. **Haga clic sobre el botón de flecha derecha.**

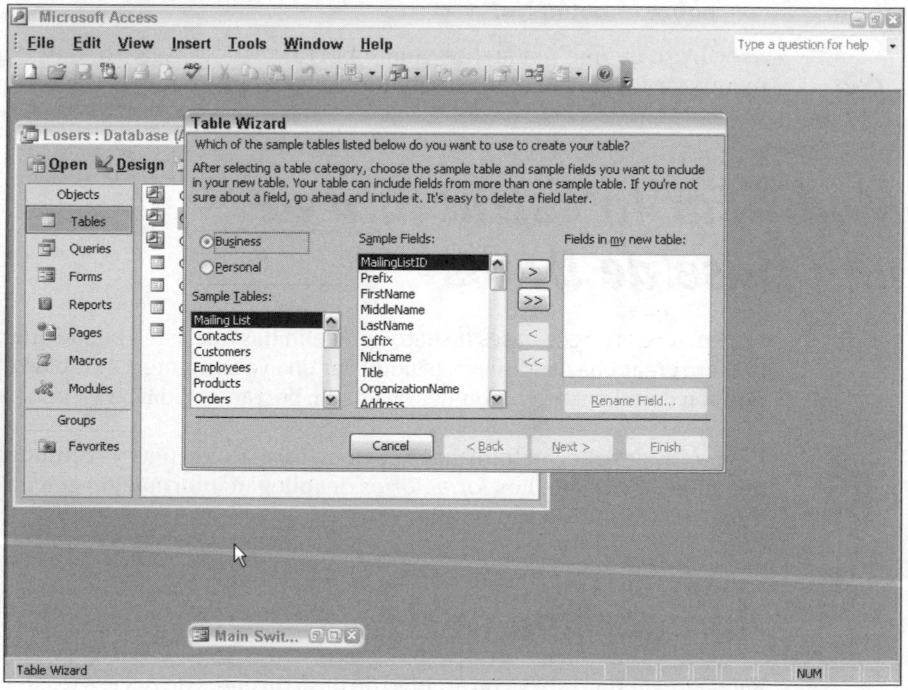

Figura 17-10: El recuadro de diálogo Table Wizard puede guiarlo a través de la creación de una nueva tabla para su archivo de base de datos.

Access despliega el campo escogido en la casilla Fields in My New Table. Si hace clic sobre el botón Rename Field, puede (¿adivine qué?) cambiarle el nombre a un campo.

9. **Repita los pasos 7 y 8 para cada campo que desea agregar.**

10. **Haga clic sobre Next.**

    Aparece otro recuadro de diálogo Table Wizard.

11. **Digite un nombre para su tabla y haga clic sobre Next.**

    Aparece otro recuadro de diálogo Table Wizard, y le pregunta si su nueva tabla contiene registros relacionados con otras almacenadas en su base de datos. Varias tablas pueden compartir los mismos campos, como el número de identificación de un cliente o el nombre de la compañía. Cuando dos tablas comparten el mismo campo, basta con digitar los datos una sola vez, y luego surgirán en múltiples lugares.

12. **Haga clic sobre Next.**

    Aparece el último recuadro de diálogo Table Wizard, el cual le pregunta si desea modificar el diseño de su tabla o empezar a introducir información inmediatamente.

13. **Haga clic sobre una de las opciones (como Enter Data Directly into the Table) y haga clic sobre Finish.**

CONSEJO

Si hace clic sobre el botón Enter Data Into the Table Using a Form the Wizard Creates for Me, Access crea un formulario sencillo donde puede empezar a digitar información.

¿Qué diantres es una base de datos relacional?

Algunas veces las personas se refieren a Access como una *base de datos relacional*. Este término significa que una tabla de base de datos almacena información idéntica a la de otra.

Esto se debe en parte a la pereza pero, sobre todo, a la utilidad. Por ejemplo, usted podría tener una tabla de base de datos con los números de identificación, nombres, direcciones y números telefónicos de sus empleados. Luego, podría tener una segunda tabla con los números de identificación de empleados y los salarios actuales para cada persona. Obviamente, los mismos números de identificación deben aparecer en cada tabla. Entonces, en lugar de obligarlo a digitar la misma información dos veces, las dos tablas de bases de datos comparten esa información idéntica entre ellas, de ahí el término "relación" o "relacional".

Al compartir información entre tablas, usted ya no tiene que digitar información idéntica una y otra vez, y puede almacenar datos en forma separada. Una sola tabla de base de datos no necesita incluir todo (no debe estrujar los datos de la residencia de un empleado en la misma tabla que los de su salario).

Borrar una tabla

Quizás desee borrar una tabla si no necesita guardar la información almacenada en ella.

Al borrar una tabla se elimina cualquier tipo de información, como nombres y direcciones, almacenada en ella. Asegúrese de querer hacerlo realmente. Si borra una tabla, cualquier formulario que haya creado para desplegar esa información será inútil. Si usted va a borrar una tabla, debería borrar también los formularios con los datos almacenados en ella.

Para borrar una tabla, siga estos pasos:

1. **Abra una base de datos existente.**
2. **Escoja Window➪Database.**

   Access despliega la ventana Database (refiérase a la Figura 17-7).
3. **Haga clic sobre el icono Tables, en el panel Object de la ventana Database.**
4. **Haga clic sobre la tabla que desea borrar.**
5. **Escoja Edit➪Delete, pulse Delete o haga clic sobre el icono Delete en la barra de herramientas Database.**

   Un recuadro de diálogo le pregunta si realmente desea borrar la tabla escogida. Si su tabla contiene datos relacionados con otras, Access despliega un recuadro de diálogo que se lo recuerda, y le da la oportunidad de borrar la tabla de todas formas.
6. **Haga clic sobre Yes.**

Pulse Ctrl+Z si de repente decide que no desea borrar su tabla después de todo.

Modificar una tabla

Una vez que haya creado una tabla, tal vez quiera modificarla (sin cambiar la información almacenada en ella). Quizás olvidó crear un campo para almacenar el número de identificación de un empleado; o decidió repentinamente que ya no desea almacenar números telefónicos, y puede borrar ese campo.

Agregar un nuevo campo a una tabla

Para añadir un campo a una tabla, siga estos pasos:

1. **Abra una base de datos existente**
2. **Escoja Window➪Database.**

   Access despliega la ventana Database (refiérase a la Figura 17-7).

3. **Haga clic sobre el icono Tables, en el panel Object de la ventana Database.**
4. **Haga clic sobre la tabla donde desea agregar un nuevo campo.**
5. **Haga clic sobre el icono Design en la barra de herramientas Database o haga clic derecho sobre la tabla y seleccione Design View.**

   Aparece una ventana Table, como se observa en la Figura 17-11.
6. **Haga clic sobre la fila donde desea insertar su nuevo campo.**

   Access no le importa dónde usted inserta su nuevo campo. La ubicación de un campo depende de usted; por ejemplo, si prefiere acomodar los campos Nombre y Apellido uno junto al otro o no.
7. **Escoja Insert⇨Rows, o haga clic sobre el icono Insert Rows en la barra de herramientas Table Design.**

   Access inserta una fila vacía en su tabla.
8. **Digite el nombre de su campo bajo la columna Field Name.**
9. **Haga clic sobre la columna Data Type.**

   Aparece una flecha que apunta hacia abajo, en la celda Data Type, y surge el panel Field Properties, en la parte inferior de la pantalla.

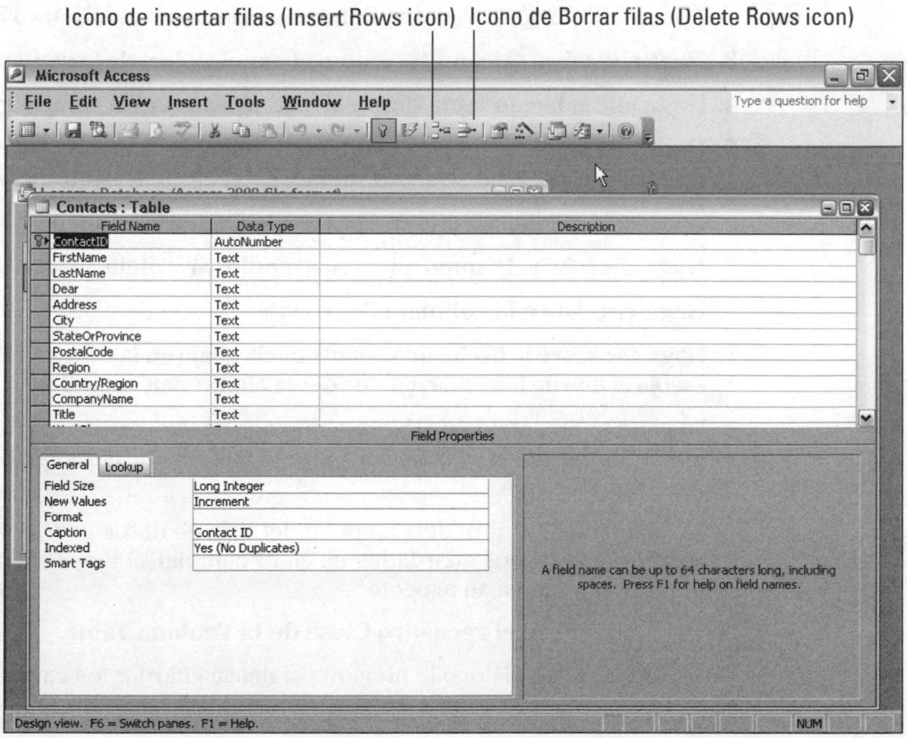

Figura 17-11: La ventana Table le muestra todos los campos usados para almacenar datos.

10. **Haga clic sobre la flecha que apunta hacia abajo en la columna Data Type, y escoja el tipo de información que desea almacenar, como Text o Date/Time.**

    Según el tipo de información, usted puede definir el número máximo de caracteres o los valores aceptables para ese campo.

11. **Haga clic sobre el recuadro Close de la ventana Table.**

    Aparece un recuadro de diálogo, el cual le pregunta si desea guardar los cambios a su tabla.

12. **Haga clic sobre Yes.**

Modificar un campo en una tabla

Después de haber creado una tabla, definido varios campos (como Nombre, Teléfono o Sobrenombre del empleado) y digitado la información (como Bob, 555-1234 o Perdedor), puede darse cuenta de que un campo necesita modificarse. Tal vez haya definido un campo tan pequeño que la información aparezca cortada. O quizás desee desplegar los números como unidades monetarias en lugar de notación científica. Para modificar un campo en una tabla, siga estos pasos:

1. **Abra una base de datos existente.**
2. **Escoja Window⇨Database.**

   Access despliega la ventana Database (refiérase a la Figura 17-7).

3. **Haga clic sobre el icono Tables, en el panel Object de la ventana Database.**
4. **Haga clic sobre la tabla donde desea modificar un campo existente.**
5. **Haga clic sobre el icono Design en la barra de herramientas Database o haga clic derecho sobre la tabla y seleccione Design View.**

   Aparece la ventana Table (refiérase a la Figura 17-11).

6. **Haga clic sobre el campo que desea modificar y digite o edite su nombre.**
7. **Haga clic sobre la columna Data Type.**
8. **Haga clic sobre la flecha que apunta hacia abajo en la columna Data Type, y escoja el tipo de información que desea almacenar, como Text o Date/Time.**

   Dependiendo del tipo de información que escoja, puede modificar las propiedades del campo y definir el número máximo de caracteres o los valores aceptables para él.

   RECUERDE

   Al cambiar el nombre del campo, o del tipo de datos por almacenar, no se alteran los datos guardados en él. Al cambiar el tipo de datos simplemente se modifica su aspecto.

9. **Haga clic sobre el recuadro Close de la ventana Table.**

   Un recuadro de diálogo le pregunta si desea guardar los cambios hechos a su tabla.

10. **Haga clic sobre Yes.**

Borrar un campo de una tabla

Para borrar un campo de una tabla, siga estos pasos:

1. **Abra una base de datos existente.**
2. **Escoja Window⇨Database.**

   Access despliega la ventana Database (refiérase a la Figura 17-7).
3. **Haga clic sobre el icono Tables, en el lado izquierdo de la ventana Database.**
4. **Haga clic sobre la tabla donde desea borrar un campo existente.**
5. **Haga clic sobre el icono Design en la barra de herramientas Database, o haga clic derecho sobre la tabla y seleccione Design View.**

   Aparece una ventana Table (refiérase a la Figura 17-11).
6. **Haga clic sobre el recuadro gris a la izquierda del campo (fila) que desea borrar.**

   Access resalta toda la fila.
7. **Escoja Edit⇨Delete, o pulse Delete.**

   Si el campo contiene información, aparece un recuadro de diálogo preguntándole si realmente desea borrar el campo y cualquier dato almacenado en él. Si el campo está vacío, no aparece ningún recuadro de diálogo y puede saltar al Paso 9.
8. **Haga clic sobre Yes.**
9. **Haga clic sobre el recuadro Close de la ventana Table.**

   Un recuadro de diálogo pregunta si desea guardar los cambios hechos a su tabla.
10. **Haga clic sobre Yes.**

Agregar un formulario

Un formulario imita un formulario en papel, pues proporciona una manera ordenada de ver e introducir datos. Puesto que un formulario puede desplegar sus datos de distintas maneras, tal vez encuentre, en algún momento, que los formularios actuales despliegan demasiada (o muy poca) información para ciertos usos. Por ejemplo, quizás necesite uno para desplegar nombres y números de seguro médico de las personas, y otro completamente separado para desplegar los nombres, direcciones, números telefónicos e información de contacto de esas mismas personas.

Con múltiples formularios, usted puede personalizar las vistas y la adición de datos en Access para corresponder a una variedad de tareas específicas. Para agregar un nuevo formulario a su archivo de base de datos, siga estos pasos:

1. **Abra una base de datos existente.**
2. **Escoja Window⇨Database.**

   Access despliega la ventana Database (refiérase a la Figura 17-7).
3. **Haga clic sobre el icono Forms, en el panel Object de la ventana Database.**
4. **Haga doble clic sobre el icono Create Form by Using Wizard.**

   Aparece el recuadro de diálogo Form Wizard (como se observa en la Figura 17-12) con distintas opciones de campos por mostrar en su formulario.
5. **Haga clic sobre la casilla de lista Tables/Queries y escoja una tabla con la información que desea desplegar en su formulario.**
6. **Haga clic sobre la casilla de lista Available Fields y escoja el campo que desea agregar a su formulario.**

   Puede escoger campos de dos o más tablas de bases de datos si selecciona una tabla diferente en el paso 5, y luego escoge campos de esa tabla en el paso 6.
7. **Haga clic sobre el botón de la flecha derecha (>)para añadir campos a la lista Selected Fields.**
8. **Repita los pasos 6 y 7 para cada campo que desea desplegar en su formulario.**

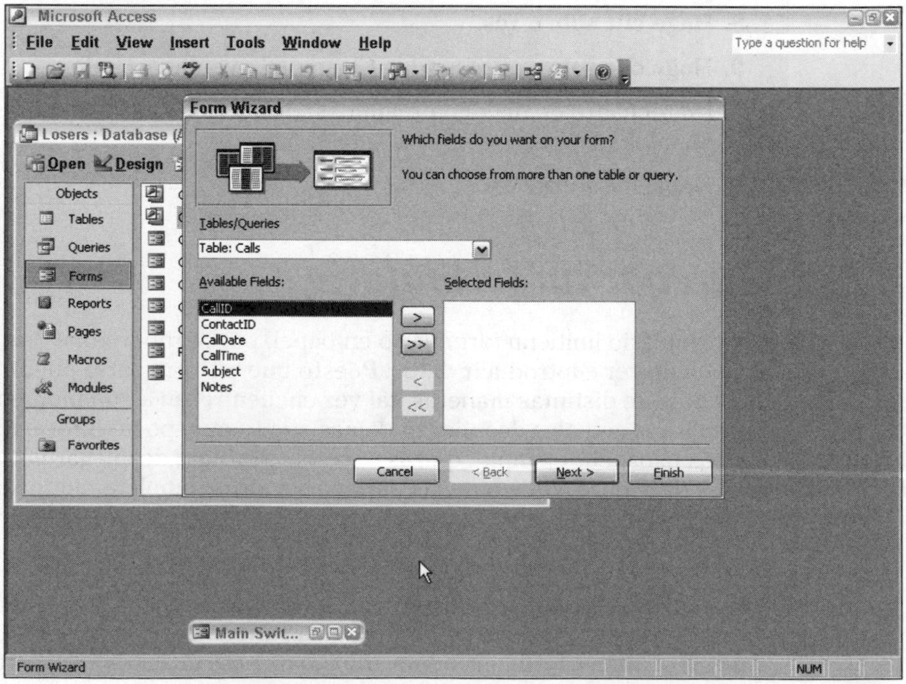

Figura 17-12: El recuadro de diálogo Form Wizard.

9. **Haga clic sobre Next.**

   El recuadro de diálogo Form Wizard le pregunta si desea ver sus datos. (Si escogió campos de una sola tabla de base de datos en el paso 6, no verá este recuadro y puede saltar al paso 11).

10. **Haga clic sobre una de las opciones desplegadas para mostrar sus datos, y haga clic sobre Next.**

    Otro recuadro de diálogo Form Wizard le pide escoger una distribución para su formulario. Si escoge desplegar campos desde dos o más tablas, el recuadro de diálogo Form Wizard le pregunta cómo desea ver sus datos.

11. **Haga clic sobre una de las opciones (como Tabular o Justified) y haga clic sobre Next.**

    Otro recuadro de diálogo Form Wizard le pide elegir un estilo para su formulario.

12. **Haga clic sobre un estilo de formulario, como Blueprint o Sandstone y haga clic sobre Next.**

    Aparece un último recuadro de diálogo Form Wizard, y solicita un título para su formulario.

13. **Digite un nombre para su formulario y haga clic sobre Finish.**

    Access despliega su formulario, como se aprecia en la Figura 17-13.

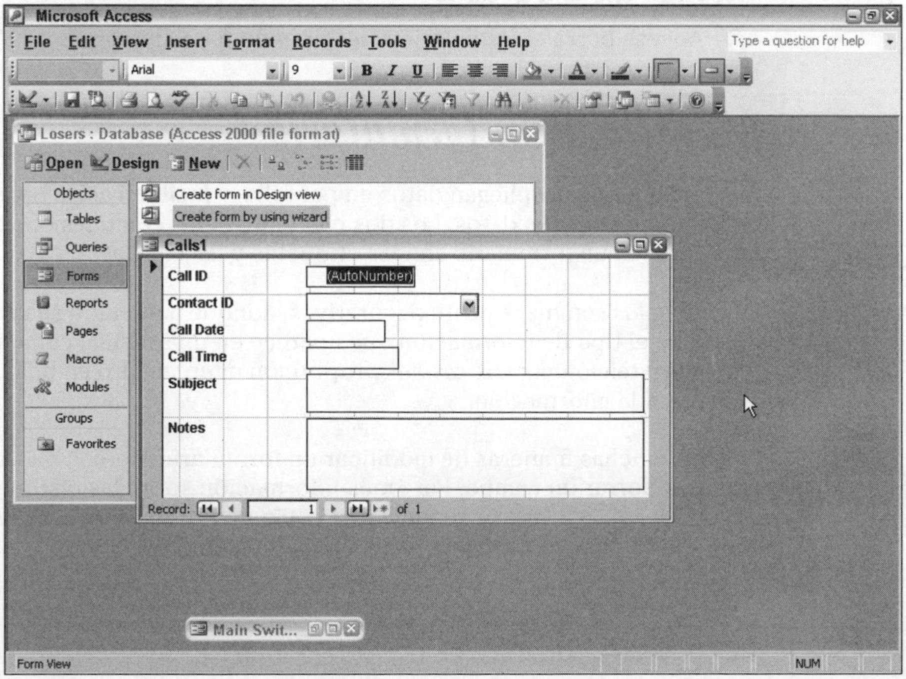

Figura 17-13: Un formulario típico para desplegar los contenidos de su base de datos.

Borrar un formulario

Si borra un formulario, no puede recuperarlo de nuevo. Asegúrese de que realmente desea borrarlo antes de hacerlo.

Cuando borra un formulario, no elimina ninguna información que éste despliega. (Si desea hacerlo, debe borrar la tabla que contiene esos datos. Refiérase a la sección anterior “Borrar información”).

Cuando usted quiere borrar un formulario, sólo siga estos pasos:

1. **Abra una base de datos existente.**
2. **Escoja Window⇨Database.**

   Access despliega la ventana Database (refiérase a la Figura 17-7).
3. **Haga clic sobre el icono Forms, en el panel Object de la ventana Database.**
4. **Haga clic sobre el formulario que desea borrar.**
5. **Escoja Edit⇨Delete, pulse Delete o haga clic sobre el icono Delete en la barra de herramientas Database.**

   Un recuadro de diálogo pregunta si realmente desea borrar el formulario escogido.
6. **Haga clic sobre Yes.**

   Access borra el formulario seleccionado para siempre.

Modificar un formulario

Los formularios despliegan datos en pantalla, y facilitan así la observación y la adición de nuevos datos. Los dos elementos más comunes que necesitará modificar en un formulario son las etiquetas y las casillas.

Las *etiquetas* son meramente decorativas, aunque a menudo se usan para describir el tipo de información que aparece en una casilla, como un Nombre o Número telefónico. Las *casillas* proporcionan un cuadro en blanco donde aparecerá la información.

Existen muchas maneras de modificar un formulario, pero la más común es añadir o borrar un campo. Para más información sobre las distintas maneras de modificar un formulario, tome una copia de *Access 2003 For Dummies*, por John Kaufeld (publicado por Wiley Publishing, Inc).

Agregar un nuevo campo a un formulario

Si desea agregar un nuevo campo, necesita añadir una casilla (para retener la información) y una etiqueta (para describir el tipo de información por rellenar en la casilla). Para añadir una casilla (campo) a un formulario, siga estos pasos:

1. **Abra una base de datos existente.**
2. **Escoja Window➪Database.**

   Access despliega la ventana Database (refiérase a la Figura 17-7).

3. **Haga clic sobre el icono Forms, en en el panel Object de la ventana Database.**
4. **Haga clic sobre el formulario que desea modificar.**
5. **Haga clic sobre el icono Design, en la barra de herramientas Database, o haga clic derecho sobre la tabla y seleccione Design View.**

   Access despliega su formulario y el cuadro de herramientas Form, como se aprecia en la Figura 17-14.

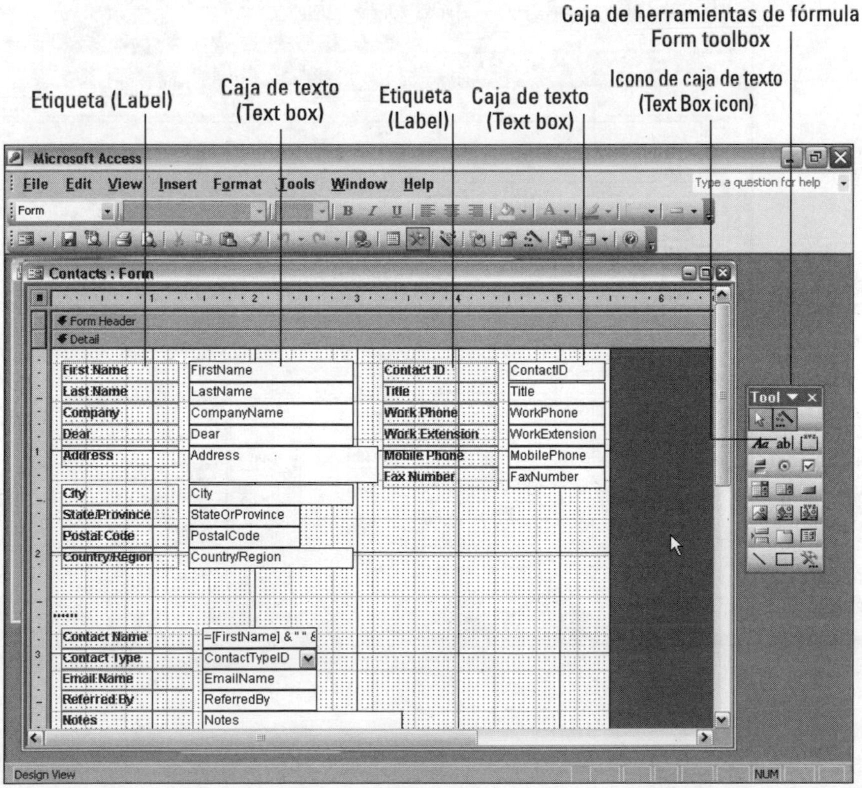

Figura 17-14: Para agregar campos a un formulario, es necesario añadir una etiqueta y una casilla.

6. **Haga clic sobre el icono Text Box en el cuadro de herramientas Form.**

   El cursor del mouse se convierte en una cruz, con el icono Text Box adjunto.

7. **Coloque el mouse donde desea dibujar su casilla.**
8. **Sostenga el botón izquierdo del mouse y arrástrelo para dibujar la casilla.**
9. **Suelte el botón izquierdo del mouse cuando la casilla tenga el tamaño deseado.**

   Access dibuja la casilla y, automáticamente, una etiqueta que acompaña a la casilla recién dibujada.

10. **Haga clic derecho sobre la casilla y escoja Properties.**

    Aparece el recuadro de diálogo Text Box, como se observa en la Figura 17-15.

11. **Haga clic sobre el cuadro Control Source.**

    Aparece una flecha que apunta hacia abajo.

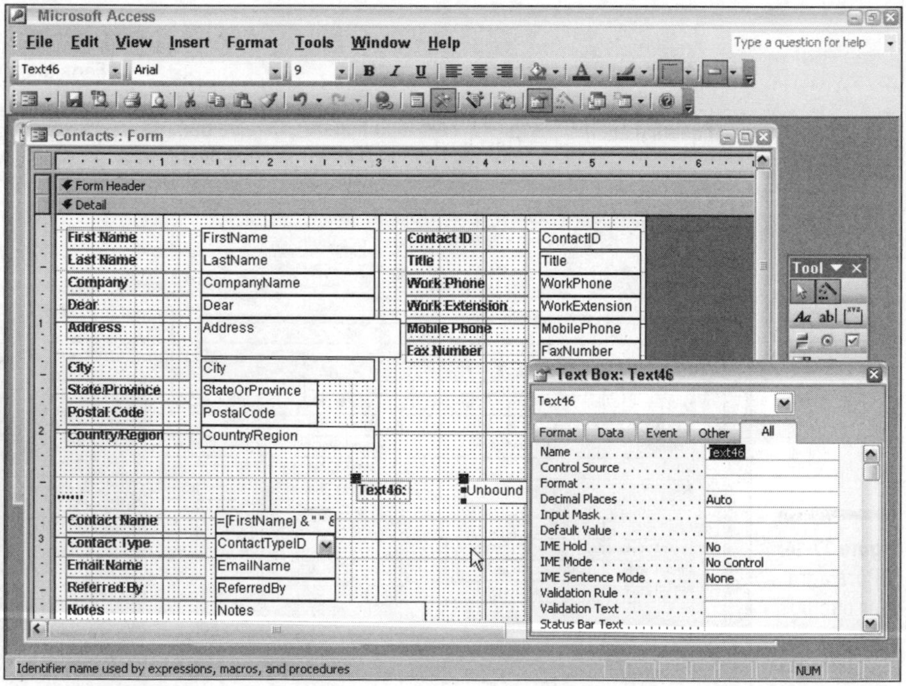

Figura 17-15: Las propiedades del recuadro de diálogo Text Box le permiten definir el comportamiento de su casilla.

12. **Haga clic sobre la flecha que apunta hacia abajo.**

    Aparece una lista de campos almacenados en su base de datos.

13. **Haga clic sobre una fuente de información, como Nombre o Dirección.**

    La fuente de información le indica a Access qué tipo de datos desplegar en la casilla recién creada.

14. **Haga clic sobre el cuadro Close del recuadro de diálogo Text Box.**
15. **Haga doble clic sobre la etiqueta Field.**

    Aparece el recuadro de diálogo Label Properties.

16. **Haga clic sobre el cuadro Caption y digite una leyenda para el campo recién creado (como Identificación del empleado o Estado civil).**

    Lo que digite en el cuadro Caption aparece en su formulario.

17. **Haga clic sobre el cuadro Close del recuadro de diálogo Label Properties.**
18. **Haga clic sobre el cuadro Close de la ventana Form.**

    Un recuadro de diálogo le pregunta si desea guardar los cambios hechos a su formulario.

19. **Haga clic sobre Yes.**

Modificar un campo en un formulario

Una vez que haya creado un campo, tal vez necesite ajustar su tamaño o moverlo, para que se vea bien bonito en el formulario. Para ajustar el tamaño de un campo, siga estos pasos:

1. **Abra una base de datos existente.**
2. **Escoja Window⇨Database.**

   Access despliega la ventana Database (refiérase a la Figura 17-7).

3. **Haga clic sobre el icono Forms, en el panel Object de la ventana Database.**
4. **Haga clic sobre el formulario que desea modificar.**
5. **Haga clic sobre el icono Design, en la barra de herramientas Database, o haga clic derecho sobre la tabla y seleccione Design View.**

   Access despliega su formulario junto con el cuadro de herramientas Form.

6. **Haga clic sobre el campo o su leyenda.**

   Access resalta el campo o leyenda con asideros negros alrededor del borde.

7. **Coloque el mouse sobre un asidero hasta que el cursor se convierta en una flecha de dos puntas.**
8. **Sostenga el botón izquierdo del mouse y arrástrelo para ajustar el tamaño del campo o leyenda.**
9. **Suelte el botón izquierdo del mouse cuando el campo o leyenda tenga el tamaño deseado.**
10. **Haga clic sobre el cuadro Close de la ventana Form.**

    Un recuadro de diálogo le pregunta si desea guardar los cambios hechos a su formulario.
11. **Haga clic sobre Yes.**

Para mover un campo, siga estos pasos:

1. **Abra una base de datos existente.**
2. **Escoja Window⇨Database.**

    Access despliega la ventana Database (refiérase a la Figura 17-7).
3. **Haga clic sobre el icono Forms, en el lado izquierdo de la ventana Database.**
4. **Haga clic sobre el formulario que desea modificar.**
5. **Haga clic sobre el icono Design, en la barra de herramientas Database, o haga clic derecho sobre la tabla y seleccione Design View.**

    Access despliega su formulario junto con el cuadro de herramientas Form.
6. **Haga clic sobre el campo o su leyenda.**

    Access resalta el campo o leyenda con asideros negros alrededor. Note que el asidero más grande está en al esquina superior izquierda.
7. **Coloque el mouse sobre el asidero grande, en la esquina superior izquierda, sostenga el botón izquierdo del mouse y arrástrelo.**

    Access le muestra el contorno de su campo o leyenda conforme usted lo mueve.
8. **Suelte el botón izquierdo del mouse cuando el campo o leyenda esté en la ubicación deseada.**
9. **Haga clic sobre el cuadro Close de la ventan Form.**

    Un recuadro de diálogo le pregunta si desea guardar los cambios hechos a su formulario.
10. **Haga clic sobre Yes.**

Borrar un campo de un formulario

Para borrar un campo de un formulario, siga estos pasos:

1. **Abra una base de datos existente.**
2. **Escoja Window⇨Database.**

   Access despliega la ventana Database (refiérase a la Figura 17-7).
3. **Haga clic sobre el icono Forms, en el lado izquierdo de la ventana Database.**
4. **Haga clic sobre el formulario que desea modificar.**
5. **Haga clic sobre el icono Design, en la barra de herramientas Database, o haga clic derecho sobre la tabla y seleccione Design View.**

   Access despliega su formulario junto con el cuadro de herramientas Form.
6. **Haga clic sobre el campo o su leyenda.**

   Access resalta el campo o leyenda con asideros negros alrededor del borde.
7. **Pulse Delete.**
8. **Haga clic sobre el cuadro Close de la ventana Form.**

   Un recuadro de diálogo le pregunta si desea guardar los cambios hechos a su formulario.
9. **Haga clic sobre Yes.**

Guardar su Base de Datos

Access le brinda dos formas diferentes de guardar su base de datos:

- Como archivo de base de datos de Access (recomendado en la mayoría de los casos)
- Como archivo de base de datos foráneo (sirve para compartir información almacenada en una base de datos de Access con personas que utilizan otros programas, como Paradox o dBASE).

RECUERDE

Conforme edita, borra y añade nuevos datos, Access automáticamente guarda la información en su archivo de base de datos. Sin embargo, si agrega o borra campos o tablas en su base de datos, debe guardar el diseño de su archivo, que incluye cualquier informe, formulario o tabla que usted haya creado y modificado.

Guardar su base de datos como un archivo de Access

Para guardar cambios hechos a su archivo de base de datos como un archivo de Access, necesita escoger uno de los siguientes tres métodos:

- Escoja File⇨Save.
- Pulse Ctrl+S
- Haga clic sobre el icono Save en la barra de herramientas estándar

Exportar a otro formato de archivo

A pesar de los grandes esfuerzos de Microsoft por dominar el mundo sin exaltar la ira de legisladores antimonopolistas, no todo el mundo utiliza Access para almacenar datos. En los viejos tiempos, mucha gente usaba un lento y complicado programa llamado dBASE. Eventualmente, algunos se graduaron a un complicado programa, más rápido, llamado Paradox, mientras que otros huyeron hacia complicados programas enemigos, con nombres extraños, como FileMaker o FoxPro.

Si va a compartir sus datos con personas que no usan Access, debe exportarlos desde una tabla de Access a un nuevo formato de archivo que otros programas (como Paradox o FoxPro) puedan leer.

ASPECTOS TECNICOS

Muchas personas utilizan sus hojas de cálculo para almacenar datos; Access también puede guardar sus bases de datos como una hoja de cálculo de Lotus 1-2-3 o Excel.

CONSEJO

Casi todos los programas de bases de datos en el mundo pueden leer archivos de dBASE III. Entonces, si usted desea compartir sus archivos con otros programas de bases de datos, como FileMaker, guárdelos en el formato dBASE III. Si quiere usar uno de los más nuevos estándares para compartir datos, guárdelos en formato XML.

Para exportar una tabla de tabla de base de datos de Access a un formato de archivo diferente, siga estos pasos:

1. **Abra una base de datos existente**
2. **Escoja Window⇨Database.**

   Aparece la ventana Database.
3. **Haga clic sobre Tables, en el panel Object de la ventana Database.**

   Access despliega una lista de tablas de su base de datos.
4. **Haga clic sobre una tabla de base de datos.**
5. **Escoja File⇨Export.**

   Aparece el recuadro de diálogo Export Table To.
6. **Digite un nombre para su archivo en la casilla File Name.**

7. **Haga clic sobre la casilla de lista Save As Type, y escoja un formato de archivo para utilizar, como dBASE III o Paradox 5.**

8. **Haga clic sobre Save.**

Cuando se tienen dos copias de la misma información almacenada en archivos diferentes, es necesario asegurarse de que cualquier cambio hecho a una también se incorpore a la otra. De lo contrario, podría terminar con versiones diferentes de la misma información, y luego no sabrá cuál copia es la más actualizada y confiable.

Capítulo 18

Buscar, Ordenar y Hacer Consultas

En este capítulo

- Registrar una base de datos
- Ordenar información en su base de datos
- Crear y utilizar consultas de bases de datos

El verdadero poder de las bases de datos de computadoras yace en su capacidad súper rápida de buscar, acomodar y recuperar información, lo cual resultaría muy tedioso, aburrido o frustrante de hacer con una base de datos en papel. ¿Desea saber cuáles productos se están vendiendo más velozmente (y cuáles merecen desecharse sin pensarlo dos veces)? Access puede contestarle con sólo tocar un botón. ¿Necesita saber cuáles de sus vendedores están generando mayores comisiones (y gastos administrativos)? Access también puede brindarle esa información pronto. Si el conocimiento es poder, hasta que usted no utilice el poder de una base de datos de computadora, su información puede ser inalcanzable.

Registrar una Base de Datos

Las bases de datos típicas en papel, como los archivadores, los archivos Rolodex y las carpetas de papel, están diseñadas para almacenar y recuperar información alfabéticamente. Por contraste, Access puede encontrar y recuperar información de cualquier forma que usted quiera: por código de área, por código postal, alfabéticamente por nombre o apellido, por estado, por fecha, etcétera.

Access le brinda dos formas básicas de búsqueda en una base de datos:

- Puede buscar un registro específico.
- Puede encontrar uno o más registros utilizando un filtro.

Access también ofrece una tercera manera de registrar una base de datos. Es posible hacer preguntas específicas, llamadas *consultas* (queries). Usted las conocerá en la sección "Consultar una Base de Datos", más adelante en este capítulo.

Encontrar un registro específico

Para hallar un registro específico en un archivo de base de datos, es necesario conocer parte de la información que busca. Como Access no puede leerle la mente, debe darle claves, como "Encuentre el nombre de la persona cuyo fax es 555-1904" o "Encuentre el número telefónico de un tipo llamado Bill Gates".

Cuanto más específica sea la información que ya conoce, más rápido encontrará Access el registro que procura. Pedirle a Access que halle el número telefónico de alguien que vive en California toma más tiempo (por ejemplo) que solicitarle encontrar el de alguien cuyo apellido es Bangladore y vive en California. Quizás usted haya almacenado los nombres de varios cientos de personas que viven en California, pero ¿cuántas personas en su base de datos tienen el apellido Bangladore?

Para encontrar un registro específico en una base de datos, siga estos pasos:

1. **Abra el formulario con la información que desea buscar.**

   Por ejemplo, si desea encontrar el número telefónico de un cliente, debe primero abrir un formulario que despliegue los números telefónicos de todos sus clientes. Puede abrir un formulario al hacer clic sobre uno de los botones Enter/View en la ventana Main Switchboard, o escoger Window⇨Database, hacer clic sobre el icono Forms y hacer doble clic sobre el formulario que desea desplegar.

2. **Escoja Edit⇨Find o pulse Ctrl+F.**

   Para que el comando Find aparezca en el menú Edit, es necesario abrir un formulario antes.

   Aparece el recuadro de diálogo Find and Replace, como se muestra en la Figura 18-1. Si no ha almacenado ninguna información en su base de datos, Access le llama la atención con un recuadro de diálogo para indicarle que aún no puede utilizar el comando Find.

3. **En la casilla Find What, digite los datos que desea encontrar (como** Jefferson**).**

4. **Haga clic sobre la casilla de lista Look In, y escoja el campo que desea buscar (como First Name o Phone Number).**

5. **Haga clic sobre la casilla de lista Match y escoja una de las siguientes opciones:**

   - **Any Part of Field:** El texto puede aparecer en cualquier parte del campo (una búsqueda para Ann encontraría tanto Maryanne como AnnMarie).

- **Whole Field:** El texto debe aparece solo, y no como parte de otra palabra. (Una búsqueda para Ann encuentra sólo registros con Ann; no halla Maryanne ni AnnMarie).
- **Start of Field:** El texto aparece al principio del campo. (Una búsqueda para Ann encuentra AnnMarie y Ann, pero no Maryanne.)

6. Haga clic sobre la casilla de lista Search y escoja Up, Down o All.

- **Up:** Registra la base de datos hacia arriba, a partir del registro actualmente mostrado y hasta el primero.
- **Down:** Registra la base de datos hacia abajo, a partir del registro actualmente mostrado hasta el último.
- **All:** Registra la base de datos completa.

Si escoge las opciones Up o Down, y Access no puede encontrar la información que usted necesita, podría significar que dicha información no existe o se encuentra oculta en la parte de la base de datos donde usted no buscó. Entonces, si elige la opción Up y no halló su información, ésta podría estar almacenada cerca del final de su base de datos.

7. Haga clic sobre la casilla Match Case si desea escoger esta opción.

La opción Match Case le ordena a Access encontrar solamente aquellos registros que coincidan exactamente con las mayúsculas y minúsculas que usted digitó en la casilla Find What. Es decir, si usted busca AnN, Access encuentra los registros que contienen AnN, pero no aquellos con Ann, ann o aNN.

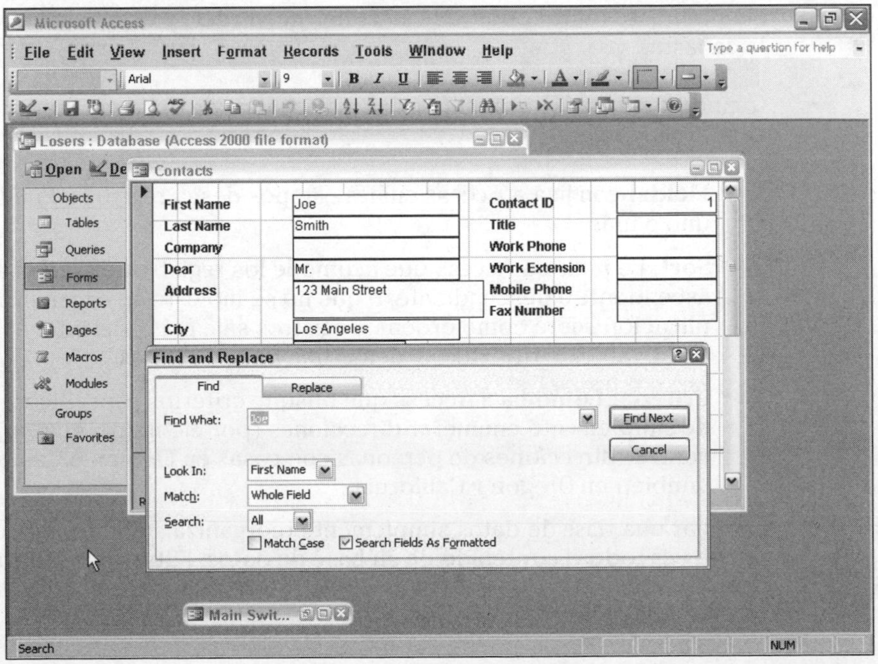

Figura 18-1: El recuadro de diálogo Find and Replace puede ayudarle a registrar su base de datos.

8. **Haga clic sobre el botón Find Next.**

   Access resalta el primer registro con la información escogida. Quizás deba mover el recuadro de diálogo Find and Replace para poder ver el registro que Access encuentra. Si Access no halla una coincidencia, surge un recuadro de diálogo para informarle que el elemento de búsqueda no fue encontrado en su base de datos.

9. **Haga clic sobre Close para cerrar el recuadro de diálogo Find and Replace. (O haga clic sobre Find Next si desea ver el próximo registro con la información escogida).**

   Access le muestra el registro que encontró en el paso 8, o busca el próximo que coincida.

Encontrar uno o más registros utilizando un filtro

Cuando utiliza un filtro, Access despliega solamente aquellos registros con la información que usted requiere. Así, usted puede concentrarse en ver únicamente la información necesaria, sin que el resto de base de datos se meta en su camino.

La diferencia entre el comando Find y un filtro puede ilustrarse así: supongamos que usted desea encontrar un par de calcetines verdes. El comando Find lo obliga a registrar toda la canasta de ropa sucia para encontrarlos. Un filtro simplemente retira todos los calcetines no verdes, y deja sólo los verdes en la canasta.

Cuando desee utilizar un filtro, use el recuadro de diálogo Filter para especificar varias opciones:

- **Field:** Le indica a Access cuáles campos desea registrar. Puede escoger uno o más.
- **Sort:** Le indica a Access que acomode los registros en orden alfabético ascendente o descendiente, o que no se moleste en ordenar nada. La explicación sobre cómo ordenar registros sale más adelante, en la sección creativamente titulada "Ordenar una Base de Datos".
- **Criteria:** Le indica a Access que busque criterios específicos. En lugar de simplemente enumerar direcciones (por ejemplo), Access puede encontrar direcciones de personas con casas en Oregon o California, y también en Oregon *y* California.

Ordenar una base de datos simplemente reorganiza su información; usted puede ver todo el contenido de su base de datos. Filtrar por criterios sólo despliega registros que coincidan con criterios específicos: no toda la información podrá verse.

Filtrar con un formulario

Los formularios pueden desplegar un registro entero en pantalla. Si un filtro encuentra varios registros, el formulario despliega el número total encontrado (como 1 de 6). Para ver todos los registros hallados por un filtro, haga clic sobre los botones Next o Previous Record en cada formulario.

Para encontrar uno o más registros utilizando un filtro, siga estos pasos:

1. **Abra el formulario con la información que desea buscar.**
2. **Escoja Records⇨Filter⇨Filter by Form, o haga clic sobre el icono Filter by Form, en la barra de herramientas estándar, como se observa en la Figura 18-2**

   Aparece el recuadro de diálogo Filter by Form, el cual tiene un peculiar parecido con el formulario abierto en el paso 1.

Icono de filtro de forma (Filter by Form icon)

Icono de filtro de selección (Filter by Selection icon)

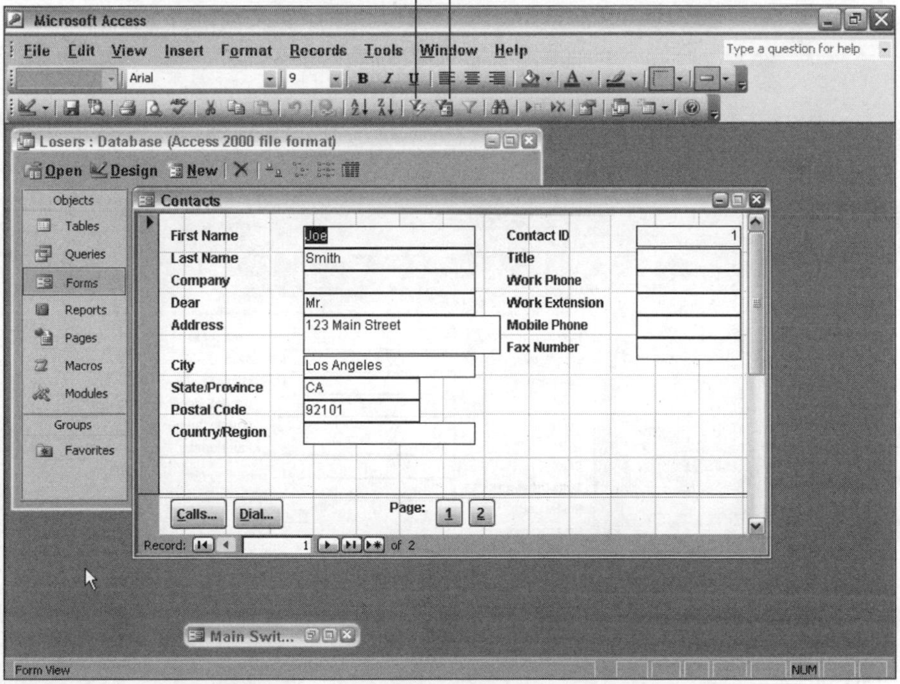

Figura 18-2: Los iconos Filter by Form y Filter by Selection aparecen en la barra de herramientas estándar.

3. **Haga clic sobre el campo que desea usar como filtro.**

   Por ejemplo, si desea encontrar todas las personas que viven en Illinois, haga clic sobre el campo State/Province.

   Aparece una flecha que apunta hacia abajo, a la derecha del campo sobre el que hizo clic.

4. **Haga clic sobre la flecha que apunta hacia abajo.**

   Aparece una lista, como se observa en la Figura 18-3, con toda la información (como todos los estados almacenados en su base de datos) disponible en ese campo específico.

5. **En la lista, haga clic sobre la información que desea encontrar (como TX para encontrar Texas).**

6. **Repita los pasos del 3 al 5 para cada campo que desea utilizar como filtro.**

   Cuantos más filtros utilice, más específica será la búsqueda; deberá esculcar menos registros para encontrar los que realmente quiere. Sin embargo, también podría acabar filtrando e ignorando registros que realmente desea incluir. Sea selectivo al crear filtros.

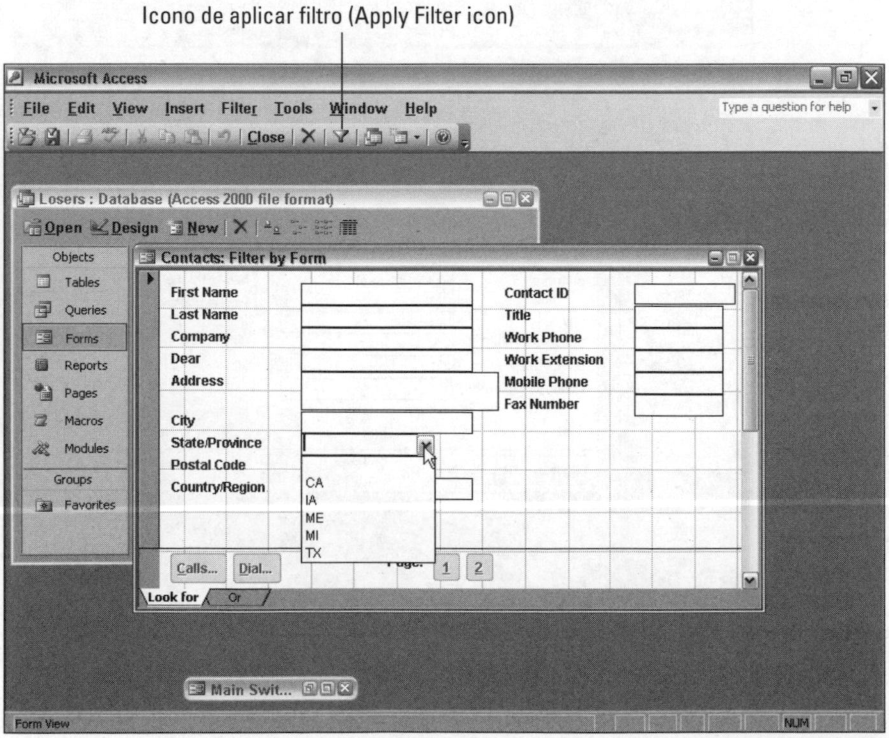

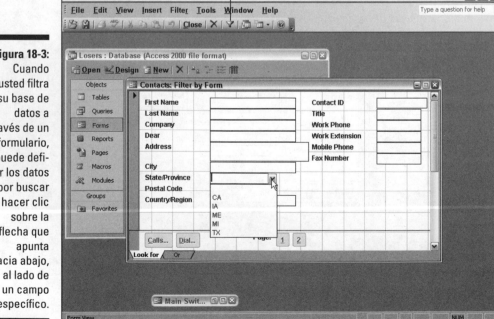

Figura 18-3: Cuando usted filtra su base de datos a través de un formulario, puede definir los datos por buscar al hacer clic sobre la flecha que apunta hacia abajo, al lado de un campo específico.

7. **Escoja Filter⇨Apply Filter/Sort o haga clic sobre el icono Apply Filter en la barra de herramientas.**

   Access despliega solamente aquellos registros que coinciden con los criterios de búsqueda. Para recordarle que está viendo una versión filtrada de su base de datos, Access amablemente despliega la palabra Filtered cerca de la parte inferior del formulario. Quizás necesite hacer clic sobre los botones Next o Previous Record para ver otros registros encontrados por su filtro.

8. **Cuando esté listo para ver toda la base de datos nuevamente (no sólo los resultados de la búsqueda), escoja Records⇨Remove Filter/Sort, o haga clic sobre el icono Remove Filter en la barra de herramientas estándar, como se aprecia en la Figura 18-4.**

   Al escoger este comando despliega toda la información en su base de datos una vez más.

Después de utilizar un filtro, asegúrese de eliminarlo por medio del comando Remove Filter/Sort; de lo contrario, Access despliega solamente aquellos registros que coincidan con su última búsqueda, y usted podría pensar que el resto de su información se ha perdido.

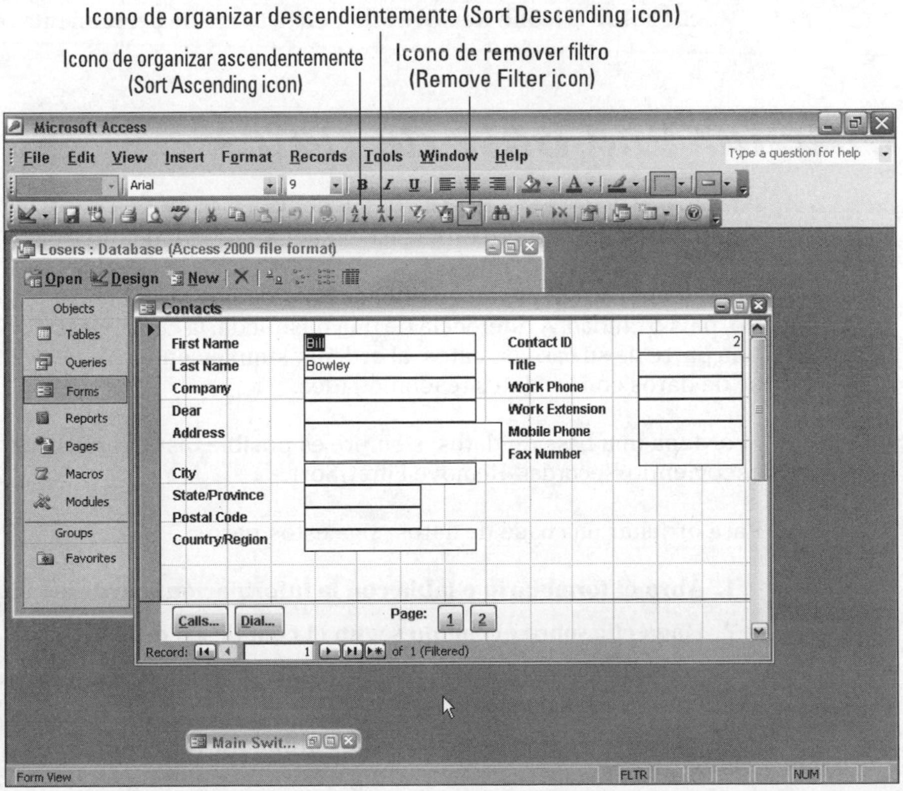

Figura 18-4: Cuando usted está viendo un filtro a través de un formulario, aparece la palabra (Filtered) cerca de la parte inferior de éste.

Filtrar con una tabla

En lugar de utilizar un filtro con un formulario, quizás prefiera utilizar uno con una tabla. La principal ventaja de hacerlo es que usted puede ver varios registros simultáneamente, mientras que un formulario puede desplegar solamente uno a la vez. Para encontrar uno o más registros utilizando un filtro con una tabla, siga estos pasos:

1. **Abra la tabla con la información que desea buscar.**
2. **Haga clic sobre el campo que desea utilizar como su filtro.**

   Por ejemplo, si desea encontrar todas aquellas personas cuyo apellido es Doe, haga clic sobre cualquier campo de Last Name con el apellido Doe.

3. **Escoja Records⇨Filter⇨Filter by Selection, o haga clic sobre el icono Filter By Selection en la barra de herramientas estándar.**

   Access inmediatamente despliega solamente aquellos registros que coinciden con sus criterios.

   CONSEJO

   Si desea seleccionar varios criterios para filtrar su información, repita los pasos 2 y 3 cuantas veces sea necesario.

4. **Cuando esté listo para ver toda su base de datos nuevamente (y no sólo los resultados de la búsqueda), escoja Records⇨Remove/Filter/Sort, o haga clic sobre el icono Remove Filter en la barra de herramientas estándar.**

Ordenar una Base de Datos

Para ordenar una base de datos, debe indicarle a Access por cuál campo y cómo desea hacerlo (en orden ascendente o descendente).

Por ejemplo, usted puede ordenar su base de datos alfabéticamente por apellido, país o ciudad. A diferencia de una búsqueda, la cual muestra solamente una parte de su base de datos, al ordenar simplemente se muestra toda su base de datos con los datos reacomodados.

RECUERDE

Si ordena una base de datos, siempre es posible restaurar el orden original escogiendo Records⇨Remove Filter/Sort.

Para ordenar una base de datos, siga estos pasos:

1. **Abra el formulario o tabla con la información que desea buscar.**
2. **Haga clic sobre el campo según el cual desea ordenar.**

   Si desea acomodar por apellidos, por ejemplo, haga clic sobre el campo con los apellidos.

3. **Escoja Records⇨Sort⇨Sort Ascending (or Descending) o haga clic sobre los iconos Sort Ascending o Sort Descending en la barra de herramientas estándar.**

La opción Sort Ascending acomoda de la A a la Z (o desde el 0 al 9). Sort Descending acomoda en forma inversa, de la Z a la A (o del 9 al 0).

Access obedientemente acomoda sus registros

4. **Cuando esté listo para restaurar el orden original de su base de datos, escoja Records⇨Remove Filter/Sort.**

Puesto que una tabla despliega varios registros simultáneamente, podría parecerle que acomodar una base de datos a través de una tabla resulta más fácil de ver

Consultar una Base de Datos

Almacenar información en una base de datos está bien, pero la verdadera diversión viene cuando utiliza la información introducida. Después de todo, almacenar los nombres y direcciones de sus clientes es un desperdicio, si usted no usa la información para ayudarle a hacer más dinero (de eso se tratan los negocios).

Para ayudarle a utilizar la información almacenada en forma efectiva, Access proporciona diferentes maneras de analizar sus datos. Cuando usted almacena información en tarjetas Rolodex, en libretas de direcciones o en formularios de papel, la información es estática. Cuando lo hace en Access, los datos pueden moldearse, formarse y manipularse como si fueran plastilina.

Hacer preguntas por medio de consultas

Una *consulta* es un término sofisticado para una pregunta que se le hace a Access. Después de haber almacenado información en una base de datos, las consultas sirven para sacar la información nuevamente — y en diferentes formas. Una consulta puede ser tan simple como encontrar los nombres y números telefónicos de todos los que viven en Arkansas, o tan sofisticada como obligar a Access a recuperar los nombres y cantidades de todos los productos que su compañía vendió entre el 2 de noviembre y el 29 de diciembre.

El secreto de crear consultas efectivas está en saber qué quiere, y aprender a decirle a Access cómo encontrarlo.

¿Cuál es la diferencia entre una consulta y el comando Find?

Tanto una consulta como el comando Find le dicen a Access que recupere y despliegue cierta información de su base de datos. Sin embargo, las consultas poseen una ventaja: pueden guardarse como parte de su archivo y usarse una y otra vez, sin necesidad de definir qué busca en cada ocasión. (Cada vez que utiliza el comando Find hace falta definir qué busca).

Una consulta como es una manera de almacenar filtros que puede utilizar una y otra vez para encontrar información específica.

Utilice el comando Find cuando necesita buscar a través de uno o más campos solamente una vez. Utilice las consultas cuando necesita buscar a través de uno o más campos regularmente.

Crear una consulta

Cuando crea una consulta, debe especificar *criterios de búsqueda*, atributos que le indican a Access el tipo específico de información que desea encontrar.

Las consultas pueden volverse bastante complicadas. Por ejemplo, puede pedirle a Access que encuentre los nombres de todas las personas en su base de datos que ganan menos de $75 000 al año, viven en Seattle o Detroit, son dueños de casa por más de seis años, trabajan en ventas, tienen computadoras personales y están suscritos a más de tres pero menos de seis revistas al año.

Recuerde que la calidad de las respuestas depende enormemente de la calidad de sus consultas (preguntas). Si crea una consulta mal diseñada, Access probablemente no encontrará toda la información que realmente necesita y podría obviar información importante que afecta a su negocio o trabajo.

Para crear una consulta, siga estos pasos:

1. **Escoja Window⇨Database.**

   Aparece la ventana Database.

2. **Haga clic sobre el icono Queries, en el panel Object de la ventana Database.**

3. **Haga doble clic sobre el icono Create Query by using Wizard**

   Aparece el recuadro de diálogo Simple Query Wizard, como se aprecia en la Figura 18-5.

4. **Haga clic sobre la flecha que apunta hacia abajo, a la derecha de la casilla de lista Tables/Queries, y haga clic sobre la tabla que desea buscar.**

   Una tabla de base de datos simplemente contiene información relacionada, como nombres, direcciones y números telefónicos de estudiantes. Cuando escoge una tabla de base de datos, le está indicando a Access que busque solamente en una tabla en particular, y no en todo el archivo de Access, el cual puede consistir en una o más tablas.

5. **Haga clic sobre la casilla de lista Available Fields y haga clic sobre un campo que quiera desplegar en el resultado de la consulta.**

   Por ejemplo, si desea desplegar los campos FirstName y PhoneNumber, haga clic sobre uno de ellos (luego regrese después del paso 6 para hacer clic sobre el otro).

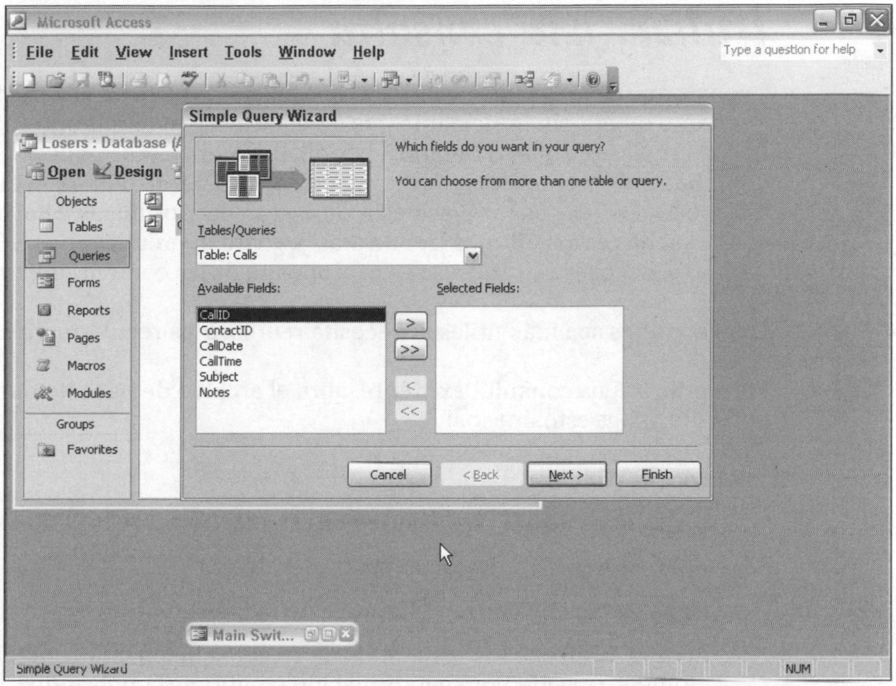

Figura 18-5: El recuadro de diálogo Simple Query Wizard.

6. **Haga clic sobre el botón de la flecha sencilla que aparece entre los dos cuadros grandes.**

   Access despliega su campo en el cuadro Selected Fields. Repita los pasos 5 y 6 para cada campo que desea utilizar en su consulta.

7. **Haga clic sobre Next.**

   Access le pregunta cuál título desea darle a su consulta.

8. **Digite un nombre para su consulta en la casilla What Title Do You Want for Your Query.**

   Póngale a su consulta un nombre descriptivo, como *Seguimiento de los productos con ventas bajas* o *Lista de empleados que pienso despedir.*

9. **Haga clic sobre Finish.**

   Access despliega el resultado de su consulta en la ventana Select Query. Cada vez que necesite utilizar esa consulta, sólo haga doble clic sobre el nombre de la consulta en la ventana Database.

10. **Haga clic sobre la casilla de cierre de la ventana Select Query para hacerla desaparecer.**

Utilizar una consulta

Una vez que haya creado y guardado una consulta, puede utilizarla tantas veces como quiera, sin importar lo que agregue, borre o modifique en los registros de su base de datos. Debido a que algunas consultas pueden ser bastante complicadas ("Encuentre todas las personas de Dakota del Norte que deban más de $10 000 en sus tarjetas de crédito, sean dueños fincas y hayan vendido sus cosechas en los últimos treinta días"), guardar y reutilizarlas le ahorra tiempo y, después de todo, ése es el propósito de las computadoras.

RECUERDE

Las consultas son más útiles si necesita reutilizarlas regularmente.

Para utilizar una consulta existente, abra el archivo de base de datos con su consulta y siga estos pasos:

1. **Escoja Window⇨Database.**
2. **Haga clic sobre el icono Queries, en el panel Object de la ventana Database.**

   Aparece una lista de consultas disponibles.

3. **Haga doble clic sobre el nombre de la consulta que desea usar.**

   Access despliega los resultados de su consulta en una ventana. En este momento, puede ver su información o imprimirla pulsando Ctrl+P.

4. **Haga clic sobre el cuadro Close para retirar la ventana con el resultado de su consulta.**

Borrar una consulta

Eventualmente, una consulta podría ya no cumplir con su propósito conforme usted agrega, borra y modifica la información en su base de datos. Para evitar que su ventana Database se sobrecargue con consultas, borre las que no necesita.

RECUERDE

Borrar una consulta no borra la información. Al borrarla, sólo elimina los criterios que utilizó para registrar su base de datos con ella.

Para borrar una consulta, siga estos pasos:

1. **Escoja Window⇨Database.**
2. **Haga clic sobre el icono Queries, en el panel Object de la ventana de Database.**

   Aparece una lista de consultas disponibles.

3. **Haga clic sobre la consulta que desea borrar.**

4. **Escoja Edit⇨Delete, presione Delete o haga clic sobre el icono Delete en la barra de herramientas.**

   Un recuadro de diálogo le pregunta si realmente desea eliminar la consulta escogida.

5. **Haga clic sobre Yes.**

   Su consulta desaparece de la ventana Database.

CONSEJO

Si repentinamente se da cuenta de que eliminó una consulta por error, no entre en pánico. Inmediatamente escoja Edit⇨Undo Delete o pulse Ctrl+Z. Access deshace su último comando y restaura la consulta a su estado original.

Capítulo 19

Hacer Reportes

En este capítulo

- Crear un reporte de base de datos
- Imprimir sus reportes
- Hacer que sus reportes se vean bellos en Word

Access puede almacenar montones de información útil (o inútil) dentro de los cerebros de silicona de su computadora. Sin embargo, tal vez usted desee imprimirla de vez en cuando, para evitar que otras personas deban aglomerarse frente a la pantalla de su computadora para ver la información.

Afortunadamente, usted puede imprimir cualquier información almacenada en un archivo de base de datos de Access. En lugar de imprimir sólo una serie de nombres, direcciones y números telefónicos al azar (o cualquier dato de su base de datos), es preferible diseñar reportes para que otras personas puedan realmente comprender la información.

Por ejemplo, tal vez usted utilice Access para darle seguimiento a todos sus clientes. Al tocar un botón (y con un poco de ayuda de este capítulo), puede crear un informe que imprima una lista de sus diez clientes más importantes. Pulse otro botón, y Access puede tirar una lista de sus diez productos más importantes. Un reporte es sencillamente una forma para que Access imprima y organice la información de manera que tenga sentido.

Hacer un Reporte

Un informe puede selectivamente desplegar información y hacerla ver tan bonita que las personas pasan por alto el sinsentido de sus datos. Para hacer un reporte a partir de su base de datos, siga estos pasos:

1. **Escoja Window⇨Database.**

   Aparece la ventana Database.

2. **Haga clic sobre el icono Reports, en el panel Object de la ventana Database.**

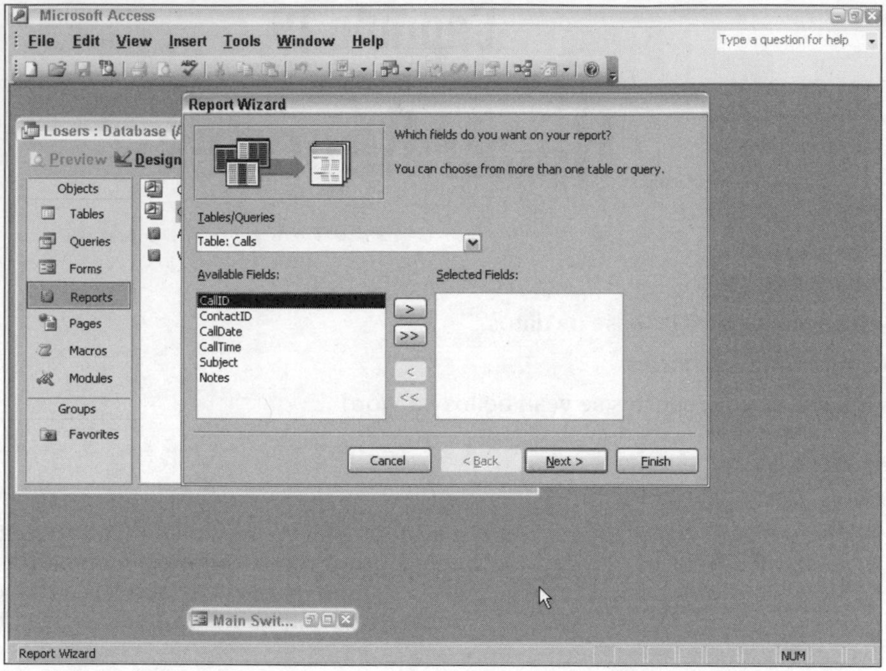

Figura 19-1: El recuadro de diálogo Report Wizard.

3. **Haga doble clic sobre el icono Create Report by Using Wizard.**

   Aparece el recuadro de diálogo Report Wizard, como se muestra en la Figura 19-1.

4. **Haga clic sobre la casilla de lista Tables/Queries para seleccionar una tabla de base de datos y utilizarla.**

   Por ejemplo, si desea imprimir un reporte que muestre los resultados de cada vendedor en su compañía, busque la tabla con ese tipo de información, como Vendedores o Resultado de las ventas.

5. **Haga clic sobre la casilla de lista Available Fields y escoja los campos que desea imprimir en su reporte.**

   La casilla Available Fields enumera todos los campos utilizados en la tabla o consulta seleccionada de la lista Tables/Queries. Sea selectivo al escoger cuáles campos deberán aparecer en el reporte: no es necesario que todos estén presentes.

6. **Haga clic sobre el botón de la flecha sencilla, entre los cuadros Available Fields y Selected Fields.**

   Access despliega el campo escogido en el cuadro Selected Fields. Repita los pasos 5 y 6 para cada campo que desee utilizar en su reporte.

7. **Haga clic sobre Next.**

   Aparece otro recuadro de diálogo Report Wizard, mostrado en la Figura 19-2, y le pregunta si desea niveles de agrupación. Un *nivel de agrupación* (grouping level) le indica a Access que organice su información impresa de acuerdo con un campo específico. Por ejemplo, si desea organizar la información en su reporte por estado o provincia, escoja el campo StateOrProvince para su nivel de agrupación. Con este nivel, su informe puede agrupar todas las personas en Alabama, Michigan y Texas en partes separadas de su reporte, permitiéndole encontrar a alguien en un estado específico más fácilmente.

8. **Si desea agrupar la información, haga clic sobre el campo que desea escoger para hacerlo, y luego haga clic sobre el botón de la flecha derecha.**

   Access le muestra cómo se verá su reporte si agrupa un nivel. Agrupar niveles puede ayudarle a organizar su reporte según un campo específico, como la fecha o el apellido. Así, usted puede hojear el informe y ver solamente los registros basados en una cierta fecha o nombre.

9. **Haga clic sobre Next.**

   Aparece otro recuadro de diálogo Report Wizard, mostrado en la Figura 19-3, y le pregunta cuál orden de acomodo desea para los detalles de los registros. Esta es la forma confusa en que Access le pregunta cómo desea que acomode la información en su reporte.

   Por ejemplo, si definió un nivel de agrupación en el paso 8, Access puede acomodar alfabéticamente los nombres dentro de cada nivel de agrupación por nombre o apellido.

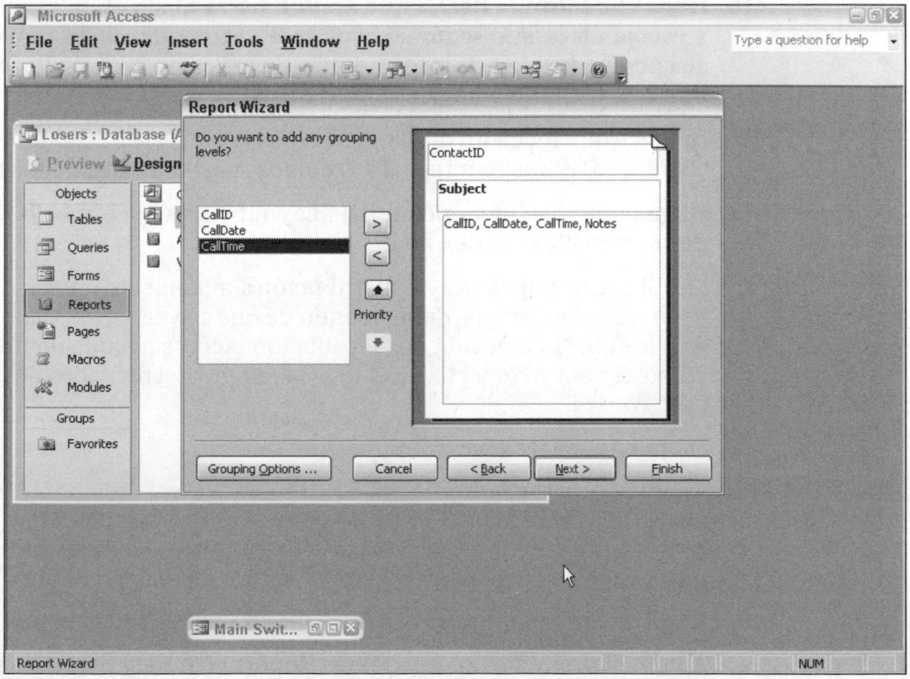

Figura 19-2: Los niveles de agrupación le ayudan a organizar la forma en que Access despliega su información.

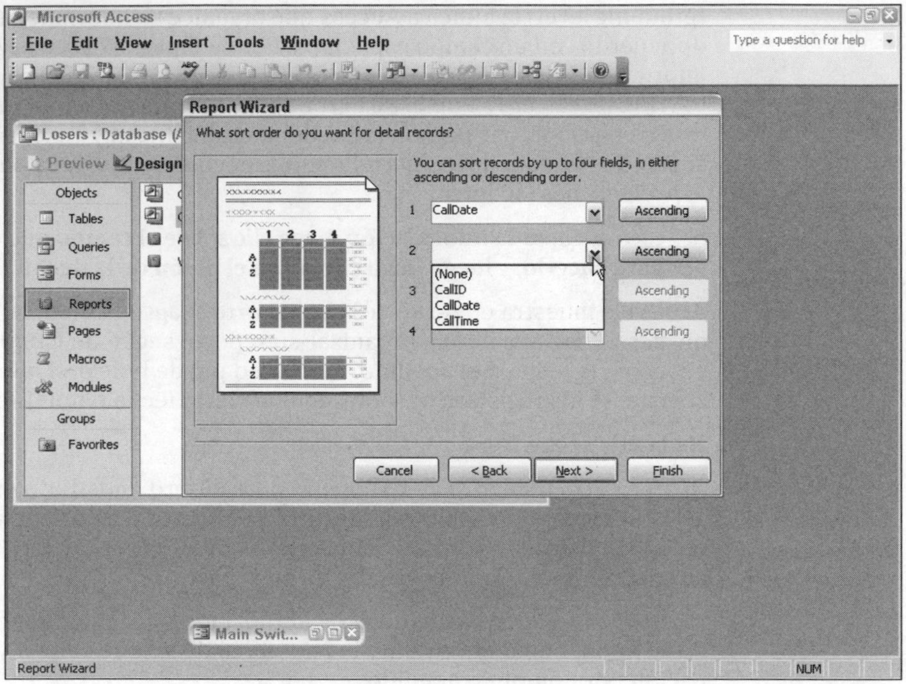

Figura 19-3: Access acomoda su información en un reporte.

10. **Haga clic sobre la flecha que apunta hacia abajo en la casilla de lista 1 y escoja un campo según el cual desea acomodar (si lo hubiera). Si desea acomodar de acuerdo con más de un campo, escójalos en las casillas 2, 3 y 4. Luego haga clic sobre Next.**

    Aparece otro recuadro de diálogo Report Wizard y le pregunta "How would you like to lay out your report?" (¿Cómo le gustaría distribuir su reporte?)

11. **Haga clic sobre una opción bajo Layout y una opción bajo Orientation, para especificar el diseño de su reporte.**

    Las diferentes opciones de distribución simplemente imprimen su reporte en distintas formas, dependiendo de qué se vea mejor. Cada vez que haga clic sobre una opción de distribución, Access amablemente le muestra cómo se verá su reporte, en el lado izquierdo del recuadro de diálogo Report Wizard.

12. **Haga clic sobre Next.**

    Aparece otro recuadro de diálogo Report Wizard pidiéndole especificar un *estilo* — una definición de las fuentes utilizadas para imprimir su informe. Cada vez que haga clic sobre un estilo, Access le muestra el ejemplo respectivo, a la izquierda del recuadro de diálogo Report Wizard.

13. **Haga clic sobre un estilo en la casilla de lista y luego sobre Next.**

    Aparece otro recuadro de diálogo Report Wizard, y pregunta por el título de su informe: "What title do you want for your report?"

14. **Digite un título para su reporte y luego haga clic sobre Finish.**

    El título de su reporte debería ser algo descriptivo, como "Ganancias de marzo" o "Cuánto dinero perdimos por el error estúpido de Bob".

    Access despliega su reporte en la pantalla.

15. **Escoja File⇨Close (o haga clic sobre la casilla de cierre de la ventana del reporte).**

    Access despliega la ventana Database de nuevo, y automáticamente guarda su reporte en la sección Reports de la ventana Database. La próxima vez que necesite utilizar ese reporte, sólo haga doble clic sobre su nombre.

Utilizar un Reporte

Después de haber creado y guardado un reporte, puede agregar o borrar tanta información como desee. Luego, cuando quiera imprimir esa información, utilice el reporte que ya diseñó.

Para utilizar un reporte existente, abra el archivo de base de datos que lo contiene y luego siga estos pasos:

1. **Escoja Window⇨Database.**
2. **Haga clic sobre el icono Reports, en el panel Object de la ventana de base de datos.**

   Aparece una lista de reportes disponibles.
3. **Haga doble clic sobre el nombre del reporte que desea utilizar.**

   Access despliega el informe escogido en una ventana. En este punto, puede imprimirlo escogiendo File⇨Print o pulsando Ctrl+P.
4. **Haga clic sobre el recuadro Close (la X en la esquina superior derecha) para eliminar la ventana que despliega su reporte.**

Borrar un Reporte

Conforme usted agrega, borra y modifica la información en su base de datos, puede encontrar que un reporte en particular ya no se ajusta a sus propósitos, pues ya no necesita la información que imprime o porque cambió el diseño de su base de datos. Para evitar que la ventana de su base de datos se sobrecargue con reportes inútiles, borre los que ya no necesita.

Al borrar un reporte no se borra la información. Cuando borra un reporte, simplemente se borra la forma en que le dijo a Access que imprimiera esa información.

Después de haber borrado un reporte, no puede recuperarlo. Asegúrese de que realmente no lo necesita más antes de decidirse a borrarlo. Para borrar un reporte, siga estos pasos:

1. **Escoja Window⇨Database.**
2. **Haga clic sobre el icono Reports, en el panel Object de la ventana de base de datos.**

   Aparece una lista de reportes disponibles.
3. **Haga clic sobre el reporte que desea eliminar.**
4. **Escoja Edit⇨Delete, pulse la tecla Delete o haga clic sobre el icono Delete en la barra de herramientas de la ventana Database.**

   Aparece un recuadro de diálogo que le pregunta si realmente desea borrar el reporte escogido.

   Si usted borra un reporte, no podrá recobrarlo después; debe estar seguro de querer borrar realmente un reporte en particular.
5. **Haga clic sobre Yes.**

   Su reporte desaparece de la ventana Database.

Cirugía Plástica a sus datos de Access

En lugar de utilizar las limitadas capacidades de Access para generar un reporte, puede crear unos de mejor apariencia si combina las habilidades profesionales para hacer reportes de Access con las maravillosas opciones de composición, formato y publicación en Word.

Por supuesto, no puede trabajar con su información de Access en Word antes de copiar su trabajo desde Access a Word. Para utilizar Word y hacer que la información de Access luzca mejor, siga estos pasos:

1. **Escoja Window⇨Database.**
2. **Haga clic sobre el icono Tables, en el panel Object de la ventana de base de datos.**
3. **Haga doble clic sobre la tabla de base de datos con la información que desea copiar a Word.**

   Access despliega su tabla de base de datos y cualquier información almacenada en ella.
4. **Escoja Tools⇨Office Links⇨Publish It with Microsoft Word.**

   Word carga y despliega la tabla de base de datos de Access en un documento de Word, en una serie de filas y columnas.

5. **Haga cualquier cambio necesario a su información de Access o digite texto adicional alrededor de la información de Access.**

   Por ejemplo, puede cambiar la fuente y tamaño de la fuente (para más información acerca de cómo utilizar Word, refiérase a la Parte II de este libro). En este momento, puede imprimir o guardar su documento de Word.

Cuando trabaja con una tabla de base de datos de Access en un documento de Word, Microsoft Office 2003 simplemente copia los datos de Access y los pega en Word. Cualquier cambio que usted haga a sus datos en Word no afectará a los datos guardados en Access, y viceversa.

Si su base de datos contiene muchos números que usted podría usar para calcular nuevos resultados, puede tomar su datos de Access y cargarla en Microsoft Excel. Para utilizar Excel para analizar sus datos de Access, siga estos pasos:

1. **Seleccione Window⇨Database.**
2. **Haga clic sobre el icono Tables, en el panel Objects de la ventana de base de datos.**
3. **Haga doble clic sobre la tabla de base de datos con la información que quiere copiar en Excel.**

   Access despliega su tabla de base de datos y cualquier información almacenada en ella.
4. **Seleccione Tools⇨Office Links⇨Analyze It with Microsoft Excel.**

   Excel carga y despliega la tabla de base de datos de Access escogida en una hoja de cálculo de Excel, como una serie de filas y columnas.
5. **Haga cualquier cambio necesario a sus datos de Access o elabore fórmulas para calcular nuevos resultados basado en sus datos de Access.**

   (Para más información sobre el uso de Excel, vea la Parte III de este libro.) A estas alturas, usted puede imprimir o guardar su hoja de cálculo de Excel.

Cuando usted trabaja con una tabla de base de datos de Access en un documento de Word, Microsoft Office 2003 simplemente copia la información desde Access y la pega en Word. Cualquier cambio que le haga a su información en Word no afectará la almacenada en Access y viceversa.

   Para mayor información acerca del uso de Excel, vea la Parte III de este libro. [illegible] de información [illegible] hoja de cálculo de Excel.

Parte VII
Los Diez Más

La 5a Ola — Por Rich Tennant

"Estoy pidiendo tu nueva PC.
¿Cuál prefieres que sea su orientación:
hemisferio izquierdo o derecho?"

En este parte . . .

Una vez que haya invertido su valioso tiempo comprendiendo los poderes y rompecabezas de Microsoft Office 2003, eche un vistazo a esta parte del libro para descubrir los secretos accesos directos y consejos que pueden facilitar el aprovechamiento de cualquier programa en Microsoft Office 2003 y hacerlo más eficaz para su uso personal o comercial.

Sólo asegúrese de que su familia, compañeros de trabajo o jefe no lo pesquen leyendo esta parte del libro. Podrían dejar de pensar que usted es un súper gurú de Office 2003, y se darían cuenta de que nada más se trata de otra persona ordinaria que se apoya en un libro maravilloso. (¿Por qué no? Muchos de los gurús lo hacen).

Pensándolo bien, ¿por qué no comprar copias extra de este libro y dárselas a sus amigos, compañeros de trabajo y jefe, para que ellos también puedan comprender cómo utilizar Office 2003 por sí solos, y lo dejen en paz el tiempo suficiente como para realmente hacer su trabajo?

Capítulo 20

Diez Consejos para Utilizar Office 2003

En este capítulo

- Utilizar macros
- Personalizar su interfaz de usuario
- Proteger su información
- Utilizar Pocket Office

Microsoft Office contiene tantas opciones y comandos diferentes, que usted debería tomarse algún tiempo para explorar los consejos de este capítulo. Compruebe la rapidez con la cual puede transformarse de novato en computación a gurú de Office 2003 (siempre y cuando mantenga una copia de este libro a su lado todo el tiempo).

Personalizar la Interfaz de Usuario de Microsoft Office 2003

Microsoft intentó crear la colección de programas más fácil e intuitiva del mundo. Empero, existe la posibilidad de que éstos sean todavía demasiado complicados para que la mayoría de los simples mortales los utilicen y comprendan. Entonces, en lugar de sufrir en silencio, tome unos minutos para personalizar la interfaz de usuario de Microsoft Office 2003.

Cambiar iconos en sus barras de herramientas

Las barras de herramientas de Office 2003 despliegan los iconos que usted usa más a menudo. Sin embargo, aquéllas sólo tienen una cantidad limitada de espacio; usted puede elegir qué iconos aparecen en cada barra de herramientas siguiendo estos pasos:

1. **Haga clic sobre el botón Toolbar Options, en la barra de herramientas que quiere personalizar.**

   Para ver una barra de herramientas escondida seleccione View⇨Toolbars y después haga clic sobre la que usted quiere personalizar. Al hacer clic sobre el botón Toolbar Options, aparece un menú desplegable.

2. **Haga clic sobre Add or Remove Buttons.**

   Aparece un menú desplegable, con una lista de una o más barras de herramientas, como Standard o Formatting.

3. **Haga clic sobre el nombre de la barra de herramientas que desea personalizar.**

   Un menú contextual aparece, el cual despliega una marca al lado de todos los iconos actualmente mostrados en su barra de herramientas, como se aprecia en la Figura 20-1.

4. **Haga clic a la izquierda del icono que usted quiere añadir en su barra de herramientas.**

   Si usted quiere esconder un icono, haga clic sobre su marca para hacer que ésta desaparezca. Cada vez que usted despliega o esconda un icono, Office 2003 cambia la apariencia de su barra de herramientas; así, usted puede ver cómo luce.

5. **Haga clic en cualquier parte fuera del menú desplegable de los iconos de la barra de herramientas.**

   ¡Felicitaciones! Usted acaba de modificar su barra de herramientas.

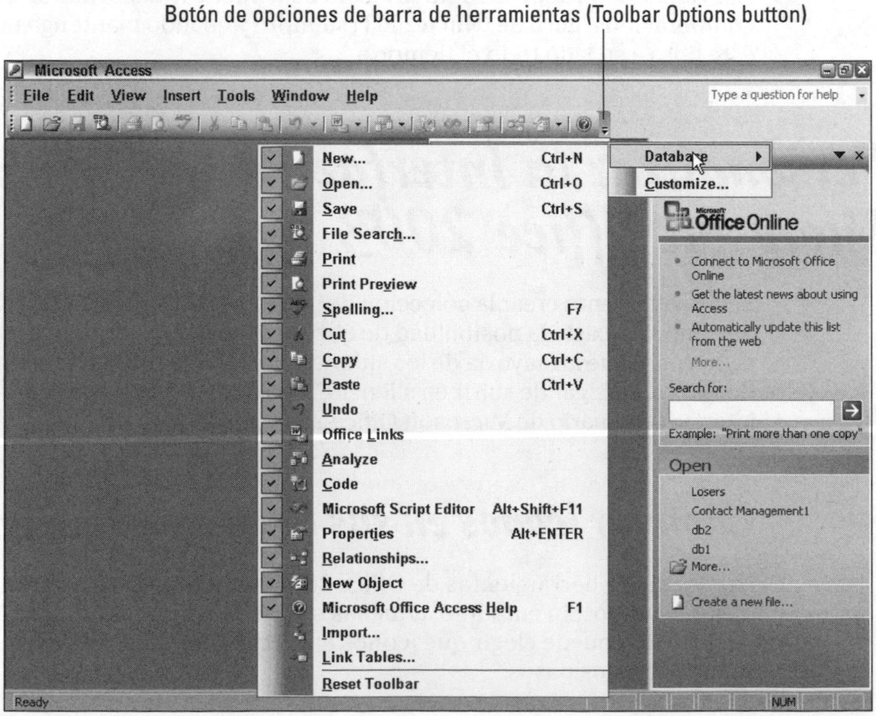

Figura 20-1: Una marca le indica a Office 2003 que despliegue determinado icono en la barra de herramientas.

En caso de que usted quiera regresar su barra de herramientas a su estado original, la configuración de la fábrica, siga estos pasos:

1. **Haga clic sobre el botón Toolbar Options, en la barra de herramientas que quiere personalizar.**

   Para ver una barra de herramientas escondida, seleccione View⇨Toolbars y luego haga clic sobre la barra de herramientas que quiere personalizar. Al hacer clic sobre el botón Toolbar Options, un menú desplegable aparece.

2. **Haga clic sobre Add or Remove Buttons.**

   Un menú contextual aparece, con una lista de una o más barras de herramientas como Standard o Formatting.

3. **Haga clic sobre Customize.**

   El recuadro de diálogo Customize aparece.

4. **Haga clic sobre el botón Reset menu and toolbar usage data de la barra de herramientas y después haga clic sobre Close.**

   Office 2003 restaura los menús y barras de herramientas a su condición original, antes de que usted empezara a desordenar todo al personalizarlas.

Usar el zoom para evitar la fatiga visual

Para abarrotar tanto texto en la pantalla como sea posible, Microsoft Office 2003 despliega todo en una fuente diminuta. Si usted prefiere no forzar sus ojos, puede hacer un zoom en su pantalla, lo cual hincha el texto para que las letras sean más fáciles de ver.

Outlook no ofrecen la opción Zoom.

Para hacer zoom in (expandir) o zoom out (encoger) la apariencia del texto en la pantalla, siga estos pasos:

1. **Escoja View⇨Zoom.**
2. **Escoja un aumento (como 200% o 25%) y luego haga clic sobre OK.**

   El documento aparece con el aumento deseado, para su placer visual.

Si tiene un mouse con una rueda entre los dos botones (como el Microsoft IntelliMouse), tiene otra forma de acercarse o alejarse. Sólo sostenga la tecla Ctrl y gire la rueda de un lado a otro.

Agrandar sus botones

Los botones de las barras de herramientas de Microsoft Office 2003 pueden ser crípticos y difíciles de ver. En lugar de esforzar la mirada y dañar su vista, puede agrandar los botones. Para hacer los botones de su barra de herramientas más grandes, siga estos pasos:

1. **Escoja Tools⇨Customize.**

   Aparece el recuadro de diálogo Customize.

2. **Haga clic sobre la pestaña Options.**
3. **Seleccione la casilla Large Icons.**

   Microsoft Office 2003 despliega sus botones, y los hacer ver como si hubieran mutado hasta tres veces su tamaño normal.

4. **Haga clic sobre Close.**

Si se aburre de ver botones grandes que lo observan mientras trabaja, repita los pasos anteriores y retire la marca de la casilla Large Icons. ¡Listo!, los botones regresan a su tamaño normal.

Ante la duda, haga clic sobre el botón derecho del mouse

Cuando desee cambiar el nombre, editar o modificar cualquier cosa en Office 2003, utilice el útil menú desplegable del botón derecho del mouse. Para hacerlo, siga estos pasos:

1. **Resalte o haga clic sobre el elemento que desea editar.**
2. **Haga clic sobre el botón derecho del mouse.**

   Aparece el menú desplegable del botón derecho del mouse.

3. **Haga clic sobre un comando del menú.**

Tomar accesos directos con macros

Muchas personas sueñan con el día en que den órdenes a una computadora en forma oral; la realidad actual es que aún es necesario digitar en un teclado si se quiere utilizar una computadora. Puesto que la mayoría de las personas preferirían evitar digitar, Microsoft Office 2003 ofrece una solución parcial: los *macros*.

Los macros no eliminan el digitar por completo, pero pueden reducir el número de teclas por pulsar para obtener algo. Un *macro* es un miniprograma que registra las teclas usadas conforme usted digita. Después de haberlas registrado en un macro, cada vez que necesite utilizar las mismas teclas otra vez, puede indicarle a Microsoft Office 2003 que "reproduzca" las teclas registradas.

Por ejemplo, suponga que se encuentra digitando el nombre de su compañía, The Mississippi Mudflat Corporation, una y otra vez. En lugar de ello, es posible digitarlo una vez y guardarlo como un macro. Entonces, cuando desea que el nombre de la compañía aparezca en su documento, Office 2003 puede automáticamente digitar *The Mississippi Mudflat Corporation*.

RECUERDE

Puede crear y correr macros en Word, Excel y PowerPoint.

ASPECTOS TÉCNICOS

Para crear un macro en Access o Outlook, es necesario escribir un programa en miniatura en un lenguaje de programación conocido como Visual Basic for Applications (o VBA abreviado). El lenguaje VBA no es difícil de aprender, pero está mucho más allá del alcance de este libro. Para más información sobre el lenguaje VBA, consiga una copia del libro *VBA For Dummies*, por Steve Cummings (Wiley Publishing, Inc)..

Grabar macros en Word

Para grabar un macro en Word, siga estos pasos:

1. **Escoja Tools⇨Macro⇨Record New Macro.**

   Aparece el recuadro de diálogo Record Macro, como se muestra en la Figura 20-2.

2. **Digite un nombre para su macro en la casilla Macro name.**

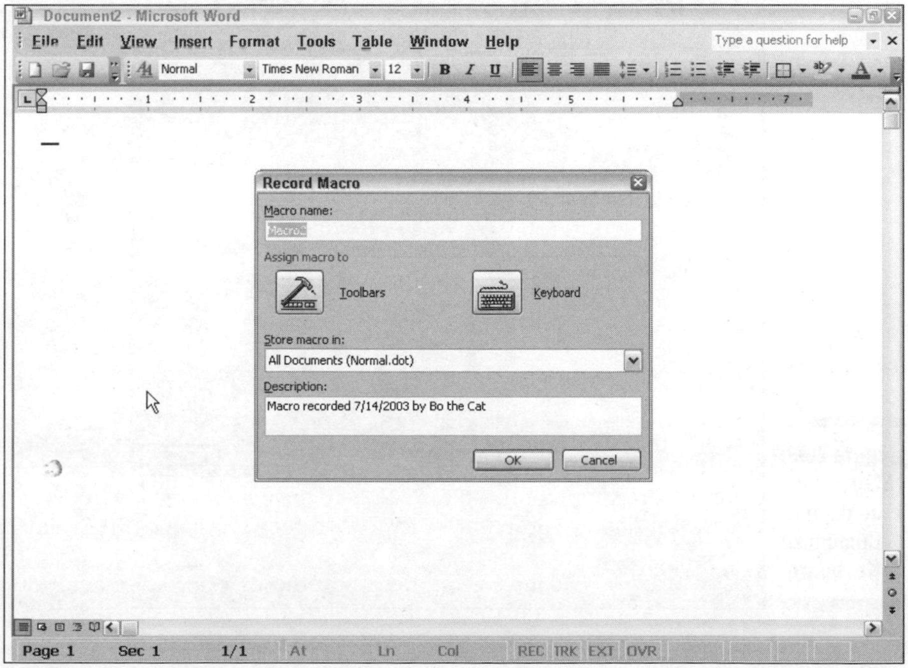

Figura 20-2: El recuadro de diálogo Record Macro es donde puede ponerle nombre a su macro y asignar una tecla para correrlo posteriormente.

3. **Haga clic sobre el botón Keyboard.**

   Aparece el recuadro de diálogo Customize Keyboard, como se aprecia en la Figura 20-3; ahí es donde puede asignar una combinación de teclas para su macro.

4. **Pulse las teclas que desea usar para representar su macro (como Alt+F12).**

   Puede repetir este paso para asignar varias combinaciones de teclas al mismo macro, si lo desea.

5. **Haga clic sobre el botón Assign.**

6. **Haga clic sobre el botón Close.**

   El puntero del mouse se convierte en una flecha con un icono de audiocasete; aparece una barra de herramientas Stop Recording, como se muestra en la Figura 20-4, la cual puede utilizar para pausar o detener la grabación de un macro.

7. **Pulse las teclas que desea grabar en su macro.**

   Si hace clic sobre el botón Pause Recording, puede detener temporalmente la grabación de su macro.

8. **Haga clic sobre el botón Stop Recording cuando termine de grabar las teclas.**

   Para correr su macro, pulse la combinación escogida en el paso 4.

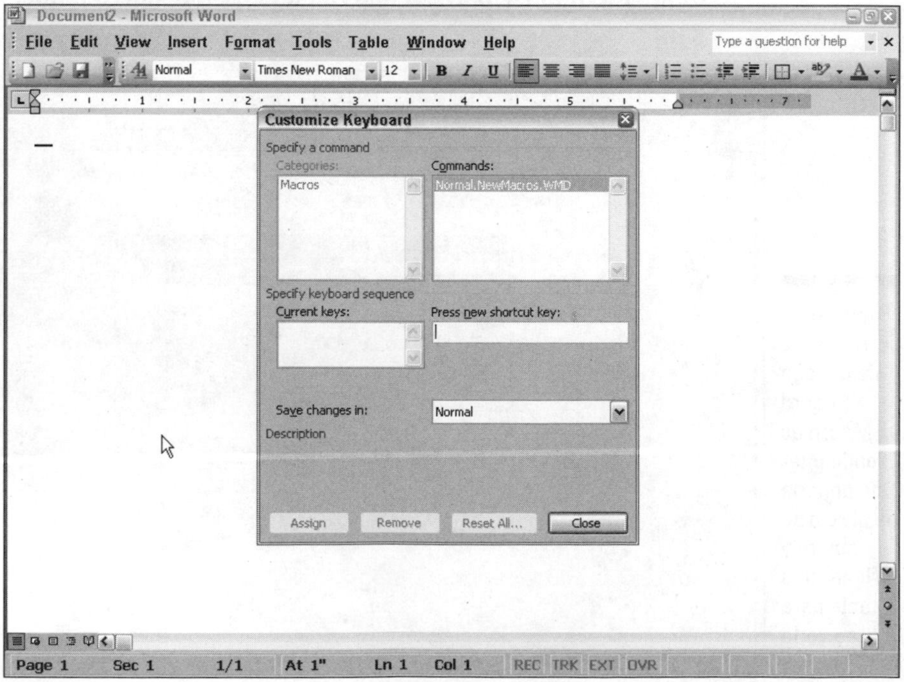

Figura 20-3: El recuadro de diálogo Customize Keyboard.

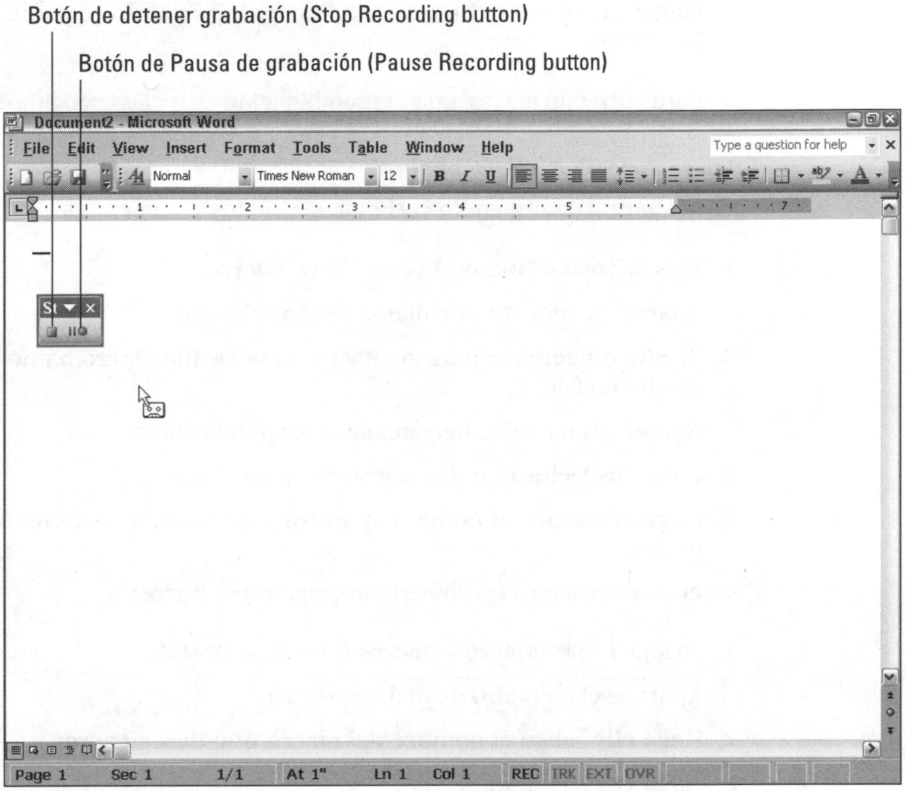

Figura 20-4: La barra de herramientas Stop Recording.

Grabar macros en Excel

Para grabar un macro en Excel, siga estos pasos:

1. **Escoja Tools⇨Macro⇨Record New Macro.**

   Aparece el recuadro de diálogo Record Macro.

2. **Digite un nombre para su macro en la casilla Macro name.**
3. **Haga clic sobre la casilla Shortcut Key (tiene Ctrl+ a la izquierda) y digite una letra.**

   Por ejemplo, si desea reproducir su macro pulsando Ctrl+W, digite W en la casilla Shortcut Key.

4. **Haga clic sobre OK.**

   Aparece la barra de herramientas Stop Recording.

5. **Pulse las teclas que desea grabar en su macro.**

6. **Haga clic sobre el botón Stop Recording cuando termine de grabar las teclas.**

   Para correr un macro, pulse la combinación de teclas escogida en el paso 3.

Grabar macros en PowerPoint

Para grabar un macro en PowerPoint, siga estos pasos:

1. **Escoja Tools⇨Macro⇨Record New Macro.**

   Aparece el recuadro de diálogo Record Macro.

2. **Digite un nombre para su macro en la casilla Macro name, y luego haga clic en OK.**

   Aparece la barra de herramientas Stop Recording.

3. **Pulse las teclas que desea grabar en su macro.**
4. **Haga clic sobre el botón Stop Recording cuando termine de grabar las teclas.**

Para correr un macro en PowerPoint, siga estos pasos:

1. **Escoja Tools⇨Macro⇨Macros (or press Alt+F8).**

   Aparece el recuadro de diálogo Macro.

2. **Haga clic sobre el nombre del macro que desea correr.**
3. **Haga clic sobre Run.**

Proteger sus Archivos de Microsoft Office 2003

Después de gastar todo su tiempo aprendiendo a utilizar Microsoft Office 2003, lo último que quiere es perder toda la valiosa información, y todo el trabajo que le tomó crearla. Entonces, siga estas medidas para protegerse en caso de desastre; no se lamentará más adelante.

Cuidarse de los virus macro

Microsoft Office 2003 le da dos formas de crear un macro. La más sencilla, como se explicó en la sección anterior, es grabar sus combinaciones de teclas, y luego reproducirlas cuando las necesite. La más difícil, es utilizar el lenguaje de programación especial de macros de Microsoft (llamado Visual Basic for Applications o *VBA*) para crear macros más poderosos y complicados.

Aunque el lenguaje de programación VBA le da el poder de crear una variedad de macros diferentes, también les ha dado a programadores traviesos la oportunidad de escribir virus para computadoras.

Esta nueva raza de virus de computadoras, llamados *virus macro*, pueden infectar documentos de Word, hojas de cálculo en Excel, presentaciones de PowerPoint y bases de datos de Access. Cuando usted entrega una copia de un documento u hoja de cálculo con un virus a otra persona, corre el riesgo de pasar el virus macro al mismo tiempo.

Para ayudarle a prevenir que los virus macro infecten y se esparzan a través de sus archivos de Office 2003, Office 2003 ofrece una limitada protección contra ellos.

Los virus macro más comunes infectan documentos de Word. Los segundos más comunes infectan hojas de cálculo de Excel; algunos virus macro atacan archivos de PowerPoint o Access. Compre un programa antivirus y manténgalo actualizado regularmente, para protegerse de cualquier virus macro futuro que podría atacar a su computadora.

Para activar la protección contra virus macro en Word, siga estos pasos:

1. **Escoja File⇨Save o Save As.**

   Aparece el recuadro de diálogo Save As.

2. **Haga clic sobre el menú Tools, en la esquina superior derecha del recuadro de diálogo Save As.**

   Aparece un menú desplegable.

3. **Haga clic sobre Security Options.**

   Aparece el recuadro de diálogo Security dialog.

4. **Haga clic sobre Macro Security.**

   Aparece otro recuadro de diálogo Security, como se observa en la Figura 20-5.

5. **Haga clic sobre la pestaña Security Level y luego sobre el botón High, Medium o Low.**

   A menos que tenga una buena razón para escoger un nivel de seguridad menor, siempre debería elegir el botón High.

   Si escoge High Security Level, tal vez no pueda correr macros creados por otra persona; para hacerlo quizá sea necesario elegir el nivel de seguridad Medium o Low.

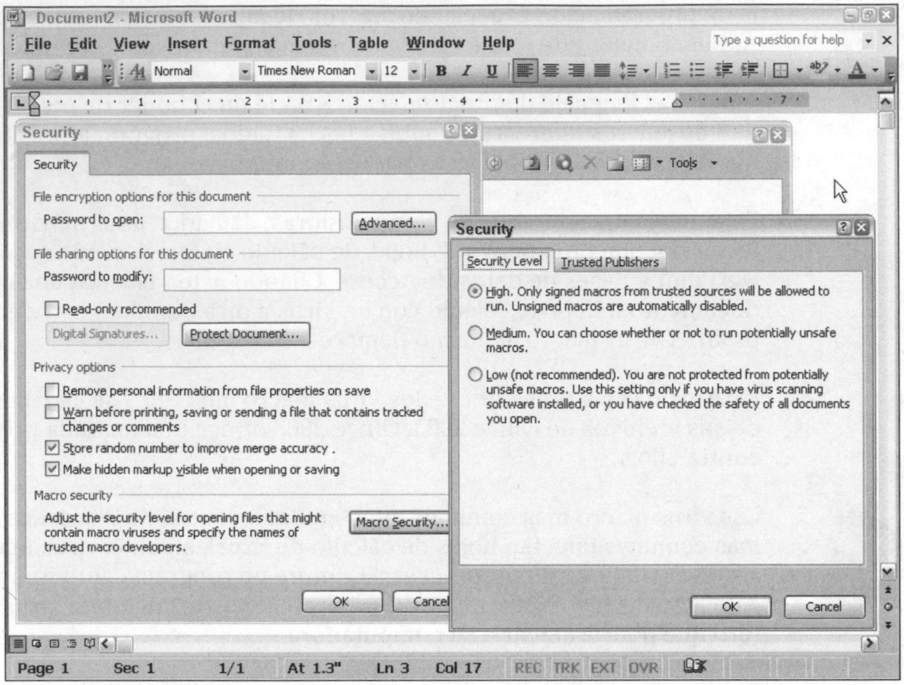

Figura 20-5: El recuadro de diálogo Security, en el cual puede cambiar la configuración de seguridad de macros para documentos de Word.

La opción High Security Level ayuda a evitar que los virus macro infecten sus archivos, pero algunos de estos virus son lo suficientemente inteligentes para desactivar dicha opción. No confíe en la protección contra virus macro de Office 2003 para mantener su computadora libre de ellos.

6. **Haga clic sobre OK dos veces.**

   Aparece el recuadro de diálogo Save As de nuevo. Cada vez que guarde su documento, Word utiliza las configuraciones de seguridad escogidas para él.

7. **Haga clic sobre Save.**

Si un virus macro ha infectado ya sus documentos de Word o las hojas de cálculo en Excel, activar la protección de Office 2003contra estos virus no elimina ningún virus. Usted debería obtener un programa antivirus, como McAfee's VirusScan (`www.mcafee.com`) o Symantec's Norton AntiVirus (`www.symantec.com`), que pueden detectar y eliminar los virus macro y de otros tipos.

Codificar sus archivos

Si desea que sus documentos de Office 2003 permanezcan privados, puede utilizar el programa codificación incorporado de Office 2003 o comprar un programa codificador. La codificación revuelve su información para que nadie más, excepto usted (y aquellos que roben o adivinen su contraseña), pueda leerla

Para activar la protección codificada de Office 2003, siga estos pasos:

1. **Escoja File⇨Save or Save As.**

   Aparece un recuadro de diálogo Save As.

2. **Haga clic sobre el menú de Tools, en la esquina superior derecha del recuadro de diálogo Save As.**

   Aparece un menú desplegable.

3. **Haga clic sobre Security Options (General Options en Excel).**

   Aparece el recuadro de diálogo Security.

4. **Digite una contraseña en la casilla Password to Open.**

   Aparece su contraseña como una serie de asteriscos, para ocultarla en caso de que alguien esté espiando sobre su hombro. (¡Rápido! ¡Dése vuelta y mire!).

   Si escoge una contraseña sencilla, otros podrían adivinarla, lo cual hace que la codificación sea tan efectiva como cerrar una bóveda de banco y pegar la combinación al frente de la puerta.

5. **Haga clic sobre el botón Advanced.**

   Aparece el recuadro de diálogo Encryption Type.

6. **Haga clic sobre el método de codificación que desee utilizar, y luego sobre OK.**

   Office 2003 tiene tres formas de codificación integradas:

   - Weak Encryption (XOR)
   - Office 97/2000 Compatible
   - Varias versiones de un método de codificación llamado RC4.

   Si escoge la codificación RC4 (el más seguro de los tres métodos), también puede hacer clic sobre las flechas arriba/abajo en la casilla Choose a key length. Cuanto más alto sea el número de teclas (como 128), más seguro estará su documento.

7. **(Opcional) Digite una contraseña en la casilla Password to Modify.**

   Puede escoger dos diferentes contraseñas en los pasos 4 y 7 si lo desea. Así, puede tener una contraseña que le permite abrir, pero no cambiar, un archivo (la del paso 4) y una segunda que le permite abrir y editar el mismo archivo.

8. **Haga clic sobre OK.**

   Aparece el recuadro de diálogo Confirm Password para cada contraseña que digitó.

9. **Vuelva a digitar cada contraseña y haga clic sobre OK.**

   Aparece el recuadro de diálogo Save As de nuevo.

10. **Haga clic sobre Save.**

La codificación de Office 2003 puede evitar que la mayoría de las personas vea su información, pero los ladrones y espías decididos no enfrentarán muchos problemas al abrir los archivos cifrados de Office 2003. Para mayor protección, obtenga un programa de codificación aparte. Dos programas populares son Pretty Good Privacy (a menudo llamado PGP, disponible en `www.pgp.com`) y GNU Privacy Guard (`www.gnupg.org`). Ambos programas le permiten codificar archivos individuales, carpetas enteras o discos duros completos, para que solamente usted pueda acceder a su información (a menos que olvide su contraseña).

Triturar sus archivos

La codificación es una forma de proteger su información. Sin embargo, cuando usted codifica un archivo, por lo general termina con dos archivos separados: el recién codificado y el original, no cifrado. Si borra el archivo original no cifrado, alguien puede recuperarlo y ver sus documentos, sin siquiera tener que abrir los archivos cifrados.

El problema se debe a la forma en que las computadoras borran los archivos. Cuando usted le indica a su computadora que borre un archivo, ésta en realidad lo engaña. En lugar de borrar físicamente el archivo, la computadora simplemente finge que no existe. Esa es la razón por la cual alguien más puede utilizar un programa utilitario, como The Norton Utilities y recuperar un archivo que usted haya borrado varias horas, días, semanas e incluso meses atrás.

Si desea borrar un archivo, no utilice la opción de borrar archivos de Microsoft Windows. Consiga un programa triturador de archivos especial. Estos programas borran un archivo y luego lo sobrescriben varias veces con bits aleatorios de información. Si alguien intenta recuperar ese archivo posteriormente, sólo verá galimatías.

Dos programas populares trituradores de archivos son Eraser (`www.tolvanen.com/eraser`) y East-Tec Eraser (`www.east-tec.com/eraser`).

Si accidentalmente borra un archivo utilizando un programa triturado, nunca lo recuperará, ¡tenga cuidado!

Respaldar sus archivos

Siempre debería mantener copias adicionales de sus archivos, en caso de que accidentalmente estropee uno por error. Si pierde o borra un archivo por error, una copia de respaldo le permite continuar trabajando aun cuando los archivos originales sean inservibles.

Word y Excel tienen una opción de respaldo especial, la cual crea una copia de sus archivos cada vez que los guarda. Desafortunadamente, utilizar esta opción no lo protegerá si todo su disco duro se cae; posiblemente todavía deba almacenar sus copias de respaldo en un disco *floppy*, y mantenerlo separado de su computadora. Para activar esta opción de respaldo especial en Word o Excel, siga estos pasos:

1. **Escoja File⇨Save As.**

   Aparece el recuadro de diálogo Save As.

2. **Haga clic sobre el botón Tools.**

   Aparece una lista desplegable.

3. **Haga clic sobre Save Options. (En Excel, sobre General Options).**

   Aparece el recuadro de diálogo Save.

4. **Seleccione la casilla Always Create Backup Copy.**

5. **Haga clic sobre OK.**

Cuando guarda un archivo con la opción de respaldo activada, éste tendrá un nombre como `Backup of`. Por ejemplo, si guardó un archivo llamado `Nota de rescate`, su copia de respaldo tendría el nombre `Backup of Nota de rescate`, y la extensión de archivo `.wbk` (para documentos de Word) o `.xlk` (para hojas de cálculo de Excel).

Reducir el Spam

El *spam* es correo electrónico no solicitado que a menudo inunda una cuenta de correo electrónico con engañosas "oportunidades comerciales" o invitaciones a mirar pornografía. Debido a que el correo electrónico no solicitado puede dificultar la lectura de su correo electrónico legítimo, se alegrará de saber que Outlook ofrece una manera para colorear o retirar el spam de su cuenta de correo electrónico.

Outlook filtra el spam al identificar palabras claves normalmente encontradas en él. Desafortunadamente, los filtros de spam de Outlook no son cien por ciento eficaces, pero definitivamente pueden ayudarle a disminuir el flujo de spam en su cuenta de e-mail.

Instalar el filtro de correo electrónico chatarra de Outlook

Para configurar el filtro de correo chatarra de Outlook, siga estos pasos:

1. **Seleccione Go⇨Mail o presione Ctrl+1.**

   Outlook despliega los paneles Mail e Inbox.

2. **Escoja Tools⇨Options.**

   El recuadro de diálogo Options aparece.

3. **Haga clic sobre la pestaña Preferences.**

   La pestaña Preferences aparece.

4. **Haga clic sobre Junk E-Mail.**

   El recuadro de diálogo Junk E-mail Options aparece, como se muestra en la Figura 20-6.

5. **Haga clic sobre una de las siguientes opciones:**

   - **No protection**
   - **Low**
   - **High**
   - **Safe Lists only**

6. **Haga clic sobre OK.**

   La próxima vez que usted reciba correo chatarra, Outlook intentará identificarlo.

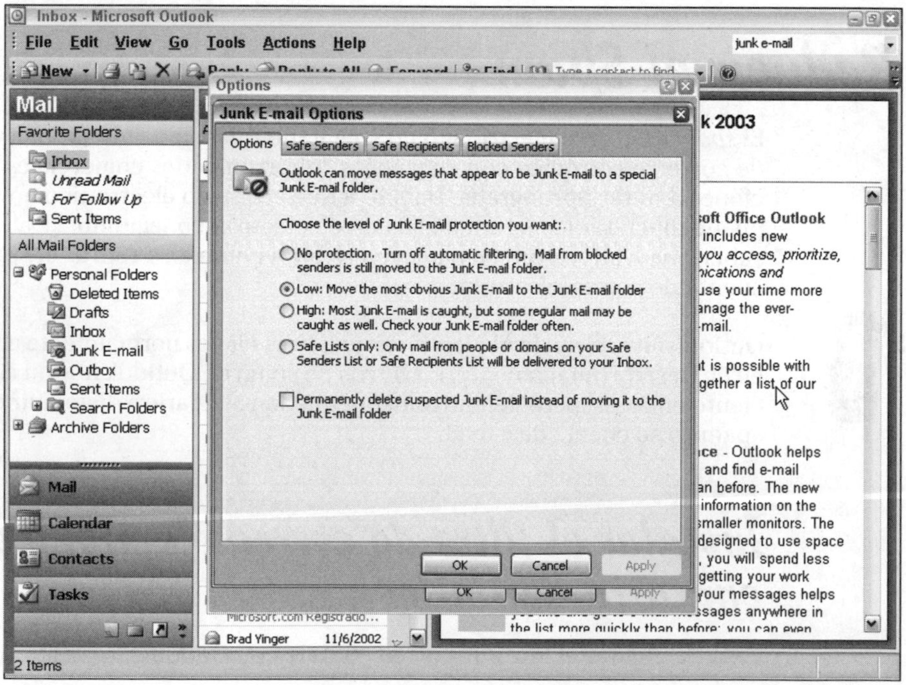

Figura 20-6: La ventana Ways to Organize Inbox le permite activar el filtro de spam en Outlook.

Crear una lista de remitentes confiables (seguros) de correo electrónico

Si usted escoge la opción Safe Lists only, Outlook separa todo el correo electrónico sospechoso, excepto el que venga de su lista Safe Senders. Para crear una lista de remitentes seguros (personas o compañías en las que usted confía para recibir correo electrónico), siga estos pasos:

1. **Seleccione Go⇨Mail o presione Ctrl+1.**

   Outlook despliega los paneles Mail e Inbox.

2. **Sleccione Tools⇨Options.**

   El recuadro de diálogo Options aparece.

3. **Haga clic sobre Junk E-Mail.**

   El recuadro de diálogo Junk E-mail Options aparece (refiérase a la Figura 20-6).

4. **Haga clic sobre la pestaña Safe Senders.**

   La pestaña Safe Senders aparece, como se observa en la Figura 20-7.

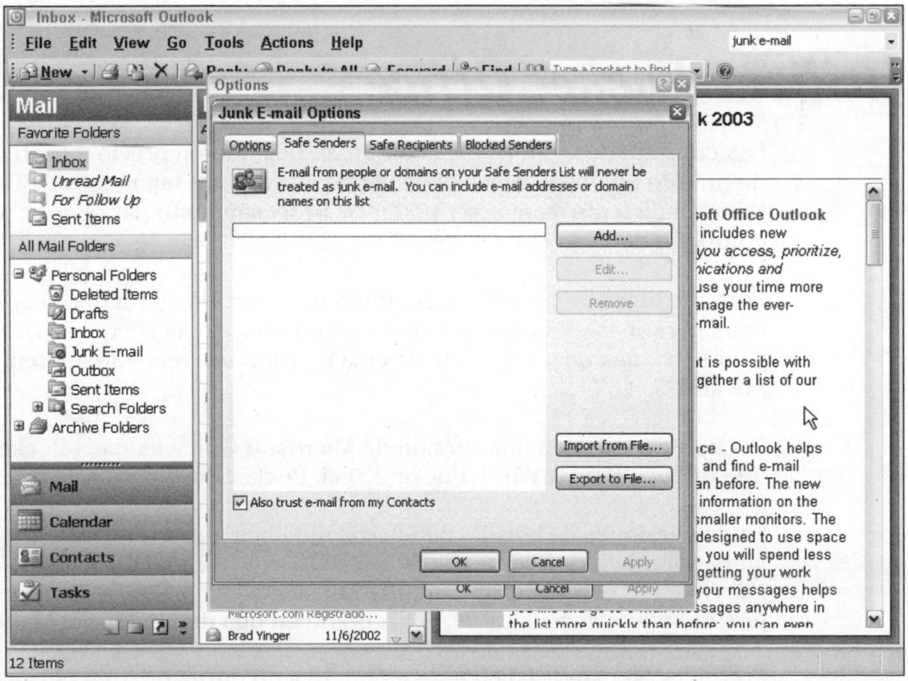

Figura 20-7: La pestaña Safe Senders le permite identificar direcciones de correo electrónico o de dominio desde las cuales usted sabe que no le enviarán correo chatarra.

5. **Haga clic sobre Add.**

   Aparece el recuadro de diálogo Add address or domain.

6. **Digite una dirección de correo electrónico o un nombre de dominio y haga clic sobre OK.**

   Si usted digita un nombre de dominio, Outlook automáticamente confiará en cualquier correo electrónico que venga de ese dominio en particular, como Microsoft.com. Al digitar un nombre de dominio, usted no se verá obligado a digitar todas las direcciones específicas de correo electrónico de quienes compartan el mismo nombre de dominio, como `bgates@microsoft.com` o `pallen@microsoft.com`.

7. **Repita los pasos 5 y 6 para cada dirección de e-mail o nombre de dominio que quiera guardar en su lista Safe Senders.**

8. **Haga clic sobre OK.**

Como una alternativa a (o además de) crear una lista de remitentes seguros, usted puede crear una lista de remitentes bloqueados, Blocked Senders, con las direcciones de correo electrónico o nombres de dominio de las personas que solamente le envían correo electrónico chatarra. Para crear una lista Blocked Senders, repita los pasos del 1 al 8 anteriores, exceptuando el paso 4, y haga clic sobre la pestaña Blocked Senders.

Utilizar Pocket Office

Las computadoras portátiles continúan bajando en precio y peso, pero aumentando en poder. Algunas de las más nuevas pesan menos de tres libras y tienen suficiente memoria y poder de procesamiento para correr una copia completa de Microsoft Office 2003.

Pero, en lugar de cargar una computadora portátil alrededor del país, muchas personas están optando por computadoras más pequeñas, más baratas y más livianas que corren un sistema operativo levemente diferente, llamado PocketPC.

PocketPC viene con una versión de Microsoft Office llamada Pocket Office, que incluye Pocket Word, Pocket Excel, Pocket PowerPoint y Pocket Access.

Estas versiones de bolsillo de Microsoft Office ofrecen menos opciones que la suite completa de Microsoft Office 2003. Pero Pocket Office puede compartir información con sus programas de Microsoft Office 2003,y es perfecta para portar su información, y verla o editarla en una computadora de bolsillo.

Entonces, si usted viaja frecuentemente y no desea quebrarse la espalda cargando una computadora pesada y costosa, considere comprar una PocketPC de bolsillo y utilizar Pocket Office en su lugar.

Capítulo 21

Diez Accesos Directos Comunes de Microsoft Office 2003

En este capítulo

- Crear un archivo nuevo
- Abrir un archivo existente
- Guardar su trabajo
- Imprimir su trabajo
- Cortar, copiar y pegar
- Encontrar y reemplazar una palabra o frase
- Revisar la ortografía
- Deshacer (o rehacer) su último comando

Con cada reencarnación de Microsoft Office, Microsoft intenta lograr que todos los diferentes programas de Office se vean y funcionen en formas más y más parecidas. En teoría, una vez que usted aprende a utilizar un programa de Office, puede dominar otros fácilmente.

Para ayudarle a dominar Microsoft Office 2003, este capítulo enumera las combinaciones de teclas comunes (accesos directos) que todo programa de Office 2003 utiliza. Así, usted pasa menos tiempo descubriendo cómo utilizar los comandos de cada programa y más tiempo trabajando.

Crear un Archivo Nuevo (Ctrl+N)

Cuando quiera crear un archivo nuevo en cualquier programa de Microsoft Office 2003, pulse Ctrl+N o haga clic sobre el icono New en la barra de herramientas estándar. Office 2003 responde con entusiasmo, y crea un archivo vacío, el cual usted puede utilizar para empezar a crear cualquier cosa que anhele su corazón.

Al pulsar Ctrl+N en Microsoft Outlook puede crear cualquier cosa, desde un mensaje nuevo de correo electrónico hasta un contacto o cita, dependiendo de qué está haciendo en ese momento.

Abrir un Archivo Existente (Ctrl+O)

A menudo necesita abrir un archivo existente para hacerle cambios. Cuando quiera abrir un archivo, pulse Ctrl+O, o haga clic sobre el botón Open en la barra de herramientas estándar, para ver el recuadro de diálogo Open, donde puede escoger el archivo específico que desea abrir.

Por omisión, Microsoft Office 2003 busca archivos existentes en la carpeta My Documents; por lo general es C:\My Documents. En lugar de tirar todos sus archivos en la carpeta My Documents, cree subcarpetas separadas dentro de la carpeta My Documents, y así evitará que los archivos pertenecientes a distintos proyectos o programas se confundan.

Para crear una nueva carpeta:

1. **Escoja File⇨Open.**

   El recuadro de diálogo Open aparece.

2. **Escoja la unidad y la carpeta donde usted quiere almacenar su nueva carpeta.**

   Por ejemplo, si usted quiere almacenar una carpeta nueva dentro de la carpeta My Documents, tendrá que cambiar a la carpeta My Documents primero.

3. **Haga clic sobre el icono Create New Folder, en la esquina superior derecha del recuadro de diálogo Open.**

   El icono Create New Folder luce como una pequeña carpeta con una chispa en su esquina superior derecha. Aparece el recuadro de diálogo New Folder.

4. **Digite un nombre para su carpeta en la casilla Name y haga clic sobre OK.**

   Microsoft Office 2003 crea una nueva carpeta con el nombre escogido, en la carpeta y la unidad actualmente desplegadas.

Por omisión, Word, Excel, PowerPoint y Access siempre buscan en la carpeta My Documents cuando usted intenta abrir un archivo existente. Para definir una carpeta diferente para Word, Excel, PowerPoint o Access donde buscar primero:

1. **Inicie Word, Excel, PowerPoint o Access.**
2. **Escoja Tools⇨Options.**

   Aparece el recuadro de diálogo Options.

3. **Siga los pasos para el programa que está utilizando:**

   - **Si está utilizando Access:** Haga clic sobre la pestaña General; haga clic sobre la casilla Default Database Folder y luego digite un nuevo nombre de directorio (como `C:\My Documents\Secrets`).
   - **Si está utilizando Excel:** Haga clic sobre la pestaña General; haga clic sobre la casilla Default file location; luego, digite un nuevo nombre de directorio (como `C:\My Documents\Useless Work`).
   - **Si está utilizando PowerPoint:** Haga clic sobre la pestaña Save; haga clic sobre la casilla Default file location; luego, digite un nuevo nombre de directorio (como `C:\My Documents\Useless Work`)
   - **Si está utilizando Word:** Haga clic sobre la pestaña File Locations; haga clic sobre el recuadro Documents in the File Types; haga clic sobre Modify y luego haga clic sobre una carpeta.

4. **Haga clic sobre OK.**

   Sin importar cuál programa de Office 2003 está usando, ya ha terminado. (Ah, la simplicidad. ¡Qué concepto!)

RECUERDE

Si abre o guarda un archivo en un directorio diferente, la próxima vez que escoja el comando Open, su programa de Office 2003 busca en el directorio donde abrió o guardó por última vez un archivo. Entonces, si guarda un archivo en un directorio llamado `A:\Stuff`, la próxima vez que abre un archivo, Office 2003 primero asume que desea buscar uno almacenado en el directorio `A:\Stuff`, sin tener en cuenta el directorio predefinido que usted haya asignado.

Guardar su Trabajo (Ctrl+S)

Guarde su trabajo constantemente — cada diez minutos está bien. De esa manera, si de repente se va la electricidad, no perderá todo el trabajo de las últimas cinco horas. Cada vez que tome un descanso o se aleje de su computadora, pulse Ctrl+S o haga clic sobre el icono Save en la barra de herramientas estándar para guardar su trabajo. Esta sugerencia le resultará fácil de recordar después de haber perdido un día entero de trabajo porque olvidó guardarlo en un disco.

CONSEJO

Microsoft Word, Excel y PowerPoint brindan una opción especial AutoRecover, la cual automáticamente guarda su trabajo después de una cantidad especificada de tiempo. Para activar la opción AutoRecover — y especificar cuán a menudo desea guardar su trabajo automáticamente — siga estos pasos:

1. **Escoja Tools⇨Options.**

   Aparece el recuadro de diálogo Options.

2. **Haga clic sobre la pestaña Save.**
3. **Haga clic sobre la casilla Save AutoRecover Info Every.**

4. **Haga clic sobre la flecha, hacia arriba o hacia abajo, en el cuadro Minutes para especificar cuán a menudo Word, Excel o PowerPoint deberán guardar su archivo.**
5. **Haga clic sobre OK.**

Access guarda automáticamente su información, le guste o no; no ofrece una opción AutoRecover que pueda cambiar o deshabilitar.

Imprimir su Trabajo (Ctrl+P)

No importa cuán a menudo las revistas anuncien el mito de la oficina sin papeles, su impresora es una de las partes más importantes de todo el sistema de cómputo. Cuando desee imprimir sus archivos, sólo pulse Ctrl+P para llamar el recuadro de diálogo Print. Especifique cuáles páginas desea imprimir y cuántas copias quiere, y luego haga clic sobre el botón OK.

Si está apurado, sólo haga clic sobre el icono Print en la barra de herramientas estándar. Al hacerlo, su archivo completo se envía automáticamente a la impresora, así que asegúrese de querer realmente imprimir todas las páginas de ese documento.

Cortar (Ctrl+X), Copiar (Ctrl+C) y Pegar (Ctrl+V)

Si desea mover información de un lugar a otro, córtela y péguela. Si desea que su información aparezca en el lugar original y además en algún otro, cópiela y péguela. Para cortar o copiar información a otro lugar:

1. **Seleccione la información que desea cortar o copiar.**
2. **Pulse Ctrl+X, o haga clic sobre el icono Cut en la barra de herramientas estándar, para cortar la información. Pulse Ctrl+C, o haga clic sobre el icono Copy en la barra de herramientas estándar, para copiar la información.**
3. **Coloque el cursor donde desea que aparezca la información.**
4. **Pulse Ctrl+V o haga clic sobre el icono Paste en la barra de herramientas estándar.**

Cuando copie o corte cualquier cosa en un programa de Microsoft Office 2003, el objeto cortado o copiado se almacena en Windows Clipboard (sólo puede retener un elemento a la vez) y Office Clipboard, que puede retener hasta veinticuatro elementos simultáneamente. Para ver el Office Clipboard en Access, Excel, PowerPoint o Word, escoja Edit⇨Office Clipboard. El Windows Clipboard se usa cuando copia o corta información de un programa de Office 2003 a un programa ajeno, como WordPerfect o Quicken. Use Office Clipboard para copiar o cortar información entre dos programas de Office 2003.

Encontrar una Palabra o Frase (Ctrl+F)

Cuando quiera hallar una palabra o número específico, puede utilizar el fabuloso comando Find, al presionar Ctrl+F y luego hacer clic sobre el botón More o Options. Cuando utiliza el comando Find, Microsoft Office 2003 le presenta el recuadro de diálogo Find, el cual le brinda las siguientes opciones:

- **Match case:** Si desea encontrar *Bill* pero no quiere perder el tiempo buscando *bill.*
- **Find whole words only:** Si desea encontrar ser pero no palabras como *serena* y *serpiente*.
- **Use wildcards:** Si desea encontrar partes de una secuencia. Por ejemplo, si quiere hallar todas las palabras que empiezan con fin, indíquele a Microsoft Office 2003 que busque *fin**. (Esta opción está solamente disponible en Word.)
- **Sounds like:** Si sabe lo que desea encontrar pero no sabe cómo escribirlo, por ejemplo, buscar *hojear* cuando realmente desea *ojear*. (Esta opción está solamente disponible en Word.)
- **Find all word forms:** Si desea encontrar todos los usos de una palabra, como *canta, cantar* y *cantan*. (Esta opción está solamente disponible en Word.)

Encontrar y Reemplazar una Palabra o Frase (Ctrl+H)

El comando Find and Replace le permite buscar una palabra o número y reemplazarlo con uno diferente. Por ejemplo, puede ser que escriba mal el nombre de su jefe como *Frank el bruto* cuando el título real debería ser *Frank el imbécil*. Aunque usted podría buscar manualmente *Frank el bruto* y reemplazarlo por *Frank el imbécil*, es más fácil dejar esas tediosas y aburridas tareas sin importancia a su computadora y Microsoft Office 2003.

El comando Find and Replace le permite buscar tiras específicas. A diferencia del comando Find, Find and Replace también puede reemplazar automáticamente cualquier texto o números con una nueva tira de texto o números.

Cuando pulsa Ctrl+H para utilizar el comando Find and Replace, aparece el recuadro de diálogo Find and Replace y le ofrece dos botones: Replace y Replace All.

El botón Replace le permite revisar cada tira que Microsoft Office 2003encuentra; así, usted puede asegurarse de que realmente *desea* reemplazarla. El botón Replace All no le da la oportunidad de revisar cada tira encontrada; si hace clic sobre el botón Replace All, puede ser que Microsoft Office 2003 reemplace palabras que no debía. Tenga cuidado.

Revisar su Ortografía (F7)

Desafortunadamente, la mala ortografía puede hacer que hasta el documento más brillantemente escrito se vea informal y pierda su calidad estelar. Para evitar las carcajadas burlescas de quienes malinterpretan estos fallos como errores de idiotas, revise la ortografía antes de que alguien vea sus archivos.

Para revisar la ortografía en un documento de Microsoft Office 2003, pulse F7 o haga clic sobre el icono Spell Check en la barra de herramientas estándar.

CONSEJO

Si no desea que Office 2003 revise la ortografía de todo el archivo, destaque el texto que desea revisar y luego pulse F7.

Utilizar Undo (Ctrl+Z) y Redo (Ctrl+Y)

Microsoft Office 2003 es un trozo de software misericordioso. Si usted comete un error en algún momento, puede deshacer la última acción haciendo clic sobre el botón Undo, en la barra de herramientas estándar, o pulsando Ctrl+Z.

¡ADVERTENCIA!

No todas las acciones pueden deshacerse. Cuando usted está a punto de hacer algo que Microsoft Office 2003 no puede deshacer, aparece un recuadro de diálogo para advertirle sobre lo irreversible de la siguiente acción.

Si cometió un error al deshacer un acción, haga clic sobre el icono Redo, en la barra de herramientas estándar, o pulse Ctrl+Y, para rehacer la última acción deshecha.

CONSEJO

Si hace clic sobre la flecha hacia abajo junto a los iconos Undo o Redo, en la barra de herramientas estándar, aparece una lista de sus últimas acciones. Para deshacer o rehacer varias acciones, arrastre el mouse y destáquelas, y luego haga clic sobre el botón izquierdo del mouse.

Índice

A

• B •

• E •

• F •

• H •

• I •

• N •

• R •

• S •

• T •

• W •

• X •

• Z •